Beck'sche Textausgaben

Kupfer, Landesbauordnung für Baden-Württemberg

Landesbauordnung für Baden-Württemberg

mit Allgemeiner Ausführungsverordnung, Feuerungsverordnung, Verfahrensverordnung, Verwaltungsvorschrift Vordrucke, Energieeinsparverordnung-Durchführungsverordnung, Verwaltungsvorschrift Stellplätze, Garagenverordnung, Elektrische Betriebsräume-Bau-Verordnung, Versammlungsstättenverordnung, Verkaufsstättenverordnung, Nachbarrechtsgesetz

TEXTAUSGABE
mit Sachverzeichnis und Einführung
herausgegeben von

Prof. Dr. Dominik Kupfer
Dipl.-Verwaltungswirt (FH), Rechtsanwalt
W2K-Rechtsanwälte, Freiburg Stuttgart
Honorarprofessor an der Universität Freiburg

5., neu bearbeitete Auflage
Stand: 1. Februar 2021

C.H.BECK

www.beck.de

ISBN 978 3 406 77005 0

Wilhelmstraße 9, 80801 München
Satz, Druck und Bindung: Druckerei C.H.Beck, Nördlingen
(Adresse wie Verlag)
Umschlaggestaltung: Druckerei C. H. Beck Nördlingen

chbeck.de/nachhaltig

Gedruckt auf säurefreiem, alterungsbeständigem Papier
(hergestellt aus chlorfrei gebleichtem Zellstoff)

Inhaltsverzeichnis

Abkürzungsverzeichnis

Abs.	Absatz
Alt.	Alternative
Art.	Artikel
BAnz.	Bundesanzeiger
BGBl.	Bundesgesetzblatt
BauGB	Baugesetzbuch
BauNVO	Baunutzungsverordnung
BGB	Bürgerliches Gesetzbuch
BImSchG	Bundes-Immissionsschutzgesetz
BVerfG	Bundesverfassungsgericht
BVerfGE	Entscheidungen des Bundesverfassungsgerichts (zitiert nach Band und Seite)
DIBt	Deutsches Institut für Bautechnik
DVO	Durchführungsverordnung
EG	Europäische Gemeinschaft
EGBGB	Einführungsgesetz zum Bürgerlichen Gesetzbuch
EltBauVO	Elektrische Betriebsräume Bau-Verordnung
EnEV	Energieeinsparverordnung
EnEV-DVO	Verordnung der Landesregierung zur Durchführung der Energieeinsparverordnung
FeuVO	Feuerungsverordnung
GaVO	Garagenverordnung
GBl.	Gesetzblatt für Baden-Württemberg
GG	Grundgesetz
Hs.	Halbsatz
IEKP	Integriertes Energie- und Klimaprogramm
LBO	Landesbauordnung für Baden-Württemberg
LBOAVO	Allgemeine Ausführungsverordnung zur Landesbauordnung
LBOVVO	Verfahrensverordnung zur Landesbauordnung
LV	Landesverfassung
LVG	Landesverwaltungsgesetz
LVwVfG	Landesverwaltungsverfahrensgesetz
MBO	Musterbauordnung
NRG	Nachbarrechtsgesetz
ÖPNV	öffentlicher Personennahverkehr
PolG	Polizeigesetz Baden-Württemberg
S.	Satz
StAnz.	Staatsanzeiger
TA Lärm	Technische Anleitung zum Schutz gegen Lärm, sechste allgemeine Verwaltungsvorschrift zum Bundes-Immissionsschutzgesetz
VG	Verwaltungsgericht
VGH	Verwaltungsgerichtshof
VkVO	Verkaufsstättenverordnung

Abkürzungsverzeichnis

VStättVO	Versammlungsstättenverordnung
VwV	Verwaltungsvorschrift

Einführung

von
Rechtsanwalt Prof. Dr. Dominik Kupfer
Dipl.-Verwaltungswirt (FH)
W2K-Rechtsanwälte Freiburg Stuttgart

I. Bauordnungsrecht in der Praxis

Das Bauordnungsrecht besitzt eine große praktische Bedeutung. Dabei stehen im baurechtlichen Alltag von Gemeinden und staatlichen Baurechtsbehörden, Architekten und Ingenieuren sowie mit dem Öffentlichen Baurecht befassten Rechtsanwälten und Richtern folgende bauordnungsrechtliche Regelungskomplexe im Vordergrund: Baugenehmigung – Genehmigungspflicht, Arten, Erteilungsvoraussetzungen und Verwaltungsverfahren; Eingriffsmaßnahmen der Baurechtsbehörde – Abbruchsanordnung, Nutzungsuntersagung und Einstellung von Arbeiten. Während die Baurechtsbehörden das private Nachbarrecht grundsätzlich ausblenden können (vgl. § 58 Abs. 3 Landesbauordnung [LBO]), gilt für diejenigen das Gegenteil, die auf der Seite des Bürgers mit Problemen aus dem Nachbarrechtsverhältnis konfrontiert werden. Privates und Öffentliches Nachbarrecht sind grundsätzlich gleichzeitig und nebeneinander anwendbar. Daher kann und muss ein Betroffener entscheiden, ob er direkt privatrechtlich vor den Zivilgerichten gegen den ihn störenden Nachbarn vorgeht, ob er gegenüber der Baurechtsbehörde Abwehransprüche gegen eine dem Nachbarn erteilte Genehmigung bzw. Schutzansprüche auf ordnungsbehördliches Einschreiten geltend macht oder ob er beide Wege kumulativ einschlägt.

Die für die Beantwortung der in den dargestellten Zusammenhängen auftretenden Fragen entscheidenden landesrechtlichen Normen sind im vorliegenden Band zusammengestellt.

II. Bauordnungsrecht und Bauplanungsrecht

Die beiden Säulen des Öffentlichen Baurechts, das Bauordnungs- und das Bauplanungsrecht, lassen sich zwar hinreichend, nicht aber in jeder Hinsicht trennscharf unterscheiden.

Während das im Baugesetzbuch (BauGB) vom Bund auf der Grundlage von Art. 74 Abs. 1 Nr. 18 Grundgesetz (GG; „Bodenrecht") kodifizierte Bauplanungsrecht flächenbezogen ist, d.h. das Grundstück und seine Nutzung in den Blick nimmt, richtet das landesrechtliche Bauordnungsrecht (vgl. Art. 70 Abs. 1 GG) seinen Blick auf die bauliche Anlage – zumeist ein Gebäude. Während das Bauplanungsrecht darüber entscheidet, ob auf einem Grundstück überhaupt und zu welchen Zwecken gebaut werden darf, zielt das Bauordnungsrecht darauf ab, bauliche Anlagen so zu errichten oder zu ändern, dass die öffentliche Sicherheit und Ordnung, insbesondere Leben und Gesundheit, nicht gefährdet werden (Baupolizeirecht im überkommenen Sinn). Es geht um die ordnungsrechtlichen Anforderungen an ein Bauwerk. Das Recht und die Pflicht der Gemeinden, Bauleitpläne (Flächennutzungsplan und Bebauungspläne, § 1 Abs. 2

BauGB) in eigener Verantwortung aufzustellen (§§ 1 Abs. 3 S. 1, 2 Abs. 1 S. 1 BauGB), sind dem verfassungsrechtlichen Gewährleistungsbereich der kommunalen Selbstverwaltungsgarantie zuzuordnen (Art. 28 Abs. 2 S. 1 GG, Art. 71 Abs. 1 Landesverfassung [LV]). Das in seinem Kern als staatliche Aufgabe der Gefahrenabwehr zu qualifizierende Bauordnungsrecht haben die Gemeinden, soweit sie Baurechtsbehörden sind, als Pflichtaufgabe nach Weisung auszuführen (§ 46 Abs. 1 Nr. 3 Alt. 1 LBO i. V. m. § 15 Abs. 1 f. und § 21 Landesverwaltungsgesetz [LVG]; §§ 46 Abs. 1 Nr. 3 Alt. 2, Abs. 2, 47 Abs. 4 S. 1 LBO).

Gleichwohl stehen Bauordnungsrecht und Bauplanungsrecht nicht isoliert und beziehungslos nebeneinander. Eine enge Verknüpfung ergibt sich bereits daraus, dass die Einhaltung bauplanungsrechtlicher Anforderungen insbesondere an Gebäude durch das in der LBO geregelte Verfahrensrecht grundsätzlich gewährleistet wird. Darüber hinaus gibt es aber auch materiell-rechtliche Überschneidungsbereiche. Beispielsweise ermächtigt § 9 Abs. 1 Nr. 2a BauGB die Gemeinden, in Bebauungsplänen vom Bauordnungsrecht abweichende Maße der Tiefe der Abstandsflächen festzusetzen (vgl. § 74 Abs. 1 S. 1 Nr. 7 LBO).

III. Rechtsquellen des Bauordnungsrechts

Die LBO bildet das Fundament sowie den Rahmen für die bauordnungsrechtlichen Anforderungen an einzelne Bauwerke unter den Gesichtspunkten Gefahrenabwehr, Umweltschutz, soziale Belange und Gestaltung (sog. materielles Bauordnungsrecht). Darüber hinaus regelt sie das baurechtliche Verfahren (sog. formelles Bauordnungsrecht). Detailregelungen, vor allem technischer Art, hat der Gesetzgeber nicht in die LBO inkorporiert; diese hat er der Verwaltung überlassen. Ziel ist es zu gewährleisten, dass der Rechtsrahmen schnell und flexibel an neue, vor allem technische Entwicklungen angepasst werden kann. Insoweit ist die Rechtsverordnung das geeignete Instrument. Ohne an die strengen formalen Vorgaben des parlamentarischen Gesetzgebungsverfahrens gebunden zu sein, können eine der beiden obersten Baurechtsbehörden, je nach Zuständigkeit das Umweltministerium oder das Wirtschaftsministerium (§ 73 Abs. 3, 6 bis 8 i. V. m. § 46 Abs. 1 Nr. 1 LBO), die beiden obersten Baurechtsbehörden gemeinsam (§ 73 Abs. 1, 2 und 5. i. V. m. § 46 Abs. 1 Nr. 1 LBO) und die Landesregierung (§ 73 Abs. 4 LBO) zweckmäßige Vorschriften erlassen. So sind beispielsweise die maßgeblichen Grundsätze des Brandschutzkonzepts in den §§ 26 ff. LBO normiert, während die technischen Detailregelungen überwiegend in der Ausführungsverordnung (LBOAVO; dort §§ 4 ff.) festgelegt sind.

Für den Bürger macht es – lässt man den Rechtsschutz einmal außen vor – keinen Unterschied, ob sich die für ihn relevanten bauordnungsrechtlichen Vorschriften aus der LBO oder aus einer Rechtsverordnung auf der Grundlage der LBO ergeben, etwa aus der Verordnung über den Bau von Betriebsräumen für elektrische Anlagen (EltBauVO) oder der Feuerungsverordnung (FeuVO). Rechtsverordnungen unterscheiden sich in ihrer Bindungswirkung nicht von Parlamentsgesetzen; beide gelten unmittelbar und sind für den Bürger oder sonstige Normadressaten in gleicher Weise verbindlich. Grundsätzlich anderes gilt für Verwaltungsvorschriften. Sie wirken zunächst nur verwaltungsintern. Dementsprechend richtet sich die Verwaltungsvorschrift über die Herstellung notwendiger Stellplätze (VwV Stellplätze) an die Gemeinden, soweit diese durch Satzung die Zahl der notwendigen Stellplätze für Wohnungen über § 37 Abs. 1 S. 1 LBO hinaus nach § 74 Abs. 2 Nr. 2 LBO von einem auf zwei erhöhen wollen. An die Baurechtsbehörde richtet sich die VwV Stellplätze, insbesondere soweit es um die Interpretation des unbestimmten Rechtsbegriffs der „notwendigen Stellplätze" in § 37 Abs. 1 S. 2 LBO bei der Errichtung sonstiger baulicher Anlagen, d.h. Anlagen ohne Wohnungen, geht. Dabei fungiert die VwV Stellplätze lediglich als Auslegungsrichtlinie. Sie gibt nur Hinweise, wie das Gesetz zu interpretieren ist. Ihre Anwendung im konkreten Einzelfall unterliegt uneingeschränkter gerichtlicher Nachprüfung.

IV. Die Vorschriften im Einzelnen

Seit dem Erscheinen der 4. Auflage dieser Textausgabe im Jahr 2015 wurden die darin zusammengestellten Rechtsquellen – mit Ausnahme des Nachbarrechtsgesetzes (NRG) – teilweise in erheblichem Umfang geändert. Bei den Änderungen handelte es sich zunächst um rein organisationsrechtliche bzw. formale Neuregelungen auf der Grundlage der Neunten Verordnung des Innenministeriums zur Anpassung des Landesrechts an die geänderten Geschäftsbereiche und Bezeichnungen der Ministerien vom 23.02.2017 (GBl. S. 99). Noch im Jahr 2017 (GBl. S. 606 und 612) sowie im Jahr 2019 (GBl. S. 313) folgten sodann umfangreiche materiell-rechtliche Änderungen der LBO. Diese bedingten Folgeanpassungen auf untergesetzlicher Ebene, etwa der Allgemeinen Ausführungsverordnung des Wirtschaftsministeriums zur LBO (LBOAVO), zuletzt durch die Zweite Verordnung des Wirtschaftsministeriums zur Änderung bauordnungsrechtlicher Verordnungen vom 08.12.2020 (GBl. S. 1182).

1. LBO (Nr. 1)

Der Landesgesetzgeber hat die LBO in jüngerer Zeit dreimal geändert. Die ersten beiden Novellierungen erfolgten durch zwei am 21.11.2017 ausgefertigte Änderungsgesetze. Diese dienten beide der Umsetzung unionsrechtlicher Vorgaben auf dem Gebiet des baubezogenen Gefahrenabwehrrechts.

Mit dem am 01.12.2017 in Kraft getretenen Gesetz zur Änderung der Landesbauordnung für Baden-Württemberg (Bauprodukte-Reformgesetz, GBl. S. 606) wurde das Bauproduktenrecht der LBO an die Bauprodukten-Verordnung (EU) Nr. 305/2011 angepasst (insbes. §§ 16b ff. LBO). Diese Anpassung war nötig geworden, um einem Urteil des Gerichtshofs der Europäischen Union (EuGH) aus dem Jahr 2014 (Rs. C-100/13) zu der früheren Bauprodukten-Richtlinie 89/106/EWG Rechnung zu tragen. Darin hatte der EuGH im innerstaatlichen Recht vorgesehene (ergänzende) produktunmittelbare Anforderungen an CE-gekennzeichnete Bauprodukte für unionsrechtswidrig erachtet. Im Zuge der ersten LBO-Änderung 2017 hat der Landesgesetzgeber außerdem die produktunmittelbaren Anforderungen und die Anforderungen an die Verwendbarkeit der Bauprodukte (sog. Bauarten, § 16a LBO) klarer voneinander abgegrenzt. In § 73a LBO hat er schließlich eine Ermächtigung der obersten Baurechtsbehörden zum Erlass von Technischen Baubestimmungen zur Konkretisierung der aus § 3 Abs. 1 S. 1 LBO folgenden Bauwerksanforderungen vorgesehen.

Der am 01.01.2018 in Kraft getretene Art. 3 des Artikelgesetzes zur Umsetzung der Richtlinie 2012/18/EU des Europäischen Parlaments und des Rates vom 4. Juli 2012 zur Beherrschung der Gefahren schwerer Unfälle mit gefährlichen Stoffen, zur Änderung und anschließenden Aufhebung der Richtlinie

96/82/EG des Rates (GBl. 2017, S. 612) setzte die Anforderungen der sog. Seveso-III-Richtlinie im Bauordnungsrecht um. Die Richtlinie bezweckt die Verhütung schwerer Betriebsunfälle mit gefährlichen Stoffen wie auch die Begrenzung der Unfallfolgen u. a. durch die Sicherstellung eines angemessenen Abstands zwischen einem potentiellen Störfallbetrieb und der diesen umgebenden schutzwürdigen Nutzung (z. B. einem Wohngebiet). Durch Art. 3 des Umsetzungsgesetzes wurden die schutzwürdigen Bauvorhaben in der Nähe von Betriebsbereichen definiert und vom Anwendungsbereich des Kenntnisgabeverfahrens ausgeschlossen, um in jedem Fall eine Überprüfung der angemessenen Sicherheitsabstände in einem Baugenehmigungsverfahren zu ermöglichen (§ 51 Abs. 1 S. 2 LBO). Zudem wurde bei der Errichtung von schutzwürdigen Bauvorhaben eine Beteiligung der Öffentlichkeit vorgesehen (§ 55 Abs. 4 LBO).

Die jüngste Änderung der LBO erfolgte mit Wirkung ab dem 01.08.2019 durch das Gesetz zur Änderung der Landesbauordnung vom 18.07.2019. In Anbetracht der in vielen Städten und Regionen des Landes herrschenden Wohnraumknappheit, die sich in immer weiter ansteigenden Miet- und Immobilienpreisen manifestiert, bezweckte die LBO-Novelle 2019 in erster Linie die erleichterte Schaffung von neuem Wohnraum durch die Reduzierung investitionshindernder bauordnungsrechtlicher Anforderungen. So wurden zur Verbilligung des Bauens verschiedene bauliche Standards abgebaut – z. B. die Wäscheraumpflicht (§ 35 Abs. 4 S. 2 Nr. 2 LBO a. F.) oder Anforderungen an Aufstockungen zur Schaffung von Wohnraum (§ 35 Abs. 1 S. 4 LBO) – bzw. modifiziert – z. B. Fahrrad-Stellplatzpflicht (§ 35 Abs. 4 S. 2 Nr. 1 LBO a. F., § 37 Abs. 2 LBO) oder Kinderspielplatzpflicht (§ 9 Abs. 2 und 3 LBO). Weitere materielle Änderungen brachten Erleichterungen beim Holzbau (§ 26 Abs. 3 LBO) und bei der Wärmedämmung im Gebäudebestand (§ 5 Abs. 6 S. 2 LBO). Zudem wurde mit § 65 Abs. 2 LBO eine Rechtsgrundlage für die Anordnung des Abbruchs von nicht genutzten und im Verfall begriffenen Anlagen geschaffen. In verfahrensbezogener Hinsicht wurden Vorschriften zur Beschleunigung (u. a. § 51 Abs. 5 Hs. 2 LBO) und Digitalisierung (u. a. Wegfall des Schriftformerfordernisses des § 53 Abs. 1 S. 2 LBO a. F. und des Unterschriftserfordernisses des § 53 Abs. 2 LBO a. F.) des baurechtlichen Genehmigungsverfahrens in die LBO aufgenommen.

Die Vorschriften der geänderten LBO im Überblick:

§ 1 bestimmt den sachlichen Anwendungsbereich der LBO. Im Vordergrund stehen die „baulichen Anlagen“. Dieser und weitere für das Bauordnungsrecht wesentliche Begriffe (Gebäude und Gebäudeklassen, Geschosse und Vollgeschosse, Aufenthaltsräume, Stellplätze, Werbeanlagen usw.) sind in § 2 definiert.

Mit der in § 3 normierten materiell-rechtlichen Generalklausel wird die Reihe der Vorschriften eröffnet, die der präventiven Gefahrenabwehr dienen: §§ 3 bis 40 – Gewährleistung der öffentlichen Sicherheit oder Ordnung, insbesondere durch den Schutz von Leben, Gesundheit und der natürlichen Lebensgrundlagen (§ 3 Abs. 1 S. 1), wegemäßige Erschließung (§ 4 Abs. 1), Waldabstand (§ 4 Abs. 3), Abstandsflächen (§§ 5 ff.), Teilung von Grundstücken (§ 8), Kinderspielplätze (§ 9 Abs. 2 und 3), Verunstaltungsverbot (§ 11), Standsicherheit (§ 13), Schallschutz (§ 14 Abs. 1), Brandschutz (§§ 15, 26 ff.), Bauarten (§ 16a), Bauprodukte (§§ 16b ff.), Feuerungsanlagen (§ 32), Wasserversorgung und Abwasserbeseitigung (§ 33), Gewährleistung gesunder Wohnverhältnisse

(§§ 34ff.), Stellplätze und Garagen (§ 37), Sonderbauten (§ 38), barrierefreies Bauen (§§ 39, 35 Abs. 1 – vgl. insbesondere DIN 18040).

Zu diesen materiellen Vorschriften tritt in den §§ 41 bis 72 das formelle Recht, d. h. das Verfahrensrecht, hinzu. Die §§ 46ff. regeln den Aufbau und die Zuständigkeiten der Baurechtsbehörden. Sachlich zuständig ist grundsätzlich die untere Baurechtsbehörde (§ 48 Abs. 1 – Ortsnähe!); das ist die Gemeinde bzw. die Verwaltungsgemeinschaft, soweit sie untere Verwaltungsbehörde ist (§ 46 Abs. 1 Nr. 3 Alt. 1 LBO i. V. m. § 15 Abs. 1 Nr. 1 Alt. 2 bzw. 3, Nr. 2, § 19 bzw. § 17 LVG) oder ihr nach § 46 Abs. 2 LBO die Aufgaben der unteren Baurechtsbehörde übertragen sind (Delegation!). In den anderen Fällen nimmt das Landratsamt als untere Verwaltungsbehörde die Aufgaben der unteren Baurechtsbehörde wahr. Örtlich zuständig ist die Baurechtsbehörde, in deren Bezirk das Grundstück liegt, auf dem die bauliche Anlage steht bzw. errichtet werden soll (§ 3 Abs. 1 Nr. 1 Landesverwaltungsverfahrensgesetz [LVwVfG]). Widerspruchsbehörden sind die Regierungspräsidien als höhere Baurechtsbehörden (§§ 73 Abs. 1 S. 2 Nr. 1 Verwaltungsgerichtsordnung [VwGO], 46 Abs. 1 Nr. 2 LBO).

§ 47 Abs. 1 enthält die formell-rechtliche Generalklausel. Wie § 1 Abs. 1 S. 1 Polizeigesetz Baden-Württemberg (PolG) weist § 47 Abs. 1 S. 1 den Baurechtsbehörden allgemein die Aufgabe zu, für bauordnungsrechtlich rechtmäßige Zustände zu sorgen. Vor allem haben sie die in den §§ 3ff. normierten materiellrechtlichen Anforderungen an bauliche Anlagen zu gewährleisten. Die dazu notwendige Befugnis wird den Baurechtsbehörden – parallel zu § 3 PolG – in § 47 Abs. 1 S. 2 eingeräumt. Die Adressaten einer Verfügung nach § 47 Abs. 1 S. 2, 1 werden, soweit sich insbesondere aus den §§ 41ff. keine besonderen Verantwortungszuweisungen ergeben, entsprechend §§ 6ff. PolG bestimmt. Freilich gilt (auch) die bauordnungsrechtliche Generalklausel nur subsidiär, d. h. die Baurechtsbehörde kann eine Maßnahme nur dann auf die verfahrensrechtliche Generalklausel stützen, soweit spezielle Vorschriften wie etwa die Abbruchsanordnung (§ 65 Abs. 1 S. 1, Abs. 2) oder die Nutzungsuntersagung (§ 65 Abs. 1 S. 2) nicht anwendbar sind. Die Spezialermächtigungen entfalten in ihrem Anwendungsbereich eine Sperrwirkung. Der Rückgriff auf die Generalklausel mit ihren abgesenkten Eingriffsvoraussetzungen ist ausgeschlossen.

Das baurechtliche Zulassungsverfahren wird in den §§ 49ff. geregelt. Das Gesetz bildet drei Kategorien: Vorhaben, für die kein Verfahren erforderlich ist (fliegende Bauten, Vorhaben einer öffentlichrechtlichen Gebietskörperschaft oder Vorhaben, die nach § 50 verfahrensfrei sind), Vorhaben, die der Baurechtsbehörde lediglich zur Kenntnis zu geben sind (§ 51) und Vorhaben, für die ein Baugenehmigungsverfahren durchzuführen ist.

Eine Baugenehmigung kann auf zwei Arten erteilt werden: im vereinfachten Verfahren nach § 52 oder im normalen Verfahren gemäß § 58. Nach § 49 besteht ein Regel-Ausnahme-Verhältnis: Die Errichtung und der Abbruch (beachte: § 2 Abs. 13) baulicher Anlagen bedürfen der Baugenehmigung. Anderes gilt nur, soweit das Vorhaben verfahrensfrei oder der Baurechtsbehörde lediglich zur Kenntnis zu geben ist.

Verfahrensfrei ist die Errichtung der im Anhang zu § 50 Abs. 1 aufgeführten Einzelvorhaben (beachte: § 74 Abs. 1 S. 1 Nr. 6). Tragender Grund für die verfahrensrechtliche Privilegierung dieser Vorhaben ist die Einschätzung des Gesetzgebers, ihnen komme typischerweise eine lediglich untergeordnete baurechtliche Relevanz zu.

Das gilt zumindest für die erste Fallgruppe innerhalb des Kenntnisgabeverfahrens nicht. Danach ist es möglich, Wohngebäude (§ 51 Abs. 1 S. 1 Hs. 1

Nr. 1) bis zur Hochhausgrenze (vgl. § 38 Abs. 2 Nr. 1) in Gebieten mit qualifizierten Bebauungsplänen zu errichten, ohne ein Baugenehmigungsverfahren durchzuführen (§ 51 Abs. 1 S. 1 Hs. 2 Alt. 2, Abs. 2 S. 1 Nr. 1 Hs. 1). Eine Einschränkung des Anwendungsbereichs des Kenntnisgabeverfahrens besteht nach § 51 Abs. 1 S. 2 Nr. 1 jedoch für bestimmte Wohngebäude in der Nähe eines störfallrelevanten Betriebsbereichs i. S. d. § 3 Abs. 5a des Bundes-Immissionsschutzgesetzes (BImSchG). Rechtfertigen lässt sich dieser Verzicht auf eine präventive Kontrolle des Vorhabens damit, dass das Vorhaben den Festsetzungen des Bebauungsplans entsprechen muss (§ 51 Abs. 2 S. 2). Ist das nicht der Fall und benötigt der Bauherr beispielsweise eine Ausnahme oder eine Befreiung von den Festsetzungen des Bebauungsplans nach § 31 BauGB, scheidet das Kenntnisgabeverfahren aus. In diesem Fall kann der Bauherr das vereinfachte Baugenehmigungsverfahren wählen (§ 52 Abs. 1).

Der Ablauf des Kenntnisgabeverfahrens lässt sich wie folgt skizzieren: Einreichung der Unterlagen bei der Gemeinde, in der das Baugrundstück liegt (§ 53 Abs. 1 S. 1 Alt. 2); Prüfung der Unterlagen auf Vollständigkeit durch die Gemeinde und Vollständigkeitsbestätigung an den Bauherrn (§ 53 Abs. 5 Nr. 1) und ggfs. Weiterleitung der Unterlagen an die Baurechtsbehörde (§ 53 Abs. 5 Nr. 2); Benachrichtigung der Angrenzer bzw. der sonstigen Nachbarn (§ 55 Abs. 3, Abs. 1); Prüfung bautechnischer Nachweise, Festlegung von Grundriss sowie Höhenlage von Gebäuden und technische Angaben an bevollmächtigten Bezirksschornsteinfeger (§ 59 Abs. 5 Nr. 1 bis 3). Der Baubeginn richtet sich nach § 59 Abs. 4.

Für alle Vorhaben, die nicht verfahrensfrei sind und für die das Kenntnisgabeverfahren nicht angewendet wird (beachte: § 51 Abs. 5), muss ein Baugenehmigungsverfahren – das vereinfachte nach § 52 oder das normale gemäß § 58 – durchgeführt werden.

Die gegenständlichen Anwendungsbereiche von vereinfachtem Baugenehmigungsverfahren und Kenntnisgabeverfahren decken sich – vor allem Wohngebäude sowie Nichtwohngebäude bis zu einer Höhe von 7m, ausgenommen Sonderbauten. Räumlich erfasst das vereinfachte Baugenehmigungsverfahren jedoch auch Vorhaben, die nicht im Geltungsbereich eines qualifizierten oder vorhabenbezogenen Bebauungsplans liegen (vgl. § 51 Abs. 2). Gegenüber dem normalen Baugenehmigungsverfahren zeichnet sich das vereinfachte auf der einen Seite durch einen reduzierten Prüfungsumfang, auf der anderen Seite durch eine beschränkte materielle Bestandskraft aus. Im Rahmen von § 58 Abs. 1 S. 1 prüft die Baurechtsbehörde grundsätzlich alle Vorschriften des Bauplanungs- und des Bauordnungsrechts. Im vereinfachten Baugenehmigungsverfahren prüft die Baurechtsbehörde zwar ebenfalls die bauplanungsrechtliche Zulässigkeit des Vorhabens (§ 52 Abs. 2 Nr. 1), von den bauordnungsrechtlichen Vorschriften wird behördlicherseits aber nur die Einhaltung der Abstandsflächenregelungen (§ 52 Abs. 2 Nr. 2) sichergestellt. Neben den §§ 14 und 29 bis 38 BauGB sowie den §§ 5 bis 7 LBO gehören nach § 52 Abs. 2 Nr. 3 LBO nur Vorschriften des Fachrechts außerhalb der LBO und der darauf basierenden Vorschriften (etwa des Wasser-, Naturschutz- oder Denkmalschutzrechts) zum Prüfprogramm im vereinfachten Baugenehmigungsverfahren. Für die Beachtung der übrigen bauordnungsrechtlichen Vorschriften ist der Bauherr selbst verantwortlich. Was aber soll die Baurechtsbehörde im folgenden Fall tun? Bauherr B beantragt die Erteilung einer Baugenehmigung im vereinfachten Verfahren für die Errichtung eines Wohnhauses im unbeplanten Innenbereich. Das Vorhaben steht zwar mit Bauplanungs- und Abstandsflächenrecht in Einklang, ist aber aller Voraussicht nach brandschutzrechtlich unzulässig. Die Eckpunkte lauten: Auf die Erteilung der Baugenehmigung besteht nach § 58 Abs. 1 S. 1 ein Anspruch, wenn keine zu prüfenden Vorschriften entgegenstehen. Brandschutzbestimmungen gehören gemäß § 52 Abs. 2 nicht zum Prüfprogramm der Baurechtsbehörde. Dieses Prüfprogramm darf die Baurechtsbehörde nicht eigenmächtig erweitern. Die Baurechtsbehörde kann B auch nicht in das normale Baugenehmigungsverfahren zwingen, da die Verfahrenswahl ihm obliegt. Gleichwohl müssen nach § 52 Abs. 3 auch Bauvorhaben im vereinfachten Verfahren materiell baurechtmäßig sein. Hierauf hat auf Grund der allgemeinen Aufgabenzuweisungsnorm (§ 47 Abs. 1 S. 1) die Baurechtsbehörde zu achten. Einem Antragsteller kann das Sachbescheidungsinteresse grundsätzlich nur bei offensichtlichen und schlechthin nicht ausräumbaren Hindernissen abgesprochen werden. Ein erster Lösungsansatz liegt auf der Hand: Die Baurechtsbehörde sollte mit B in Kontakt treten und ihn über ihre Bedenken hinsichtlich des Brandschutzes informieren. Erforderlichenfalls kann die Baurechtsbehörde mit der Erteilung der Baugenehmigung gegenüber B auf § 47 Abs. 1 S. 2 i. V. m. S. 1 gestützte Anordnungen treffen.

Spezifisches Fachrecht wird gemäß § 52 Abs. 2 Nr. 3a) im vereinfachten Baugenehmigungsverfahren nur geprüft, soweit es Anforderungen an eine Baugenehmigung stellt (vgl. beispielsweise Nr. 1 S. 3b) aa) TA Lärm oder § 9 Bundesfernstraßengesetz [FStrG]). Eine Ausnahme besteht für Vorhaben, die im bauplanungsrechtlichen Außenbereich verwirklicht werden sollen. Hier findet – auch im Rahmen des vereinfachten Baugenehmigungsverfahrens – eine Vollprüfung des Fachrechts (Ausnahme: Bauordnungsrecht) statt (§§ 52 Abs. 2 Nr. 3b), 58 Abs. 1 S. 2).

Die wesentlichen Verfahrensschritte, sowohl des vereinfachten als auch des normalen Baugenehmigungsverfahrens, sind: Einreichung der Unterlagen bei der Gemeinde, in der das Baugrundstück liegt (§ 53 Abs. 1); gegebenenfalls Weiterleitung der Unterlagen an die Baurechtsbehörde (§ 53 Abs. 3); Vollständigkeitsprüfung durch Baurechtsbehörde (§ 54 Abs. 1); Durchführung der Benachrichtigung von Angrenzern und gegebenenfalls sonstigen Nachbarn (§ 55 Abs. 1) bzw. Öffentlichkeitsbeteiligung (§ 55 Abs. 4); Mitteilung über den Verfahrenszeitplan an den Bauherrn (§ 54 Abs. 2 Nr. 1; beachte: § 54 Abs. 5) und Anhörung der Gemeinde/berührter Stellen (§ 54 Abs. 2 Nr. 2); Weiterleitung der Einwendungen (§ 55 Abs. 2 S. 4; beachte: § 55 Abs. 2 S. 2 – materielle Präklusion!). Am Ende steht die Entscheidung der Baurechtsbehörde über den Bauantrag. Widerspruch und Klage eines Dritten gegen die Baugenehmigung haben keine aufschiebende Wirkung (§ 80 Abs. 2 S. 1 Nr. 3 VwGO i. V. m. § 212a Abs. 1 BauGB).

Verfahrensübergreifend sind drei Aspekte von besonderer Bedeutung: Auch dann, wenn das Vorhaben keiner normalen Baugenehmigung bedarf (Vollprüfung nach § 58 Abs. 1 S. 2 Hs. 2), muss es in jedem Fall den öffentlich rechtlichen Vorschriften entsprechen (§ 50 Abs. 5 S. 1; § 51 Abs. 4; § 52 Abs. 3) – mit anderen Worten: es gibt keinen baurechtsfreien Raum! Soweit in einem Baugenehmigungsverfahren Abweichungen, Ausnahmen oder Befreiungen von im jeweiligen Verfahren zu prüfenden Vorschriften erforderlich sind, müssen diese nicht ausdrücklich beantragt werden. Der Bauantrag ist so auszulegen, dass eventuell erforderliche Abweichungen, Ausnahmen oder Befreiungen im Rahmen des einschlägigen Prüfprogramms konkludent mitbeantragt sind. Werden diese mit der Baugenehmigung erteilt, muss das in der Genehmigung jedoch explizit ausgesprochen werden (§ 58 Abs. 1 S. 4). Eine Baugenehmigung, die ein Vorhaben zulässt, das in Widerspruch etwa zu den Festsetzungen des Bebauungsplans steht, ohne eine Ausnahme oder Befreiung von diesen zu erteilen, ist rechtswidrig. Soweit Abweichungen, Ausnahmen oder Befreiungen von im jeweiligen Verfahren nicht zu prüfenden Vorschriften erforderlich sind, müssen diese besonders beantragt werden (für verfahrensfreie Vorhaben: § 56 Abs. 6 S. 1; für das vereinfachte Baugenehmigungsverfahren: § 52 Abs. 4). Zur rechtlichen Absicherung seiner Position kann der Bauherr für ein Vorhaben, das er der Baurechtsbehörde lediglich zur Kenntnis zu geben hat, ein vereinfachtes Baugenehmigungsverfahren oder ein normales initiieren (§ 51 Abs. 5 Hs. 1). Der Bauherr hat grundsätzlich die Wahl zwischen den beiden Verfahrensarten. Lediglich bei Wohngebäuden der Gebäudeklassen 1 bis 3 sowie deren Nebengebäuden und Nebenanlagen ist neben dem Kenntnisgabeverfahren nur das vereinfachte Baugenehmigungsverfahren nach § 52 eröffnet (§ 51 Abs. 5 Hs. 2). Hintergrund ist, dass eine bestandskräftige Baugenehmigung gemäß § 58 dem Bauherrn eine rechtlich gesicherte Position vor allem seinen Nachbarn gegenüber (beachte: § 55 Abs. 2 S. 2) einräumt. Für ein verfahrensfreies Vorhaben kann der Bauherr „immerhin noch" einen Feststellungsbescheid im Bauvorbescheidsverfahren beantragen, § 50 Abs. 5 S. 2.

Nach § 58 Abs. 1 S. 1 hat der Bauherr einen Anspruch auf Erteilung der Baugenehmigung („ist zu erteilen"), wenn dem Vorhaben keine von der Baurechtsbehörde zu prüfenden öffentlichrechtlichen Vorschriften entgegenstehen. Das sind insbesondere die Vorschriften des Bauplanungs- und des Bauordnungsrechts. § 58 Abs. 3 nimmt private Rechte Dritter vom Prüfprogramm der Baurechtsbehörde ausdrücklich aus. Gibt es besondere Genehmigungsverfahren, gehen diese dem baurechtlichen Genehmigungsverfahren vor; z. B. im Fall der Zulassung von Anlagen nach § 4 BImSchG (beachte: § 13 BImSchG – Konzentrationseffekt). Handelt es sich um eine nicht nach § 4 BImSchG genehmigungsbedürftige Anlage und bedarf diese nach §§ 49ff. LBO einer Baugenehmigung, hat die Baurechtsbehörde im Rahmen von § 58 Abs. 1 S. 1 LBO zu prüfen, ob das Vorhaben etwa den Anforderungen des § 22 BImSchG i. V. m. TA Lärm genügt.

Besondere Regeln gelten für das gemeindliche Einvernehmen nach dem BauGB (§ 14 Abs. 2 S. 2, § 22 Abs. 5 S. 1 und § 36 Abs. 1 S. 1f.). Nach § 54 Abs. 4 LBO *hat* (kein Ermessen!) die zuständige Genehmigungsbehörde ein erforderliches, von der Gemeinde jedoch rechtswidrig verweigertes Einvernehmen zu ersetzen. Am häufigsten findet diese Regelung Anwendung im Zusammenhang mit § 36 BauGB. Einvernehmen bedeutet Willensübereinstimmung. Während die Baurechtsbehörde an die Erteilung des Einvernehmens nicht gebunden ist, kann sie sich über die Verweigerung des Einvernehmens grundsätzlich nicht hinweg setzen. Für den bauwilligen Bürger ist die Verweigerung des Einvernehmens vor Gericht nicht isoliert angreifbar. Ein Einschreiten der Kommunalaufsicht nach §§ 118ff. Gemeindeordnung kann er auch nicht erzwingen. Die Anforderungen an eine ordnungsgemäße Ausübung des Ermessensspielraums, der einer Gemeinde, die nicht zugleich untere Baurechtsbehörde ist, durch die Regelungen des § 36 BauGB eingeräumt wird, sind durchaus anspruchsvoll. Wie § 36 Abs. 2 S. 1 BauGB klar stellt, darf die Gemeinde ihr Einvernehmen nur aus den sich aus §§ 31, 33, 34 und 35 BauGB ergebenden Gründen versagen. Folglich hat die Gemeinde ausschließlich zu prüfen, ob das Vorhaben bauplanungsrechtlich zulässig ist. Sie darf ihr Einvernehmen insbesondere nicht deshalb versagen, weil sie sich ihre Planungsmöglichkeiten offenhalten will. Auch der Beschluss, einen Bebauungsplan aufzustellen, rechtfertigt für sich alleine nicht die Versagung des Einvernehmens, sondern erlaubt es der Gemeinde nur, die Zurückstellung des Vorhabens zu beantragen (vgl. § 15 BauGB) oder eine Veränderungssperre gemäß § 16 Abs. 1 BauGB zu beschließen, sofern ihre Planungsvorstellungen bereits hinreichend konkretisiert sind. Voraussetzungen für eine Ersetzung des Einvernehmens nach § 54 Abs. 4 sind: Erforderlichkeit des Einvernehmens der Gemeinde nach einer der benannten Vorschriften, rechtswidrige Versagung des Einvernehmens, Zulässigkeit des beantragten Vorhabens im einschlägigen Verfahren und Anhörung der Gemeinde unter Einräumung einer angemessenen Frist. Die Ersetzung des gemeindlichen Einvernehmens ist in der Baugenehmigung auszusprechen; sie gilt zugleich als Ersatzvornahme. Widerspruch und Anfechtungsklage der Gemeinde haben auch insoweit keine aufschiebende Wirkung als die Genehmigung als Ersatzvornahme gilt (§ 54 Abs. 4 S. 5).

Der enge Bezug der Baugenehmigung zum Baugrundstück wird in § 58 Abs. 2 deutlich: Die Baugenehmigung gilt auch für und gegen den Rechtsnachfolger des Bauherrn („Verdinglichung" der Baugenehmigung!).

Zwar stellt die Baugenehmigung in den Grenzen des § 58 Abs. 6 verbindlich fest, dass dem Vorhaben keine öffentlichrechtlichen Vorschriften entgegenstehen (Feststellungswirkung), hebt ein bestehendes gesetzliches präventives Bauverbot auf (Gestaltungswirkung) und gestattet dem Bauherrn die Errichtung und dauernde Nutzung des Vorhabens (Gestattungswirkung), sie erlaubt ihm aber noch nicht, mit den Bauarbeiten unmittelbar zu beginnen. Mit der Bauausführung darf der Bauherr erst beginnen, wenn der Baufreigabeschein erteilt wurde (§ 59 Abs. 1 S. 1 – „Roter Punkt").

Eine Bauabnahme erfolgt nur, wenn die Behörde dies gem. § 67 Abs. 1 ausdrücklich angeordnet hat. Nach § 62 Abs. 1 erlischt die Baugenehmigung, wenn nicht innerhalb von drei Jahren mit der Bauausführung begonnen oder wenn die Bauausführung nach diesem Zeitraum ein Jahr unterbrochen worden ist.

Seit der Novellierung des Landesgebührengesetzes (LGebG) durch Gesetz vom 14.12.2004 (GBl. S. 895) setzen die Landratsämter, Verwaltungsgemeinschaften und Gemeinden, soweit sie als untere Baurechtsbehörden Baugenehmigungsverfahren durchführen, gemäß § 4 Abs. 3 LGebG die gebührenpflichtigen Tatbestände und die Höhe der Gebühren dezentral, d. h. jeweils für sich durch Rechtsverordnung bzw. Satzung, fest. Dies führt dazu, dass in Baden-Württemberg für die Erteilung einer Baugenehmigung von den Bürgern Gebühren in unterschiedlicher Höhe erhoben werden.

Zur Durchführung eines Baugenehmigungsverfahrens muss der Bauherr umfangreiche Bauvorlagen bei der Baurechtsbehörde einreichen (vgl. § 53 Abs. 1). Sind sich Bauherr und Architekt im Vorfeld unsicher, ob dem Vorhaben bestimmte Vorschriften von vornherein entgegenstehen, so dass das Vorhaben grundsätzlich scheitern könnte, bietet ihnen das Gesetz mit dem in § 57 geregelten Bauvorbescheid eine Möglichkeit, diese Fragen von der Baurechtsbehörde vorab verbindlich klären zu lassen. Der Bauvorbescheid enthält zwar eine verbindliche Feststellung der Baurechtsbehörde darüber, ob dem Vorhaben hinsichtlich der zur Entscheidung gestellten Einzelfragen Hindernisse entgegenstehen; er entfaltet aber keine Gestattungswirkung. Der Bauvorbescheid ist sowohl verfahrensrechtlich als auch, was den materiell-rechtlichen Entscheidungsmaßstab angeht, an die Baugenehmigung angelehnt (§ 57 Abs. 2). Der Bauvorbescheid gilt drei Jahre (§ 57 Abs. 1 S. 2).

Mit dem Bauvorbescheid darf die Teilbaugenehmigung nach § 61 nicht verwechselt werden. Während der Bauvorbescheid keine Baugenehmigung ist, sondern nur hinsichtlich der in ihm geklärten baurechtlichen Fragen eine der Baugenehmigung entsprechende Feststellungswirkung entfaltet, ist die Teilbaugenehmigung eine Baugenehmigung. Soweit die Teilbaugenehmigung inhaltlich reicht (z.B. Ausheben der Baugrube), entfaltet sie Feststellungs- und Gestattungswirkung. Auch insoweit setzt der Beginn der Bauarbeiten die Erteilung eines Baufreigabescheins voraus (§§ 61 Abs. 1 S. 2, 59 Abs. 1 S. 1).

Um die Einhaltung der §§ 49ff. im konkreten Einzelfall sicherzustellen und die Schaffung vollendeter Tatsachen zu verhindern, kann die Baurechtsbehörde nach § 64 Abs. 1 die Einstellung der Arbeiten anordnen (beachte: § 64 Abs. 1 S. 3 – keine aufschiebende Wirkung von Widerspruch und Anfechtungsklage, § 64 Abs. 2 – Versiegelung der Baustelle und amtliche Gewahrsamsnahme). Sind bereits vollendete Tatsachen geschaffen, kommen eine Abbruchsanordnung (§ 65 Abs. 1 S. 1) und eine Nutzungsuntersagung (§ 65 Abs. 1 S. 2) in Betracht. Soweit die Gestattungswirkung einer Baugenehmigung reicht, scheiden sowohl eine Nutzungsuntersagung als auch – in diesem Sinne erst recht – eine Abbruchsanordnung aus. Dabei spielt es keine Rolle, ob die Baugenehmigung rechtswidrig ist; sie darf nur nicht gemäß § 44 LVwVfG nichtig sein. Gegebenenfalls muss die rechtswidrige Baugenehmigung aufgehoben, insbesondere nach § 48 LVwVfG zurückgenommen werden. Sind das Gebäude und seine Nutzung nicht durch eine Baugenehmigung gedeckt, setzt der Erlass einer Abbruchsanordnung darüber hinaus voraus, dass die Anlage keinen Bestandsschutz genießt. Bestandsschutz bedeutet, dass die seinerzeit in Einklang mit dem materiellen Recht errichtete Anlage weiter Bestand haben und weiter genutzt werden kann, auch wenn sie inzwischen geltendem Recht widerspricht. Aufgrund ihrer besonderen Eingriffsintensität setzt die Abbruchsanordnung weiter voraus, dass nicht auf andere Weise rechtmäßige Zustände hergestellt werden können – der Abbruch der Anlage ist „ultima ratio“. In den Fällen einer nur formellen Rechtswidrigkeit können durch die nachträgliche Erteilung einer Baugenehmigung rechtmäßige Zustände herbeigeführt werden. Insoweit kann dem Eigentümer durch eine Anordnung nach § 47 Abs. 1 S. 2 aufgegeben werden, einen entsprechenden Bauantrag zu stellen und die erforderlichen Unterlagen vorzulegen. Ist ein Gebäude materiell baurechtswidrig können die Nutzungsuntersagung der Abbruchsanordnung und der teilweise Abbruch dem vollständigen vorgehen. Freilich ist die Baurechtsbehörde zum Einschreiten nicht verpflichtet. § 65 Abs. 1 S. 1 ermöglicht es ihr, einen rechtswidrigen Zustand gänzlich zu belassen. Dementsprechend kann die Baurechtsbehörde ihr Ermessen auch dahin ausüben, ein insgesamt rechtswidriges Vorhaben teilweise zu erhalten.

In diesem Zusammenhang wichtig ist die Abgrenzung von § 65 Abs. 1 S. 1 zu § 65 Abs. 2 und § 47 Abs. 1. Muss beispielsweise ein rechtmäßig errichtetes Gebäude abgebrochen werden, weil zu befürchten ist, dass es einstürzt und dadurch Gefahren für Leben und Gesundheit bestehen, ist nicht der Anwendungsbereich des § 65 Abs. 1 S. 1 eröffnet, einschlägig ist vielmehr nur die bauordnungsrechtliche Generalklausel (§ 47 Abs. 1 i.V.m. §§ 13, 3). Diese wird jedoch durch den im Zuge der LBO-Novelle 2019 eingeführten § 65 Abs. 2 verdrängt, sollte das rechtmäßig errichtete und einsturzgefährdete Gebäude zugleich im Verfall begriffen sein und nicht mehr genutzt werden.

Am Ende der verfahrensrechtlichen Vorschriften finden sich in den §§ 71f. die in der Praxis außerordentlich bedeutsamen Vorschriften zu den Baulasten.

Die Bedeutung der Baulasten beruht darauf, dass sie ein äußerst wirksames Mittel darstellen, grundstücksbezogene Voraussetzungen für die Zulässigkeit baurechtlich relevanter Maßnahmen (sog. Vorhabenzusammenhang) zu schaffen. Die Baulast ist eine grundstücksbezogene (§ 71 Abs. 1 S. 2) öffentlichrechtliche Verpflichtung des jeweiligen Grundstückseigentümers gegenüber der Baurechtsbehörde zu einem bestimmten Tun, Dulden oder Unterlassen (§ 71 Abs. 1 S. 1). Im Wege einer privatrechtlichen Grunddienstbarkeit (§§ 1018 ff. Bürgerliches Gesetzbuch [BGB]) oder einer beschränkten persönlichen Dienstbarkeit (§§ 1090 ff. BGB) können nur Duldungs- oder Unterlassungspflichten eines Grundstückseigentümers gesichert werden, nicht aber eine Pflicht zu positivem Tun. Will beispielsweise die Gemeinde bei der Aufstellung eines vorhabenbezogenen Bebauungsplans nach § 12 BauGB dinglich sicherstellen, dass die zum naturschutzrechtlichen Ausgleich erforderliche Pflege einer Streuobstwiese auf einem bestimmten Grundstück dauerhaft durchgeführt wird, kann sie dies durch die Eintragung einer Baulast erreichen. Die Baulast wird durch eine an die Baurechtsbehörde adressierte Erklärung übernommen (§ 71 Abs. 1 S. 1), die vor der Baurechtsbehörde oder der Gemeinde abgegeben werden kann (§ 71 Abs. 2 Hs. 1). Sie erlischt durch schriftlichen Verzicht der Baurechtsbehörde (§ 71 Abs. 3 S. 1). Folglich begründet die Baulast nur gegenüber dieser eine rechtliche Verpflichtung. Indem nach § 71 Abs. 3 S. 2 der Verzicht aber davon abhängt, dass ein öffentliches Interesse an der Baulast nicht mehr besteht und nach S. 3 vor dem Verzicht auch die durch die Baulast Begünstigten gehört werden sollen, erfahren die durch die Baulast materiell Begünstigten eine gewisse Absicherung.

Während in § 73 die obersten Baurechtsbehörden (beachte: § 46 Abs. 1 Nr. 1) einzeln oder gemeinsam und die Landesregierung ermächtigt werden, detaillierte Folgeregelungen zur LBO durch Rechtsverordnungen zu treffen, ermächtigt § 74 die Gemeinden, örtliche Bauvorschriften vor allem zur Lenkung der baugestalterischen Entwicklung durch Satzung zu erlassen. Auch wenn in § 74 Abs. 7 S. 1 davon die Rede ist, dass örtliche Bauvorschriften „zusammen mit einem Bebauungsplan beschlossen" werden, hat der Landesgesetzgeber hierdurch keinen Gebrauch von der Möglichkeit nach § 9 Abs. 4 BauGB gemacht, örtliche Bauvorschriften in Bebauungspläne als Festsetzungen nach § 9 BauGB zu inkorporieren. In § 74 Abs. 7 ist lediglich ein verfahrensrechtlicher Gleichlauf, ein Verfahrensverbund, gemeint. Dabei bleibt es auch im Fall sog. kombinierter, örtlicher Bauvorschriften. Es handelt sich rechtlich um zwei selbstständige und in ihrem rechtlichen Schicksal nicht verknüpfte Satzungen.

2. LBOAVO (Nr. 2)

Nach Art. 61 Abs. 1 S. 3 LV ist die Rechtsgrundlage in der Verordnung anzugeben. Diesem Zitiergebot entspricht die LBOAVO, indem sie Bezug insbesondere auf § 73 Abs. 1 Nr. 1 LBO nimmt. Damit ist zugleich der Hauptanwendungsbereich der LBOAVO abgegrenzt: die Konkretisierung und Ergänzung der in den §§ 4 bis 37 LBO normierten allgemeinen Anforderungen an die Errichtung von Anlagen sowie Einrichtungen. Die §§ 4 bis 37 stellen den Großteil der Vorschriften der LBO dar, die der präventiven Gefahrenabwehr dienen. In der LBOAVO finden sich dementsprechend bautechnische Detailregelungen zu Kinderspielplätzen (§ 1), Flächen für die Feuerwehr (§ 2), Umwehrungen (§ 3), tragenden Wänden und Stützen (§ 4), Außenwänden (§ 5) usw. Den Schwerpunkt der Regelungen dieser Rechtsverordnung bilden detaillierte Einzelanforderungen an das Brandschutzkonzept nach §§ 26 ff. LBO.

Im Ergebnis ist die LBOAVO bei der Anwendung der §§ 4ff. LBO auf den konkreten Einzelfall immer mitzulesen.

In Umsetzung der mit der LBO-Novelle 2019 verfolgten Zielsetzung, die Schaffung von neuem Wohnraum zu erleichtern, wurden durch Art. 1 der Zweiten Verordnung des Wirtschaftsministeriums zur Änderung bauordnungsrechtlicher Verordnungen vom 08.12.2020 (GBl. S. 1182) mit Wirkung zum 01.02.2021 zahlreiche Folgeänderungen zur Reduzierung investitionshindernder bauordnungsrechtlicher Anforderungen in der LBOAVO bewirkt. Zu nennen sind in diesem Zusammenhang etwa die Verringerung der erforderlichen nutzbaren Fläche von Kinderspielplätzen (§ 1 Abs. 2 LBOAVO) oder brandschutzrechtliche Erleichterungen für für Anlagen zur photovoltaischen oder thermischen Solarnutzung (§ 9 Abs. 4 S. 3 LBOAVO).

3. Verordnung des Wirtschaftsministeriums über Anforderungen an Feuerungsanlagen, Wärme- und Brennstoffversorgungsanlagen (FeuVO, Nr. 3)

Nach § 32 Abs. 1 LBO müssen Feuerstätten und Abgasanlagen (Oberbegriff: Feuerungsanlagen) betriebssicher und brandsicher sein. Die hieraus abzuleitenden Einzelanforderungen hat der Verordnungsgeber in der FeuVO normiert – er hätte sie auch in die LBOAVO aufnehmen können. Durch Art. 2 der Zweiten Verordnung des Wirtschaftsministeriums zur Änderung bauordnungsrechtlicher Verordnungen vom 08.12.2020 wurde die FeuVO vom 24.11.1995 zum 01.02.2021 durch die FeuVO vom 08.12.2020 ersetzt. Mit dieser Neuregelung trug der Verordnungsgeber in erster Linie verschiedenen Änderungen der Muster-Feuerungsverordnung (MFeuV) aus den Jahren 2016 und 2017 Rechnung.

Den Anwendungsbereich der FeuVO grenzt der Verordnungsgeber in § 1 funktional ab. Für Feuerstätten, Wärmepumpen und Blockheizkraftwerke gilt die Verordnung nur, soweit diese Anlagen der Beheizung von Räumen oder der Warmwasserversorgung dienen oder Gas-Haushalts-Kochgeräte sind. Wesentliche Begriffe (Nennleistung und raumluftunabhängige Feuerstätten) sind in § 2 definiert. Einzelregelungen betreffen die Verbrennungsluftversorgung (§ 3), das Aufstellen von Feuerstätten (§§ 4ff.), Abgasanlagen, Schornsteine und Abgasleitungen (§§ 7ff.), Wärmepumpen, Blockheizkraftwerke und ortsfeste Verbrennungsmotoren (§§ 10f.) sowie die Brennstofflagerung (§§ 12ff.).

4. Verordnung der Landesregierung, des Wirtschaftsministeriums und des Umweltministeriums über das baurechtliche Verfahren (LBOVVO, Nr. 4)

Während die LBOAVO und die FeuVO Detailregelungen zu materiellen – in erster Linie bautechnischen – Anforderungen enthalten, wird das Verfahrensrecht der LBO (§§ 41ff.) in der LBOVVO näher geregelt. Gegenstand der LBOVVO sind die Anforderungen an die Bauvorlagen, die nach § 53 Abs. 1 S. 1 LBO zu Beginn des Kenntnisgabeverfahrens nach § 51 LBO sowie des Baugenehmigungsverfahrens (vereinfachtes [§ 52 LBO] oder normales [§ 58 LBO]) bei der Gemeinde einzureichen sind. In jedem Fall sind vorzulegen: Lageplan, Bauzeichnungen, Darstellung der Grundstücksentwässerung und zumindest die Erklärung zum Standsicherheitsnachweis (§§ 1 Abs. 1 Nr. 1–4, 2 Abs. 1 Nr. 1f. und Nr. 4f. LBOVVO).

Die Einzelheiten zu den Inhalten und den gesetzlich vorgeschriebenen Verfassern der Bauvorlagen finden sich in den §§ 4ff. LBOVVO – Lageplan (§§ 4f.), Bauzeichnungen (§ 6), Darstellung der Grundstücksentwässerung (§ 8) und Erklärung zum Standsicherheitsnachweis (§ 10). Geht es nicht um die Errichtung, sondern um den Abbruch einer baulichen Anlage (vgl. § 49 LBO), sind der Behörde die in § 12 LBOVVO genannten Informationen vorab mitzuteilen. Der mit dem Abbruch beauftragte Fachunternehmer hat zu bestätigen, dass er über das erforderliche Wissen, die entsprechende Erfahrung und das notwendige technische Gerät verfügt (§ 12 Nr. 3 LBOVVO).

§ 15 Abs. 1 LBOVVO sieht vor, dass dem Antrag auf Erteilung eines Bauvorbescheids nach § 57 Abs. 1 S. 1 LBO die Bauvorlagen beizufügen sind, die zur Beurteilung der durch den Vorbescheid zu entscheidenden Fragen erforderlich sind. Entsprechendes gilt, wenn im Fall eines verfahrensfreien Vorhabens gemäß §§ 50 Abs. 5 S. 2, 57 LBO ein Feststellungsbescheid beantragt wird.

Erleichterungen bei der bautechnischen Prüfung sieht § 18 LBOVVO vor.

Danach muss insbesondere bei Wohngebäuden der Gebäudeklassen 1 bis 3 grundsätzlich keine bautechnische Prüfung durchgeführt werden (beachte: § 18 Abs. 1 S. 3, Abs. 6f. LBOVVO).

Schließlich hat der Verordnungsgeber mit § 20 LBOVVO von der Öffnungsklausel in § 59 Abs. 5 Nr. 2 LBO Gebrauch gemacht, in diesem Sinn anderes zu bestimmen: Im Kenntnisgabeverfahren braucht die Festlegung von Grundriss und Höhenlage bei baulichen Anlagen, die keine Gebäude sind, nicht durch einen Sachverständigen vorgenommen zu werden.

5. Verwaltungsvorschrift des Ministeriums für Wirtschaft, Arbeit und Wohnungsbau über Vordrucke im baurechtlichen Verfahren (VwV LBO-Vordrucke, Nr. 5)

Hat die oberste Baurechtsbehörde Vordrucke für die nach § 53 Abs. 1 S. 1 LBO bei der Gemeinde einzureichenden Bauvorlagen öffentlich bekanntgemacht, so sind gemäß § 3 Abs. 2 LBOVVO der Bauantrag und die betreffenden Bauvorlagen unter Verwendung dieser Vordrucke einzureichen. In seiner Funktion als oberste Baurechtsbehörde hat das Ministerium für Wirtschaft, Arbeit und Wohnungsbau folgende Vordrucke bekanntgemacht und verbindlich eingeführt:

- Kenntnisgabeverfahren nach § 51 Abs. 1f. LBO;
- Abbruch baulicher Anlagen im Kenntnisgabeverfahren nach § 51 Abs. 3 LBO;
- Antrag auf Baugenehmigung im vereinfachten Verfahren (§ 52 LBO);
- Antrag auf Baugenehmigung (§ 49 LBO)/Bauvorbescheid (§ 57 LBO);
- Schriftlicher Teil des Lageplans (§ 4 LBOVVO);
- Baubeschreibung;
- Technische Angaben über Feuerungsanlagen;
- Angaben zu gewerblichen Anlagen, die keiner immissionsschutzrechtlichen Genehmigung bedürfen (§ 7 Abs. 2 LBOVVO).

Die Vordrucke stehen auf der Homepage des Ministeriums [https://wm.baden-wuerttemberg.de/de/bauen/baurecht/erlasse-und-vorschriften/] als Anlagen zur VwV LBO-Vordrucke zum Download bereit. Die Nummerierung der Anlagen entspricht der vorstehenden Reihenfolge.

6. Verordnung der Landesregierung und des Umweltministeriums zur Durchführung der Energieeinsparverordnung (EnEV-DVO, Nr. 6)

Zur Durchführung der Energieeinsparverordnung des Bundes (Verordnung über energiesparenden Wärmeschutz und energiesparende Anlagentechnik bei Gebäuden, EnEV), welche die allgemeinen Anforderungen des Energieeinsparungsgesetzes (EnEG) konkretisiert, hat Baden-Württemberg im Jahr 2009 die EnEV-DVO erlassen. Aufgrund des zwischenzeitlichen Neuerlasses dieser Verordnung gilt derzeit die EnEV-DVO vom 08.11.2016. Während sich die Anforderungen an den Wärmeschutz von Gebäuden und deren Bauteilen, an eine energiesparende Anlagentechnik bei Gebäuden sowie an den energiesparenden Betrieb von Anlagen aus dem Bundesrecht ergeben, regelt die landesrechtliche EnEV-DVO Zuständigkeiten, Verantwortlichkeiten und Verfahrensabläufe.

Um im Vollzug eine möglichst einheitliche Anwendung der EnEV zu ermöglichen, hat die Fachkommission „Bautechnik“ der Bauministerkonferenz beschlossen, eine Arbeitsgruppe einzurichten, die die in den Ländern eingehenden Anfragen von allgemeinem Interesse beantworten soll. Die Entwürfe der Arbeitsgruppe werden dann in den Sitzungen der Fachkommission beraten. Die Arbeitsgruppe wurde unter Beteiligung von Vertretern des Bundesministeriums für Umwelt, Naturschutz, Bau und Reaktorsicherheit, der Obersten Bauaufsichtsbehörden der Länder Bayern, Baden-Württemberg, Berlin, Brandenburg, Bremen, Hamburg und Nordrhein-Westfalen sowie des Deutschen Instituts für Bautechnik (DIBt) eingerichtet. Die dort behandelten Anfragen und deren Antworten werden vom DIBt auf seiner Homepage veröffentlicht (https://www.dibt.de/de/service/bekanntmachungen).

7. Verwaltungsvorschrift des Wirtschaftsministeriums über die Herstellung notwendiger Stellplätze (VwV Stellplätze, Nr. 7)

Die im Jahr 2015 neu gefasste VwV Stellplätze greift die in der LBO normierte Stellplatzpflicht für Kraftfahrzeuge und Fahrräder auf. Die Fahrrad-Stellplatzpflicht gilt – wie die Kfz-Stellplatzpflicht – nicht nur für neue Wohnungen (Fahrräder: § 37 Abs. 2 S. 3 Hs. 2 LBO i. V. m. § 37 Abs. 2 S. 1 und 2 LBO; Kfz: § 37 Abs. 1 S. 1 LBO), sondern auch für neu errichtete Einzelhandelsgeschäfte, Firmen-, Behörden- und andere Gebäude (Fahrräder: § 37 Abs. 2 S. 1, 2 und 3 Hs. 1 LBO; Kfz: § 37 Abs. 1 S. 2 LBO). Die VwV konkretisiert die in der LBO normierten Vorschriften. Da die LBO-Novelle 2019 die erst 2015 eingeführte feste Stellplatzzahl für das Fahrradparken an Wohnungen (§ 35 Abs. 4 S. 1 LBO a. F.) zugunsten einer Ausweitung des bedarfsorientierten Modells des § 37 Abs. 2 LBO auf Wohnungen aufgegeben hat, wurde die VwV Stellplätze am 23.09.2020 entsprechend angepasst (Zu § 37 Abs. 2 LBO). Für Fahrrad-Stellplätze macht die Vorschrift nähere Vorgaben auch hinsichtlich der Größe und Ausstattung der Stellplätze. Demgegenüber sind die technischen Anforderungen an Kfz-Stellplätze in der Garagenverordnung (näher unten) geregelt.

Während das Gesetz bei der Errichtung von Gebäuden mit Wohnungen ausdrücklich bestimmt, dass für jede Wohnung „ein geeigneter Stellplatz“ für Kraftfahrzeuge herzustellen ist (§ 37 Abs. 1 S. 1 LBO), spricht es bei der Errichtung sonstiger baulicher Anlagen nur noch davon, „notwendige Kfz-Stellplätze in solcher Zahl herzustellen, dass sie für die ordnungsgemäße Nutzung der Anlagen unter Berücksichtigung des öffentlichen Personennahverkehrs ausreichen" (§ 37 Abs. 1 S. 2 LBO). Ausführungen dazu, wie diese Zahl im Einzelfall bestimmt werden kann, finden sich in Anhang 1 zur VwV Stellplätze. Die Bestimmung (bedarfs-)notwendiger Fahrrad-Stellplätze bei Wohnungen (§ 37 Abs. 2 S. 3 Hs. 2 LBO i. V. m. § 37 Abs. 2 S. 1 und 2 LBO) erfolgt nach Nr. 1 zu § 37 Abs. 2 LBO der VwV Stellplätze, bei anderen Anlagen (§ 37 Abs. 1 S. 1, 2 und 3 Hs. 1 LBO) nach Nr. 2 zu § 37 Abs. 2 LBO der VwV Stellplätze i. V. m. deren Anhang 2.

Darüber hinaus macht das Ministerium in der VwV Stellplätze Vorgaben zur Aussetzung der Verpflichtung zur Herstellung notwendiger Stellplätze (§ 37 Abs. 4 LBO), zu den Voraussetzungen einer Bestimmung des Grundstücks, auf dem die Stellplätze zu errichten sind, durch die Baurechtsbehörde nach § 37 Abs. 5 LBO, zur Abweichung (§ 37 Abs. 7 LBO) und Befreiung (§ 56 Abs. 5 S. 1 Nr. 1 LBO – Luftreinhalteplan mit Parkraummanagement-Konzept) sowie schließlich zur Erhöhung der Zahl der notwendigen Kfz-Stellplätze für Wohnungen durch Satzung nach § 74 Abs. 2 Nr. 2 LBO.

Um die Zahl der notwendigen Kfz-Stellplätze bei einer anderen Anlage als einem Gebäude mit Wohnungen zu ermitteln (§ 37 Abs. 1 S. 2 LBO – Wohnheime, Gebäude mit Büro-, Verwaltungs- und Praxisräumen, Verkaufsstätten, Gaststätten, Beherbergungsbetriebe, Vergnügungsstätten usw.), kommt es auf ihre Lage, Nutzung, Größe und Art an. Maßgeblich sind die Umstände des konkreten Einzelfalls. Mit Hilfe des Anhangs 1 zur VwV Stellplätze lässt sich aber zumindest ein Richtwert gewinnen. Dazu ist zunächst der Standort der Anlage hinsichtlich seiner Einbindung in den ÖPNV entsprechend der Tabelle A zu bewerten. Aus der Tabelle B des Anhangs wird dann nach Nutzungsart und Größe der Anlage eine allgemeine Zahl von Stellplätzen ermittelt. Bei guter Einbindung des Standortes in den ÖPNV wird diese allgemeine Zahl entsprechend der nach der Tabelle A erreichten Punktzahl gemindert. Ergibt sich als rechnerisches Ergebnis keine ganze Zahl, kann entsprechend den allgemeinen Rundungsregeln auf- bzw. abgerundet werden. Insoweit ist zwar die ständige gleichmäßige Verwaltungspraxis entscheidend (Selbstbindung der Verwaltung), letztendlich dürfen die Richtwerte aber nicht schematisch angewendet werden. Zeichnet sich ein Einzelfall durch besondere Umstände aus, kann ein Abweichen nach oben oder unten geboten sein.

Steht die Zahl der im Einzelfall notwendigen Kfz-Stellplätze für andere Anlagen als ein Gebäude mit Wohnungen fest, können nach § 37 Abs. 1 S. 4 LBO bis zu einem Viertel der Kfz-Stellplätze durch die Schaffung von Fahrrad-Stellplätzen ersetzt werden. Für einen Kfz-Stellplatz sind vier Fahrrad-Stellplätze herzustellen. Eine Anrechnung auf die Zahl der nach § 37 Abs. 2 LBO erforderlichen Fahrrad-Stellplätze ist ausgeschlossen (§ 37 Abs. 1 S. 5 LBO). Es handelt sich um eine freiwillige Ersetzung von Kfz-Stellplätzen bei anderen Anlagen als Gebäuden mit Wohnungen durch zusätzliche Fahrrad-Stellplätze.

Durch örtliche Bauvorschriften kann nach § 74 Abs. 2 LBO die Stellplatzverpflichtung gemäß § 37 Abs. 1 LBO modifiziert werden. Nach § 74 Abs. 2 Nr. 1 LBO kann die Stellplatzverpflichtung eingeschränkt, nach Nr. 2 kann die Stellplatzverpflichtung für Wohnungen auf bis zu zwei Stellplätze erhöht werden. Nach § 74 Abs. 2 Nr. 3 LBO kann die Herstellung von Stellplätzen und Garagen eingeschränkt oder untersagt werden. Die VwV Stellplätze betrifft allein den Fall der Erhöhung der Stellplätze durch Satzung nach § 74 Abs. 2 Nr. 2 LBO.

Statt notwendiger Stellplätze ist die Herstellung notwendiger Garagen zulässig (§ 37 Abs. 1 S. 3 Hs. 1 LBO). Gegenüber offenen Stellplätzen haben Garagen den Nachteil, dass sie regelmäßig nur Fahrzeuge der Bewohner des Gebäudes, nicht aber der Besucher aufnehmen. Aus Gründen des Immissionsschutzes können nach Maßgabe von § 37 Abs. 8 LBO Garagen auch verlangt werden (§ 37 Abs. 1 S. 3 Hs. 2 LBO). Die technischen Anforderungen an den Bau und den Betrieb von Garagen und Garagenstellplätzen sind in der Garagenverordnung geregelt.

8. Verordnung des Wirtschaftsministeriums über Garagen und Stellplätze (GaVO, Nr. 8)

In § 1 GaVO finden sich Begriffsbestimmungen. Nach § 4 müssen Garagenstellplätze mindestens 5m lang (Abs. 1) und 2,3m breit sein (Abs. 2 S. 1).

Die Breite der Fahrgasse ist abhängig vom Winkel, in dem die Garagenstellplätze zur Fahrgasse angeordnet sind (§ 4 Abs. 3). Mittel- (Nutzfläche über 100 m^2 bis 1000 m^2 – § 1 Abs. 8 Nr. 2) und Großgaragen (Nutzfläche über 1000 m^2 – § 1 Abs. 8 Nr. 3) müssen in zum Begehen bestimmten Bereichen eine lichte Höhe von mindestens 2m haben (§ 5 Abs. 1 S. 1). Die erforderliche Feuerwiderstandsfähigkeit von Wänden, Decken, Dächern und Stützen bestimmt sich gemäß § 6 Abs. 1 nach den jeweils strengsten Vorgaben (Prinzip größter Sicherheit!). Befinden sich über Garagen Geschosse mit Aufenthaltsräumen sind die einschlägigen weitergehenden Anforderungen zu beachten (§ 6 Abs. 1 S. 2). Es finden sich detaillierte Vorgaben zu Rauchabschnitten, Brandabschnitten, Rettungswegen, Feuerlöschanlagen, Rauch- und Wärmeabzug, Beleuchtung, Lüftung usw. Dementsprechend müssen im Rahmen der Zulassung von Mittel- und Großgaragen nach § 13 Abs. 1 über die in der LBOVVO vorgesehenen Bauvorlagen weitere Unterlagen vorgelegt werden. In geschlossenen Mittel- und Großgaragen müssen die in § 16 Abs. 1 S. 1 benannten Einrichtungen und Anlagen durch einen anerkannten Sachverständigen vor der ersten Inbetriebnahme und nach einer wesentlichen Änderung auf ihre Wirksamkeit und Betriebssicherheit geprüft werden. Das Prüfungsintervall während des anschließenden Betriebs beträgt aufgrund der durch die Zweite Verordnung des Wirtschaftsministeriums zur Änderung bauordnungsrechtlicher Verordnungen vom 08.12.2020 (GBl. S. 1182) reduzierten Anforderungen nunmehr einheitlich drei Jahre für alle Einrichtungen und Anlagen (§ 16 Abs. 1 S. 2). Soweit Garagen oder Stellplätze von Kraftfahrzeugen genutzt werden sollen, die über die gewöhnlichen Ausmaße eines PKWs hinausgehen (Länge von mehr als 5m und Breite von mehr als 2m), oder in einer Höhe liegen, die mit einer üblichen Feuerwehrdrehleiter nicht mehr sicher erreichbar ist (Fußboden mehr als 22m über der Geländeoberfläche), können nach § 17 besondere Sicherheitsanforderungen gestellt werden, soweit die allgemeinen Vorschriften der GaVO zur Verhinderung oder Beseitigung von Gefahren nicht ausreichen. Diese Anforderungen können sich auch auf den Betriebsablauf beziehen (vgl. § 14).

9. Sonderbauverordnungen (Nr. 9–11)

In den §§ 4 bis 37 LBO sind materiell-rechtliche Anforderungen normiert, die an übliche bauliche Anlagen – insbesondere Wohngebäude – zu stellen sind. Aufgrund der Ermächtigung in § 73 Abs. 1 Nr. 1 LBO sind diese Anforderungen insbesondere in der LBOAVO, der FeuVO und GaVO näher ausgeführt. Detailregelungen für sog. Sonderbauten (vgl. § 38 LBO) finden sich in Rechtsverordnungen nach § 73 Abs. 1 Nr. 2 LBO. Sonderbauten sind bauliche

Anlagen, die aus dem Rahmen der üblichen Bauvorhaben fallen. Vorliegend sind zu nennen Versammlungs- und Verkaufsstätten sowie elektrische Betriebsräume.

Besonderer Nutzungszweck auf der einen Seite, spezifisches mit dieser Nutzung zwangsläufig verbundenes Gefahrenpotenzial auf der anderen Seite – das sind die beiden Größen, die durch die Sonderbauverordnungen mit dem Ziel handhabbar gemacht werden sollen, die öffentliche Sicherheit und Ordnung im Sinn der materiell-rechtlichen Generalklausel (§ 3 Abs. 1 S. 1 LBO) zu gewährleisten. Zum Betrieb der Sonderbauten sind vielfältige Maßnahmen baulicher (beispielsweise direkte Führung der Rettungswege ins Freie) und technischer Art (beispielsweise Feuerlöschanlagen, Lüftungsanlagen oder Alarmeinrichtungen) erforderlich. Da sich diese Maßnahmen nicht auf den Zeitpunkt der Errichtung bzw. der ersten Inbetriebnahme des Sonderbaus beschränken, sondern die gesamte Betriebszeit erfassen, müssen die Einrichtungen ordnungsgemäß bedient (Anforderungen an das Betriebspersonal!) und regelmäßig von Sachverständigen auf ihre Funktionsfähigkeit geprüft werden.

Zwar können Rechtsverordnungen zeitlich schneller als Parlamentsgesetze geändert werden, aber auch dieser Weg nimmt eine gewisse Zeit in Anspruch. Dazu kommt, dass sich nicht alles abstrakt-generell regeln lässt – Einzelfallregelungen sind unverzichtbar. Dementsprechend kann die Baurechtsbehörde nach § 38 Abs. 1 S. 1 LBO im Einzelfall über die §§ 4 bis 37 LBO, die allgemeinen Rechtsverordnungen aufgrund § 73 Abs. 1 Nr. 1 LBO (insbesondere LBOAVO, FeuVO und LBOVVO) und ausnahmsweise die jeweilige Sonderbauverordnung hinaus besondere Anforderungen stellen, aber auch Erleichterungen zulassen. Typischerweise wird die Baurechtsbehörde von dieser Möglichkeit im Rahmen eines normalen Baugenehmigungsverfahrens Gebrauch machen. Grund hierfür ist die verfahrenssteuernde Wirkung der Qualifikation einer baulichen Anlage als Sonderbau im Sinn des § 38 LBO.

Sonderbauten unterfallen grundsätzlich nicht dem Kenntnisgabeverfahren (§ 51 Abs. 1 S. 1 nach Nr. 4 LBO) und gemäß § 52 Abs. 1 LBO damit auch nicht dem vereinfachten Baugenehmigungsverfahren. Nach der Grundregel des § 49 LBO sind sie damit dem normalen Baugenehmigungsverfahren nach § 58 LBO zuzuordnen.

a) Verordnung des Wirtschaftsministeriums über den Bau von Betriebsräumen für elektrische Anlagen (EltBauVO, Nr. 9)

Die bislang geltende Verordnung des Wirtschaftsministeriums über elektrische Betriebsräume – EltVO – vom 28.10.1975 wurde durch Art. 6 der Zweiten Verordnung des Wirtschaftsministeriums zur Änderung baurechtlicher Verordnungen vom 08.12.2020 (GBl. S. 1182) mit Wirkung zum 01.02.2021 durch die EltBauVO ersetzt. Dabei hat der Verordnungsgeber die bisherigen Vorgaben der EltVO in beträchtlichem Umfang modifiziert.

Die EltBauVO gilt nach § 1 für die Aufstellung der dort genannten elektrischen Anlagen in Gebäuden. Bei den elektrischen Anlagen handelt sich um Transformatoren und Schaltanlagen für Nennspannungen über 1 kV (Nr. 1) sowie um ortsfeste Stromerzeugungsaggregate und zentrale Batterieanlagen für bauordnungsrechtlich vorgeschriebene sicherheitstechnische Anlagen und Einrichtungen (Nr. 2, 3). Diese sind nach § 3 im Regelfall in jeweils eigenen elektrischen Betriebsräumen (Legaldefinition in § 2!) unterzubringen.

Darüber hinaus regelt die EltBauVO die allgemeinen (§ 4) und nutzungsspezifischen (§§ 5–7) gefahrenabwehrenden, insbesondere brandschutzbezogenen Anforderungen an elektrische Betriebsräume. Entsprechend erweitert § 8 die nach der LBOVVO einzureichenden Bauvorlagen.

b) Verordnung des Wirtschaftsministeriums über den Bau und Betrieb von Versammlungsstätten (VStättVO, Nr. 10)

Versammlungsstätten im Sinn des § 38 Abs. 1 S. 2 Nr. 7 LBO sind gemäß § 2 Abs. 1 VStättVO bauliche Anlagen oder Teile baulicher Anlagen, die für die gleichzeitige Anwesenheit vieler Menschen bei Veranstaltungen bestimmt sind, sowie Schank- und Speisewirtschaften. Erfasst werden insbesondere Theater, Kinos, Konzertsäle und Mehrzweckhallen. Wenn in einem geschlossenen Raum mehr als 200 Menschen (vgl. § 1 Abs. 1 Nr. 1 VStättVO) oder in einem abgegrenzten Besucherbereich im Freien mehr als 1000 Menschen versammelt sind (vgl. § 1 Abs. 1 Nr. 2), bestehen schon aufgrund ihrer Vielzahl Gefahren für Leben und Gesundheit der Anwesenden. Tritt ein Ereignis ein, das eine Flucht bzw. Panik auslöst, müssen Vorkehrungen getroffen sein, die gewährleisten, dass möglichst wenige Menschen zu Schaden kommen.

Sportstadien fallen erst dann in den Anwendungsbereich der VStättVO, wenn sie mehr als 5000 Besucher fassen (§ 1 Abs. 1 Nr. 3).

Die wesentlichen Begriffe (Versammlungsstätte, Versammlungsräume, Mehrzweckhallen, Studios, Sportstadien, Tribünen usw.) werden in § 2 definiert. Daran schließen sich die allgemeinen Bauvorschriften insbesondere zu den Rettungswegen (§§ 6ff.), den Besucherplätzen (§§ 10ff.) und den technischen Anlagen und Einrichtungen (§§ 14ff.) an. Im Rahmen der besonderen Bauvorschriften des dritten Teils der VStättVO werden Detailregelungen für Großbühnen (§§ 22ff.) und Versammlungsstätten mit mehr als 5000 Besucherplätzen getroffen (§§ 26ff.). Nach den Anforderungen an die Errichtung der Versammlungsstätte nimmt der Verordnungsgeber in den §§ 31ff. den Betriebsablauf in den Blick: ständige Freihaltung der Rettungswege, Rauchverbote, Bedienung und Wartung der technischen Einrichtungen usw. Entsprechende Prüfpflichten (Sachverständigenzwang!) sind in § 37 normiert.

Die verantwortlichen Personen und die fachlichen Qualifikationsanforderungen werden in den §§ 38ff. benannt. § 44 erweitert die Pflicht zur Eingabe bestimmter Bauvorlagen nach der LBOVVO entsprechend den spezifischen Anforderungen der VStättVO.

c) Verordnung des Wirtschaftsministeriums über den Bau und Betrieb von Verkaufsstätten (VkVO, Nr. 11)

Nach § 2 Abs. 1 S. 1 VkVO sind Verkaufsstätten Gebäude oder Gebäudeteile, die zumindest teilweise dem Verkauf von Waren dienen, mindestens einen Verkaufsraum haben und keine Messebauten sind. Verkaufsräume sind Räume, in denen Waren zum Verkauf oder sonstige Leistungen angeboten werden oder die dem Kundenverkehr dienen, ausgenommen Treppenräume notwendiger Treppen, Treppenraumerweiterungen sowie Garagen. Ladenstraßen gelten nicht als Verkaufsräume (§ 2 Abs. 3). Ladenstraßen – so die Definition in § 2 Abs. 4 – sind überdachte oder überdeckte Flächen, an denen Verkaufsräume liegen und die dem Kundenverkehr dienen. In den Anwendungsbereich der VkVO fallen gemäß § 1 Verkaufsstätten, deren Verkaufsräume und Ladenstraßen eine Fläche von mehr als 2000 m^2 haben. Die VkVO enthält in den §§ 3ff. Bauvorschriften für die Bauteile (Wände, Decken, Dächer, Treppen usw.). Eine besondere Bedeutung kommt dabei dem Brandschutz zu. Dies gilt auch für die Betriebsführung. Nach § 17 dürfen Feuerstätten in Verkaufsräumen zur Beheizung nicht aufgestellt werden. Das Rauchen und das Verwenden von offenem Feuer ist in Verkaufsräumen und Ladenstraßen verboten (§ 24 Abs. 1 S. 1). Nach § 25 Abs. 3 sind die als Rettungswege dienenden Flächen ständig freizuhalten. Es muss ein betrieblicher Brandschutzbeauftragter bestellt werden (§ 26 Abs. 2 Nr. 1). Die über die LBOVVO hinaus vorzulegenden zusätzlichen Bauvorlagen sind in § 29 aufgezählt. Sprinkleranlagen, Rauchabzugsanlagen und -vorrichtungen, Sicherheitsbeleuchtung, Brandmeldeanlagen und Sicherheitsstromversorgungsanlagen sind mindestens alle drei Jahre durch einen Sachverständigen auf ihre Wirksamkeit und Betriebssicherheit zu prüfen (§ 30 Abs. 1). Nach § 31 kann die Baurechtsbehörde an Lagerräume, deren lichte Höhe mehr als 9m beträgt, aus Brandschutzgründen weitergehende Anforderungen stellen.

10. NRG (Nr. 12)

Nach Art. 74 Abs. 1 Nr. 1 Alt. 1 GG fällt das Bürgerliche Recht und damit die Ordnung der Individualrechtsverhältnisse zwischen gleichgeordneten Bürgern in die konkurrierende Gesetzgebungszuständigkeit des Bundes. Zwar hat der Bund seine Kompetenz zur Normierung des zivilrechtlichen Nachbarschutzes insbesondere mit den §§ 906ff. BGB grundsätzlich ausgeschöpft (Art. 55 Einführungsgesetz BGB [EGBGB]), in Art. 124 EGBGB hat er den landesgesetzlichen Nachbarrechtsgesetzen jedoch Raum eingeräumt, das BGB zu erweitern und zu konkretisieren. Von dieser Möglichkeit hat das Land mit dem Erlass des NRG Gebrauch gemacht. Die jüngste Änderung des NRG durch Gesetz vom 4.2.2014 (GBl. S. 65) stand unter dem Zeichen der „ökologischen Modernisierung des Landes“. So hat der Gesetzgeber die Pflicht eingeführt, einen Überbau zu dulden, wenn dieser Folge einer nachträglichen Dämmung eines bereits bestehenden Gebäudes ist (§ 7c). In § 16 wurden die Grenzabstände bei der Anpflanzung von Bäumen erhöht, um der Verschattung von Solaranlagen entgegen zu wirken. Zur Effektuierung dieser Maßnahme wurde in § 26 Abs. 1 S. 2 die Verjährungsfrist für entsprechende Beseitigungsansprüche auf zehn Jahre verlängert. Die Änderungen des NRG Anfang 2014 liegen auf einer Linie mit der LBO-Novelle 2015.

Die wichtigsten Regelungsgegenstände des NRG sind: Ableitung des Regenwassers und Abwassers (§ 1), Traufberechtigung (§ 2), Abstandsregelungen – Lichtöffnungen und ausblickgewährende Anlagen (§§ 3ff.), Hammerschlags- und Leiterrecht (§ 7d), Benutzung von Grenzwänden (§ 7e), Leitungen (§ 7f), Erhöhungen (§§ 9f.), Abstände bei Einfriedungen und Pflanzungen (§§ 11ff.), überragende Zweige und eingedrungene Wurzeln (§§ 23ff.). Nach § 27 S. 1 haben Festsetzungen in Satzungen nach dem BauGB, insbesondere in Bebauungsplänen nach § 9 BauGB, Vorrang gegenüber den Abstandsregelungen des NRG.

Besonderen Dank für seine hervorragende Unterstützung bei der Überarbeitung des Gesamtwerkes schulde ich meinem Kollegen, Herrn Rechtsanwalt Christoph Mayer, LL.M. Für die Überarbeitung des Sachverzeichnisses danke ich Herrn Rechtsreferendar Florian Naber. Für Rückfragen, Anregungen, Hinweise und Kritik bin ich offen und dankbar. Sie können mich gerne auch per E-Mail kontaktieren (kupfer@w2k.de).

Freiburg, im Januar 2021 Dominik Kupfer

1. Landesbauordnung für Baden-Württemberg (LBO)[1) 2)3)]

in der Fassung vom 5. März 2010

(GBl. S. 357, ber. S. 416)

BWGültV Sachgebiet 2133-1

geänd. durch Art. 70 Achte AnpassungsVO v. 25.1.2012 (GBl. S. 65), ÄndG v. 16.7.2013 (GBl. S. 209), Art. 2 Wasserrecht-NeuordnungsG v. 3.12.2013 (GBl. S. 389), Art. 1 ÄndG v. 11.11.2014 (GBl. S. 501), Art. 30 9. AnpassungsVO v. 23.2.2017 (GBl. S. 99), ÄndG v. 21.11.2017 (GBl. S. 606), Art. 3 G zur Umsetzung der RL zu Gefahren schwerer Unfälle mit gefährlichen Stoffen[4)] v. 21.11. 2017 (GBl. S. 612) und ÄndG v. 18.7.2019 (GBl. S. 313)

[1)] **Amtl. Anm.:** Die Verpflichtungen aus der Richtlinie 98/34/EG des Europäischen Parlaments und des Rates vom 22. Juni 1998 über ein Informationsverfahren auf dem Gebiet der Normen und technischen Vorschriften und der Vorschriften für die Dienste der Informationsgesellschaft (ABl. L 204 vom 21. Juli 1998, S. 37), die zuletzt durch die Richtlinie 2006/96/EG vom 20. November 2006 (ABl. L 363 vom 20. Dezember 2006, S. 81) geändert worden ist, sind beachtet worden.

[2)] Neubekanntmachung der LBO v. 8.8.1995 (GBl. S. 617) in der ab 1.3.2010 geltenden Fassung.

[3)] Siehe zum Bauordnungsrecht auch die folgenden Vorschriften:
- Allgemeine LBO-AusführungsVO zur Landesbauordnung – LBOAVO (Nr. **2**)
- Verfahrensverordnung zur Landesbauordnung – LBOVVO (Nr. **4**)
- Garagenverordnung – GaVO (Nr. **8**)
- Bausachverständigenverordnung – BauSVO v. 15.7.1986 (GBl. S. 305), zuletzt geänd. durch VO v. 8.12.2020 (GBl. S. 1182)
- Bauprodukte-Marktüberwachungsdurchführungsgesetz – BauPMÜDG v. 15.3.2011 (GBl. S. 94), zuletzt geänd. durch G v. 1.4.2014 (GBl. S. 97)
- Bauprüfverordnung – BauPrüfVO v. 10.5.2010 (GBl. S. 446), zuletzt geänd. durch VO v. 8.10.2019 (GBl. S. 422)
- Campingplatzverordnung – CPlVO v. 15.7.1984 (GBl. S. 545, ber. 1985 S. 20), zuletzt geänd. durch VO v. 23.2.2017 (GBl. S. 99)
- G zu dem Abkommen über das Deutsche Institut für Bautechnik (DIBt-Abkommen) v. 15.12.1992 (GBl. S. 761), zuletzt geänd. durch G v. 23.2.2016 (GBl. S. 156)
- DIBt-Übertragungsverordnung v. 5.6.1999 (GBl. S. 262), zuletzt geänd. durch VO v. 11.3.2019 (GBl. S. 97)
- LBO-Einzelfallentscheidungen-Verordnung – LBOEinzFVO v. 12.11.1996 (GBl. S. 730), zuletzt geänd. durch VO v. 11.3.2019 (GBl. S. 97)
- Elektrische Betriebsräume-Verordnung – EltVO v. 28.10.1975 (GBl. S. 788, ber. 1976 S. 256), aufgeh. durch VO v. 8.12.2020 (GBl. S. 1182, 1192)
- Feuerungsverordnung – FeuVO (Nr. **3**)
- Fliegende Bauten-Zuständigkeitsverordnung – FliegBautenZuVO v. 18.12.1996 (GBl. 1997 S. 4), zuletzt geänd. durch VO v. 8.12.2020 (GBl. S. 1182)
- Hersteller- und Anwenderverordnung LBO – LBOHAVO v. 12.11.2001 (GBl. S. 630), zuletzt geänd. durch VO v. 11.3.2019 (GBl. S. 97)
- PÜZ-Anerkennungsverordnung – PÜZAVO v. 10.5.2010 (GBl. S. 446), zuletzt geänd. durch VO v. 11.3.2019 (GBl. S. 97)
- Übereinstimmungszeichenverordnung – ÜZVO v. 26.5.1998 (GBl. S. 362, ber. S. 559), zuletzt geänd. durch VO v. 11.3.2019 (GBl. S. 97)
- VO über die Überwachung von Tätigkeiten mit Bauprodukten und bei Bauarten (LBOÜTVO) v. 12.11.2001 (GBl. S. 630), zuletzt geänd. durch VO v. 11.3.2019 (GBl. S. 97)
- Verkaufsstättenverordnung – VkVO (Nr. **11**)
- Versammlungsstättenverordnung – VStättVO (Nr. **10**)
- Wasserbauprodukteverordnung – WasBauPVO v. 21.12.1998 (GBl. 1999 S. 57), geänd. durch VO v. 11.3.2019 (GBl. S. 97)

[4)] **Amtl. Anm.:** Dieses Gesetz dient der Umsetzung der Richtlinie 2012/18/EU des Europäischen Parlaments und des Rates vom 4. Juli 2012 zur Beherrschung der Gefahren schwerer Unfälle mit gefährlichen Stoffen, zur Änderung und anschließenden Aufhebung der Richtlinie 96/82/EG des Rates (ABl. L 197 vom 24. 07. 2012, S. 1). [...]

Inhaltsübersicht[1]

Erster Teil. Allgemeine Vorschriften

Zweiter Teil. Das Grundstück und seine Bebauung

Dritter Teil. Allgemeine Anforderungen an die Bauausführung

Vierter Teil. Bauprodukte

Fünfter Teil. Der Bau und seine Teile

Sechster Teil. Einzelne Räume, Wohnungen und besondere Anlagen

Siebenter Teil. Am Bau Beteiligte, Baurechtsbehörden

[1] Inhaltsübersicht geänd. mWv 1.3.2015 durch G v. 11.11.2014 (GBl. S. 501); geänd. mWv 1.12. 2017 durch G v. 21.11.2017 (GBl. S. 606); geänd. mWv 1.1.2018 durch G v. 21.11.2017 (GBl. S. 612).

Erster Teil. Allgemeine Vorschriften

§ 1[1)] Anwendungsbereich. (1) [1] Dieses Gesetz gilt für bauliche Anlagen und Bauprodukte. [2] Es gilt auch für Grundstücke, andere Anlagen und Einrichtungen, an die in diesem Gesetz oder in Vorschriften auf Grund dieses Gesetzes Anforderungen gestellt werden. [3] Es gilt ferner für Anlagen nach Absatz 2, soweit an sie Anforderungen auf Grund von § 74 gestellt werden.

(2) [1] Dieses Gesetz gilt

1. bei öffentlichen Verkehrsanlagen nur für Gebäude,
2. bei den der Aufsicht der Wasserbehörden unterliegenden Anlagen nur für Gebäude, Überbrückungen, Abwasseranlagen, Wasserbehälter, Pumpwerke,

[1)] § 1 Abs. 2 Nr. 2 geänd. mWv 1.1.2014 durch G v. 3.12.2013 (GBl. S. 389); Abs. 2 Satz 2 geänd. mWv 1.8.2019 durch G v. 18.7.2019 (GBl. S. 313).

Schachtbrunnen, ortsfeste Behälter für Treibstoffe, Öle und andere wassergefährdende Stoffe, sowie für Abwasserleitungen auf Baugrundstücken,
3. bei den der Aufsicht der Bergbehörden unterliegenden Anlagen nur für oberirdische Gebäude,
4. bei Leitungen aller Art nur für solche auf Baugrundstücken.

[2] Es gilt nicht für Kräne und Krananlagen mit Ausnahme ihrer Bahnen und Unterstützungen, wenn diese mit einer baulichen Anlage verbunden sind.

§ 2[1)] Begriffe. (1) [1] Bauliche Anlagen sind unmittelbar mit dem Erdboden verbundene, aus Bauprodukten hergestellte Anlagen. [2] Eine Verbindung mit dem Erdboden besteht auch dann, wenn die Anlage durch eigene Schwere auf dem Boden ruht oder wenn die Anlage nach ihrem Verwendungszweck dazu bestimmt ist, überwiegend ortsfest benutzt zu werden. [3] Als bauliche Anlagen gelten auch
1. Aufschüttungen und Abgrabungen,
2. Ausstellungs-, Abstell- und Lagerplätze,
3. Camping-, Wochenend- und Zeltplätze,
4. Sport- und Spielflächen,
5. Freizeit- und Vergnügungsparks,
6. Stellplätze.

(2) Gebäude sind selbständig benutzbare, überdeckte bauliche Anlagen, die von Menschen betreten werden können und geeignet sind, dem Schutz von Menschen, Tieren oder Sachen zu dienen.

(3) Wohngebäude sind Gebäude, die überwiegend der Wohnnutzung dienen und außer Wohnungen allenfalls Räume für die Berufsausübung freiberuflich oder in ähnlicher Art Tätiger sowie die zugehörigen Garagen und Nebenräume enthalten.

(4) [1] Gebäude werden in folgende Gebäudeklassen eingeteilt:
1. Gebäudeklasse 1:
   freistehende Gebäude mit einer Höhe bis zu 7 m und nicht mehr als zwei Nutzungseinheiten von insgesamt nicht mehr als 400 m^2 und freistehende land- oder forstwirtschaftlich genutzte Gebäude,
2. Gebäudeklasse 2:
   Gebäude mit einer Höhe bis zu 7 m und nicht mehr als zwei Nutzungseinheiten von insgesamt nicht mehr als 400 m^2,
3. Gebäudeklasse 3:
   sonstige Gebäude mit einer Höhe bis zu 7 m,
4. Gebäudeklasse 4:
   Gebäude mit einer Höhe bis zu 13 m und Nutzungseinheiten mit jeweils nicht mehr als 400 m^2,
5. Gebäudeklasse 5:
   sonstige Gebäude einschließlich unterirdischer Gebäude.

[1)] § 2 Abs. 4 Satz 3, Abs. 8 Sätze 1, 3 geänd., Abs. 12 eingef., bish. Abs. 12 und 13 werden Abs. 13 und 14 mWv 1.3.2015 durch G v. 11.11.2014 (GBl. S. 501); Abs. 10 neu gef. mWv 1.12.2017 durch G v. 21.11.2017 (GBl. S. 606).

[2] Höhe im Sinne des Satzes 1 ist das Maß der Fußbodenoberkante des höchstgelegenen Geschosses, in dem ein Aufenthaltsraum möglich ist, über der Geländeoberfläche im Mittel. [3] Grundflächen von Nutzungseinheiten im Sinne dieses Gesetzes sind die Brutto-Grundflächen; bei der Berechnung der Brutto-Grundflächen nach Satz 1 bleiben Flächen in Kellergeschossen außer Betracht.

(5) [1] Geschosse sind oberirdische Geschosse, wenn ihre Deckenoberkanten im Mittel mehr als 1,4 m über die Geländeoberfläche hinausragen; im Übrigen sind sie Kellergeschosse. [2] Hohlräume zwischen der obersten Decke und der Bedachung, in denen Aufenthaltsräume nicht möglich sind, sind keine Geschosse.

(6) [1] Vollgeschosse sind Geschosse, die mehr als 1,4 m über die im Mittel gemessene Geländeoberfläche hinausragen und, von Oberkante Fußboden bis Oberkante Fußboden der darüberliegenden Decke oder bis Oberkante Dachhaut des darüberliegenden Daches gemessen, mindestens 2,3 m hoch sind. [2] Die im Mittel gemessene Geländeoberfläche ergibt sich aus dem arithmetischen Mittel der Höhenlage der Geländeoberfläche an den Gebäudeecken. [3] Keine Vollgeschosse sind

1. Geschosse, die ausschließlich der Unterbringung von haustechnischen Anlagen und Feuerungsanlagen dienen,
2. oberste Geschosse, bei denen die Höhe von 2,3 m über weniger als drei Viertel der Grundfläche des darunterliegenden Geschosses vorhanden ist.

[4] Hohlräume zwischen der obersten Decke und dem Dach, deren lichte Höhe geringer ist, als sie für Aufenthaltsräume nach § 34 Abs. 1 erforderlich ist, sowie offene Emporen bis zu einer Grundfläche von 20 m^2 bleiben außer Betracht.

(7) Aufenthaltsräume sind Räume, die zum nicht nur vorübergehenden Aufenthalt von Menschen bestimmt oder geeignet sind.

(8) [1] Stellplätze sind Flächen, die dem Abstellen von Kraftfahrzeugen und Fahrrädern außerhalb der öffentlichen Verkehrsflächen dienen. [2] Garagen sind Gebäude oder Gebäudeteile zum Abstellen von Kraftfahrzeugen. [3] Ausstellungs-, Verkaufs-, Werk- und Lagerräume sind keine Stellplätze oder Garagen.

(9) [1] Anlagen der Außenwerbung (Werbeanlagen) sind alle örtlich gebundenen Einrichtungen, die der Ankündigung oder Anpreisung oder als Hinweis auf Gewerbe oder Beruf dienen und vom öffentlichen Verkehrsraum aus sichtbar sind. [2] Hierzu gehören vor allem Schilder, Beschriftungen, Bemalungen, Lichtwerbungen, Schaukästen sowie für Anschläge oder Lichtwerbung bestimmte Säulen, Tafeln und Flächen. [3] Keine Werbeanlagen im Sinne dieses Gesetzes sind

1. Werbeanlagen, die im Zusammenhang mit allgemeinen Wahlen oder Abstimmungen angebracht oder aufgestellt werden, während der Dauer des Wahlkampfes,
2. Werbeanlagen in Form von Anschlägen,
3. Werbeanlagen an Baustellen, soweit sie sich auf das Vorhaben beziehen,
4. Lichtwerbungen an Säulen, Tafeln oder Flächen, die allgemein dafür baurechtlich genehmigt sind,
5. Auslagen und Dekorationen in Schaufenstern und Schaukästen,
6. Werbemittel an Verkaufsstellen für Zeitungen und Zeitschriften.

(10) Bauprodukte sind

1. Produkte, Baustoffe, Bauteile und Anlagen sowie Bausätze gemäß Artikel 2 Nummer 2 der Verordnung (EU) Nr. 305/2011 des Europäischen Parlaments und des Rates vom 9. März 2011 zur Festlegung harmonisierter Bedingungen für die Vermarktung von Bauprodukten und zur Aufhebung der Richtlinie 89/106/EWG des Rates (ABl. L 88 vom 4.4.2011, S. 5, ber. ABl. L 103 vom 12.4.2013, S. 10), die zuletzt durch Delegierte Verordnung (EU) Nr. 574/2014 (ABl. L 159 vom 28.5.2014, S. 41) geändert worden ist, die hergestellt werden, um dauerhaft in bauliche Anlagen eingebaut zu werden,
2. aus Produkten, Baustoffen, Bauteilen sowie Bausätzen gemäß Artikel 2 Nummer 2 der Verordnung (EU) Nr. 305/2011 vorgefertigte Anlagen, die hergestellt werden, um mit dem Erdboden verbunden zu werden,

und deren Verwendung sich auf die Anforderungen nach § 3 Absatz 1 Satz 1 auswirken kann.

(11) Bauart ist das Zusammenfügen von Bauprodukten zu baulichen Anlagen oder Teilen von baulichen Anlagen.

(12) Feuerstätten sind Anlagen oder Einrichtungen, die in oder an Gebäuden ortsfest benutzt werden und dazu bestimmt sind, durch Verbrennung Wärme zu erzeugen.

(13) Es stehen gleich

1. der Errichtung das Herstellen, Aufstellen, Anbringen, Einbauen, Einrichten, Instandhalten, Ändern und die Nutzungsänderung,
2. dem Abbruch das Beseitigen,

soweit nichts anderes bestimmt ist.

(14) Maßgebend sind in den Absätzen 4, 5 und 6 Satz 1 und 3 die Rohbaumaße.

§ 3[1)] Allgemeine Anforderungen. (1) [1] Bauliche Anlagen sowie Grundstücke, andere Anlagen und Einrichtungen im Sinne von § 1 Abs. 1 Satz 2 sind so anzuordnen und zu errichten, dass die öffentliche Sicherheit oder Ordnung, insbesondere Leben, Gesundheit oder die natürlichen Lebensgrundlagen, nicht bedroht werden und dass sie ihrem Zweck entsprechend ohne Missstände benutzbar sind; dabei sind die Grundanforderungen an Bauwerke gemäß Anhang I der Verordnung (EU) Nr. 305/2011 zu berücksichtigen. [2] Für den Abbruch baulicher Anlagen gilt dies entsprechend.

(2) In die Planung von Gebäuden sind die Belange von Personen mit kleinen Kindern, Menschen mit Behinderung und alten Menschen nach Möglichkeit einzubeziehen.

Zweiter Teil. Das Grundstück und seine Bebauung

§ 4 Bebauung der Grundstücke. (1) Gebäude dürfen nur errichtet werden, wenn das Grundstück in angemessener Breite an einer befahrbaren öffentlichen Verkehrsfläche liegt oder eine befahrbare, öffentlich-rechtlich gesicherte Zufahrt zu einer befahrbaren öffentlichen Verkehrsfläche hat; bei Wohnwegen

---

[1)] § 3 Abs. 3 Satz 1 geänd. mWv 28.2.2012 durch VO v. 25.1.2012 (GBl. S. 65); Abs. 4 geänd. mWv 1.3.2015 durch G v. 11.11.2014 (GBl. S. 501); Abs. 1 Satz 1 geänd., Abs. 2, 3 und 5 aufgeh., bish. Abs. 4 wird Abs. 2 mWv 1.12.2017 durch G v. 21.11.2017 (GBl. S. 606).

kann auf die Befahrbarkeit verzichtet werden, wenn keine Bedenken wegen des Brandschutzes bestehen.

(2) Die Errichtung eines Gebäudes auf mehreren Grundstücken ist zulässig, wenn durch Baulast gesichert ist, dass keine Verhältnisse eintreten können, die den Vorschriften dieses Gesetzes oder den auf Grund dieses Gesetzes erlassenen Vorschriften zuwiderlaufen.

(3) [1] Bauliche Anlagen mit Feuerstätten müssen von Wäldern, Mooren und Heiden mindestens 30 m entfernt sein; die gleiche Entfernung ist mit Gebäuden von Wäldern sowie mit Wäldern von Gebäuden einzuhalten. [2] Dies gilt nicht für Gebäude, die nach den Festsetzungen des Bebauungsplans mit einem geringeren Abstand als nach Satz 1 zulässig sind, sowie für bauliche Änderungen rechtmäßig bestehender baulicher Anlagen. [3] Ausnahmen können zugelassen werden. [4] Größere Abstände können verlangt werden, soweit dies wegen des Brandschutzes oder zur Sicherheit der Gebäude erforderlich ist.

§ 5[1)] Abstandsflächen. (1) [1] Vor den Außenwänden von baulichen Anlagen müssen Abstandsflächen liegen, die von oberirdischen baulichen Anlagen freizuhalten sind. [2] Eine Abstandsfläche ist nicht erforderlich vor Außenwänden an Grundstücksgrenzen, wenn nach planungsrechtlichen Vorschriften

1. an die Grenze gebaut werden muss, es sei denn, die vorhandene Bebauung erfordert eine Abstandsfläche, oder
2. an die Grenze gebaut werden darf und öffentlich-rechtlich gesichert ist, dass auf dem Nachbargrundstück ebenfalls an die Grenze gebaut wird.

[3] Die öffentlich-rechtliche Sicherung ist nicht erforderlich, wenn nach den Festsetzungen einer abweichenden Bauweise unabhängig von der Bebauung auf dem Nachbargrundstück an die Grenze gebaut werden darf.

(2) [1] Die Abstandsflächen müssen auf dem Grundstück selbst liegen. [2] Sie dürfen auch auf öffentlichen Verkehrsflächen, öffentlichen Grünflächen und öffentlichen Wasserflächen liegen, bei beidseitig anbaubaren Flächen jedoch nur bis zu deren Mitte.

(3) [1] Die Abstandsflächen dürfen sich nicht überdecken. [2] Dies gilt nicht für Abstandsflächen von Außenwänden, die in einem Winkel von mehr als 75° zueinander stehen.

(4) [1] Die Tiefe der Abstandsfläche bemisst sich nach der Wandhöhe; sie wird senkrecht zur jeweiligen Wand gemessen. [2] Als Wandhöhe gilt das Maß vom Schnittpunkt der Wand mit der Geländeoberfläche bis zum Schnittpunkt der Wand mit der Dachhaut oder bis zum oberen Abschluss der Wand. [3] Ergeben sich bei einer Wand durch die Geländeoberfläche unterschiedliche Höhen, ist die im Mittel gemessene Wandhöhe maßgebend. [4] Sie ergibt sich aus dem arithmetischen Mittel der Höhenlage an den Eckpunkten der baulichen Anlage; liegen bei einer Wand die Schnittpunkte mit der Dachhaut oder die oberen Abschlüsse verschieden hoch, gilt dies für den jeweiligen Wandabschnitt. [5] Maßgebend ist die tatsächliche Geländeoberfläche nach Ausführung des Bauvorhabens, soweit sie nicht zur Verringerung der Abstandsflächen angelegt wird oder wurde.

[1)] § 5 Abs. 4 Satz 5 angef., Abs. 5 Nr. 2 geänd., Abs. 6 Satz 2 angef. mWv 1.3.2015 durch G v. 11.11.2014 (GBl. S. 501); Abs. 6 Satz 2, Abs. 7 Satz 1 Nr. 2 geänd. mWv 1.8.2019 durch G v. 18.7. 2019 (GBl. S. 313).

(5) Auf die Wandhöhe werden angerechnet

1. die Höhe von Dächern oder Dachaufbauten mit einer Neigung von mehr als 70° voll und von mehr als 45° zu einem Viertel,
2. die Höhe einer Giebelfläche zur Hälfte des Verhältnisses, in dem ihre tatsächliche Fläche zur gedachten Gesamtfläche einer rechteckigen Wand mit denselben Maximalabmessungen steht; die Giebelfläche beginnt an der Horizontalen durch den untersten Schnittpunkt der Wand mit der Dachhaut,
3. bei Windenergieanlagen nur die Höhe bis zur Rotorachse, wobei die Tiefe der Abstandsfläche mindestens der Länge des Rotorradius entsprechen muss.

(6) [1] Bei der Bemessung der Abstandsfläche bleiben außer Betracht

1. untergeordnete Bauteile wie Gesimse, Dachvorsprünge, Eingangs- und Terassenüberdachungen, wenn sie nicht mehr als 1,5 m vor die Außenwand vortreten,
2. Vorbauten wie Wände, Erker, Balkone, Tür- und Fenstervorbauten, wenn sie nicht breiter als 5 m sind, nicht mehr als 1,5 m vortreten

und von Nachbargrenzen mindestens 2 m entfernt bleiben. [2] Außerdem bleibt die nachträgliche Wärmedämmung eines bestehenden Gebäudes außer Betracht, wenn sie einschließlich der Bekleidung nicht mehr als 0,30 m vor die Außenwand tritt; führt eine nachträgliche Dämmung des Daches zu einer größeren Wandhöhe, ist die zusätzlich erforderliche Abstandsfläche auf dieses Maß anzurechnen.

(7) [1] Die Tiefe der Abstandsflächen beträgt

1. allgemein 0,4 der Wandhöhe,
2. in Kerngebieten, Dorfgebieten, urbanen Gebieten und in besonderen Wohngebieten 0,2 der Wandhöhe,
3. in Gewerbegebieten und in Industriegebieten, sowie in Sondergebieten, die nicht der Erholung dienen, 0,125 der Wandhöhe.

[2] Sie darf jedoch 2,5 m, bei Wänden bis 5 m Breite 2 m nicht unterschreiten.

§ 6[1)] Abstandsflächen in Sonderfällen. (1) [1] In den Abstandsflächen baulicher Anlagen sowie ohne eigene Abstandsflächen sind zulässig:

1. Gebäude oder Gebäudeteile, die eine Wandhöhe von nicht mehr als 1 m haben,
2. Garagen, Gewächshäuser und Gebäude ohne Aufenthaltsräume mit einer Wandhöhe bis 3 m und einer Wandfläche bis 25 m²,
3. bauliche Anlagen, die keine Gebäude sind, soweit sie nicht höher als 2,5 m sind oder ihre Wandfläche nicht mehr als 25 m² beträgt,
4. landwirtschaftliche Gewächshäuser, die nicht unter Nummer 2 fallen, soweit sie mindestens 1 m Abstand zu Nachbargrenzen einhalten.

[2] Für die Ermittlung der Wandhöhe nach Satz 1 Nr. 2 ist der höchste Punkt der Geländeoberfläche zugrunde zu legen. [3] Die Grenzbebauung im Falle des Satzes 1 Nr. 2 darf entlang den einzelnen Nachbargrenzen 9 m und insgesamt 15 m nicht überschreiten.

[1)] § 6 Abs. 1 Satz 3, Abs. 3 Satz 1 Nr. 1, 2 geänd., Nr. 3 aufgeh. mWv 1.3.2015 durch G v. 11.11. 2014 (GBl. S. 501).

(2) Werden mit Gebäuden oder Gebäudeteilen nach Absatz 1 dennoch Abstandsflächen eingehalten, so müssen sie gegenüber Nachbargrenzen eine Tiefe von mindestens 0,5 m haben.

(3) [1] Geringere Tiefen der Abstandsflächen sind zuzulassen, wenn

1. in überwiegend bebauten Gebieten die Gestaltung des Straßenbildes oder besondere örtliche Verhältnisse dies erfordern oder
2. Beleuchtung mit Tageslicht sowie Belüftung in ausreichendem Maße gewährleistet bleiben, Gründe des Brandschutzes nicht entgegenstehen und nachbarliche Belange nicht erheblich beeinträchtigt werden.

[2] In den Fällen der Nummer 1 können geringere Tiefen der Abstandsflächen auch verlangt werden.

§ 7 Übernahme von Abständen und Abstandsflächen auf Nachbargrundstücke. [1] Soweit nach diesem Gesetz oder nach Vorschriften auf Grund dieses Gesetzes Abstände und Abstandsflächen auf dem Grundstück selbst liegen müssen, dürfen sie sich ganz oder teilweise auf andere Grundstücke erstrecken, wenn durch Baulast gesichert ist, dass sie nicht überbaut werden und auf die auf diesen Grundstücken erforderlichen Abstandsflächen nicht angerechnet werden. [2] Vorschriften, nach denen in den Abstandsflächen bauliche Anlagen zulässig sind oder ausnahmsweise zugelassen werden können, bleiben unberührt.

§ 8[1)] Teilung von Grundstücken. (1) Durch die Teilung eines Grundstücks, das bebaut oder dessen Bebauung genehmigt ist, dürfen keine Verhältnisse geschaffen werden, die Vorschriften dieses Gesetzes oder auf Grund dieses Gesetzes widersprechen.

(2) [1] Die geplante Teilung eines Grundstücks nach Absatz 1 ist der unteren Baurechtsbehörde zwei Wochen vorher anzuzeigen; § 19 Absatz 1 BauGB gilt entsprechend. [2] Soll bei der Teilung von Vorschriften dieses Gesetzes oder auf Grund dieses Gesetzes abgewichen werden, ist § 56 entsprechend anzuwenden.

§ 9[2)] Nichtüberbaute Flächen der bebauten Grundstücke, Kinderspielplätze. (1) [1] Die nichtüberbauten Flächen der bebauten Grundstücke müssen Grünflächen sein, soweit diese Flächen nicht für eine andere zulässige Verwendung benötigt werden. [2] Ist eine Begrünung oder Bepflanzung der Grundstücke nicht oder nur sehr eingeschränkt möglich, so sind die baulichen Anlagen zu begrünen, soweit ihre Beschaffenheit, Konstruktion und Gestaltung es zulassen und die Maßnahme wirtschaftlich zumutbar ist.

(2) [1] Bei der Errichtung von Gebäuden mit mehr als drei Wohnungen, die jeweils mindestens zwei Aufenthaltsräume haben, ist auf dem Baugrundstück oder in unmittelbarer Nähe auf einem anderen geeigneten Grundstück, dessen dauerhafte Nutzung für diesen Zweck öffentlich-rechtlich gesichert sein muss, ein ausreichend großer Spielplatz für Kleinkinder anzulegen. [2] Die Art, Größe und Ausstattung der Kinderspielplätze bestimmt sich nach der Zahl und Größe der Wohnungen auf dem Grundstück. [3] Es genügt auch, eine öffentlich-rechtlich gesicherte, ausreichend große Grundstücksfläche von baulichen Anlagen, Bepflanzung und sonstiger Nutzung freizuhalten, die bei Bedarf mit festen oder

---

1) § 8 Abs. 2 Satz 1 eingef., Satz 2 geänd. mWv 1.3.2015 durch G v. 11.11.2014 (GBl. S. 501).

2) § 9 Abs. 1 Satz 2 angef. mWv 1.3.2015 durch G v. 11.11.2014 (GBl. S. 501); Abs. 2 Satz 1 geänd., Sätze 2–4 neu gef., Satz 5 aufgeh., Abs. 3 angef. mWv 1.8.2019 durch G v. 18.7.2019 (GBl. S. 313).

mobilen Spielgeräten für Kleinkinder belegt werden kann. [4]Die Sätze 1 bis 3 gelten nicht, wenn die Art der Wohnungen einen Kinderspielplatz nicht erfordert.

(3) [1]Die Baurechtsbehörde kann mit Zustimmung der Gemeinde zulassen, dass der Bauherr zur Erfüllung seiner Verpflichtung nach Absatz 2 einen Geldbetrag an die Gemeinde zahlt. [2]Dieser Geldbetrag muss innerhalb eines angemessenen Zeitraums für die Errichtung oder den Ausbau eines nahegelegenen, gefahrlos erreichbaren kommunalen Kinderspielplatzes verwendet werden.

§ 10 Höhenlage des Grundstücks. Bei der Errichtung baulicher Anlagen kann verlangt werden, dass die Oberfläche des Grundstücks erhalten oder ihre Höhenlage verändert wird, um

1. eine Verunstaltung des Straßen-, Orts- oder Landschaftsbildes zu vermeiden oder zu beseitigen,
2. die Oberfläche des Grundstücks der Höhe der Verkehrsfläche oder der Höhe der Nachbargrundstücke anzugleichen oder
3. überschüssigen Bodenaushub zu vermeiden.

Dritter Teil. Allgemeine Anforderungen an die Bauausführung

§ 11[1] Gestaltung. (1) [1]Bauliche Anlagen sind mit ihrer Umgebung so in Einklang zu bringen, dass sie das Straßen-, Orts- oder Landschaftsbild nicht verunstalten oder deren beabsichtigte Gestaltung nicht beeinträchtigen. [2]Auf Kultur- und Naturdenkmale und auf erhaltenswerte Eigenarten der Umgebung ist Rücksicht zu nehmen.

(2) Bauliche Anlagen sind so zu gestalten, dass sie nach Form, Maßstab, Werkstoff, Farbe und Verhältnis der Baumassen und Bauteile zueinander nicht verunstaltet wirken.

(3) Die Absätze 1 und 2 gelten entsprechend für

1. Werbeanlagen, die keine baulichen Anlagen sind,
2. Automaten, die vom öffentlichen Verkehrsraum aus sichtbar sind,
3. andere Anlagen und Grundstücke im Sinne von § 1 Abs. 1 Satz 2.

(4) In reinen Wohngebieten, allgemeinen Wohngebieten, Dorfgebieten und Kleinsiedlungsgebieten sind nur für Anschläge bestimmte Werbeanlagen sowie Werbeanlagen an der Stätte der Leistung zulässig.

§ 12 Baustelle. (1) Baustellen sind so einzurichten, dass die baulichen Anlagen ordnungsgemäß errichtet oder abgebrochen werden können und Gefahren oder vermeidbare erhebliche Belästigungen nicht entstehen.

(2) [1]Bei der Ausführung genehmigungspflichtiger Vorhaben hat der Bauherr an der Baustelle den von der Baurechtsbehörde nach § 59 Abs. 1 erteilten Baufreigabeschein anzubringen. [2]Der Bauherr hat in den Baufreigabeschein Namen, Anschrift und Rufnummer der Unternehmer für die Rohbauarbeiten spätestens bei Baubeginn einzutragen; dies gilt nicht, wenn an der Baustelle ein besonderes Schild angebracht ist, das diese Angaben enthält. [3]Der Baufreiga-

[1] § 11 Abs. 4 geänd. mWv 1.8.2019 durch G v. 18.7.2019 (GBl. S. 313).

bescheín muss dauerhaft, leicht lesbar und von der öffentlichen Verkehrsfläche aus sichtbar angebracht sein.

(3) Bei Vorhaben im Kenntnisgabeverfahren hat der Bauherr spätestens bei Baubeginn an der Baustelle dauerhaft, leicht lesbar und von der öffentlichen Verkehrsfläche sichtbar anzugeben:

1. Die Bezeichnung des Vorhabens,
2. den Namen und die Anschrift des Entwurfsverfassers und des Bauleiters,
3. den Namen, die Anschrift und die Rufnummer der Unternehmer für die Rohbauarbeiten.

(4) Bäume, Hecken und sonstige Bepflanzungen, die auf Grund anderer Rechtsvorschriften zu erhalten sind, müssen während der Bauausführung geschützt werden.

§ 13 Standsicherheit. (1) [1] Bauliche Anlagen müssen sowohl im ganzen als auch in ihren einzelnen Teilen sowie für sich allein standsicher sein. [2] Die Standsicherheit muss auch während der Errichtung sowie bei der Durchführung von Abbrucharbeiten gewährleistet sein. [3] Die Standsicherheit anderer baulicher Anlagen und die Tragfähigkeit des Baugrundes der Nachbargrundstücke dürfen nicht gefährdet werden.

(2) Die Verwendung gemeinsamer Bauteile für mehrere bauliche Anlagen ist zulässig, wenn durch Baulast und technisch gesichert ist, dass die gemeinsamen Bauteile beim Abbruch einer der aneinanderstoßenden baulichen Anlagen stehen bleiben können.

§ 14[1)] Schutz baulicher Anlagen. (1) [1] Geräusche, Erschütterungen oder Schwingungen, die von ortsfesten Einrichtungen in einer baulichen Anlage ausgehen, sind so zu dämmen, dass Gefahren sowie erhebliche Nachteile oder Belästigungen nicht entstehen. [2] Gebäude müssen einen ihrer Nutzung entsprechenden Schallschutz haben.

(2) Bauliche Anlagen müssen so angeordnet, beschaffen und gebrauchstauglich sein, dass durch Wasser, Feuchtigkeit, pflanzliche und tierische Schädlinge sowie andere chemische, physikalische oder biologische Einflüsse Gefahren oder unzumutbare Belästigungen bei sachgerechtem Gebrauch nicht entstehen.

(3) Gebäude müssen einen ihrer Nutzung und den klimatischen Verhältnissen entsprechenden Wärmeschutz haben.

§ 15[2)] Brandschutz. (1) Bauliche Anlagen sind so anzuordnen und zu errichten, dass der Entstehung eines Brandes und der Ausbreitung von Feuer und Rauch (Brandausbreitung) vorgebeugt wird und bei einem Brand die Rettung von Menschen und Tieren sowie wirksame Löscharbeiten möglich sind.

(2) Bauliche Anlagen, die besonders blitzgefährdet sind oder bei denen Blitzschlag zu schweren Folgen führen kann, sind mit dauernd wirksamen Blitzschutzanlagen zu versehen.

[1)] § 14 Abs. 3 angef. mWv 1.3.2015 durch G v. 11.11.2014 (GBl. S. 501).

[2)] § 15 Abs. 7 angef. mWv 23.7.2013 durch G v. 16.7.2013 (GBl. S. 209); Abs. 8 angef. mWv 1.3.2015 durch G v. 11.11.2014 (GBl. S. 501); Abs. 7 Satz 3 geänd. mWv 1.8.2019 durch G v. 18.7.2019 (GBl. S. 313).

(3) Jede Nutzungseinheit muss in jedem Geschoss mit Aufenthaltsräumen über mindestens zwei voneinander unabhängige Rettungswege erreichbar sein; beide Rettungswege dürfen jedoch innerhalb eines Geschosses über denselben notwendigen Flur führen.

(4) [1]Der erste Rettungsweg muss in Nutzungseinheiten, die nicht zu ebener Erde liegen, über eine notwendige Treppe oder eine flache Rampe führen. [2]Der erste Rettungsweg für einen Aufenthaltsraum darf nicht über einen Raum mit erhöhter Brandgefahr führen.

(5) [1]Der zweite Rettungsweg kann eine weitere notwendige Treppe oder eine mit Rettungsgeräten der Feuerwehr erreichbare Stelle der Nutzungseinheit sein. [2]Ein zweiter Rettungsweg ist nicht erforderlich, wenn die Rettung über einen sicher erreichbaren Treppenraum möglich ist, in den Feuer und Rauch nicht eindringen können (Sicherheitstreppenraum).

(6) Zur Durchführung wirksamer Lösch- und Rettungsarbeiten durch die Feuerwehr müssen geeignete und von öffentlichen Verkehrsflächen erreichbare Aufstell- und Bewegungsflächen für die erforderlichen Rettungsgeräte vorhanden sein.

(7) [1]Aufenthaltsräume, in denen bestimmungsgemäß Personen schlafen, sowie Rettungswege von solchen Aufenthaltsräumen in derselben Nutzungseinheit sind jeweils mit mindestens einem Rauchwarnmelder auszustatten. [2]Die Rauchwarnmelder müssen so eingebaut oder angebracht werden, dass Brandrauch frühzeitig erkannt und gemeldet wird. [3]Eigentümerinnen und Eigentümer bereits bestehender Nutzungseinheiten sind verpflichtet, diese bis zum 31. Dezember 2014 entsprechend auszustatten. [4]Die Sicherstellung der Betriebsbereitschaft obliegt den unmittelbaren Besitzern, es sei denn, der Eigentümer übernimmt die Verpflichtung selbst.

(8) Gebäude zur Haltung von Tieren müssen über angemessene Einrichtungen zur Rettung der Tiere im Brandfall verfügen.

§ 16 Verkehrssicherheit. (1) Bauliche Anlagen sowie die dem Verkehr dienenden, nichtüberbauten Flächen von bebauten Grundstücken müssen verkehrssicher sein.

(2) Die Sicherheit und Leichtigkeit des öffentlichen Verkehrs darf durch bauliche Anlagen oder deren Nutzung nicht gefährdet werden.

(3) Umwehrungen müssen so beschaffen und angeordnet sein, dass sie Abstürze verhindern und das Überklettern erschweren.

§ 16a[1)] Bauarten. (1) Bauarten dürfen nur angewendet werden, wenn bei ihrer Anwendung die baulichen Anlagen bei ordnungsgemäßer Instandhaltung während einer dem Zweck entsprechenden angemessenen Zeitdauer die Anforderungen dieses Gesetzes oder auf Grund dieses Gesetzes erfüllen und für ihren Anwendungszweck tauglich sind.

(2) [1]Bauarten, die von Technischen Baubestimmungen nach § 73a Absatz 2 Nummer 2 oder 3 Buchstabe a wesentlich abweichen oder für die es allgemein anerkannte Regeln der Technik nicht gibt, dürfen bei der Errichtung, Änderung und Instandhaltung baulicher Anlagen nur angewendet werden, wenn für sie

[1)] § 16a eingef. mWv 1.12.2017 durch G v. 21.11.2017 (GBl. S. 606).

1. eine allgemeine Bauartgenehmigung durch das Deutsche Institut für Bautechnik oder
2. eine vorhabenbezogene Bauartgenehmigung durch die oberste Baurechtsbehörde

erteilt worden ist. [2] § 18 Absatz 2 bis 5 gilt entsprechend.

(3) [1] Anstelle einer allgemeinen Bauartgenehmigung genügt ein allgemeines bauaufsichtliches Prüfzeugnis für Bauarten, wenn die Bauart nach allgemein anerkannten Prüfverfahren beurteilt werden kann. [2] In den Technischen Baubestimmungen nach § 73a werden diese Bauarten mit der Angabe der maßgebenden technischen Regeln bekannt gemacht. [3] § 19 Absatz 2 gilt entsprechend.

(4) Wenn Gefahren im Sinne des § 3 Absatz 1 Satz 1 nicht zu erwarten sind, kann die oberste Baurechtsbehörde im Einzelfall oder für genau begrenzte Fälle allgemein festlegen, dass eine Bauartgenehmigung nicht erforderlich ist.

(5) [1] Bauarten bedürfen einer Bestätigung ihrer Übereinstimmung mit den Technischen Baubestimmungen nach § 73a Absatz 2, den allgemeinen Bauartgenehmigungen, den allgemeinen bauaufsichtlichen Prüfzeugnissen für Bauarten oder den vorhabenbezogenen Bauartgenehmigungen. [2] Als Übereinstimmung gilt auch eine Abweichung, die nicht wesentlich ist. [3] § 21 Absatz 2 gilt für den Anwender der Bauart entsprechend.

(6) [1] Bei Bauarten, deren Anwendung in außergewöhnlichem Maß von der Sachkunde und Erfahrung der damit betrauten Personen oder von einer Ausstattung mit besonderen Vorrichtungen abhängt, kann in der Bauartgenehmigung oder durch Rechtsverordnung der obersten Baurechtsbehörde vorgeschrieben werden, dass der Anwender über solche Fachkräfte und Vorrichtungen verfügt und den Nachweis hierüber gegenüber einer Prüfstelle nach § 24 Satz 1 Nummer 6 zu erbringen hat. [2] In der Rechtsverordnung können Mindestanforderungen an die Ausbildung, die durch Prüfung nachzuweisende Befähigung und die Ausbildungsstätten einschließlich der Anerkennungsvoraussetzungen gestellt werden.

(7) Für Bauarten, die einer außergewöhnlichen Sorgfalt bei Ausführung oder Instandhaltung bedürfen, kann in der Bauartgenehmigung oder durch Rechtsverordnung der obersten Baurechtsbehörde die Überwachung dieser Tätigkeiten durch eine Überwachungsstelle nach § 24 Satz 1 Nummer 5 vorgeschrieben werden.

Vierter Teil.[1)] Bauprodukte

§ 16b[2)] Allgemeine Anforderungen für die Verwendung von Bauprodukten. (1) Bauprodukte dürfen nur verwendet werden, wenn bei ihrer Verwendung die baulichen Anlagen bei ordnungsgemäßer Instandhaltung während einer dem Zweck entsprechenden angemessenen Zeitdauer die Anforderungen dieses Gesetzes oder auf Grund dieses Gesetzes erfüllen und gebrauchstauglich sind.

(2) Bauprodukte, die den in Vorschriften eines anderen Mitgliedstaats der Europäischen Union, eines anderen Vertragsstaats des Abkommens über den

---

1) 4. Teil Überschrift geänd. mWv 1.12.2017 durch G v. 21.11.2017 (GBl. S. 606).
2) § 16b eingef. mWv 1.12.2017 durch G v. 21.11.2017 (GBl. S. 606).

Europäischen Wirtschaftsraum oder der Schweiz oder der Türkei genannten technischen Anforderungen entsprechen, dürfen verwendet werden, wenn das geforderte Schutzniveau gemäß § 3 Absatz 1 Satz 1 gleichermaßen dauerhaft erreicht wird.

§ 16c[1)] Anforderungen für die Verwendung von CE-gekennzeichneten Bauprodukten. [1] Ein Bauprodukt, das die CE-Kennzeichnung trägt, darf verwendet werden, wenn die erklärten Leistungen den in diesem Gesetz oder auf Grund dieses Gesetzes festgelegten Anforderungen für diese Verwendung entsprechen. [2] Die §§ 17 bis 25 Absatz 1 gelten nicht für Bauprodukte, die die CE-Kennzeichnung auf Grund der Verordnung (EU) Nr. 305/2011 tragen.

§ 17[2)] Verwendbarkeitsnachweise. (1) Ein Verwendbarkeitsnachweis (§§ 18 bis 20) ist für ein Bauprodukt erforderlich, wenn

1. es keine Technische Baubestimmung und keine allgemein anerkannte Regel der Technik gibt,
2. das Bauprodukt von einer Technischen Baubestimmung nach § 73a Absatz 2 Nummer 3 wesentlich abweicht oder
3. eine Verordnung nach § 73 Absatz 7a es vorsieht.

(2) Ein Verwendbarkeitsnachweis ist nicht erforderlich für ein Bauprodukt, das

1. von einer allgemein anerkannten Regel der Technik abweicht oder
2. für die Erfüllung der Anforderungen dieses Gesetzes oder auf Grund dieses Gesetzes nur eine untergeordnete Bedeutung hat.

(3) Die Technischen Baubestimmungen nach § 73a enthalten eine nicht abschließende Liste von Bauprodukten, die keines Verwendbarkeitsnachweises nach Absatz 1 bedürfen.

§ 18[3)] Allgemeine bauaufsichtliche Zulassung. (1) Das Deutsche Institut für Bautechnik erteilt unter den Voraussetzungen des § 17 Absatz 1 eine allgemeine bauaufsichtliche Zulassung für Bauprodukte, wenn deren Verwendbarkeit im Sinne des § 16b Absatz 1 nachgewiesen ist.

(2) [1] Die zur Begründung des Antrags erforderlichen Unterlagen sind beizufügen. [2] Soweit erforderlich, sind Probestücke vom Antragsteller zur Verfügung zu stellen oder durch Sachverständige, die das Deutsche Institut für Bautechnik bestimmen kann, zu entnehmen oder Probeausführungen unter Aufsicht der Sachverständigen herzustellen. [3] Der Antrag kann zurückgewiesen werden, wenn die Unterlagen unvollständig sind oder erhebliche Mängel aufweisen.

(3) Das Deutsche Institut für Bautechnik kann für die Durchführung der Prüfung die sachverständige Stelle und für Probeausführungen die Ausführungsstelle und Ausführungszeit vorschreiben.

(4) [1] Die allgemeine bauaufsichtliche Zulassung wird widerruflich und für eine bestimmte Frist erteilt, die in der Regel fünf Jahre beträgt. [2] Die Zulassung kann mit Nebenbestimmungen erteilt werden. [3] Sie kann auf schriftlichen

---

[1)] § 16c eingef. mWv 1.12.2017 durch G v. 21.11.2017 (GBl. S. 606).
[2)] § 17 neu gef. mWv 1.12.2017 durch G v. 21.11.2017 (GBl. S. 606).
[3)] § 18 Abs. 1 neu gef. mWv 1.12.2017 durch G v. 21.11.2017 (GBl. S. 606).

Antrag in der Regel um fünf Jahre verlängert werden; § 62 Abs. 2 Satz 2 gilt entsprechend.

(5) [1] Die Zulassung wird unbeschadet der Rechte Dritter erteilt. [2] Das Deutsche Institut für Bautechnik macht die von ihm erteilten allgemeinen bauaufsichtlichen Zulassungen nach Gegenstand und wesentlichem Inhalt öffentlich bekannt. [3] Allgemeine bauaufsichtliche Zulassungen nach dem Recht anderer Bundesländer gelten auch im Land Baden-Württemberg.

§ 19[1)] Allgemeines bauaufsichtliches Prüfzeugnis. (1) [1] Bauprodukte, die nach allgemein anerkannten Prüfverfahren beurteilt werden, bedürfen anstelle einer allgemeinen bauaufsichtlichen Zulassung nur eines allgemeinen bauaufsichtlichen Prüfzeugnisses. [2] Dies wird mit der Angabe der maßgebenden technischen Regeln in den Technischen Baubestimmungen nach § 73a bekanntgemacht.

(2) [1] Ein allgemeines bauaufsichtliches Prüfzeugnis wird von einer Prüfstelle nach § 24 Satz 1 Nummer 1 für Bauprodukte nach Absatz 1 erteilt, wenn deren Verwendbarkeit im Sinne des § 16b Absatz 1 nachgewiesen ist. [2] § 18 Absatz 2, 4 und 5 gilt entsprechend. [3] Die Anerkennungsbehörde für Stellen nach § 24 Satz 1 Nummer 1 sowie § 73 Absatz 6 Satz 1 Nummer 2 und Satz 2 kann allgemeine bauaufsichtliche Prüfzeugnisse zurücknehmen oder widerrufen; §§ 48 und 49 des Landesverwaltungsverfahrensgesetzes finden Anwendung.

§ 20[1)] Nachweis der Verwendbarkeit von Bauprodukten im Einzelfall.

[1] Mit Zustimmung der obersten Baurechtsbehörde dürfen unter den Voraussetzungen des § 17 Absatz 1 im Einzelfall Bauprodukte verwendet werden, wenn ihre Verwendbarkeit im Sinne des § 16b Absatz 1 nachgewiesen ist. [2] Die Zustimmung kann auch für mehrere vergleichbare Fälle erteilt werden. [3] Wenn Gefahren im Sinne des § 3 Absatz 1 Satz 1 nicht zu erwarten sind, kann die oberste Baurechtsbehörde im Einzelfall oder allgemein erklären, dass ihre Zustimmung nicht erforderlich ist.

§ 21[1)] Übereinstimmungsbestätigung. (1) Bauprodukte bedürfen einer Bestätigung ihrer Übereinstimmung mit den Technischen Baubestimmungen nach § 73a Absatz 2, den allgemeinen bauaufsichtlichen Zulassungen, den allgemeinen bauaufsichtlichen Prüfzeugnissen oder den Zustimmungen im Einzelfall; als Übereinstimmung gilt auch eine Abweichung, die nicht wesentlich ist.

(2) Die Bestätigung der Übereinstimmung erfolgt durch Übereinstimmungserklärung des Herstellers (§ 22).

(3) Die Übereinstimmungserklärung hat der Hersteller durch Kennzeichnung der Bauprodukte mit dem Übereinstimmungszeichen (Ü-Zeichen) unter Hinweis auf den Verwendungszweck abzugeben.

(4) Das Ü-Zeichen ist auf dem Bauprodukt, auf einem Beipackzettel oder auf seiner Verpackung oder, wenn dies Schwierigkeiten bereitet, auf dem Lieferschein oder auf einer Anlage zum Lieferschein anzubringen.

(5) Ü-Zeichen aus anderen Bundesländern und aus anderen Staaten gelten auch im Land Baden-Württemberg.

[1)] §§ 19–21 neu gef. mWv 1.12.2017 durch G v. 21.11.2017 (GBl. S. 606).

§ 22[1] **Übereinstimmungserklärung des Herstellers.** (1) Der Hersteller darf eine Übereinstimmungserklärung nur abgeben, wenn er durch werkseigene Produktionskontrolle sichergestellt hat, dass das von ihm hergestellte Bauprodukt den maßgebenden technischen Regeln, der allgemeinen bauaufsichtlichen Zulassung, dem allgemeinen bauaufsichtlichen Prüfzeugnis oder der Zustimmung im Einzelfall entspricht.

(2) [1] In den Technischen Baubestimmungen nach § 73a, in den allgemeinen bauaufsichtlichen Zulassungen, in den allgemeinen bauaufsichtlichen Prüfzeugnissen oder in den Zustimmungen im Einzelfall kann eine Prüfung der Bauprodukte durch eine Prüfstelle vor Abgabe der Übereinstimmungserklärung vorgeschrieben werden, wenn dies zur Sicherung einer ordnungsgemäßen Herstellung erforderlich ist. [2] In diesen Fällen hat die Prüfstelle das Bauprodukt daraufhin zu überprüfen, ob es den maßgebenden technischen Regeln, der allgemeinen bauaufsichtlichen Zulassung, dem allgemeinen bauaufsichtlichen Prüfzeugnis oder der Zustimmung im Einzelfall entspricht.

(3) [1] In den Technischen Baubestimmungen nach § 73a, in den allgemeinen bauaufsichtlichen Zulassungen oder in den Zustimmungen im Einzelfall kann eine Zertifizierung vor Abgabe der Übereinstimmungserklärung vorgeschrieben werden, wenn dies zum Nachweis einer ordnungsgemäßen Herstellung eines Bauproduktes erforderlich ist. [2] Die oberste Baurechtsbehörde kann im Einzelfall die Verwendung von Bauprodukten ohne Zertifizierung gestatten, wenn nachgewiesen ist, dass diese Bauprodukte den technischen Regeln, Zulassungen, Prüfzeugnissen oder Zustimmungen nach Absatz 1 entsprechen.

(4) Bauprodukte, die nicht in Serie hergestellt werden, bedürfen nur einer Übereinstimmungserklärung nach Absatz 1, sofern nichts anderes bestimmt ist.

§ 23[1] **Zertifizierung.** (1) Dem Hersteller ist ein Übereinstimmungszertifikat von einer Zertifizierungsstelle nach § 24 Satz 1 Nummer 3 zu erteilen, wenn das Bauprodukt

1. den Technischen Baubestimmungen nach § 73a Absatz 2, der allgemeinen bauaufsichtlichen Zulassung, dem allgemeinen bauaufsichtlichen Prüfzeugnis oder der Zustimmung im Einzelfall entspricht und
2. einer werkseigenen Produktionskontrolle sowie einer Fremdüberwachung nach Maßgabe des Absatzes 2 unterliegt.

(2) [1] Die Fremdüberwachung ist von Überwachungsstellen nach § 24 Satz 1 Nummer 4 durchzuführen. [2] Die Fremdüberwachung hat regelmäßig zu überprüfen, ob das Bauprodukt den Technischen Baubestimmungen nach § 73a Absatz 2, der allgemeinen bauaufsichtlichen Zulassung, dem allgemeinen bauaufsichtlichen Prüfzeugnis oder der Zustimmung im Einzelfall entspricht.

§ 24[1] **Prüf-, Zertifizierungs- und Überwachungsstellen.** [1] Die oberste Baurechtsbehörde kann eine natürliche oder juristische Person als

1. Prüfstelle für die Erteilung allgemeiner bauaufsichtlicher Prüfzeugnisse (§ 19 Absatz 2),
2. Prüfstelle für die Überprüfung von Bauprodukten vor Abgabe der Übereinstimmungserklärung (§ 22 Absatz 2),
3. Zertifizierungsstelle (§ 23 Absatz 1),

---

[1] §§ 22–24 neu gef. mWv 1.12.2017 durch G v. 21.11.2017 (GBl. S. 606).

4. Überwachungsstelle für die Fremdüberwachung (§ 23 Absatz 2),
5. Überwachungsstelle für die Überwachung nach § 16a Absatz 7 und § 25 Absatz 2 oder
6. Prüfstelle für die Überprüfung nach § 16a Absatz 6 und § 25 Absatz 1

anerkennen, wenn sie oder die bei ihr Beschäftigten nach ihrer Ausbildung, Fachkenntnis, persönlichen Zuverlässigkeit, ihrer Unparteilichkeit und ihren Leistungen die Gewähr dafür bieten, dass diese Aufgaben den öffentlich-rechtlichen Vorschriften entsprechend wahrgenommen werden, und wenn sie über die erforderlichen Vorrichtungen verfügen. [2] Satz 1 ist entsprechend auf Behörden anzuwenden, wenn sie ausreichend mit geeigneten Fachkräften besetzt und mit den erforderlichen Vorrichtungen ausgestattet sind. [3] Die Anerkennung von Prüf-, Zertifizierungs- und Überwachungsstellen anderer Bundesländer gilt auch im Land Baden-Württemberg.

§ 25[1)] Besondere Sachkunde- und Sorgfaltsanforderungen. (1) [1] Bei Bauprodukten, deren Herstellung in außergewöhnlichem Maß von der Sachkunde und Erfahrung der damit betrauten Personen oder von einer Ausstattung mit besonderen Vorrichtungen abhängt, kann in der allgemeinen bauaufsichtlichen Zulassung, in der Zustimmung im Einzelfall oder durch Rechtsverordnung der obersten Baurechtsbehörde bestimmt werden, dass der Hersteller über solche Fachkräfte und Vorrichtungen verfügt und den Nachweis hierüber gegenüber einer Prüfstelle nach § 24 Satz 1 Nummer 6 zu erbringen hat. [2] In der Rechtsverordnung können Mindestanforderungen an die Ausbildung, die durch Prüfung nachzuweisende Befähigung und die Ausbildungsstätten einschließlich der Anerkennungsvoraussetzungen gestellt werden.

(2) Für Bauprodukte, die wegen ihrer besonderen Eigenschaften oder ihres besonderen Verwendungszwecks einer außergewöhnlichen Sorgfalt bei Einbau, Transport, Instandhaltung oder Reinigung bedürfen, kann in der allgemeinen bauaufsichtlichen Zulassung, in der Zustimmung im Einzelfall oder durch Rechtsverordnung der obersten Baurechtsbehörde die Überwachung dieser Tätigkeiten durch eine Überwachungsstelle nach § 24 Satz 1 Nummer 5 vorgeschrieben werden, soweit diese Tätigkeiten nicht bereits durch die Verordnung (EU) Nr. 305/2011 erfasst sind.

Fünfter Teil. Der Bau und seine Teile

§ 26[2)] Allgemeine Anforderungen an das Brandverhalten von Baustoffen und Bauteilen. (1) [1] Baustoffe werden nach den Anforderungen an ihr Brandverhalten unterschieden in

1. nichtbrennbare,
2. schwerentflammbare,
3. normalentflammbare.

[2] Baustoffe, die nicht mindestens normalentflammbar sind (leichtentflammbare Baustoffe), dürfen nicht verwendet werden; dies gilt nicht, wenn sie in Verbindung mit anderen Baustoffen nicht leichtentflammbar sind.

[1)] § 25 neu gef. mWv 1.12.2017 durch G v. 21.11.2017 (GBl. S. 606).

[2)] § 26 Abs. 3 angef. mWv 1.3.2015 durch G v. 11.11.2014 (GBl. S. 501); Abs. 3 neu gef. mWv 1.8.2019 durch G v. 18.7.2019 (GBl. S. 313).

(2) [1] Bauteile werden nach den Anforderungen an ihre Feuerwiderstandsfähigkeit unterschieden in

1. feuerbeständige,
2. hochfeuerhemmende,
3. feuerhemmende;

die Feuerwiderstandsfähigkeit bezieht sich bei tragenden und aussteifenden Bauteilen auf deren Standsicherheit im Brandfall, bei raumabschließenden Bauteilen auf deren Widerstand gegen die Brandausbreitung. [2] Bauteile werden zusätzlich nach dem Brandverhalten ihrer Baustoffe unterschieden in

1. Bauteile aus nichtbrennbaren Baustoffen,
2. Bauteile, deren tragende und aussteifende Teile aus nichtbrennbaren Baustoffen bestehen und die bei raumabschließenden Bauteilen zusätzlich eine in Bauteilebene durchgehende Schicht aus nichtbrennbaren Baustoffen haben,
3. Bauteile, deren tragende und aussteifende Teile aus brennbaren Baustoffen bestehen und die allseitig eine brandschutztechnisch wirksame Bekleidung aus nichtbrennbaren Baustoffen (Brandschutzbekleidung) und Dämmstoffe aus nichtbrennbaren Baustoffen haben,
4. Bauteile aus brennbaren Baustoffen.

[3] Soweit in diesem Gesetz oder in Vorschriften auf Grund dieses Gesetzes nichts anderes bestimmt ist, müssen

1. Bauteile, die feuerbeständig sein müssen, mindestens den Anforderungen des Satzes 2 Nr. 2,
2. Bauteile, die hochfeuerhemmend sein müssen, mindestens den Anforderungen des Satzes 2 Nr. 3

entsprechen.

(3) Abweichend von Absatz 2 Satz 3 sind tragende oder aussteifende sowie raumabschließende Bauteile, die hochfeuerhemmend oder feuerbeständig sein müssen, aus brennbaren Baustoffen zulässig, wenn die hinsichtlich der Standsicherheit und des Raumabschlusses geforderte Feuerwiderstandsfähigkeit nachgewiesen und die Bauteile und ihre Anschlüsse ausreichend lang widerstandsfähig gegen die Brandausbreitung sind.

§ 27 Anforderungen an tragende, aussteifende und raumabschließende Bauteile. (1) Tragende und aussteifende Wände und Stützen müssen im Brandfall ausreichend lang standsicher sein.

(2) Außenwände und Außenwandteile wie Brüstungen und Schürzen sind so auszubilden, dass eine Brandausbreitung auf und in diesen Bauteilen ausreichend lang begrenzt ist.

(3) Trennwände müssen als raumabschließende Bauteile von Räumen oder Nutzungseinheiten innerhalb von Geschossen ausreichend lang widerstandsfähig gegen die Brandausbreitung sein.

(4) Brandwände müssen als raumabschließende Bauteile zum Abschluss von Gebäuden (Gebäudeabschlusswand) oder zur Unterteilung von Gebäuden in Brandabschnitte (innere Brandwand) ausreichend lang die Brandausbreitung auf andere Gebäude oder Brandabschnitte verhindern.

(5) Decken und ihre Anschlüsse müssen als tragende und raumabschließende Bauteile zwischen Geschossen im Brandfall ausreichend lang standsicher und widerstandsfähig gegen die Brandausbreitung sein.

(6) Bedachungen müssen gegen eine Brandbeanspruchung von außen durch Flugfeuer und strahlende Wärme ausreichend lang widerstandsfähig sein (harte Bedachung).

§ 28 Anforderungen an Bauteile in Rettungswegen. (1) [1]Jedes nicht zu ebener Erde liegende Geschoss und der benutzbare Dachraum eines Gebäudes müssen über mindestens eine Treppe zugänglich sein (notwendige Treppe). [2]Statt notwendiger Treppen sind Rampen mit flacher Neigung zulässig. [3]Die nutzbare Breite der Treppenläufe und Treppenabsätze notwendiger Treppen muss für den größten zu erwartenden Verkehr ausreichen.

(2) [1]Jede notwendige Treppe muss zur Sicherstellung der Rettungswege aus den Geschossen ins Freie in einem eigenen, durchgehenden Treppenraum liegen (notwendiger Treppenraum). [2]Der Ausgang muss mindestens so breit sein wie die zugehörigen notwendigen Treppen. [3]Notwendige Treppenräume müssen so angeordnet und ausgebildet sein, dass die Nutzung der notwendigen Treppen im Brandfall ausreichend lang möglich ist. [4]Notwendige Treppen sind ohne eigenen Treppenraum zulässig

1. in Gebäuden der Gebäudeklassen 1 und 2,
2. für die Verbindung von höchstens zwei Geschossen innerhalb derselben Nutzungseinheit von insgesamt nicht mehr als 200 m^2, wenn in jedem Geschoss ein anderer Rettungsweg erreicht werden kann,
3. als Außentreppe, wenn ihre Nutzung ausreichend sicher ist und im Brandfall nicht gefährdet werden kann.

(3) Flure, über die Rettungswege aus Aufenthaltsräumen oder aus Nutzungseinheiten mit Aufenthaltsräumen zu Ausgängen in notwendige Treppenräume oder ins Freie führen (notwendige Flure), müssen so angeordnet und ausgebildet sein, dass die Nutzung im Brandfall ausreichend lang möglich ist.

(4) Türen und Fenster, die bei einem Brand der Rettung von Menschen dienen oder der Ausbreitung von Feuer und Rauch entgegenwirken, müssen so beschaffen und angeordnet sein, dass sie den Erfordernissen des Brandschutzes genügen.

§ 29[1)] Aufzugsanlagen. (1) [1]Aufzugsanlagen müssen betriebssicher und brandsicher sein. [2]Sie sind so zu errichten und anzuordnen, dass die Brandweiterleitung ausreichend lange verhindert wird und bei ihrer Benutzung Gefahren oder unzumutbare Belästigungen nicht entstehen.

(2) [1]Gebäude mit einer Höhe nach § 2 Abs. 4 Satz 2 von mehr als 13 m müssen Aufzüge in ausreichender Zahl haben, von denen einer auch zur Aufnahme von Rollstühlen, Krankentragen und Lasten geeignet sein muss. [2]Zur Aufnahme von Rollstühlen bestimmte Aufzüge müssen von Menschen mit Behinderung ohne fremde Hilfe zweckentsprechend genutzt werden können.

[1)] § 29 Abs. 2 Satz 2 geänd. mWv 1.3.2015 durch G v. 11.11.2014 (GBl. S. 501).

§ 30 Lüftungsanlagen. Lüftungsanlagen, raumlufttechnische Anlagen und Warmluftheizungen müssen betriebssicher und brandsicher sein; sie dürfen den ordnungsgemäßen Betrieb von Feuerungsanlagen nicht beeinträchtigen.

§ 31 Leitungsanlagen. [1] Leitungen, Installationsschächte und -kanäle müssen brandsicher sein. [2] Sie sind so zu errichten und anzuordnen, dass die Brandweiterleitung ausreichend lange verhindert wird.

§ 32 Feuerungsanlagen, sonstige Anlagen zur Wärmeerzeugung, Brennstoffversorgung. (1) Feuerstätten und Abgasanlagen (Feuerungsanlagen) müssen betriebssicher und brandsicher sein.

(2) Feuerstätten dürfen in Räumen nur aufgestellt werden, wenn nach der Art der Feuerstätte und nach Lage, Größe, baulicher Beschaffenheit und Nutzung der Räume Gefahren nicht entstehen.

(3) [1] Abgase von Feuerstätten sind durch Abgasleitungen, Schornsteine und Verbindungsstücke (Abgasanlagen) so abzuführen, dass keine Gefahren oder unzumutbaren Belästigungen entstehen. [2] Abgasanlagen sind in solcher Zahl und Lage und so herzustellen, dass die Feuerstätten des Gebäudes ordnungsgemäß angeschlossen werden können. [3] Sie müssen leicht gereinigt werden können.

(4) [1] Behälter und Rohrleitungen für brennbare Gase und Flüssigkeiten müssen betriebssicher und brandsicher sein. [2] Diese Behälter sowie feste Brennstoffe sind so aufzustellen oder zu lagern, dass keine Gefahren oder unzumutbaren Belästigungen entstehen.

(5) Für die Aufstellung von ortsfesten Verbrennungsmotoren, Blockheizkraftwerken, Brennstoffzellen und Verdichtern sowie die Ableitung ihrer Verbrennungsgase gelten die Absätze 1 bis 3 entsprechend.

§ 33[1)] Wasserversorgungs- und Wasserentsorgungsanlagen, Anlagen für Abfallstoffe und Reststoffe. (1) [1] Bauliche Anlagen dürfen nur errichtet werden, wenn die einwandfreie Beseitigung des Abwassers und des Niederschlagswassers dauernd gesichert ist. [2] Das Abwasser ist entsprechend den §§ 55 und 56 des Wasserhaushaltsgesetzes und § 46 des Wassergesetzes für Baden-Württemberg zu entsorgen.

(2) [1] Wasserversorgungsanlagen, Anlagen zur Beseitigung des Abwassers und des Niederschlagswassers sowie Anlagen zur vorübergehenden Aufbewahrung von Abfällen und Reststoffen müssen betriebssicher sein. [2] Sie sind so herzustellen und anzuordnen, dass Gefahren sowie erhebliche Nachteile oder Belästigungen, insbesondere durch Geruch oder Geräusch, nicht entstehen.

Sechster Teil. Einzelne Räume, Wohnungen und besondere Anlagen

§ 34 Aufenthaltsräume. (1) Die lichte Höhe von Aufenthaltsräumen muss mindestens betragen:

1. 2,2 m über mindestens der Hälfte ihrer Grundfläche, wenn die Aufenthaltsräume ganz oder überwiegend im Dachraum liegen; dabei bleiben Raumteile mit einer lichten Höhe bis 1,5 m außer Betracht,

---

[1)] § 33 Abs. 1 Satz 2 neu gef. mWv 1.1.2014 durch G v. 3.12.2013 (GBl. S. 389).

2. 2,3 m in allen anderen Fällen.

(2) [1] Aufenthaltsräume müssen ausreichend belüftet werden können; sie müssen unmittelbar ins Freie führende Fenster von solcher Zahl, Lage, Größe und Beschaffenheit haben, dass die Räume ausreichend mit Tageslicht beleuchtet werden können (notwendige Fenster). [2] Das Rohbaumaß der Fensteröffnungen muss mindestens ein Zehntel der Grundfläche des Raumes betragen; Raumteile mit einer lichten Höhe bis 1,5 m bleiben außer Betracht. [3] Ein geringeres Rohbaumaß ist bei geneigten Fenstern sowie bei Oberlichtern zulässig, wenn die ausreichende Beleuchtung mit Tageslicht gewährleistet bleibt.

(3) [1] Aufenthaltsräume, deren Fußboden unter der Geländeoberfläche liegt, sind zulässig, wenn das Gelände mit einer Neigung von höchstens 45° an die Außenwände vor notwendigen Fenstern anschließt. [2] Die Oberkante der Brüstung notwendiger Fenster muss mindestens 1,3 m unter der Decke liegen.

(4) Verglaste Vorbauten und Loggien sind vor notwendigen Fenstern zulässig, wenn eine ausreichende Beleuchtung mit Tageslicht gewährleistet bleibt.

(5) Bei Aufenthaltsräumen, die nicht dem Wohnen dienen, sind Abweichungen von den Anforderungen der Absätze 2 und 3 zuzulassen, wenn Nachteile nicht zu befürchten sind oder durch besondere Einrichtungen ausgeglichen werden können.

§ 35[1)] Wohnungen. (1) [1] In Gebäuden mit mehr als zwei Wohnungen müssen die Wohnungen eines Geschosses barrierefrei erreichbar sein; diese Verpflichtung kann auch durch barrierefrei erreichbare Wohnungen in mehreren Geschossen erfüllt werden, wenn die gesamte Grundfläche dieser Wohnungen die Grundfläche der Nutzungseinheiten des Erdgeschosses nicht unterschreitet. [2] In diesen Wohnungen müssen die Wohn- und Schlafräume, eine Toilette, ein Bad und die Küche oder Kochnische barrierefrei nutzbar und mit dem Rollstuhl zugänglich sein. [3] Die Sätze 1 und 2 gelten nicht, soweit die Anforderungen insbesondere wegen schwieriger Geländeverhältnisse, wegen des Einbaus eines sonst nicht erforderlichen Aufzugs oder wegen ungünstiger vorhandener Bebauung nur mit unverhältnismäßigem Mehraufwand erfüllt werden können. [4] Die Sätze 1 bis 3 gelten nicht bei der Teilung von Wohnungen sowie bei Vorhaben zur Schaffung von zusätzlichem Wohnraum durch Ausbau, Anbau, Nutzungsänderung, Aufstockung oder Änderung des Daches, wenn die Baugenehmigung oder Kenntnisgabe für das Gebäude mindestens fünf Jahre zurückliegen.

(2) [1] Jede Wohnung muss eine Küche oder Kochnische haben. [2] Fensterlose Küchen oder Kochnischen sind zulässig, wenn sie für sich lüftbar sind.

(3) [1] Jede Wohnung muss einen eigenen Wasserzähler haben. [2] Dies gilt nicht bei Nutzungsänderungen, wenn die Anforderung nach Satz 1 nur mit unverhältnismäßigem Aufwand erfüllt werden kann.

(4) In Gebäuden mit mehr als zwei Wohnungen müssen zur gemeinschaftlichen Benutzung möglichst ebenerdig zugängliche oder durch Rampen oder Aufzüge leicht erreichbare Flächen zum Abstellen von Kinderwagen und Gehhilfen zur Verfügung stehen.

[1)] § 35 Abs. 1 Sätze 1, 2 geänd., Abs. 4, 5 neu gef. mWv 1.3.2015 durch G v. 11.11.2014 (GBl. S. 501); Abs. 1 Satz 1 geänd., Satz 4 angef., Abs. 4 Satz 1 aufgeh., bish. Satz 2 neu gef. mWv 1.8.2019 durch G v. 18.7.2019 (GBl. S. 313).

(5) Für jede Wohnung muss ein Abstellraum zur Verfügung stehen.

§ 36 Toilettenräume und Bäder. (1) Jede Nutzungseinheit muss mindestens eine Toilette haben.

(2) Toilettenräume und Bäder müssen eine ausreichende Lüftung haben.

§ 37[1)] Stellplätze für Kraftfahrzeuge und Fahrräder, Garagen.

(1) [1]Bei der Errichtung von Gebäuden mit Wohnungen ist für jede Wohnung ein geeigneter Stellplatz für Kraftfahrzeuge herzustellen (notwendiger Kfz-Stellplatz). [2]Bei der Errichtung sonstiger baulicher Anlagen und anderer Anlagen, bei denen ein Zu- und Abfahrtsverkehr zu erwarten ist, sind notwendige Kfz-Stellplätze in solcher Zahl herzustellen, dass sie für die ordnungsgemäße Nutzung der Anlagen unter Berücksichtigung des öffentlichen Personennahverkehrs ausreichen. [3]Statt notwendiger Kfz-Stellplätze ist die Herstellung notwendiger Garagen zulässig; nach Maßgabe des Absatzes 8 können Garagen auch verlangt werden. [4]Bis zu einem Viertel der notwendigen Kfz-Stellplätze nach Satz 2 kann durch die Schaffung von Fahrradstellplätzen ersetzt werden. [5]Dabei sind für einen Kfz-Stellplatz vier Fahrradstellplätze herzustellen; eine Anrechnung der so geschaffenen Fahrradstellplätze auf die Verpflichtung nach Absatz 2 erfolgt nicht.

(2) [1]Bei der Errichtung baulicher Anlagen, bei denen ein Zu- und Abfahrtsverkehr mit Fahrrädern zu erwarten ist, sind Fahrradstellplätze herzustellen. [2]Ihre Zahl und Beschaffenheit richtet sich nach dem nach Art, Größe und Lage der Anlage regelmäßig zu erwartenden Bedarf (notwendige Fahrradstellplätze). [3]Notwendige Fahrradstellplätze müssen von der öffentlichen Verkehrsfläche leicht erreichbar und gut zugänglich sein und eine wirksame Diebstahlsicherung ermöglichen; soweit sie für Wohnungen herzustellen sind müssen sie außerdem wettergeschützt sein.

(3) [1]Bei Änderungen oder Nutzungsänderungen von Anlagen sind Stellplätze oder Garagen in solcher Zahl herzustellen, dass die infolge der Änderung zusätzlich zu erwartenden Kraftfahrzeuge und Fahrräder aufgenommen werden können. [2]Satz 1 gilt nicht bei der Teilung von Wohnungen sowie bei Vorhaben zur Schaffung von zusätzlichem Wohnraum durch Ausbau, Anbau, Nutzungsänderung, Aufstockung oder Änderung des Daches, wenn die Baugenehmigung oder Kenntnisgabe für das Gebäude mindestens fünf Jahre zurückliegen.

(4) [1]Die Baurechtsbehörde kann zulassen, dass notwendige Stellplätze oder Garagen erst innerhalb eines angemessenen Zeitraums nach Fertigstellung der Anlage hergestellt werden. [2]Sie hat die Herstellung auszusetzen, solange und soweit nachweislich ein Bedarf an Stellplätzen oder Garagen nicht besteht und die für die Herstellung erforderlichen Flächen für diesen Zweck durch Baulast gesichert sind.

(5) [1]Die notwendigen Stellplätze oder Garagen sind herzustellen

1. auf dem Baugrundstück,

[1)] § 37 Überschrift und Abs. 1 neu gef., Abs. 2 eingef., bish. Abs. 2 wird Abs. 3 und Satz 1 geänd., bish. Abs. 3, 4 werden Abs. 4, 5, bish. Abs. 5 wird Abs. 6 und Sätze 1, 2 Nr. 2 geänd., Nr. 3 eingef., bish. Nr. 3 wird Nr. 4, bish. Abs. 6 wird Abs. 7 und Sätze 1, 2 Nr. 1 geänd., bish. Abs. 7 wird Abs. 8 und Sätze 1, 2 geänd., bish. Abs. 8 wird Abs. 9 mWv 1.3.2015 durch G v. 11.11.2014 (GBl. S. 501); Abs. 1 Sätze 4, 5 geänd., Abs. 2 neu gef., Abs. 3 Satz 2, Abs. 6 Satz 2 Nr. 2 geänd. mWv 1.8.2019 durch G v. 18.7.2019 (GBl. S. 313).

2. auf einem anderen Grundstück in zumutbarer Entfernung oder
3. mit Zustimmung der Gemeinde auf einem Grundstück in der Gemeinde.

[2] Die Herstellung auf einem anderen als dem Baugrundstück muss für diesen Zweck durch Baulast gesichert sein. [3] Die Baurechtsbehörde kann, wenn Gründe des Verkehrs dies erfordern, mit Zustimmung der Gemeinde bestimmen, ob die Stellplätze oder Garagen auf dem Baugrundstück oder auf einem anderen Grundstück herzustellen sind.

(6) [1] Lassen sich notwendige Kfz-Stellplätze oder Garagen nach Absatz 5 nicht oder nur unter großen Schwierigkeiten herstellen, so kann die Baurechtsbehörde mit Zustimmung der Gemeinde zur Erfüllung der Stellplatzverpflichtung zulassen, dass der Bauherr einen Geldbetrag an die Gemeinde zahlt. [2] Der Geldbetrag muss von der Gemeinde innerhalb eines angemessenen Zeitraums verwendet werden für

1. die Herstellung öffentlicher Parkeinrichtungen, insbesondere an Haltestellen des öffentlichen Personennahverkehrs, oder privater Stellplätze zur Entlastung der öffentlichen Verkehrsflächen,
2. die Modernisierung und Instandhaltung öffentlicher Parkeinrichtungen, einschließlich der Herstellung von Ladestationen für Elektrofahrzeuge,
3. die Herstellung von Parkeinrichtungen für die gemeinschaftliche Nutzung von Kraftfahrzeugen oder
4. bauliche Anlagen, andere Anlagen oder Einrichtungen, die den Bedarf an Parkeinrichtungen verringern, wie Einrichtungen des öffentlichen Personennahverkehrs oder für den Fahrradverkehr.

[3] Die Gemeinde legt die Höhe des Geldbetrages fest.

(7) [1] Absatz 6 gilt nicht für notwendige Kfz-Stellplätze oder Garagen von Wohnungen. [2] Eine Abweichung von der Verpflichtung nach Absatz 1 Satz 1 ist zuzulassen, soweit die Herstellung

1. bei Ausschöpfung aller Möglichkeiten, auch unter Berücksichtigung platzsparender Bauarten der Kfz-Stellplätze oder Garagen, unmöglich oder unzumutbar ist oder
2. auf dem Baugrundstück auf Grund öffentlich-rechtlicher Vorschriften ausgeschlossen ist.

(8) [1] Kfz-Stellplätze und Garagen müssen so angeordnet und hergestellt werden, dass die Anlage von Kinderspielplätzen nach § 9 Abs. 2 nicht gehindert wird. [2] Die Nutzung der Kfz-Stellplätze und Garagen darf die Gesundheit nicht schädigen; sie darf auch das Spielen auf Kinderspielplätzen, das Wohnen und das Arbeiten, die Ruhe und die Erholung in der Umgebung durch Lärm, Abgase oder Gerüche nicht erheblich stören.

(9) Das Abstellen von Wohnwagen und anderen Kraftfahrzeuganhängern in Garagen ist zulässig.

§ 38[1)] Sonderbauten. (1) [1] An Sonderbauten können zur Verwirklichung der allgemeinen Anforderungen nach § 3 Abs. 1 besondere Anforderungen im Einzelfall gestellt werden; Erleichterungen können zugelassen werden, soweit es der Einhaltung von Vorschriften wegen der besonderen Art oder Nutzung

---

[1)] § 38 Abs. 2 Nr. 6 neu gef. mWv 1.3.2015 durch G v. 11.11.2014 (GBl. S. 501); Abs. 2 Nr. 6 und 20 geänd. mWv 1.8.2019 durch G v. 18.7.2019 (GBl. S. 313).

baulicher Anlagen oder Räume oder wegen besonderer Anforderungen nicht bedarf. [2]Die besonderen Anforderungen und Erleichterungen können insbesondere betreffen

1. die Abstände von Nachbargrenzen, von anderen baulichen Anlagen auf dem Grundstück, von öffentlichen Verkehrsflächen und von oberirdischen Gewässern,
2. die Anordnung der baulichen Anlagen auf dem Grundstück,
3. die Öffnungen nach öffentlichen Verkehrsflächen und nach angrenzenden Grundstücken,
4. die Bauart und Anordnung aller für die Standsicherheit, Verkehrssicherheit, den Brandschutz, Schallschutz oder Gesundheitsschutz wesentlichen Bauteile und die Verwendung von Baustoffen,
5. die Feuerungsanlagen und Heizräume,
6. die Zahl, Anordnung und Herstellung der Treppen, Treppenräume, Flure, Aufzüge, Ausgänge und Rettungswege,
7. die zulässige Benutzerzahl, Anordnung und Zahl der zulässigen Sitze und Stehplätze bei Versammlungsstätten, Tribünen und Fliegenden Bauten,
8. die Lüftung und Rauchableitung,
9. die Beleuchtung und Energieversorgung,
10. die Wasserversorgung,
11. die Aufbewahrung und Entsorgung von Abwasser sowie von Abfällen zur Beseitigung und zur Verwertung,
12. die Stellplätze und Garagen sowie ihre Zu- und Abfahrten,
13. die Anlage von Fahrradabstellplätzen,
14. die Anlage von Grünstreifen, Baum- und anderen Pflanzungen sowie die Begrünung oder Beseitigung von Halden und Gruben,
15. die Wasserdurchlässigkeit befestigter Flächen,
16. den Betrieb und die Nutzung einschließlich des organisatorischen Brandschutzes und der Bestellung und der Qualifikation eines Brandschutzbeauftragten,
17. Brandschutzanlagen, -einrichtungen und -vorkehrungen einschließlich der Löschwasserrückhaltung,
18. die Zahl der Toiletten für Besucher.

(2) Sonderbauten sind Anlagen und Räume besonderer Art oder Nutzung, die insbesondere einen der nachfolgenden Tatbestände erfüllen:

1. Hochhäuser (Gebäude mit einer Höhe nach § 2 Abs. 4 Satz 2 von mehr als 22 m),
2. Verkaufsstätten, deren Verkaufsräume und Ladenstraßen eine Grundfläche von insgesamt mehr als 400 m^2 haben,
3. bauliche Anlagen und Räume, die überwiegend für gewerbliche Betriebe bestimmt sind, mit einer Grundfläche von insgesamt mehr als 400 m^2,
4. Büro- und Verwaltungsgebäude mit einer Grundfläche von insgesamt mehr als 400 m^2,
5. Schulen, Hochschulen und ähnliche Einrichtungen,
6. Einrichtungen zur Betreuung, Unterbringung oder Pflege von Kindern, Menschen mit Behinderung oder alten Menschen, ausgenommen Tages-

einrichtungen für Kinder und Kindertagespflege für nicht mehr als acht Kinder und ambulant betreute Wohngemeinschaften für nicht mehr als acht Personen ohne Intensivpflegebedarf,
7. Versammlungsstätten und Sportstätten,
8. Krankenhäuser und ähnliche Einrichtungen,
9. bauliche Anlagen mit erhöhter Brand-, Explosions-, Strahlen- oder Verkehrsgefahr,
10. bauliche Anlagen und Räume, bei denen im Brandfall mit einer Gefährdung der Umwelt gerechnet werden muss,
11. Fliegende Bauten,
12. Camping-, Wochenend- und Zeltplätze,
13. Gemeinschaftsunterkünfte und Beherbergungsstätten mit mehr als 12 Betten,
14. Freizeit- und Vergnügungsparks,
15. Gaststätten mit mehr als 40 Gastplätzen,
16. Spielhallen,
17. Justizvollzugsanstalten und bauliche Anlagen für den Maßregelvollzug,
18. Regallager mit einer Oberkante Lagerguthöhe von mehr als 7,50 m,
19. bauliche Anlagen mit einer Höhe von mehr als 30 m,
20. Gebäude mit mehr als 1 600 m^2 Grundfläche des Geschosses mit der größten Ausdehnung, ausgenommen Wohngebäude und Gewächshäuser.

(3) Als Nachweis dafür, dass diese Anforderungen erfüllt sind, können Bescheinigungen verlangt werden, die bei den Abnahmen vorzulegen sind; ferner können Nachprüfungen und deren Wiederholung in bestimmten Zeitabständen verlangt werden.

§ 39[1)] Barrierefreie Anlagen. (1) Bauliche Anlagen sowie andere Anlagen, die überwiegend von Menschen mit Behinderung oder alten Menschen genutzt werden, wie
1. Einrichtungen zur Frühförderung behinderter Kinder, Sonderschulen, Tages- und Begegnungsstätten, Einrichtungen zur Berufsbildung, Werkstätten, Wohnungen und Heime für Menschen mit Behinderung,
2. Altentagesstätten, Altenbegegnungsstätten, Altenwohnungen, Altenwohnheime, Altenheime und Altenpflegeheime,

sind so herzustellen, dass sie von diesen Personen zweckentsprechend ohne fremde Hilfe genutzt werden können (barrierefreie Anlagen).

(2) Die Anforderungen nach Absatz 1 gelten auch für
1. Gebäude der öffentlichen Verwaltung und Gerichte,
2. Schalter- und Abfertigungsräume der Verkehrs- und Versorgungsbetriebe, der Post- und Telekommunikationsbetriebe sowie der Kreditinstitute,
3. Kirchen und andere Anlagen für den Gottesdienst,
4. Versammlungsstätten,
5. Museen und öffentliche Bibliotheken,
6. Sport-, Spiel- und Erholungsanlagen, Schwimmbäder,

[1)] § 39 Abs. 1 einl. Satzteil, Nr. 1 und Abs. 3 Satz 1 geänd. mWv 1.3.2015 durch G v. 11.11.2014 (GBl. S. 501).

7. Camping- und Zeltplätze mit mehr als 50 Standplätzen,
8. Jugend- und Freizeitstätten,
9. Messe-, Kongress- und Ausstellungsbauten,
10. Krankenhäuser, Kureinrichtungen und Sozialeinrichtungen,
11. Bildungs- und Ausbildungsstätten aller Art, wie Schulen, Hochschulen, Volkshochschulen,
12. Kindertageseinrichtungen und Kinderheime,
13. öffentliche Bedürfnisanstalten,
14. Bürogebäude,
15. Verkaufsstätten und Ladenpassagen,
16. Beherbergungsbetriebe,
17. Gaststätten,
18. Praxen der Heilberufe und der Heilhilfsberufe,
19. Nutzungseinheiten, die in den Nummern 1 bis 18 nicht aufgeführt sind und nicht Wohnzwecken dienen, soweit sie eine Nutzfläche von mehr als 1 200 m² haben,
20. allgemein zugängliche Großgaragen sowie Stellplätze und Garagen für Anlagen nach Absatz 1 und Absatz 2 Nr. 1 bis 19.

(3) [1] Bei Anlagen nach Absatz 2 können im Einzelfall Ausnahmen zugelassen werden, soweit die Anforderungen nur mit einem unverhältnismäßigen Mehraufwand erfüllt werden können. [2] Bei Schulen und Kindertageseinrichtungen dürfen Ausnahmen nach Satz 1 nur bei Nutzungsänderungen und baulichen Änderungen zugelassen werden.

§ 40 Gemeinschaftsanlagen. (1) Die Herstellung, die Instandhaltung und die Verwaltung von Gemeinschaftsanlagen, für die in einem Bebauungsplan Flächen festgesetzt sind, obliegen den Eigentümern oder Erbbauberechtigten der Grundstücke, für die diese Anlagen bestimmt sind, sowie den Bauherrn.

(2) [1] Die Gemeinschaftsanlage muss hergestellt werden, sobald und soweit dies erforderlich ist. [2] Die Baurechtsbehörde kann durch schriftliche Anordnung den Zeitpunkt für die Herstellung bestimmen.

Siebenter Teil. Am Bau Beteiligte, Baurechtsbehörden

§ 41 Grundsatz. Bei der Errichtung oder dem Abbruch einer baulichen Anlage sind der Bauherr und im Rahmen ihres Wirkungskreises die anderen nach den §§ 43 bis 45 am Bau Beteiligten dafür verantwortlich, dass die öffentlich-rechtlichen Vorschriften und die auf Grund dieser Vorschriften erlassenen Anordnungen eingehalten werden.

§ 42[1)] Bauherr. (1) [1] Der Bauherr hat zur Vorbereitung, Überwachung und Ausführung eines genehmigungspflichtigen oder kenntnisgabepflichtigen Bauvorhabens einen geeigneten Entwurfsverfasser, geeignete Unternehmer und nach Maßgabe des Absatzes 3 einen geeigneten Bauleiter zu bestellen. [2] Dem Bauherrn obliegen die nach den öffentlich-rechtlichen Vorschriften erforderlichen Anzeigen an die Baurechtsbehörde. [3] Er hat die zur Erfüllung der An-

---

1) § 42 Abs. 1 Sätze 3, 4 angef. mWv 1.12.2017 durch G v. 21.11.2017 (GBl. S. 606).

forderungen dieses Gesetzes oder auf Grund dieses Gesetzes erforderlichen Nachweise und Unterlagen zu den verwendeten Bauprodukten und den angewandten Bauarten bereitzuhalten. [4]Werden Bauprodukte verwendet, die die CE-Kennzeichnung nach der Verordnung (EU) Nr. 305/2011 tragen, ist die Leistungserklärung bereitzuhalten.

(2) [1]Bei Bauarbeiten, die unter Einhaltung des Gesetzes zur Bekämpfung der Schwarzarbeit in Selbst-, Nachbarschafts- oder Gefälligkeitshilfe ausgeführt werden, ist die Bestellung von Unternehmern nicht erforderlich, wenn genügend Fachkräfte mit der nötigen Sachkunde, Erfahrung und Zuverlässigkeit mitwirken. [2]§§ 43 und 45 bleiben unberührt. [3]Kenntnisgabepflichtige Abbrucharbeiten dürfen nicht in Selbst-, Nachbarschafts- oder Gefälligkeitshilfe ausgeführt werden.

(3) Bei der Errichtung von Gebäuden mit Aufenthaltsräumen und bei Bauvorhaben, die technisch besonders schwierig oder besonders umfangreich sind, kann die Baurechtsbehörde die Bestellung eines Bauleiters verlangen.

(4) [1]Genügt eine vom Bauherrn bestellte Person nicht den Anforderungen der §§ 43 bis 45, so kann die Baurechtsbehörde vor und während der Bauausführung verlangen, dass sie durch eine geeignete Person ersetzt wird oder dass geeignete Sachverständige herangezogen werden. [2]Die Baurechtsbehörde kann die Bauarbeiten einstellen, bis geeignete Personen oder Sachverständige bestellt sind.

(5) Die Baurechtsbehörde kann verlangen, dass ihr für bestimmte Arbeiten die Unternehmer benannt werden.

(6) Wechselt der Bauherr, so hat der neue Bauherr dies der Baurechtsbehörde unverzüglich mitzuteilen.

(7) [1]Treten bei einem Vorhaben mehrere Personen als Bauherr auf, so müssen sie auf Verlangen der Baurechtsbehörde einen Vertreter bestellen, der ihr gegenüber die dem Bauherrn nach den öffentlich-rechtlichen Vorschriften obliegenden Verpflichtungen zu erfüllen hat. [2]§ 18 Abs. 1 Sätze 2 und 3 und Abs. 2 des Landesverwaltungsverfahrensgesetzes findet Anwendung.

§ 43 Entwurfsverfasser. (1) [1]Der Entwurfsverfasser ist dafür verantwortlich, dass sein Entwurf den öffentlich-rechtlichen Vorschriften entspricht. [2]Zum Entwurf gehören die Bauvorlagen und die Ausführungsplanung; der Bauherr kann mit der Ausführungsplanung einen anderen Entwurfsverfasser beauftragen.

(2) [1]Hat der Entwurfsverfasser auf einzelnen Fachgebieten nicht die erforderliche Sachkunde und Erfahrung, so hat er den Bauherrn zu veranlassen, geeignete Fachplaner zu bestellen. [2]Diese sind für ihre Beiträge verantwortlich. [3]Der Entwurfsverfasser bleibt dafür verantwortlich, dass die Beiträge der Fachplaner entsprechend den öffentlich-rechtlichen Vorschriften aufeinander abgestimmt werden.

(3) Für die Errichtung von Gebäuden, die der Baugenehmigung oder der Kenntnisgabe bedürfen, darf als Entwurfsverfasser für die Bauvorlagen nur bestellt werden, wer

1. die Berufsbezeichnung „Architektin“ oder „Architekt“ führen darf,

2. die Berufsbezeichnung „Innenarchitektin“ oder „Innenarchitekt“ führen darf, jedoch nur für die Gestaltung von Innenräumen und die damit *verbunden*[1] baulichen Änderungen von Gebäuden,
3. in die von der Ingenieurkammer Baden-Württemberg geführte Liste der Entwurfsverfasser der Fachrichtung Bauingenieurwesen eingetragen ist; Eintragungen anderer Länder gelten auch im Land Baden-Württemberg.

(4) [1] Für die Errichtung von

1. Wohngebäuden mit einem Vollgeschoss bis zu 150 m² Grundfläche,
2. eingeschossigen gewerblichen Gebäuden bis zu 250 m² Grundfläche und bis zu 5 m Wandhöhe, gemessen von der Geländeoberfläche bis zum Schnittpunkt von Außenwand und Dachhaut,
3. land- oder forstwirtschaftlich genutzten Gebäuden bis zu zwei Vollgeschossen und bis zu 250 m² Grundfläche

dürfen auch Angehörige der Fachrichtung Architektur, Innenarchitektur, Hochbau oder Bauingenieurwesen, die an einer Hochschule, Fachhochschule oder gleichrangigen Bildungseinrichtung das Studium erfolgreich abgeschlossen haben, staatlich geprüfte Technikerinnen oder Techniker der Fachrichtung Bautechnik sowie Personen, die in einem anderen Mitgliedstaat der Europäischen Union oder einem nach dem Recht der Europäischen Gemeinschaften gleichgestellten Staat eine gleichwertige Ausbildung abgeschlossen haben, als Entwurfsverfasser bestellt werden. [2] Das Gleiche gilt für Personen, die die Meisterprüfung des Maurer-, Betonbauer-, Stahlbetonbauer- oder Zimmererhandwerks abgelegt haben und für Personen, die diesen, mit Ausnahme von § 7b der Handwerksordnung, handwerksrechtlich gleichgestellt sind.

(5) Die Absätze 3 und 4 gelten nicht für

1. Vorhaben, die nur aufgrund örtlicher Bauvorschriften kenntnisgabepflichtig sind,
2. Vorhaben, die von Beschäftigten im öffentlichen Dienst für ihren Dienstherrn geplant werden, wenn die Beschäftigten
   a) eine Berufsausbildung nach § 4 des Architektengesetzes haben oder
   b) die Eintragungsvoraussetzungen nach Absatz 6 erfüllen,
3. Garagen bis zu 100 m² Nutzfläche,
4. Behelfsbauten und untergeordnete Gebäude.

(6) [1] In die Liste der Entwurfsverfasser ist auf Antrag von der Ingenieurkammer Baden-Württemberg einzutragen, wer

1. einen berufsqualifizierenden Hochschulabschluss eines Studiums der Fachrichtung Hochbau (Artikel 49 Abs. 1 der Richtlinie 2005/36/EG des Europäischen Parlaments und des Rates vom 7. September 2005 über die Anerkennung von Berufsqualifikationen, ABl. L 255 vom 30. September 2005, S. 22) oder des Bauingenieurwesens nachweist und
2. danach mindestens zwei Jahre auf dem Gebiet der Entwurfsplanung von Gebäuden praktisch tätig gewesen ist.

[2] Dem Antrag sind die zur Beurteilung erforderlichen Unterlagen beizufügen. [3] Die Ingenieurkammer bestätigt unverzüglich den Eingang der Unterlagen und

[1] Richtig wohl: „verbundenen“.

teilt gegebenenfalls mit, welche Unterlagen fehlen. [4]Die Eingangsbestätigung muss folgende Angaben enthalten:

1. die in Satz 5 genannte Frist,
2. die verfügbaren Rechtsbehelfe,
3. die Erklärung, dass der Antrag als genehmigt gilt, wenn über ihn nicht rechtzeitig entschieden wird und
4. im Fall der Nachforderung von Unterlagen die Mitteilung, dass die Frist nach Satz 5 erst beginnt, wenn die Unterlagen vollständig sind.

[5]Über den Antrag ist innerhalb von drei Monaten nach Vorlage der vollständigen Unterlagen zu entscheiden; die Ingenieurkammer kann die Frist gegenüber dem Antragsteller einmal um bis zu zwei Monate verlängern. [6]Die Fristverlängerung und deren Ende sind ausreichend zu begründen und dem Antragsteller vor Ablauf der ursprünglichen Frist mitzuteilen. [7]Der Antrag gilt als genehmigt, wenn über ihn nicht innerhalb der nach Satz 5 maßgeblichen Frist entschieden worden ist.

(7) [1]Personen, die in einem anderen Mitgliedstaat der Europäischen Union oder einem nach dem Recht der Europäischen Gemeinschaften gleichgestellten Staat als Bauvorlageberechtigte niedergelassen sind, sind ohne Eintragung in die Liste nach Absatz 3 Nr. 3 bauvorlageberechtigt, wenn sie

1. eine vergleichbare Berechtigung besitzen und
2. dafür dem Absatz 6 Satz 1 vergleichbare Anforderungen erfüllen mussten.

[2]Sie haben das erstmalige Tätigwerden als Bauvorlageberechtigter vorher der Ingenieurkammer Baden-Württemberg anzuzeigen und dabei

1. eine Bescheinigung darüber, dass sie in einem Mitgliedstaat der Europäischen Union oder einem nach dem Recht der Europäischen Gemeinschaften gleichgestellten Staat rechtmäßig als Bauvorlageberechtigte niedergelassen sind und ihnen die Ausübung dieser Tätigkeiten zum Zeitpunkt der Vorlage der Bescheinigung nicht, auch nicht vorübergehend, untersagt ist, und
2. einen Nachweis darüber, dass sie im Staat ihrer Niederlassung für die Tätigkeit als Bauvorlageberechtigter mindestens die Voraussetzungen des Absatzes 6 Satz 1 erfüllen mussten,

vorzulegen; sie sind in einem Verzeichnis zu führen. [3]Die Ingenieurkammer hat auf Antrag zu bestätigen, dass die Anzeige nach Satz 2 erfolgt ist; sie kann das Tätigwerden als Bauvorlageberechtigter untersagen und die Eintragung in dem Verzeichnis nach Satz 2 löschen, wenn die Voraussetzungen des Satzes 1 nicht erfüllt sind.

(8) [1]Personen, die in einem anderen Mitgliedstaat der Europäischen Union oder einem nach dem Recht der Europäischen Gemeinschaften gleichgestellten Staat als Bauvorlageberechtigte niedergelassen sind, ohne im Sinne des Absatzes 7 Satz 1 Nr. 2 vergleichbar zu sein, sind bauvorlageberechtigt, wenn ihnen die Ingenieurkammer bescheinigt hat, dass sie die Anforderungen des Absatzes 6 Satz 1 Nr. 1 und 2 erfüllen; sie sind in einem Verzeichnis zu führen. [2]Die Bescheinigung wird auf Antrag erteilt. Absatz 6 Satz 2 bis 7 ist entsprechend anzuwenden.

(9) [1]Anzeigen und Bescheinigungen nach den Absätzen 7 und 8 sind nicht erforderlich, wenn bereits in einem anderen Land eine Anzeige erfolgt ist oder eine Bescheinigung erteilt wurde; eine weitere Eintragung in die von der

Ingenieurkammer geführten Verzeichnisse erfolgt nicht. [2]Verfahren nach den Absätzen 6 bis 8 können über einen Einheitlichen Ansprechpartner im Sinne des Gesetzes über Einheitliche Ansprechpartner für das Land Baden-Württemberg abgewickelt werden; §§ 71a bis 71e des Landesverwaltungsverfahrensgesetzes in der jeweils geltenden Fassung finden Anwendung.

(10) Die oberste Baurechtsbehörde kann Entwurfsverfassern und Fachplanern nach Absatz 2 das Verfassen von Bauvorlagen ganz oder teilweise untersagen, wenn diese wiederholt und unter grober Verletzung ihrer Pflichten nach Absatz 1 und 2 bei der Erstellung von Bauvorlagen bauplanungsrechtliche oder bauordnungsrechtliche Vorschriften nicht beachtet haben.

§ 44[1)] Unternehmer. (1) [1]Jeder Unternehmer ist dafür verantwortlich, dass seine Arbeiten den öffentlich-rechtlichen Vorschriften entsprechend ausgeführt und insoweit auf die Arbeiten anderer Unternehmer abgestimmt werden. [2]Er hat insoweit für die ordnungsgemäße Einrichtung und den sicheren Betrieb der Baustelle, insbesondere die Tauglichkeit und Betriebssicherheit der Gerüste, Geräte und der anderen Baustelleneinrichtungen sowie die Einhaltung der Arbeitsschutzbestimmungen zu sorgen. [3]Er hat die zur Erfüllung der Anforderungen dieses Gesetzes oder auf Grund dieses Gesetzes erforderlichen Nachweise und Unterlagen zu den verwendeten Bauprodukten und den angewandten Bauarten zu erbringen und auf der Baustelle bereitzuhalten. [4]Bei Bauprodukten, die die CE-Kennzeichnung nach der Verordnung (EU) Nr. 305/2011 tragen, ist die Leistungserklärung bereitzuhalten.

(2) [1]Hat der Unternehmer für einzelne Arbeiten nicht die erforderliche Sachkunde und Erfahrung, so hat er den Bauherrn zu veranlassen, geeignete Fachkräfte zu bestellen. [2]Diese sind für ihre Arbeiten verantwortlich. [3]Der Unternehmer bleibt dafür verantwortlich, dass die Arbeiten der Fachkräfte entsprechend den öffentlich-rechtlichen Vorschriften aufeinander abgestimmt werden.

(3) Der Unternehmer und die Fachkräfte nach Absatz 2 haben auf Verlangen der Baurechtsbehörde für Bauarbeiten, bei denen die Sicherheit der baulichen Anlagen in außergewöhnlichem Maße von einer besonderen Sachkenntnis und Erfahrung oder von einer Ausstattung mit besonderen Einrichtungen abhängt, nachzuweisen, dass sie für diese Bauarbeiten geeignet sind und über die erforderlichen Einrichtungen verfügen.

§ 45 Bauleiter. (1) [1]Der Bauleiter hat darüber zu wachen, dass die Bauausführung den öffentlich-rechtlichen Vorschriften und den Entwürfen des Entwurfsverfassers entspricht. [2]Er hat im Rahmen dieser Aufgabe auf den sicheren bautechnischen Betrieb der Baustelle, insbesondere auf das gefahrlose Ineinandergreifen der Arbeiten der Unternehmer zu achten; die Verantwortlichkeit der Unternehmer bleibt unberührt. [3]Verstöße, denen nicht abgeholfen wird, hat er unverzüglich der Baurechtsbehörde mitzuteilen.

(2) [1]Hat der Bauleiter nicht für alle ihm obliegenden Aufgaben die erforderliche Sachkunde und Erfahrung, hat er den Bauherrn zu veranlassen, geeignete Fachbauleiter zu bestellen. [2]Diese treten insoweit an die Stelle des Bauleiters. [3]Der Bauleiter bleibt für das ordnungsgemäße Ineinandergreifen seiner Tätigkeiten mit denen der Fachbauleiter verantwortlich.

[1)] § 44 Abs. 1 Satz 3 neu gef., Satz 4 angef. mWv 1.12.2017 durch G v. 21.11.2017 (GBl. S. 606).

§ 46[1)] Aufbau und Besetzung der Baurechtsbehörden. (1) Baurechtsbehörden sind

1. hinsichtlich der Regelungsgegenstände der §§ 13, 14, 16a bis 25, 48 Absatz 4 sowie des § 68 das Umweltministerium und im Übrigen das Wirtschaftsministerium als oberste Baurechtsbehörden,
2. die Regierungspräsidien[2)] als höhere Baurechtsbehörden,
3. die unteren Verwaltungsbehörden[3)] und die in Absatz 2 genannten Gemeinden und Verwaltungsgemeinschaften als untere Baurechtsbehörden.

(2) [1] Untere Baurechtsbehörden sind

1. Gemeinden und
2. Verwaltungsgemeinschaften,

wenn sie die Voraussetzungen des Absatzes 4 erfüllen und die höhere Baurechtsbehörde auf Antrag die Erfüllung dieser Voraussetzungen feststellt. [2] Die Zuständigkeit und der Zeitpunkt des Aufgabenübergangs sind im Gesetzblatt bekanntzumachen.

(3) [1] Die Zuständigkeit erlischt im Falle des Absatzes 2 durch Erklärung der Gemeinde oder der Verwaltungsgemeinschaft gegenüber der höheren Baurechtsbehörde. [2] Sie erlischt ferner, wenn die in Absatz 2 Satz 1 genannten Voraussetzungen nicht mehr erfüllt sind und die höhere Baurechtsbehörde dies feststellt. [3] Das Erlöschen und sein Zeitpunkt sind im Gesetzblatt bekanntzumachen.

(4) [1] Die Baurechtsbehörden sind für ihre Aufgaben ausreichend mit geeigneten Fachkräften zu besetzen. [2] Jeder unteren Baurechtsbehörde muss mindestens ein Bauverständiger angehören, der das Studium der Fachrichtung Architektur oder Bauingenieurwesen an einer deutschen Universität oder Fachhochschule oder eine gleichwertige Ausbildung an einer ausländischen Hochschule oder gleichrangigen Lehreinrichtung erfolgreich abgeschlossen hat; die höhere Baurechtsbehörde kann von der Anforderung an die Ausbildung Ausnahmen zulassen. [3] Die Fachkräfte zur Beratung und Unterstützung der Landratsämter als Baurechtsbehörden sind vom Landkreis zu stellen.

§ 47 Aufgaben und Befugnisse der Baurechtsbehörden. (1) [1] Die Baurechtsbehörden haben darauf zu achten, dass die baurechtlichen Vorschriften sowie die anderen öffentlich-rechtlichen Vorschriften über die Errichtung und den Abbruch von Anlagen und Einrichtungen im Sinne des § 1 eingehalten und die auf Grund dieser Vorschriften erlassenen Anordnungen befolgt werden. [2] Sie haben zur Wahrnehmung dieser Aufgaben diejenigen Maßnahmen zu treffen, die nach pflichtgemäßem Ermessen erforderlich sind.

(2) Die Baurechtsbehörden können zur Erfüllung ihrer Aufgaben Sachverständige heranziehen.

(3) [1] Die mit dem Vollzug dieses Gesetzes beauftragten Personen sind berechtigt, in Ausübung ihres Amtes Grundstücke und bauliche Anlagen einschließ-

---

1) § 46 Abs. 1 Nr. 1 neu gef. mWv 28.2.2012 durch VO v. 25.1.2012 (GBl. S. 65); Abs. 1 Nr. 1 geänd. mWv 11.3.2017 durch VO v. 23.2.2017 (GBl. S. 99); Abs. 1 Nr. 1 geänd. mWv 1.12.2017 durch G v. 21.11.2017 (GBl. S. 606).

2) Vgl. § 11f. LVG v. 14.10.2008 (GBl. S. 313), zuletzt geänd. durch G v. 21.5.2019 (GBl. S. 161).

3) Vgl. § 15 LVG v. 14.10.2008 (GBl. S. 313), zuletzt geänd. durch G v. 21.5.2019 (GBl. S. 161).

lich der Wohnungen zu betreten. [2]Das Grundrecht der Unverletzlichkeit der Wohnung (Artikel 13 des Grundgesetzes) wird insoweit eingeschränkt.

(4) [1]Die den Gemeinden und den Verwaltungsgemeinschaften nach § 46 Abs. 2 übertragenen Aufgaben der unteren Baurechtsbehörden sind Pflichtaufgaben nach Weisung. [2]Für die Erhebung von Gebühren und Auslagen gilt das Kommunalabgabengesetz. [3]Abweichend hiervon gelten für die Erhebung von Gebühren und Auslagen für bautechnische Prüfungen die für die staatlichen Behörden maßgebenden Vorschriften.

(5) [1]Die für die Fachaufsicht zuständigen Behörden können den nachgeordneten Baurechtsbehörden unbeschränkt Weisungen erteilen. [2]Leistet eine Baurechtsbehörde einer ihr erteilten Weisung innerhalb der gesetzten Frist keine Folge, so kann an ihrer Stelle jede Fachaufsichtsbehörde die erforderlichen Maßnahmen auf Kosten des Kostenträgers der Baurechtsbehörde treffen. [3]§ 129 Abs. 5 der Gemeindeordnung gilt entsprechend.

§ 48[1)] Sachliche Zuständigkeit. (1) Sachlich zuständig ist die untere Baurechtsbehörde, soweit nichts anderes bestimmt ist.

(2) [1]Anstelle einer Gemeinde als Baurechtsbehörde ist die nächsthöhere Baurechtsbehörde, bei den in § 46 Abs. 2 genannten Gemeinden die untere Verwaltungsbehörde zuständig, wenn es sich um ein Vorhaben der Gemeinde selbst handelt, gegen das Einwendungen erhoben werden, sowie bei einem Vorhaben, gegen das die Gemeinde als Beteiligte Einwendungen erhoben hat; an Stelle einer Verwaltungsgemeinschaft als Baurechtsbehörde ist in diesen Fällen bei Vorhaben sowie bei Einwendungen der Verwaltungsgemeinschaft oder einer Gemeinde, die der Verwaltungsgemeinschaft angehört, die in § 28 Abs. 2 Nr. 1 oder 2 des Gesetzes über kommunale Zusammenarbeit genannte Behörde zuständig. [2]Für die Behandlung des Bauantrags, die Bauüberwachung und die Bauabnahme gilt Absatz 1.

(3) [1]Die Erlaubnis nach den auf Grund des § 34 des Produktsicherheitsgesetzes erlassenen Vorschriften schließt eine Genehmigung oder Zustimmung nach diesem Gesetz ein. [2]Die für die Erlaubnis zuständige Behörde entscheidet im Benehmen mit der Baurechtsbehörde der gleichen Verwaltungsstufe; die Bauüberwachung nach § 66 und die Bauabnahmen nach § 67 obliegen der Baurechtsbehörde.

(4) [1]Bei Anlagen nach § 7 des Atomgesetzes schließt die atomrechtliche Genehmigung eine Genehmigung oder Zustimmung nach diesem Gesetz ein. [2]Im Übrigen ist die oberste Baurechtsbehörde sachlich zuständig für alle baulichen Anlagen auf dem Betriebsgelände, soweit sie nicht im Einzelfall die Zuständigkeit einer nachgeordneten Baurechtsbehörde überträgt.

Achter Teil. Verwaltungsverfahren, Baulasten

§ 49 Genehmigungspflichtige Vorhaben. Die Errichtung und der Abbruch baulicher Anlagen sowie der in § 50 aufgeführten anderen Anlagen und Einrichtungen bedürfen der Baugenehmigung, soweit in §§ 50, 51, 69 oder 70 nichts anderes bestimmt ist.

[1)] § 48 Abs. 3 Satz 1 geänd., Abs. 4 Satz 2 neu gef. mWv 1.3.2015 durch G v. 11.11.2014 (GBl. S. 501).

§ 50 Verfahrensfreie Vorhaben. (1) Die Errichtung der Anlagen und Einrichtungen, die im Anhang aufgeführt sind, ist verfahrensfrei.

(2) Die Nutzungsänderung ist verfahrensfrei, wenn

1. für die neue Nutzung keine anderen oder weitergehenden Anforderungen gelten als für die bisherige Nutzung oder
2. durch die neue Nutzung zusätzlicher Wohnraum in Wohngebäuden nach Gebäudeklasse 1 bis 3 im Innenbereich geschaffen wird.

(3) Der Abbruch ist verfahrensfrei bei

1. Anlagen nach Absatz 1,
2. freistehenden Gebäuden der Gebäudeklassen 1 und 3,
3. sonstigen Anlagen, die keine Gebäude sind, mit einer Höhe bis zu 10 m.

(4) Instandhaltungsarbeiten sind verfahrensfrei.

(5) [1] Verfahrensfreie Vorhaben müssen ebenso wie genehmigungspflichtige Vorhaben den öffentlich-rechtlichen Vorschriften entsprechen. [2] § 57 findet entsprechende Anwendung.

§ 51[1)] Kenntnisgabeverfahren. (1) [1] Das Kenntnisgabeverfahren kann durchgeführt werden bei der Errichtung von

1. Wohngebäuden,
2. sonstigen Gebäuden der Gebäudeklassen 1 bis 3, ausgenommen Gaststätten,
3. sonstigen baulichen Anlagen, die keine Gebäude sind,
4. Nebengebäuden und Nebenanlagen zu Bauvorhaben nach den Nummern 1 bis 3,

ausgenommen Sonderbauten, soweit die Vorhaben nicht bereits nach § 50 verfahrensfrei sind und die Voraussetzungen des Absatzes 2 vorliegen. [2] Satz 1 gilt nicht für die Errichtung von

1. einem oder mehreren Gebäuden, wenn die Größe der dem Wohnen dienenden Nutzungseinheiten insgesamt mehr als 5.000 m^2 Brutto-Grundfläche beträgt, und
2. baulichen Anlagen, die öffentlich zugänglich sind, wenn dadurch erstmals oder zusätzlich die gleichzeitige Nutzung durch mehr als 100 Personen zu erwarten ist,

wenn sie innerhalb des angemessenen Sicherheitsabstands gemäß § 3 Absatz 5c des Bundes-Immissionsschutzgesetzes (BImSchG) eines Betriebsbereichs im Sinne von § 3 Absatz 5a BImSchG liegen und dem Gebot, einen angemessenen Sicherheitsabstand zu wahren, nicht bereits auf der Ebene der Bauleitplanung Rechnung getragen wurde.

(2) [1] Die Vorhaben nach Absatz 1 müssen liegen

1. innerhalb des Geltungsbereichs eines Bebauungsplans im Sinne des § 30 Abs. 1 BauGB, der nach dem 29. Juni 1961 rechtsverbindlich geworden ist, oder im Geltungsbereich eines Bebauungsplans im Sinne der §§ 12, 30 Abs. 2 BauGB und

---

1) § 51 Abs. 2 Satz 2 angef., Abs. 5 aufgeh., bish. Abs. 6 wird Abs. 5 mWv 1.3.2015 durch G v. 11.11.2014 (GBl. S. 501); Abs. 1 Satz 2 angef. mWv 1.1.2018 durch G v. 21.11.2017 (GBl. S. 612); Abs. 5 geänd. mWv 1.8.2019 durch G v. 18.7.2019 (GBl. S. 313).

2. außerhalb des Geltungsbereichs einer Veränderungssperre im Sinne des § 14 BauGB.

[2] Sie dürfen den Festsetzungen des Bebauungsplans nicht widersprechen.

(3) Beim Abbruch von Anlagen und Einrichtungen wird das Kenntnisgabeverfahren durchgeführt, soweit die Vorhaben nicht bereits nach § 50 Abs. 3 verfahrensfrei sind.

(4) Kenntnisgabepflichtige Vorhaben müssen ebenso wie genehmigungspflichtige Vorhaben den öffentlich-rechtlichen Vorschriften entsprechen.

(5) Der Bauherr kann beantragen, dass bei Vorhaben, die Absatz 1 oder 3 entsprechen, ein Baugenehmigungsverfahren durchgeführt wird; bei Wohngebäuden der Gebäudeklassen 1 bis 3 sowie deren Nebengebäuden und Nebenanlagen ist als weiteres Verfahren nur das vereinfachte Baugenehmigungsverfahren nach § 52 eröffnet.

§ 52[1)] Vereinfachtes Baugenehmigungsverfahren. (1) Das vereinfachte Baugenehmigungsverfahren kann bei Bauvorhaben nach § 51 Absatz 1 Satz 1 durchgeführt werden.

(2) Im vereinfachten Baugenehmigungsverfahren prüft die Baurechtsbehörde

1. die Übereinstimmung mit den Vorschriften über die Zulässigkeit der baulichen Anlagen nach den §§ 14 und 29 bis 38 BauGB,
2. die Übereinstimmung mit den §§ 5 bis 7,
3. andere öffentlich-rechtliche Vorschriften außerhalb dieses Gesetzes und außerhalb von Vorschriften auf Grund dieses Gesetzes,
   a) soweit in diesen Anforderungen an eine Baugenehmigung gestellt werden oder
   b) soweit es sich um Vorhaben im Außenbereich handelt, im Umfang des § 58 Abs. 1 Satz 2.

(3) Auch soweit Absatz 2 keine Prüfung vorsieht, müssen Bauvorhaben im vereinfachten Verfahren den öffentlich-rechtlichen Vorschriften entsprechen.

(4) Über Abweichungen, Ausnahmen und Befreiungen von Vorschriften nach diesem Gesetz oder auf Grund dieses Gesetzes, die nach Absatz 2 nicht geprüft werden, entscheidet die Baurechtsbehörde auf besonderen Antrag im Rahmen des vereinfachten Baugenehmigungsverfahrens.

§ 53[2)] Bauvorlagen und Bauantrag. (1) [1] Alle für die Durchführung des Baugenehmigungsverfahrens oder des Kenntnisgabeverfahrens erforderlichen Unterlagen (Bauvorlagen) und Anträge auf Abweichungen, Ausnahmen und Befreiungen sind bei der Gemeinde einzureichen. [2] Bei genehmigungspflichtigen Vorhaben ist zusammen mit den Bauvorlagen der Antrag auf Baugenehmigung (Bauantrag) einzureichen.

(2) Der Bauantrag und die Bauvorlagen sind in Textform nach § 126b des Bürgerlichen Gesetzbuchs einzureichen.

[1)] § 52 Abs. 2 Nr. 1, 3 einl. Satzteil geänd. mWv 1.3.2015 durch G v. 11.11.2014 (GBl. S. 501); Abs. 1 geänd. mWv 1.1.2018 durch G v. 21.11.2017 (GBl. S. 612).

[2)] § 53 Abs. 5 Nr. 2 geänd. mWv 1.3.2015 durch G v. 11.11.2014 (GBl. S. 501); Abs. 1 Satz 2 geänd., Abs. 2 neu gef., Abs. 3 aufgeh., bish. Abs. 4 Satz 1 wird Abs. 3, Abs. 4 bish. Satz 2 wird Satz 1 und neu gef., bish. Sätze 3, 4 werden Sätze 2, 3 mWv 1.8.2019 durch G v. 18.7.2019 (GBl. S. 313).

(3) Zum Bauantrag wird die Gemeinde gehört, wenn sie nicht selbst Baurechtsbehörde ist.

(4) [1] Soweit es für die Feststellung notwendig ist, ob dem Vorhaben von der Baurechtsbehörde zu prüfende öffentlich-rechtliche Vorschriften im Sinne des § 58 Absatz 1 Satz 1 entgegenstehen, sollen die Stellen gehört werden, deren Aufgabenbereich berührt wird. [2] Ist die Beteiligung einer Stelle nur erforderlich, um das Vorliegen von fachtechnischen Voraussetzungen in öffentlich-rechtlichen Vorschriften zu prüfen, kann die Baurechtsbehörde mit Einverständnis des Bauherrn und auf dessen Kosten dies durch Sachverständige prüfen lassen. [3] Sie kann vom Bauherrn die Bestätigung eines Sachverständigen verlangen, dass die fachtechnischen Voraussetzungen vorliegen.

(5) Im Kenntnisgabeverfahren hat die Gemeinde innerhalb von fünf Arbeitstagen

1. dem Bauherrn den Zeitpunkt des Eingangs der vollständigen Bauvorlagen schriftlich zu bestätigen und
2. die Bauvorlagen, wenn sie nicht selbst Baurechtsbehörde ist, unter Zurückbehaltung einer Ausfertigung an die Baurechtsbehörde weiterzuleiten.

(6) [1] Absatz 5 gilt nicht, wenn die Gemeinde feststellt, dass

1. die Bauvorlagen unvollständig sind,
2. die Erschließung des Vorhabens nicht gesichert ist,
3. eine hindernde Baulast besteht oder
4. das Vorhaben in einem förmlich festgelegten Sanierungsgebiet im Sinne des § 142 BauGB, in einem förmlich festgelegten städtebaulichen Entwicklungsbereich im Sinne des § 165 BauGB oder in einem förmlich festgelegten Gebiet im Sinne des § 171d oder des § 172 BauGB liegt und die hierfür erforderlichen Genehmigungen nicht beantragt worden sind.

[2] Die Gemeinde hat dies dem Bauherrn innerhalb von fünf Arbeitstagen mitzuteilen.

§ 54[1)] Fristen im Genehmigungsverfahren, gemeindliches Einvernehmen. (1) [1] Die Baurechtsbehörde hat innerhalb von zehn Arbeitstagen nach Eingang den Bauantrag und die Bauvorlagen auf Vollständigkeit zu überprüfen. [2] Sind sie unvollständig oder entsprechen sie nicht den Formanforderungen, hat die Baurechtsbehörde dem Bauherrn unverzüglich mitzuteilen, welche Ergänzungen erforderlich sind und dass ohne Behebung der Mängel innerhalb der dem Bauherrn gesetzten, angemessenen Frist der Bauantrag zurückgewiesen werden kann. [3] Stellt sich heraus, dass der Bauantrag gemäß den eingereichten Bauvorlagen nicht genehmigungsfähig ist, aber die notwendigen Änderungen oder Ergänzungen keinen neuen Bauantrag erfordern, soll dem Bauherrn die Gelegenheit zur Nachbesserung gegeben werden; bis zum Eingang der nachgebesserten Bauvorlagen bei der Baurechtsbehörde sind alle Fristabläufe gehemmt.

(2) Sobald der Bauantrag und die Bauvorlagen vollständig sind, hat die Baurechtsbehörde unverzüglich

---

1) § 54 Abs. 4 Satz 1, Abs. 5 Sätze 1, 2 geänd., Satz 3 aufgeh. mWv 1.3.2015 durch G v. 11.11.2014 (GBl. S. 501); Abs. 1 Satz 2 geänd., Satz 3 angef., Abs. 2 Nr. 1, 2 und Abs. 6 geänd. mWv 1.8.2019 durch G v. 18.7.2019 (GBl. S. 313).

1. dem Bauherrn ihren Eingang und den nach Absatz 5 ermittelten Zeitpunkt der Entscheidung, jeweils mit Datumsangabe, in Textform mitzuteilen,
2. die Gemeinde und die berührten Stellen nach § 53 Absätze 3 und 4 zu hören.

(3) [1] Für die Abgabe der Stellungnahmen setzt die Baurechtsbehörde der Gemeinde und den berührten Stellen eine angemessene Frist; sie darf höchstens einen Monat betragen. [2] Äußern sich die Gemeinde oder die berührten Stellen nicht fristgemäß, kann die Baurechtsbehörde davon ausgehen, dass keine Bedenken bestehen. [3] Bedarf nach Landesrecht die Erteilung der Baugenehmigung des Einvernehmens oder der Zustimmung einer anderen Stelle, so gilt diese als erteilt, wenn sie nicht innerhalb eines Monats nach Eingang des Ersuchens unter Angabe der Gründe verweigert wird.

(4) [1] Hat eine Gemeinde ihr nach § 14 Abs. 2 Satz 2, § 22 Abs. 5 Satz 1, § 36 Abs. 1 Sätze 1 und 2 BauGB erforderliches Einvernehmen rechtswidrig versagt, hat die zuständige Genehmigungsbehörde das fehlende Einvernehmen nach Maßgabe der Sätze 2 bis 7 zu ersetzen. [2] § 121 der Gemeindeordnung findet keine Anwendung. [3] Die Genehmigung gilt zugleich als Ersatzvornahme. [4] Sie ist insoweit zu begründen. [5] Widerspruch und Anfechtungsklage haben auch insoweit keine aufschiebende Wirkung, als die Genehmigung als Ersatzvornahme gilt. [6] Die Gemeinde ist vor der Erteilung der Genehmigung anzuhören. [7] Dabei ist ihr Gelegenheit zu geben, binnen angemessener Frist erneut über das gemeindliche Einvernehmen zu entscheiden.

(5) [1] Die Baurechtsbehörde hat über den Bauantrag innerhalb von zwei Monaten, im vereinfachten Baugenehmigungsverfahren und in den Fällen des § 56 Abs. 6 sowie des § 57 Abs. 1 innerhalb eines Monats zu entscheiden. [2] Die Frist nach Satz 1 beginnt, sobald die vollständigen Bauvorlagen und alle für die Entscheidung notwendigen Stellungnahmen und Mitwirkungen vorliegen, spätestens jedoch nach Ablauf der Fristen nach Absatz 3 und nach § 36 Abs. 2 Satz 2 BauGB sowie nach § 12 Absatz 2 Sätze 2 und 3 des Luftverkehrsgesetzes.

(6) Die Fristen nach Absatz 3 dürfen nur ausnahmsweise bis zu einem Monat verlängert werden, im vereinfachten Baugenehmigungsverfahren jedoch nur, wenn das Einvernehmen der Gemeinde nach § 36 Absatz 1 Sätze 1 und 2 BauGB erforderlich ist.

§ 55[1)] Beteiligung der Nachbarn und der Öffentlichkeit. (1) [1] Die Gemeinde benachrichtigt die Eigentümer angrenzender Grundstücke (Angrenzer) innerhalb von fünf Arbeitstagen ab dem Eingang der vollständigen Bauvorlagen von dem Bauvorhaben. [2] Die Benachrichtigung ist nicht erforderlich bei Angrenzern, die

1. eine schriftliche Zustimmungserklärung abgegeben oder die Bauvorlagen unterschrieben haben oder
2. durch das Vorhaben offensichtlich nicht berührt werden.

[3] Die Gemeinde kann auch sonstige Eigentümer benachbarter Grundstücke (sonstige Nachbarn), deren öffentlich-rechtlich geschützte nachbarliche Belange berührt sein können, innerhalb der Frist des Satzes 1 benachrichtigen. [4] Bei

---

1) § 55 Überschrift neu gef., Abs. 4 angef. mWv 1.1.2018 durch G v. 21.11.2017 (GBl. S. 612); Abs. 2 Satz 1 geänd. mWv 1.8.2019 durch G v. 18.7.2019 (GBl. S. 313).

Eigentümergemeinschaften nach dem Wohnungseigentumsgesetz genügt die Benachrichtigung des Verwalters.

(2) [1] Einwendungen sind innerhalb von vier Wochen nach Zustellung der Benachrichtigung bei der Gemeinde in Textform oder zur Niederschrift vorzubringen. [2] Die vom Bauantrag durch Zustellung benachrichtigten Angrenzer und sonstigen Nachbarn werden mit allen Einwendungen ausgeschlossen, die im Rahmen der Beteiligung nicht fristgemäß geltend gemacht worden sind und sich auf von der Baurechtsbehörde zu prüfende öffentlich-rechtliche Vorschriften beziehen (materielle Präklusion). [3] Auf diese Rechtsfolge ist in der Benachrichtigung hinzuweisen. [4] Die Gemeinde leitet die bei ihr eingegangenen Einwendungen zusammen mit ihrer Stellungnahme innerhalb der Frist des § 54 Abs. 3 an die Baurechtsbehörde weiter.

(3) [1] Bei Vorhaben im Kenntnisgabeverfahren gilt Absatz 1 entsprechend. [2] Bedenken können innerhalb von zwei Wochen nach Zugang der Benachrichtigung bei der Gemeinde vorgebracht werden. [3] Die Gemeinde hat sie unverzüglich an die Baurechtsbehörde weiterzuleiten. [4] Für die Behandlung der Bedenken gilt § 47 Abs. 1. [5] Die Angrenzer und sonstigen Nachbarn werden über das Ergebnis unterrichtet.

(4) Bei der Errichtung von

1. einem oder mehreren Gebäuden, wenn die Größe der dem Wohnen dienenden Nutzungseinheiten insgesamt mehr als 5.000 m² Brutto-Grundfläche beträgt,
2. baulichen Anlagen, die öffentlich zugänglich sind, wenn dadurch erstmals oder zusätzlich die gleichzeitige Nutzung durch mehr als 100 Personen zu erwarten ist, und
3. Sonderbauten nach § 38 Absatz 2 Nummer 5, 6, 8, 12, 14 und 17

ist eine Öffentlichkeitsbeteiligung nach § 23b Absatz 2 BImSchG durchzuführen, wenn die Bauvorhaben innerhalb des angemessenen Sicherheitsabstands gemäß § 3 Absatz 5c BImSchG eines Betriebsbereichs im Sinne von § 3 Absatz 5a BImSchG liegen und dem Gebot, einen angemessenen Sicherheitsabstand zu wahren, nicht bereits auf der Ebene der Bauleitplanung in einem öffentlichen Verfahren Rechnung getragen wurde.

§ 56[1] Abweichungen, Ausnahmen und Befreiungen. (1) Abweichungen von technischen Bauvorschriften sind zuzulassen, wenn auf andere Weise dem Zweck dieser Vorschriften nachweislich entsprochen wird.

(2) Ferner sind Abweichungen von den Vorschriften in den §§ 4 bis 37 dieses Gesetzes oder aufgrund dieses Gesetzes zuzulassen

1. zur Modernisierung von Wohnungen und Wohngebäuden, Teilung von Wohnungen oder Schaffung von zusätzlichem Wohnraum durch Ausbau, Anbau, Nutzungsänderung, Aufstockung oder Änderung des Daches, wenn die Baugenehmigung oder die Kenntnisgabe für die Errichtung des Gebäudes mindestens fünf Jahre zurückliegt,
2. zur Erhaltung und weiteren Nutzung von Kulturdenkmalen,
3. zur Verwirklichung von Vorhaben zur Energieeinsparung und zur Nutzung erneuerbarer Energien,

---

[1] § 56 Abs. 2 Nr. 3 geänd. mWv 1.3.2015 durch G v. 11.11.2014 (GBl. S. 501); Abs. 6 Satz 1 geänd. mWv 1.8.2019 durch G v. 18.7.2019 (GBl. S. 313).

4. zur praktischen Erprobung neuer Bau- und Wohnformen im Wohnungsbau,

wenn die Abweichungen mit den öffentlichen Belangen vereinbar sind.

(3) Ausnahmen, die in diesem Gesetz oder in Vorschriften auf Grund dieses Gesetzes vorgesehen sind, können zugelassen werden, wenn sie mit den öffentlichen Belangen vereinbar sind und die für die Ausnahmen festgelegten Voraussetzungen vorliegen.

(4) Ferner können Ausnahmen von den Vorschriften in den §§ 4 bis 37 dieses Gesetzes oder auf Grund dieses Gesetzes zugelassen werden

1. bei Gemeinschaftsunterkünften, die der vorübergehenden Unterbringung oder dem vorübergehenden Wohnen dienen,
2. bei baulichen Anlagen, die nach der Art ihrer Ausführung für eine dauernde Nutzung nicht geeignet sind und die für eine begrenzte Zeit aufgestellt werden (Behelfsbauten),
3. bei kleinen, Nebenzwecken dienenden Gebäuden ohne Feuerstätten, wie Geschirrhütten,
4. bei freistehenden anderen Gebäuden, die allenfalls für einen zeitlich begrenzten Aufenthalt bestimmt sind, wie Gartenhäuser, Wochenendhäuser oder Schutzhütten.

(5) [1] Von den Vorschriften in den §§ 4 bis 39 dieses Gesetzes oder auf Grund dieses Gesetzes kann Befreiung erteilt werden, wenn

1. Gründe des allgemeinen Wohls die Abweichung erfordern oder
2. die Einhaltung der Vorschrift im Einzelfall zu einer offenbar nicht beabsichtigten Härte führen würde

und die Abweichung auch unter Würdigung nachbarlicher Interessen mit den öffentlichen Belangen vereinbar ist. [2] Gründe des allgemeinen Wohls liegen auch bei Vorhaben zur Deckung dringenden Wohnbedarfs vor. [3] Bei diesen Vorhaben kann auch in mehreren vergleichbaren Fällen eine Befreiung erteilt werden.

(6) [1] Ist für verfahrensfreie Vorhaben eine Abweichung, Ausnahme oder Befreiung erforderlich, so ist diese in Textform besonders zu beantragen. [2] § 54 Abs. 4 findet entsprechende Anwendung.

§ 57[1)] Bauvorbescheid. (1) [1] Vor Einreichen des Bauantrags kann auf Antrag des Bauherrn in Textform ein schriftlicher Bescheid zu einzelnen Fragen des Vorhabens erteilt werden (Bauvorbescheid). [2] Der Bauvorbescheid gilt drei Jahre.

(2) § 53 Abs. 1 bis 4, §§ 54, 55 Abs. 1 und 2, § 58 Abs. 1 bis 3 sowie § 62 Abs. 2 gelten entsprechend.

§ 58[2)] Baugenehmigung. (1) [1] Die Baugenehmigung ist zu erteilen, wenn dem genehmigungspflichtigen Vorhaben keine von der Baurechtsbehörde zu prüfenden öffentlich-rechtlichen Vorschriften entgegenstehen. [2] Soweit nicht § 52 Anwendung findet, sind alle öffentlich-rechtlichen Vorschriften zu prüfen, die Anforderungen an das Bauvorhaben enthalten und über deren Einhaltung nicht eine andere Behörde in einem gesonderten Verfahren durch Verwaltungs-

---

[1)] § 57 Abs. 1 Satz 1 geänd. mWv 1.8.2019 durch G v. 18.7.2019 (GBl. S. 313).

[2)] § 58 Abs. 1 Satz 3 geänd. mWv 1.8.2019 durch G v. 18.7.2019 (GBl. S. 313).

akt entscheidet. [3]Die Baugenehmigung bedarf der Schriftform. [4]Erleichterungen, Abweichungen, Ausnahmen und Befreiungen sind ausdrücklich auszusprechen. [5]Die Baugenehmigung ist nur insoweit zu begründen, als sie Abweichungen, Ausnahmen oder Befreiungen von nachbarschützenden Vorschriften enthält und der Nachbar Einwendungen erhoben hat. [6]Eine Ausfertigung der mit Genehmigungsvermerk versehenen Bauvorlagen ist dem Antragsteller mit der Baugenehmigung zuzustellen. [7]Eine Ausfertigung der Baugenehmigung ist auch Angrenzern und sonstigen Nachbarn zuzustellen, deren Einwendungen gegen das Vorhaben nicht entsprochen wird; auszunehmen sind solche Angaben, die wegen berechtigter Interessen der Beteiligten geheim zu halten sind.

(2) Die Baugenehmigung gilt auch für und gegen den Rechtsnachfolger des Bauherrn.

(3) Die Baugenehmigung wird unbeschadet privater Rechte Dritter erteilt.

(4) [1]Behelfsbauten dürfen nur befristet oder widerruflich genehmigt werden. [2]Nach Ablauf der gesetzten Frist oder nach Widerruf ist die Anlage ohne Entschädigung zu beseitigen und ein ordnungsgemäßer Zustand herzustellen.

(5) Die Gemeinde ist, wenn sie nicht Baurechtsbehörde ist, von jeder Baugenehmigung durch Übersendung einer Abschrift des Bescheides und der Pläne zu unterrichten.

(6) [1]Auch nach Erteilung der Baugenehmigung können Anforderungen gestellt werden, um Gefahren für Leben oder Gesundheit oder bei der Genehmigung nicht voraussehbare Gefahren oder erhebliche Nachteile oder Belästigungen von der Allgemeinheit oder den Benutzern der baulichen Anlagen abzuwenden. [2]Bei Gefahr im Verzug kann bis zur Erfüllung dieser Anforderungen die Benutzung der baulichen Anlage eingeschränkt oder untersagt werden.

§ 59[1)] Baubeginn. (1) [1]Mit der Ausführung genehmigungspflichtiger Vorhaben darf erst nach Erteilung des Baufreigabescheins begonnen werden. [2]Der Baufreigabeschein ist zu erteilen, wenn die in der Baugenehmigung für den Baubeginn enthaltenen Auflagen und Bedingungen erfüllt sind. [3]Enthält die Baugenehmigung keine solchen Auflagen oder Bedingungen, so ist der Baufreigabeschein mit der Baugenehmigung zu erteilen. [4]Der Baufreigabeschein muss die Bezeichnung des Bauvorhabens und die Namen und Anschriften des Entwurfsverfassers und des Bauleiters enthalten und ist dem Bauherrn zuzustellen.

(2) Der Bauherr hat den Baubeginn genehmigungspflichtiger Vorhaben und die Wiederaufnahme der Bauarbeiten nach einer Unterbrechung von mehr als sechs Monaten vorher der Baurechtsbehörde in Textform mitzuteilen.

(3) [1]Vor Baubeginn müssen bei genehmigungspflichtigen Vorhaben Grundriss und Höhenlage der baulichen Anlage auf dem Baugrundstück festgelegt sein. [2]Die Baurechtsbehörde kann verlangen, dass diese Festlegungen durch einen Sachverständigen vorgenommen werden.

(4) Bei Vorhaben im Kenntnisgabeverfahren darf mit der Ausführung begonnen werden

[1)] § 59 Abs. 4 Satz 2 aufgeh., Abs. 5 Nr. 3 geänd. mWv 1.3.2015 durch G v. 11.11.2014 (GBl. S. 501); Abs. 2 geänd. mWv 1.8.2019 durch G v. 18.7.2019 (GBl. S. 313).

1. bei Vorhaben, denen die Angrenzer schriftlich zugestimmt haben, zwei Wochen,
2. bei sonstigen Vorhaben ein Monat

nach Eingang der vollständigen Bauvorlagen bei der Gemeinde, es sei denn, der Bauherr erhält eine Mitteilung nach § 53 Abs. 6 oder der Baubeginn wird nach § 47 Abs. 1 oder vorläufig auf Grund von § 15 Abs. 1Satz 2 BauGB untersagt.

(5) Bei Vorhaben im Kenntnisgabeverfahren hat der Bauherr vor Baubeginn

1. die bautechnischen Nachweise von einem Sachverständigen prüfen zu lassen, soweit nichts anderes bestimmt ist; die Prüfung muß vor Baubeginn, spätestens jedoch vor Ausführung der jeweiligen Bauabschnitte abgeschlossen sein,
2. Grundriss und Höhenlage von Gebäuden auf dem Baugrundstück durch einen Sachverständigen festlegen zu lassen, soweit nichts anderes bestimmt ist,
3. dem bevollmächtigten Bezirksschornsteinfeger technische Angaben über Feuerungsanlagen sowie über ortsfeste Blockheizkraftwerke und Verbrennungsmotoren in Gebäuden vorzulegen.

(6) Bei Vorhaben im Kenntnisgabeverfahren innerhalb eines förmlich festgelegten Sanierungsgebietes im Sinne des § 142 BauGB, eines förmlich festgelegten städtebaulichen Entwicklungsbereiches im Sinne des § 165 BauGB oder eines förmlich festgelegten Gebiets im Sinne des § 171d oder § 172 BauGB müssen vor Baubeginn die hierfür erforderlichen Genehmigungen vorliegen.

§ 60 Sicherheitsleistung. (1) Die Baurechtsbehörde kann die Leistung einer Sicherheit verlangen, soweit sie erforderlich ist, um die Erfüllung von Auflagen oder sonstigen Verpflichtungen zu sichern.

(2) Auf Sicherheitsleistungen sind die §§ 232, 234 bis 240 des Bürgerlichen Gesetzbuchs anzuwenden.

§ 61[1)] Teilbaugenehmigung. (1) [1] Ist ein Bauantrag eingereicht, so kann der Beginn der Bauarbeiten für die Baugrube und für einzelne Bauteile oder Bauabschnitte auf Antrag in Textform schon vor Erteilung der Baugenehmigung schriftlich zugelassen werden, wenn nach dem Stand der Prüfung des Bauantrags gegen die Teilausführung keine Bedenken bestehen (Teilbaugenehmigung). [2] §§ 54, 58 Abs. 1 bis 5 sowie § 59 Abs. 1 bis 3 gelten entsprechend.

(2) In der Baugenehmigung können für die bereits genehmigten Teile des Vorhabens, auch wenn sie schon ausgeführt sind, zusätzliche Anforderungen gestellt werden, wenn sich bei der weiteren Prüfung der Bauvorlagen ergibt, dass die zusätzlichen Anforderungen nach § 3 Abs. 1 Satz 1 erforderlich sind.

§ 62[2)] Geltungsdauer der Baugenehmigung. (1) Die Baugenehmigung und die Teilbaugenehmigung erlöschen, wenn nicht innerhalb von drei Jahren nach Erteilung der Genehmigung mit der Bauausführung begonnen oder wenn sie nach diesem Zeitraum ein Jahr unterbrochen worden ist.

(2) [1] Die Frist nach Absatz 1 kann auf Antrag in Textform jeweils bis zu drei Jahren schriftlich verlängert werden. [2] Die Frist kann auch rückwirkend ver-

---

1) § 61 Abs. 1 Satz 1 geänd. mWv 1.8.2019 durch G v. 18.7.2019 (GBl. S. 313).

2) § 62 Abs. 2 Satz 1 geänd., Abs. 3 angef. mWv 1.8.2019 durch G v. 18.7.2019 (GBl. S. 313).

längert werden, wenn der Antrag vor Fristablauf bei der Baurechtsbehörde eingegangen ist.

(3) [1] Wird die Nutzung einer Tierhaltungsanlage im Sinne der Geruchsimmissions-Richtlinie innerhalb eines im Zusammenhang bebauten Ortsteils während eines Zeitraums von mehr als sechs Jahren durchgehend unterbrochen, erlischt die Baugenehmigung für die unterbrochene Nutzung. [2] Die Frist kann auf schriftlichen Antrag um bis zu zwei Jahre verlängert werden. [3] Darüber hinaus kann sie bis auf insgesamt zehn Jahre verlängert werden, wenn ein berechtigtes Interesse an der Fortsetzung der Nutzungsunterbrechung besteht. [4] Die Frist kann auch rückwirkend verlängert werden, wenn der Antrag vor Fristablauf bei der Baurechtsbehörde eingegangen ist. [5] Wer ein berechtigtes Interesse an der Feststellung hat, kann beantragen, dass die Baurechtsbehörde das Erlöschen oder das Fortbestehen der Baugenehmigung feststellt.

§ 63[1)] Verbot unrechtmäßig gekennzeichneter Bauprodukte. Sind Bauprodukte entgegen § 21 mit dem Ü-Zeichen gekennzeichnet, so kann die Baurechtsbehörde die Verwendung dieser Bauprodukte untersagen und deren Kennzeichnung entwerten oder beseitigen lassen.

§ 64[2)] Einstellung von Arbeiten. (1) [1] Werden Anlagen im Widerspruch zu öffentlich-rechtlichen Vorschriften errichtet oder abgebrochen, so kann die Baurechtsbehörde die Einstellung der Arbeiten anordnen. [2] Dies gilt insbesondere, wenn

1. die Ausführung eines Vorhabens entgegen § 59 begonnen wurde,
2. das Vorhaben ohne die erforderlichen Bauabnahmen (§ 67) oder Nachweise (§ 66 Abs. 2 und 4) oder über die Teilbaugenehmigung (§ 61) hinaus fortgesetzt wurde,
3. bei der Ausführung eines Vorhabens
   a) von der erteilten Baugenehmigung oder Zustimmung,
   b) im Kenntnisgabeverfahren von den eingereichten Bauvorlagen
   abgewichen wird, es sei denn die Abweichung ist nach § 50 verfahrensfrei,
4. Bauprodukte verwendet werden, die entgegen der Verordnung (EU) Nr. 305/2011 keine CE-Kennzeichnung oder entgegen § 21 kein Ü-Zeichen tragen oder unberechtigt damit gekennzeichnet sind.

[3] Widerspruch und Anfechtungsklage gegen die Anordnung der Einstellung der Arbeiten haben keine aufschiebende Wirkung.

(2) Werden Arbeiten trotz schriftlich oder mündlich verfügter Einstellung fortgesetzt, so kann die Baurechtsbehörde die Baustelle versiegeln und die an der Baustelle vorhandenen Baustoffe, Bauteile, Baugeräte, Baumaschinen und Bauhilfsmittel in amtlichen Gewahrsam nehmen.

§ 65[3)] Abbruchsanordnung und Nutzungsuntersagung. (1) [1] Der teilweise oder vollständige Abbruch einer Anlage, die im Widerspruch zu öffentlich-rechtlichen Vorschriften errichtet wurde, kann angeordnet werden, wenn nicht auf andere Weise rechtmäßige Zustände hergestellt werden können.

[1)] § 63 geänd. mWv 1.12.2017 durch G v. 21.11.2017 (GBl. S. 606).
[2)] § 64 Abs. 1 Satz 2 Nr. 4 neu gef. mWv 1.12.2017 durch G v. 21.11.2017 (GBl. S. 606).
[3)] § 65 Abs. 2 angef. mWv 1.8.2019 durch G v. 18.7.2019 (GBl. S. 313).

²Werden Anlagen im Widerspruch zu öffentlich-rechtlichen Vorschriften genutzt, so kann diese Nutzung untersagt werden.

(2) Soweit bauliche Anlagen nicht genutzt werden und im Verfall begriffen sind, kann die Baurechtsbehörde die Grundstückseigentümer und Erbbauberechtigten verpflichten, die Anlage abzubrechen oder zu beseitigen; die Bestimmungen des Denkmalschutzgesetzes bleiben unberührt.

§ 66[1)] **Bauüberwachung.** (1) ¹Die Baurechtsbehörde kann die Ordnungsmäßigkeit der Bauausführung und die ordnungsgemäße Erfüllung der Pflichten der am Bau Beteiligten nach den §§ 42 bis 45 überprüfen. ²Sie kann verlangen, dass Beginn und Beendigung bestimmter Bauarbeiten angezeigt werden.

(2) ¹Die Ordnungsmäßigkeit der Bauausführung umfasst auch die Tauglichkeit der Gerüste und Absteifungen sowie die Bestimmungen zum Schutze der allgemeinen Sicherheit. ²Die Baurechtsbehörde und die von ihr Beauftragten können Proben von Bauprodukten, soweit erforderlich auch aus fertigen Bauteilen, entnehmen und prüfen oder prüfen lassen.

(3) ¹Den mit der Überwachung beauftragten Personen ist jederzeit Zutritt zu Baustellen und Betriebsstätten sowie Einblick in Genehmigungen und Zulassungen, Prüfzeugnisse, Übereinstimmungserklärungen, Übereinstimmungszertifikate, Überwachungsnachweise, Zeugnisse und Aufzeichnungen über die Prüfung von Bauprodukten, in die CE-Kennzeichnungen und Leistungserklärungen nach der Verordnung (EU) Nr. 305/2011, in die Bautagebücher und andere vorgeschriebene Aufzeichnungen zu gewähren. ²Der Bauherr hat die für die Überwachung erforderlichen Arbeitskräfte und Geräte zur Verfügung zu stellen.

(4) Die Baurechtsbehörde kann einen Nachweis darüber verlangen, dass die Grundflächen, Abstände und Höhenlagen der Gebäude eingehalten sind.

(5) Die Baurechtsbehörde soll, soweit sie im Rahmen der Bauüberwachung Erkenntnisse über systematische Rechtsverstöße gegen die Verordnung (EU) Nr. 305/2011 erlangt, diese der für die Marktüberwachung zuständigen Stelle mitteilen.

§ 67[2)] **Bauabnahmen, Inbetriebnahme der Feuerungsanlagen.**

(1) Soweit es bei genehmigungspflichtigen Vorhaben zur Wirksamkeit der Bauüberwachung erforderlich ist, kann in der Baugenehmigung oder der Teilbaugenehmigung, aber auch noch während der Bauausführung die Abnahme

1. bestimmter Bauteile oder Bauarbeiten und
2. der baulichen Anlage nach ihrer Fertigstellung

vorgeschrieben werden.

(2) ¹Schreibt die Baurechtsbehörde eine Abnahme vor, hat der Bauherr rechtzeitig in Textform mitzuteilen, wann die Voraussetzungen für die Abnahme gegeben sind. ²Der Bauherr oder die Unternehmer haben auf Verlangen die für die Abnahmen erforderlichen Arbeitskräfte und Geräte zur Verfügung zu stellen.

[1)] § 66 Abs. 2 Satz 2 aufgeh., bish. Satz 3 wird Satz 2, Abs. 3 Satz 1 geänd., Abs. 5 angef. mWv 1.12.2017 durch G v. 21.11.2017 (GBl. S. 606).

[2)] § 67 Abs. 5 Satz 1 geänd., Satz 2 angef. mWv 1.3.2015 durch G v. 11.11.2014 (GBl. S. 501); Abs. 2 Satz 1 geänd. mWv 1.8.2019 durch G v. 18.7.2019 (GBl. S. 313).

(3) [1] Bei Beanstandungen kann die Abnahme abgelehnt werden. [2] Über die Abnahme stellt die Baurechtsbehörde auf Verlangen des Bauherrn eine Bescheinigung aus (Abnahmeschein).

(4) [1] Die Baurechtsbehörde kann verlangen, dass bestimmte Bauarbeiten erst nach einer Abnahme durchgeführt oder fortgesetzt werden. [2] Sie kann aus den Gründen des § 3 Abs. 1 auch verlangen, dass eine bauliche Anlage erst nach einer Abnahme in Gebrauch genommen wird.

(5) [1] Bei genehmigungspflichtigen und bei kenntnisgabepflichtigen Vorhaben dürfen die Feuerungsanlagen erst in Betrieb genommen werden, wenn der bevollmächtigte Bezirksschornsteinfeger die Brandsicherheit und die sichere Abführung der Verbrennungsgase bescheinigt hat. [2] Satz 1 gilt für ortsfeste Blockheizkraftwerke und Verbrennungsmotoren in Gebäuden entsprechend.

§ 68[1)] Typenprüfung. (1) [1] Für bauliche Anlagen oder Teile baulicher Anlagen, die in derselben Ausführung an mehreren Stellen errichtet oder verwendet werden sollen, können die Nachweise der Standsicherheit, des Schallschutzes oder der Feuerwiderstandsdauer der Bauteile allgemein geprüft werden (Typenprüfung). [2] Eine Typenprüfung kann auch erteilt werden für bauliche Anlagen, die in unterschiedlicher Ausführung, aber nach einem bestimmten System und aus bestimmten Bauteilen an mehreren Stellen errichtet werden sollen; in der Typenprüfung ist die zulässige Veränderbarkeit festzulegen.

(2) [1] Die Typenprüfung wird auf Antrag in Textform von einem Prüfamt für Baustatik durchgeführt. [2] Soweit die Typenprüfung ergibt, dass die Ausführung den öffentlich-rechtlichen Vorschriften entspricht, ist dies durch Bescheid festzustellen. [3] Die Typenprüfung darf nur widerruflich und für eine Frist von bis zu fünf Jahren erteilt oder verlängert werden. [4] § 62 Abs. 2 Satz 2 gilt entsprechend.

(3) Die in der Typenprüfung entschiedenen Fragen werden von der Baurechtsbehörde nicht mehr geprüft.

(4) Typenprüfungen anderer Bundesländer gelten auch in Baden-Württemberg.

§ 69[2)] Fliegende Bauten. (1) [1] Fliegende Bauten sind bauliche Anlagen, die geeignet und bestimmt sind, an verschiedenen Orten wiederholt aufgestellt und abgebaut zu werden. [2] Baustelleneinrichtungen und Baugerüste gelten nicht als Fliegende Bauten.

(2) [1] Fliegende Bauten bedürfen, bevor sie erstmals aufgestellt und in Gebrauch genommen werden, einer Ausführungsgenehmigung. [2] Dies gilt nicht für unbedeutende Fliegende Bauten, an die besondere Sicherheitsanforderungen nicht gestellt werden, sowie für Fliegende Bauten, die der Landesverteidigung dienen.

(3) Zuständig für die Erteilung der Ausführungsgenehmigung ist die von der obersten Baurechtsbehörde in einer Rechtsverordnung nach § 73 Absatz 8 Nummer 1 bestimmte Stelle.

(4) [1] Die Ausführungsgenehmigung wird für eine bestimmte Frist erteilt, die fünf Jahre nicht überschreiten soll. [2] Sie kann auf Antrag in Textform jeweils bis

---

1) § 68 Abs. 2 Satz 1 geänd. mWv 1.8.2019 durch G v. 18.7.2019 (GBl. S. 313).

2) § 69 Abs. 1 Satz 1 geänd. mWv 1.3.2015 durch G v. 11.11.2014 (GBl. S. 501); Abs. 3 neu gef., Abs. 4 Satz 2, Abs. 9 geänd. mWv 1.8.2019 durch G v. 18.7.2019 (GBl. S. 313).

zu fünf Jahren verlängert werden. [3] § 62 Abs. 2 Satz 2 gilt entsprechend. [4] Die Ausführungsgenehmigung und deren Verlängerung werden in ein Prüfbuch eingetragen, dem eine Ausfertigung der mit Genehmigungsvermerk versehenen Bauvorlagen beizufügen ist.

(5) [1] Der Inhaber der Ausführungsgenehmigung hat den Wechsel seines Wohnsitzes oder seiner gewerblichen Niederlassung oder die Übertragung eines Fliegenden Baues an Dritte der Behörde, die die Ausführungsgenehmigung erteilt hat, anzuzeigen. [2] Diese hat die Änderungen in das Prüfbuch einzutragen und sie, wenn mit den Änderungen ein Wechsel der Zuständigkeit verbunden ist, der nunmehr zuständigen Behörde mitzuteilen.

(6) [1] Fliegende Bauten, die nach Absatz 2 einer Ausführungsgenehmigung bedürfen, dürfen unbeschadet anderer Vorschriften nur in Gebrauch genommen werden, wenn ihre Aufstellung der Baurechtsbehörde des Aufstellungsortes unter Vorlage des Prüfbuches angezeigt ist. [2] Die Baurechtsbehörde kann die Inbetriebnahme von einer Gebrauchsabnahme abhängig machen. [3] Das Ergebnis der Abnahme ist in das Prüfbuch einzutragen. [4] Wenn eine Gefährdung im Sinne des § 3 Abs. 1 nicht zu erwarten ist, kann in der Ausführungsgenehmigung bestimmt werden, dass Anzeigen nach Satz 1 nicht erforderlich sind.

(7) [1] Die für die Gebrauchsabnahme zuständige Baurechtsbehörde kann Auflagen machen oder die Aufstellung oder den Gebrauch Fliegender Bauten untersagen, soweit dies nach den örtlichen Verhältnissen oder zur Abwehr von Gefahren erforderlich ist, insbesondere weil

1. die Betriebs- oder Standsicherheit nicht gewährleistet ist,
2. von der Ausführungsgenehmigung abgewichen wird oder
3. die Ausführungsgenehmigung abgelaufen ist.

[2] Wird die Aufstellung oder der Gebrauch wegen Mängeln am Fliegenden Bau untersagt, so ist dies in das Prüfbuch einzutragen; ist die Beseitigung der Mängel innerhalb angemessener Frist nicht zu erwarten, so ist das Prüfbuch einzuziehen und der für die Erteilung der Ausführungsgenehmigung zuständigen Behörde zuzuleiten.

(8) [1] Bei Fliegenden Bauten, die längere Zeit an einem Aufstellungsort betrieben werden, kann die für die Gebrauchsabnahme zuständige Baurechtsbehörde Nachabnahmen durchführen. [2] Das Ergebnis der Nachabnahmen ist in das Prüfbuch einzutragen.

(9) § 47 Abs. 2, § 53 Absätze 1 bis 4 sowie § 54 Abs. 1 gelten entsprechend.

(10) Ausführungsgenehmigungen anderer Bundesländer gelten auch in Baden-Württemberg.

§ 70[1)] Zustimmungsverfahren, Vorhaben der Landesverteidigung.

(1) [1] An die Stelle der Baugenehmigung tritt die Zustimmung, wenn

1. der Bund, ein Land, eine andere Gebietskörperschaft des öffentlichen Rechts oder eine Kirche Bauherr ist und
2. der Bauherr die Leitung der Entwurfsarbeiten und die Bauüberwachung geeigneten Fachkräften seiner Baubehörde übertragen hat.

[1)] § 70 Abs. 2 Satz 3 geänd. mWv 1.1.2018 durch G v. 21.11.2017 (GBl. S. 612); Abs. 2 Satz 3 (im GBl. wohl irrtümlich: „Satz 2") geänd. mWv 1.8.2019 durch G v. 18.7.2019 (GBl. S. 313).

[2]Dies gilt entsprechend für Vorhaben Dritter, die in Erfüllung einer staatlichen Baupflicht vom Land durchgeführt werden.

(2) [1]Der Antrag auf Zustimmung ist bei der unteren Baurechtsbehörde einzureichen. [2]Hinsichtlich des Prüfungsumfangs gilt § 52 Abs. 2. [3]§ 52 Abs. 3, § 53 Absätze 1 bis 4, § 54 Abs. 1 und 4, § 55 Absatz 1, 2 und 4, §§ 56, 58, 59 Abs. 1 bis 3, §§ 61, 62, 64, 65 sowie § 67 Abs. 5 gelten entsprechend. [4]Die Fachkräfte nach Absatz 1 Satz 1 Nr. 2 sind der Baurechtsbehörde zu benennen. [5]Die bautechnische Prüfung sowie Bauüberwachung und Bauabnahmen finden nicht statt.

(3) [1]Vorhaben, die der Landesverteidigung dienen, bedürfen weder einer Baugenehmigung noch einer Kenntnisgabe nach § 51 noch einer Zustimmung nach Absatz 1. [2]Sie sind statt dessen der höheren Baurechtsbehörde vor Baubeginn in geeigneter Weise zur Kenntnis zu bringen.

(4) Der Bauherr ist dafür verantwortlich, dass Entwurf und Ausführung von Vorhaben nach den Absätzen 1 und 3 den öffentlich-rechtlichen Vorschriften entsprechen.

§ 71 Übernahme von Baulasten. (1) [1]Durch Erklärung gegenüber der Baurechtsbehörde können Grundstückseigentümer öffentlich-rechtliche Verpflichtungen zu einem ihre Grundstücke betreffenden Tun, Dulden oder Unterlassen übernehmen, die sich nicht schon aus öffentlich-rechtlichen Vorschriften ergeben (Baulasten). [2]Sie sind auch gegenüber dem Rechtsnachfolger wirksam.

(2) Die Erklärung nach Absatz 1 muss vor der Baurechtsbehörde oder vor der Gemeindebehörde abgegeben oder anerkannt werden; sie kann auch in öffentlich beglaubigter Form einer dieser Behörden vorgelegt werden.

(3) [1]Die Baulast erlischt durch schriftlichen Verzicht der Baurechtsbehörde. [2]Der Verzicht ist zu erklären, wenn ein öffentliches Interesse an der Baulast nicht mehr besteht. [3]Vor dem Verzicht sollen der Verpflichtete und die durch die Baulast Begünstigten gehört werden.

§ 72 Baulastenverzeichnis. (1) Die Baulasten sind auf Anordnung der Baurechtsbehörde in ein Verzeichnis einzutragen (Baulastenverzeichnis).

(2) In das Baulastenverzeichnis sind auch einzutragen, soweit ein öffentliches Interesse an der Eintragung besteht,

1. andere baurechtliche, altlastenrechtliche oder bodenschutzrechtliche Verpflichtungen des Grundstückseigentümers zu einem sein Grundstück betreffenden Tun, Dulden oder Unterlassen,
2. Bedingungen, Befristungen und Widerrufsvorbehalte.

(3) Das Baulastenverzeichnis wird von der Gemeinde geführt.

(4) Wer ein berechtigtes Interesse darlegt, kann in das Baulastenverzeichnis Einsicht nehmen und sich Abschriften erteilen lassen.

Neunter Teil. Rechtsvorschriften, Ordnungswidrigkeiten Übergangs- und Schlussvorschriften

§ 73[1)] Rechtsverordnungen[2)]. (1) Zur Verwirklichung der in § 3 Absatz 1 Satz 1, § 16a Absatz 1 und § 16b Absatz 1 bezeichneten Anforderungen werden die obersten Baurechtsbehörden ermächtigt, durch Rechtsverordnung Vorschriften zu erlassen über

1. die nähere Bestimmung allgemeiner Anforderungen in den §§ 4 bis 37,
2. besondere Anforderungen oder Erleichterungen, die sich aus der besonderen Art oder Nutzung der baulichen Anlagen und Räume nach § 38 für ihre Errichtung, Unterhaltung und Nutzung ergeben, sowie über die Anwendung solcher Anforderungen auf bestehende bauliche Anlagen dieser Art,
3. eine von Zeit zu Zeit zu wiederholende Nachprüfung von Anlagen, die zur Verhütung erheblicher Gefahren oder Nachteile ständig ordnungsgemäß unterhalten werden müssen, und die Erstreckung dieser Nachprüfungspflicht auf bestehende Anlagen,
4. die Anwesenheit fachkundiger Personen beim Betrieb technisch schwieriger baulicher Anlagen und Einrichtungen, wie Bühnenbetriebe und technisch schwierige Fliegende Bauten,
5. den Nachweis der Befähigung der in Nummer 4 genannten Personen,
6. die Förderung der Elektromobilität.

(2) [1]Die obersten Baurechtsbehörden werden ermächtigt, zum baurechtlichen Verfahren durch Rechtsverordnung Vorschriften zu erlassen über

1. Art, Inhalt, Beschaffenheit und Zahl der Bauvorlagen; dabei kann festgelegt werden, dass bestimmte Bauvorlagen von Sachverständigen oder sachverständigen Stellen zu verfassen sind,
2. die erforderlichen Anträge, Anzeigen, Nachweise und Bescheinigungen,
3. das Verfahren im Einzelnen.

[2]Sie können dabei für verschiedene Arten von Bauvorhaben unterschiedliche Anforderungen und Verfahren festlegen.

(3) Die oberste Baurechtsbehörde wird ermächtigt, durch Rechtsverordnung vorzuschreiben, dass die am Bau Beteiligten (§§ 42 bis 45) zum Nachweis der ordnungsgemäßen Bauausführung Bescheinigungen, Bestätigungen oder Nachweise des Entwurfsverfassers, der Unternehmer, des Bauleiters, von Sachverständigen, Fachplanern oder Behörden über die Einhaltung baurechtlicher Anforderungen vorzulegen haben.

(4) [1]Die Landesregierung wird ermächtigt, zur Vereinfachung, Erleichterung oder Beschleunigung der baurechtlichen Verfahren oder zur Entlastung der Baurechtsbehörde durch Rechtsverordnung Vorschriften zu erlassen über

---

[1)] § 73 Abs. 1, Abs. 2 Sätze 1 und 2, Abs. 5 geänd. mWv 28.2.2012 durch VO v. 25.1.2012 (GBl. S. 65); Abs. 6 Satz 1 Nr. 2, Abs. 7 Nr. 2, Abs. 8 Nr. 2 geänd. mWv 1.3.2015 durch G v. 11.11.2014 (GBl. S. 501); Abs. 1 einl. Satzteil geänd., Abs. 6 Satz 1 Nr. 1, 2 neu gef., Abs. 7 Nr. 2 geänd., Abs. 7a eingef. mWv 1.12.2017 durch G v. 21.11.2017 (GBl. S. 606); Abs. 1 Nr. 5 geänd., Nr. 6 angef. mWv 1.8.2019 durch G v. 18.7.2019 (GBl. S. 313).

[2)] Vgl. die Anm. (Nr. **1**) zum Gesetzestitel.

1. den vollständigen oder teilweisen Wegfall der Prüfung öffentlich-rechtlicher Vorschriften über die technische Beschaffenheit bei bestimmten Arten von Bauvorhaben,
2. die Heranziehung von Sachverständigen oder sachverständigen Stellen,
3. die Übertragung von Prüfaufgaben im Rahmen des baurechtlichen Verfahrens einschließlich der Bauüberwachung und Bauabnahmen sowie die Übertragung sonstiger, der Vorbereitung baurechtlicher Entscheidungen dienenden Aufgaben und Befugnisse der Baurechtsbehörde auf Sachverständige oder sachverständige Stellen.

[2] Sie kann dafür bestimmte Voraussetzungen festlegen, die die Verantwortlichen nach § 43 zu erfüllen haben.

(5) Die obersten Baurechtsbehörden können durch Rechtsverordnung für Sachverständige, die nach diesem Gesetz oder nach Vorschriften auf Grund dieses Gesetzes tätig werden,

1. eine bestimmte Ausbildung, Sachkunde oder Erfahrung vorschreiben,
2. die Befugnisse und Pflichten bestimmen,
3. eine besondere Anerkennung vorschreiben,
4. die Zuständigkeit, das Verfahren und die Voraussetzungen für die Anerkennung, ihren Widerruf, ihre Rücknahme und ihr Erlöschen sowie die Vergütung der Sachverständigen regeln.

(6) [1] Die oberste Baurechtsbehörde wird ermächtigt, durch Rechtsverordnung die Befugnisse auf andere als in diesen Vorschriften aufgeführte Behörden zu übertragen für

1. die Zuständigkeit für die vorhabenbezogene Bauartgenehmigung nach § 16a Absatz 2 Satz 1 Nummer 2 und den Verzicht darauf im Einzelfall nach § 16a Absatz 4 sowie die Entscheidungen über Zustimmungen im Einzelfall (§ 20),
2. die Anerkennung von Prüf-, Zertifizierungs- und Überwachungsstellen (§ 24).

[2] Die Befugnis nach Nummer 2 kann auch auf eine Behörde eines anderen Landes übertragen werden, die der Aufsicht einer obersten Baurechtsbehörde untersteht oder an deren Willensbildung die oberste Baurechtsbehörde mitwirkt.

(7) Die oberste Baurechtsbehörde kann durch Rechtsverordnung

1. das Ü-Zeichen festlegen und zu diesem Zeichen zusätzliche Angaben verlangen,
2. das Anerkennungsverfahren nach § 24, die Voraussetzungen für die Anerkennung, ihren Widerruf und ihr Erlöschen regeln, insbesondere auch Altersgrenzen festlegen, sowie eine ausreichende Haftpflichtversicherung fordern.

(7a) Die oberste Baurechtsbehörde kann durch Rechtsverordnung vorschreiben, dass für bestimmte Bauprodukte und Bauarten, auch soweit sie Anforderungen nach anderen Rechtsvorschriften unterliegen, hinsichtlich dieser Anforderungen § 16a Absatz 2 und §§ 17 bis 25 ganz oder teilweise anwendbar sind, wenn die anderen Rechtsvorschriften dies verlangen oder zulassen.

(8) Die oberste Baurechtsbehörde wird ermächtigt, durch Rechtsverordnung zu bestimmen, dass

1. Ausführungsgenehmigungen für Fliegende Bauten nur durch bestimmte Behörden oder durch von ihr bestimmte Stellen erteilt und die in § 69 Abs. 6 bis 8 genannten Aufgaben der Baurechtsbehörde durch andere Behörden oder Stellen wahrgenommen werden; dabei kann die Vergütung dieser Stellen geregelt werden,
2. die Anforderungen der auf Grund des § 34 des Produktsicherheitsgesetzes und des § 49 Abs. 4 des Energiewirtschaftsgesetzes erlassenen Rechtsverordnungen entsprechend für Anlagen gelten, die nicht gewerblichen Zwecken dienen und nicht im Rahmen wirtschaftlicher Unternehmungen Verwendung finden; sie kann auch die Verfahrensvorschriften dieser Verordnungen für anwendbar erklären oder selbst das Verfahren bestimmen sowie Zuständigkeiten und Gebühren regeln; dabei kann sie auch vorschreiben, dass danach zu erteilende Erlaubnisse die Baugenehmigung oder die Zustimmung nach § 70 einschließlich der zugehörigen Abweichungen, Ausnahmen und Befreiungen einschließen, sowie dass § 35 Absatz 2 des Produktsicherheitsgesetzes insoweit Anwendung findet.

§ 73a[1] Technische Baubestimmungen. (1) [1]Die Anforderungen nach § 3 Absatz 1 Satz 1 können durch Technische Baubestimmungen konkretisiert werden. [2]Die Technischen Baubestimmungen sind zu beachten. [3]Von den in den Technischen Baubestimmungen enthaltenen Planungs-, Bemessungs- und Ausführungsregelungen kann abgewichen werden, wenn mit einer anderen Lösung in gleichem Maße die Anforderungen erfüllt werden und in der Technischen Baubestimmung eine Abweichung nicht ausgeschlossen ist; § 16a Absatz 2 und § 17 Absatz 1 bleiben unberührt.

(2) Die Konkretisierungen können durch Bezugnahmen auf technische Regeln und deren Fundstellen oder auf andere Weise erfolgen, insbesondere in Bezug auf:

1. bestimmte bauliche Anlagen oder ihre Teile,
2. die Planung, Bemessung und Ausführung baulicher Anlagen und ihrer Teile,
3. die Leistung von Bauprodukten in bestimmten baulichen Anlagen oder ihren Teilen, insbesondere
   a) Planung, Bemessung und Ausführung baulicher Anlagen bei Einbau eines Bauprodukts,
   b) Merkmale von Bauprodukten, die sich für einen Verwendungszweck auf die Erfüllung der Anforderungen nach § 3 Absatz 1 Satz 1 auswirken,
   c) Verfahren für die Feststellung der Leistung eines Bauproduktes im Hinblick auf Merkmale, die sich für einen Verwendungszweck auf die Erfüllung der Anforderungen nach § 3 Absatz 1 Satz 1 auswirken,
   d) zulässige oder unzulässige besondere Verwendungszwecke,
   e) die Festlegung von Klassen und Stufen in Bezug auf bestimmte Verwendungszwecke,
   f) die für einen bestimmten Verwendungszweck anzugebende oder erforderliche und anzugebende Leistung in Bezug auf ein Merkmal, das sich für einen Verwendungszweck auf die Erfüllung der Anforderungen nach § 3 Absatz 1 Satz 1 auswirkt, soweit vorgesehen in Klassen und Stufen,

[1] § 73a eingef. mWv 1.12.2017 durch G v. 21.11.2017 (GBl. S. 606).

4. die Bauarten und die Bauprodukte, die nur eines allgemeinen bauaufsichtlichen Prüfzeugnisses nach § 16a Absatz 3 oder § 19 Absatz 1 bedürfen,
5. Voraussetzungen zur Abgabe der Übereinstimmungserklärung für ein Bauprodukt nach § 22,
6. die Art, den Inhalt und die Form technischer Dokumentation.

(3) Die Technischen Baubestimmungen sollen nach den Grundanforderungen gemäß Anhang I der Verordnung (EU) Nr. 305/2011 gegliedert sein.

(4) Die Technischen Baubestimmungen enthalten die in § 17 Absatz 3 genannte Liste.

(5) [1] Im gegenseitigen Einvernehmen machen die in § 46 Absatz 1 Nummer 1 bezeichneten obersten Baurechtsbehörden nach Anhörung der beteiligten Kreise zur Durchführung dieses Gesetzes und der auf Grund dieses Gesetzes erlassenen Rechtsverordnungen die Technischen Baubestimmungen nach Absatz 1 als Verwaltungsvorschrift bekannt. [2] Soweit diese Technischen Baubestimmungen einem vom Deutschen Institut für Bautechnik im Einvernehmen mit den obersten Bauaufsichtsbehörden der Länder veröffentlichten Muster einer Verwaltungsvorschrift über Technische Baubestimmungen entsprechen und zu diesem Muster bereits eine Anhörung der beteiligten Kreise durch das Deutsche Institut für Bautechnik erfolgt ist, ist eine Anhörung nach Satz 1 entbehrlich.

§ 74[1)] Örtliche Bauvorschriften. (1) [1] Zur Durchführung baugestalterischer Absichten, zur Erhaltung schützenswerter Bauteile, zum Schutz bestimmter Bauten, Straßen, Plätze oder Ortsteile von geschichtlicher, künstlerischer oder städtebaulicher Bedeutung sowie zum Schutz von Kultur- und Naturdenkmalen können die Gemeinden im Rahmen dieses Gesetzes in bestimmten bebauten oder unbebauten Teilen des Gemeindegebiets durch Satzung örtliche Bauvorschriften erlassen über

1. Anforderungen an die äußere Gestaltung baulicher Anlagen einschließlich Regelungen über Gebäudehöhen und -tiefen sowie über die Begrünung,
2. Anforderungen an Werbeanlagen und Automaten; dabei können sich die Vorschriften auch auf deren Art, Größe, Farbe und Anbringungsort sowie auf den Ausschluss bestimmter Werbeanlagen und Automaten beziehen,
3. Anforderungen an die Gestaltung, Bepflanzung und Nutzung der unbebauten Flächen der bebauten Grundstücke und an die Gestaltung der Plätze für bewegliche Abfallbehälter sowie über Notwendigkeit oder Zulässigkeit und über Art, Gestaltung und Höhe von Einfriedungen,
4. die Beschränkung oder den Ausschluss der Verwendung von Außenantennen,
5. die Unzulässigkeit von Niederspannungsfreileitungen in neuen Baugebieten und Sanierungsgebieten,
6. das Erfordernis einer Kenntnisgabe für Vorhaben, die nach § 50 verfahrensfrei sind,
7. andere als die in § 5 Abs. 7 vorgeschriebenen Maße. Die Gemeinden können solche Vorschriften auch erlassen, soweit dies zur Verwirklichung der Festsetzungen einer städtebaulichen Satzung erforderlich ist und eine ausreichen-

1) § 74 Abs. 1 Satz 2 angef., Abs. 2 einl. Satzteil, Nr. 1, 5 geänd. mWv 1.3.2015 durch G v. 11.11.2014 (GBl. S. 501); Abs. 4 neu gef. mWv 1.8.2019 durch G v. 18.7.2019 (GBl. S. 313).

de Belichtung gewährleistet ist. Sie können zudem regeln, dass § 5 Abs. 7 keine Anwendung findet, wenn durch die Festsetzungen einer städtebaulichen Satzung Außenwände zugelassen oder vorgeschrieben werden, vor denen Abstandsflächen größerer oder geringerer Tiefe als nach diesen Vorschriften liegen müssten.

[2] Anforderungen nach Satz 1 Nummer 1, die allein zur Durchführung baugestalterischer Absichten gestellt werden, dürfen die Nutzung erneuerbarer Energien nicht ausschließen oder unangemessen beeinträchtigen.

(2) Soweit Gründe des Verkehrs oder städtebauliche Gründe oder Gründe sparsamer Flächennutzung dies rechtfertigen, können die Gemeinden für das Gemeindegebiet oder für genau abgegrenzte Teile des Gemeindegebiets durch Satzung bestimmen, dass

1. die Stellplatzverpflichtung (§ 37 Abs. 1) eingeschränkt wird,
2. die Stellplatzverpflichtung für Wohnungen (§ 37 Abs. 1) auf bis zu zwei Stellplätze erhöht wird; für diese Stellplätze gilt § 37 entsprechend,
3. die Herstellung von Stellplätzen und Garagen eingeschränkt oder untersagt wird,
4. Stellplätze und Garagen auf anderen Grundstücken als dem Baugrundstück herzustellen sind,
5. Stellplätze und Garagen nur in einer platzsparenden Bauart hergestellt werden dürfen, zum Beispiel mehrgeschossig, als kraftbetriebene Hebebühnen oder als automatische Garagen,
6. Abstellplätze für Fahrräder in ausreichender Zahl und geeigneter Beschaffenheit herzustellen sind.

(3) Die Gemeinden können durch Satzung für das Gemeindegebiet oder genau abgegrenzte Teile des Gemeindegebiets bestimmen, dass

1. zur Vermeidung von überschüssigem Bodenaushub die Höhenlage der Grundstücke erhalten oder verändert wird,
2. Anlagen zum Sammeln, Verwenden oder Versickern von Niederschlagswasser oder zum Verwenden von Brauchwasser herzustellen sind, um die Abwasseranlagen zu entlasten, Überschwemmungsgefahren zu vermeiden und den Wasserhaushalt zu schonen, soweit gesundheitliche oder wasserwirtschaftliche Belange nicht beeinträchtigt werden.

(4) Durch Satzung können die Gemeinden für das Gemeindegebiet oder genau abgegrenzte Teile des Gemeindegebiets bestimmen, dass

1. für bestehende Gebäude Kinderspielplätze nach § 9 Absatz 2 Satz 1 anzulegen sind, wenn hierfür geeignete nichtüberbaute Flächen auf dem Grundstück vorhanden sind oder ohne wesentliche Änderung oder Abbruch baulicher Anlagen geschaffen werden können,
2. eine von § 9 Absatz 2 Satz 1 abweichende Wohnungszahl gilt.

(5) Anforderungen nach den Absätzen 1 bis 3 können in den örtlichen Bauvorschriften auch in Form zeichnerischer Darstellungen gestellt werden.

(6) [1] Die örtlichen Bauvorschriften werden nach den entsprechend geltenden Vorschriften des § 1 Abs. 3 Satz 2 und Abs. 8, § 3 Abs. 2, des § 4 Abs. 2, des § 9 Abs. 7 und des § 13 BauGB erlassen. [2] § 10 Abs. 3 BauGB gilt entsprechend mit der Maßgabe, dass die Gemeinde in der Satzung auch einen späteren Zeitpunkt für das Inkrafttreten bestimmen kann.

(7) [1] Werden örtliche Bauvorschriften zusammen mit einem Bebauungsplan oder einer anderen städtebaulichen Satzung nach dem Baugesetzbuch beschlossen, richtet sich das Verfahren für ihren Erlass in vollem Umfang nach den für den Bebauungsplan oder die sonstige städtebauliche Satzung geltenden Vorschriften. [2] Dies gilt für die Änderung, Ergänzung und Aufhebung entsprechend.

§ 75[1)] Ordnungswidrigkeiten. (1) Ordnungswidrig handelt, wer vorsätzlich oder fahrlässig

1. entgegen § 8 Absatz 2 Satz 1 die geplante Teilung eines Grundstücks nicht anzeigt,
2. Bauprodukte entgegen § 21 Absatz 3 ohne das Ü-Zeichen verwendet,
3. Bauarten entgegen § 16a ohne Bauartgenehmigung oder allgemeines bauaufsichtliches Prüfzeugnis für Bauarten anwendet,
4. Bauprodukte mit dem Ü-Zeichen kennzeichnet, ohne dass dafür die Voraussetzungen nach § 21 Absatz 3 vorliegen,
5. als Bauherr entgegen § 42 Absatz 1 Satz 3 die erforderlichen Nachweise und Unterlagen zu den verwendeten Bauprodukten und den angewandten Bauarten nicht bereithält oder entgegen § 42 Abs. 2 Satz 3 kenntnisgabepflichtige Abbrucharbeiten ausführt oder ausführen lässt,
6. als Entwurfsverfasser entgegen § 43 Abs. 2 den Bauherrn nicht veranlasst, geeignete Fachplaner zu bestellen,
7. als Unternehmer entgegen § 44 Absatz 1 Satz 2 nicht für die ordnungsgemäße Einrichtung und den sicheren Betrieb der Baustelle sorgt oder entgegen § 44 Absatz 1 Satz 3 die erforderlichen Nachweise und Unterlagen zu den verwendeten Bauprodukten und den angewandten Bauarten nicht erbringt oder nicht bereithält,
8. als Bauleiter entgegen § 45 Abs. 1 nicht auf das gefahrlose Ineinandergreifen der Arbeiten der Unternehmer achtet,
9. als Bauherr, Unternehmer oder Bauleiter eine nach § 49 genehmigungspflichtige Anlage oder Einrichtung ohne Genehmigung errichtet, benutzt oder von der erteilten Genehmigung abweicht, obwohl er dazu einer Genehmigung bedurft hätte,
10. als Bauherr oder Bauleiter von den im Kenntnisgabeverfahren eingereichten Bauvorlagen abweicht, es sei denn, die Abweichung ist nach § 50 verfahrensfrei,
11. als Bauherr, Unternehmer oder Bauleiter entgegen § 59 Abs. 1 ohne Baufreigabeschein mit der Ausführung eines genehmigungspflichtigen Vorhabens beginnt, oder als Bauherr entgegen § 59 Abs. 2 den Baubeginn oder die Wiederaufnahme von Bauarbeiten nicht oder nicht rechtzeitig mitteilt, entgegen § 59 Abs. 3, 4 oder 5 mit der Bauausführung beginnt, entgegen § 67 Abs. 4 ohne vorherige Abnahme Bauarbeiten durchführt oder fortsetzt oder eine bauliche Anlage in Gebrauch nimmt oder entgegen § 67 Abs. 5 eine Feuerungsanlage in Betrieb nimmt,

---

1) § 75 Abs. 1 Nr. 1 neu gef., bish. Nr. 1 wird Nr. 4, bish. Nr. 4–11 werden Nr. 5–12 mWv 1.3. 2015 durch G v. 11.11.2014 (GBl. S. 501); Abs. 1 Nr. 2 geänd., Nr. 3 neu gef., Nr. 4, 5 geänd., Nr. 7 neu gef. mWv 1.12.2017 durch G v. 21.11.2017 (GBl. S. 606); Abs. 3 Nr. 1, Abs. 5, Abs. 6 Satz 2 geänd. mWv 1.8.2019 durch G v. 18.7.2019 (GBl. S. 313).

12. Fliegende Bauten entgegen § 69 Abs. 2 ohne Ausführungsgenehmigung oder entgegen § 69 Abs. 6 ohne Anzeige und Abnahme in Gebrauch nimmt.

(2) Ordnungswidrig handelt auch, wer wider besseres Wissen

1. unrichtige Angaben macht oder unrichtige Pläne oder Unterlagen vorlegt, um einen nach diesem Gesetz vorgesehenen Verwaltungsakt zu erwirken oder zu verhindern, oder
2. eine unrichtige bautechnische Prüfbestätigung nach § 17 Abs. 2 und 3 LBOVVO[1] abgibt.

(3) Ordnungswidrig handelt ferner, wer vorsätzlich oder fahrlässig

1. als Bauherr oder Unternehmer einer vollziehbaren Verfügung der Baurechtsbehörde zuwiderhandelt,
2. einer auf Grund dieses Gesetzes ergangenen Rechtsverordnung oder örtlichen Bauvorschrift zuwiderhandelt, wenn die Rechtsverordnung oder örtliche Bauvorschrift für einen bestimmten Tatbestand auf diese Bußgeldvorschrift verweist.

(4) Die Ordnungswidrigkeit kann mit einer Geldbuße bis zu 100 000 Euro geahndet werden.

(5) Gegenstände, auf die sich eine Ordnungswidrigkeit nach Absatz 1 Nummern 2 oder 4 oder Absatz 2 bezieht, können eingezogen werden.

(6) [1] Verwaltungsbehörde im Sinne des § 36 Abs. 1 Nr. 1 des Gesetzes über Ordnungswidrigkeiten ist die untere Baurechtsbehörde. [2] Hat den zu vollziehenden Verwaltungsakt eine höhere oder oberste Landesbehörde erlassen, so ist diese Behörde zuständig.

§ 76 Bestehende bauliche Anlagen. (1) Werden in diesem Gesetz oder in den auf Grund dieses Gesetzes erlassenen Vorschriften andere Anforderungen als nach dem bisherigen Recht gestellt, so kann verlangt werden, dass rechtmäßig bestehende oder nach genehmigten Bauvorlagen bereits begonnene Anlagen den neuen Vorschriften angepasst werden, wenn Leben oder Gesundheit bedroht sind.

(2) Sollen rechtmäßig bestehende Anlagen wesentlich geändert werden, so kann gefordert werden, dass auch die nicht unmittelbar berührten Teile der Anlage mit diesem Gesetz oder den auf Grund dieses Gesetzes erlassenen Vorschriften in Einklang gebracht werden, wenn

1. die Bauteile, die diesen Vorschriften nicht mehr entsprechen, mit dem beabsichtigten Vorhaben in einem konstruktiven Zusammenhang stehen und
2. die Einhaltung dieser Vorschriften bei den von dem Vorhaben nicht berührten Teilen der Anlage keine unzumutbaren Mehrkosten verursacht.

§ 77[2] Übergangsvorschriften. (1) [1] Die vor Inkrafttreten dieses Gesetzes eingeleiteten Verfahren sind nach den bisherigen Verfahrensvorschriften weiterzuführen. [2] Die materiellen Vorschriften dieses Gesetzes sind in diesen Verfahren nur insoweit anzuwenden, als sie für den Antragsteller eine günstigere

---

[1] Nr. **4**.

[2] § 77 Abs. 3, 4 angef. mWv 1.12.2017 durch G v. 21.11.2017 (GBl. S. 606); Abs. 1 Satz 4 und Abs. 5 angef. mWv 1.8.2019 durch G v. 18.7.2019 (GBl. S. 313).

Regelung enthalten als das bisher geltende Recht. [3] § 76 bleibt unberührt. [4] Die Sätze 1 bis 3 gelten für Änderungsgesetze zu diesem Gesetz entsprechend, soweit nichts Abweichendes geregelt ist.

(2) Wer bis zum Inkrafttreten dieses Gesetzes als Planverfasser für Bauvorlagen bestellt werden durfte, darf in bisherigem Umfang auch weiterhin als Entwurfsverfasser bestellt werden.

(3) Bis zum Ablauf des 30. November 2017 für Bauarten erteilte allgemeine bauaufsichtliche Zulassungen oder Zustimmungen im Einzelfall gelten als Bauartgenehmigung nach § 16a Absatz 2 fort.

(4) [1] Bestehende Anerkennungen von Prüf-, Überwachungs- und Zertifizierungsstellen bleiben in dem bis zum Ablauf des 30. November 2017 geregelten Umfang wirksam. [2] Bis zum Ablauf des 30. November 2017 gestellte Anträge auf Anerkennung von Prüf-, Überwachungs- und Zertifizierungsstellen gelten als Anträge nach diesem Gesetz.

(5) Bis zum 31. Dezember 2021 kann die zuständige Behörde abweichend von § 53 Absatz 2, § 56 Absatz 6 Satz 1, § 57 Absatz 1 Satz 1, § 61 Absatz 1 Satz 1 sowie § 68 Absatz 2 Satz 1 verlangen, dass elektronisch eingereichte Dokumente in Schriftform nachzureichen sind.

§ 78 Außerkrafttreten bisherigen Rechts. (1) Am 1. Januar 1996 treten außer Kraft

1. die Landesbauordnung für Baden-Württemberg (LBO) in der Fassung vom 28. November 1983 (GBl. S. 770, ber. 1984 S. 519), zuletzt geändert durch Artikel 14 der Verordnung vom 23. Juli 1993 (GBl. S. 533) mit Ausnahme der §§ 20 bis 24,
2. die Verordnung des Innenministeriums über den Wegfall der Genehmigungspflicht bei Wohngebäuden und Nebenanlagen (Baufreistellungsverordnung) vom 26. April 1990 (GBl. S. 144), geändert durch Verordnung vom 27. April 1995 (GBl. S. 371),
3. die Verordnung des Innenministeriums über den Wegfall der Genehmigungs- und Anzeigepflicht von Werbeanlagen während des Wahlkampfes (Werbeanlagenverordnung) vom 12. Juni 1969 (GBl. S. 122).

(2) Am Tage nach der Verkündung[1)] treten außer Kraft

1. die §§ 20 bis 24 der Landesbauordnung für Baden-Württemberg (LBO) in der Fassung vom 28. November 1983 (GBl. S. 770, ber. 1984 S. 519), zuletzt geändert durch Artikel 14 der Verordnung vom 23. Juli 1993 (GBl. S. 533),
2. die Verordnung des Innenministeriums über prüfzeichenpflichtige Baustoffe, Bauteile und Einrichtungen (Prüfzeichenverordnung) vom 13. Juni 1991 (GBl. S. 483),
3. die Verordnung des Innenministeriums über die Überwachung von Baustoffen und Bauteilen (Überwachungsverordnung) vom 30. September 1985 (GBl. S. 349).

---

1) Verkündet am 8.9.1995.

§ 79[1] Inkrafttreten. [1] Dieses Gesetz tritt am 1. Januar 1996 in Kraft. [2] Abweichend hiervon treten die §§ 17 bis 25, § 77 Abs. 3 bis 8 sowie Vorschriften, die zum Erlass von Rechtsverordnungen oder örtlichen Bauvorschriften ermächtigen, am Tage nach der Verkündung[2] in Kraft.

Anhang[3]
(zu § 50 Abs. 1)

Verfahrensfreie Vorhaben

1. Gebäude und Gebäudeteile
   a) Gebäude ohne Aufenthaltsräume, Toiletten oder Feuerstätten, wenn die Gebäude weder Verkaufs- noch Ausstellungszwecken dienen, im Innenbereich bis 40 m^3, im Außenbereich bis 20 m^3 Brutto-Rauminhalt,
   b) Garagen einschließlich überdachter Stellplätze mit einer mittleren Wandhöhe bis zu 3 m und einer Grundfläche bis zu 30 m^2, außer im Außenbereich,
   c) Gebäude ohne Aufenthaltsräume, Toiletten oder Feuerstätten, die einem land- oder forstwirtschaftlichen Betrieb dienen und ausschließlich zur Unterbringung von Ernteerzeugnissen oder Geräten oder zum vorübergehenden Schutz von Menschen und Tieren bestimmt sind, bis 100 m^2 Grundfläche und einer mittleren traufseitigen Wandhöhe bis zu 5 m,
   d) Gewächshäuser bis zu 5 m Höhe, im Außenbereich nur landwirtschaftliche Gewächshäuser,
   e) Wochenendhäuser in Wochenendhausgebieten,
   f) Gartenhäuser in Gartenhausgebieten,
   g) Gartenlauben in Kleingartenanlagen im Sinne des § 1 Abs. 1 des Bundeskleingartengesetzes,
   h) Fahrgastunterstände, die dem öffentlichen Personenverkehr oder der Schülerbeförderung dienen,
   i) Schutzhütten und Grillhütten für Wanderer, wenn die Hütten jedermann zugänglich sind und keine Aufenthaltsräume haben,
   j) Gebäude für die Wasserwirtschaft, das Fernmeldewesen oder für die öffentliche Versorgung mit Wasser, Elektrizität, Gas, Öl oder Wärme im Innenbereich bis 30 m^2 Grundfläche und bis 5 m Höhe, im Außenbereich bis 20 m^2 Grundfläche und bis 3 m Höhe,
   k) Vorbauten ohne Aufenthaltsräume im Innenbereich bis 40 m^3 Brutto-Rauminhalt,
   l) Terrassenüberdachungen im Innenbereich bis 30 m^2 Grundfläche,
   m) Balkonverglasungen sowie Balkonüberdachungen bis 30 m^2 Grundfläche;
2. tragende und nichttragende Bauteile
   a) Die Änderung tragender oder aussteifender Bauteile innerhalb von Wohngebäuden der Gebäudeklassen 1 und 2,
   b) nichttragende und nichtaussteifende Bauteile innerhalb von baulichen Anlagen,
   c) Öffnungen in Außenwänden und Dächern von Wohngebäuden und Wohnungen,
   d) Außenwandbekleidungen einschließlich Maßnahmen der Wärmedämmung, ausgenommen bei Hochhäusern, Verblendungen und Verputz baulicher Anlagen,
   e) Bedachungen einschließlich Maßnahmen der Wärmedämmung, ausgenommen bei Hochhäusern,
   f) sonstige unwesentliche Änderungen an oder in Anlagen oder Einrichtungen;
3. Feuerungs- und andere Energieerzeugungsanlagen
   a) Feuerungsanlagen sowie ortsfeste Blockheizkraftwerke und Verbrennungsmotoren in Gebäuden mit der Maßgabe, dass dem bevollmächtigten Bezirksschornsteinfeger mindestens zehn Tage vor Beginn der Ausführung die erforderlichen technischen Angaben vorgelegt werden

---

[1] Diese Vorschrift betrifft das Inkrafttreten der LBO in der ursprünglichen Fassung vom 8.8.1995 (GBl. S. 617); zum Inkrafttreten der Neufassung vgl. die Anm. in der Datumszeile zum Gesetzestitel.
[2] Verkündet am 8.9.1995.
[3] Anh. geänd. mWv 1.1.2014 durch G v. 3.12.2013 (GBl. S. 389); geänd. mWv 1.3.2015 durch G v. 11.11.2014 (GBl. S. 501); geänd. mWv 1.8.2019 durch G v. 18.7.2019 (GBl. S. 313).

und er vor der Inbetriebnahme die Brandsicherheit und die sichere Abführung der Verbrennungsgase bescheinigt,

b) Wärmepumpen,

c) Anlagen zur photovoltaischen und thermischen Solarnutzung auf oder an Gebäuden sowie eine damit verbundene Änderung der Nutzung oder der äußeren Gestalt der Gebäude; gebäudeunabhängige Anlagen nur bis 3 m Höhe und einer Gesamtlänge bis zu 9 m,

d) Windenergieanlagen bis 10 m Höhe;

4. Anlagen der Ver- und Entsorgung

a) Leitungen aller Art sowie Ladestationen für Elektrofahrzeuge,

b) Abwasserbehandlungsanlagen für häusliches Schmutzwasser,

c) Anlagen zur Verteilung von Wärme bei Warmwasser- und Niederdruckdampfheizungen,

d) bauliche Anlagen, die dem Fernmeldewesen, der öffentlichen Versorgung mit Elektrizität, Gas, Öl oder Wärme dienen, bis 30 m^2 Grundfläche und 5 m Höhe, ausgenommen Gebäude,

e) bauliche Anlagen, die der Aufsicht der Wasserbehörden unterliegen oder die Abfallentsorgungsanlagen sind, ausgenommen Gebäude,

f) Be- und Entwässerungsanlagen auf land- oder forstwirtschaftlich genutzten Flächen;

5. Masten, Antennen und ähnliche bauliche Anlagen

a) Masten und Unterstützungen für

– Fernsprechleitungen,

– Leitungen zur Versorgung mit Elektrizität,

– Seilbahnen,

– Leitungen sonstiger Verkehrsmittel,

– Sirenen,

– Fahnen,

– Einrichtungen der Brauchtumspflege,

b) Flutlichtmasten mit einer Höhe bis zu 10 m,

c) Antennen einschließlich der Masten bis 10 m Höhe und zugehöriger Versorgungseinheiten bis 10 m^3 Brutto-Rauminhalt sowie, soweit sie in, auf oder an einer bestehenden baulichen Anlage errichtet werden, die damit verbundene Nutzungsänderung oder bauliche Änderung der Anlage; für Mobilfunkantennen gilt dies mit der Maßgabe, dass deren Errichtung mindestens acht Wochen vorher der Gemeinde angezeigt wird,

d) Signalhochbauten der Landesvermessung,

e) Blitzschutzanlagen;

6. Behälter, Wasserbecken, Fahrsilos

a) Behälter für verflüssigte Gase mit einem Fassungsvermögen von weniger als 3 t, für nicht verflüssigte Gase mit einem Brutto-Rauminhalt bis zu 6 m^3,

b) Gärfutterbehälter bis 6 m Höhe und Schnitzelgruben,

c) Behälter für wassergefährdende Stoffe mit einem Brutto-Rauminhalt bis zu 10 m^3,

d) sonstige drucklose Behälter mit einem Brutto-Rauminhalt bis zu *bis*[1)] 50 m^3 und 3 m Höhe,

e) Wasserbecken bis 100 m^3 Beckeninhalt, im Außenbereich nur, wenn sie einer land- oder forstwirtschaftlichen Nutzung dienen,

f) landwirtschaftliche Fahrsilos, Kompost- und ähnliche Anlagen;

7. Einfriedungen, Stützmauern

a) Einfriedungen im Innenbereich,

b) offene Einfriedungen ohne Fundamente und Sockel im Außenbereich, die einem land- oder forstwirtschaftlichen Betrieb dienen,

c) Stützmauern bis 2 m Höhe;

[1)] Wortlaut amtlich.

8. bauliche Anlagen zur Freizeitgestaltung
   a) Wohnwagen, Zelte und bauliche Anlagen, die keine Gebäude sind, auf Camping-, Zelt- und Wochenendplätzen,
   b) Anlagen, die der Gartennutzung, der Gartengestaltung oder der zweckentsprechenden Einrichtung von Gärten dienen, ausgenommen Gebäude und Einfriedungen,
   c) Pergolen, im Außenbereich jedoch nur bis 10 m² Grundfläche,
   d) Anlagen, die der zweckentsprechenden Einrichtung von Spiel-, Abenteuerspiel-, Ballspiel- und Sportplätzen, Reit- und Wanderwegen, Trimm- und Lehrpfaden dienen, ausgenommen Gebäude und Tribünen,
   e) Sprungtürme, Sprungschanzen und Rutschbahnen bis 10 m Höhe,
   f) luftgetragene Schwimmbeckenüberdachungen bis 100 m² Grundfläche im Innenbereich;
9. Werbeanlagen, Automaten
   a) Werbeanlagen im Innenbereich bis 1 m² Ansichtsfläche,
   b) Werbeanlagen in durch Bebauungsplan festgesetzten Gewerbe-, Industrie- und vergleichbaren Sondergebieten an der Stätte der Leistung bis zu 10 m Höhe über der Geländeoberfläche,
   c) vorübergehend angebrachte oder aufgestellte Werbeanlagen im Innenbereich an der Stätte der Leistung oder für zeitlich begrenzte Veranstaltungen,
   d) Automaten;
10. vorübergehend aufgestellte oder genutzte Anlagen
   a) Gerüste,
   b) Baustelleneinrichtungen einschließlich der Lagerhallen, Schutzhallen und Unterkünfte,
   c) Behelfsbauten, die der Landesverteidigung, dem Katastrophenschutz, der Unfallhilfe oder der Unterbringung Obdachloser dienen und nur vorübergehend aufgestellt werden,
   d) Verkaufsstände und andere bauliche Anlagen auf Straßenfesten, Volksfesten und Märkten, ausgenommen Fliegende Bauten,
   e) Toilettenwagen,
   f) bauliche Anlagen, die für höchstens drei Monate auf genehmigten Messe- oder Ausstellungsgeländen errichtet werden, ausgenommen Fliegende Bauten;
11. sonstige bauliche Anlagen und Teile baulicher Anlagen
   a) private Verkehrsanlagen, einschließlich Überbrückungen und Untertunnelungen mit nicht mehr als 5 m lichte Weite oder Durchmesser,
   b) Stellplätze bis 50 m² Nutzfläche je Grundstück im Innenbereich,
   c) Fahrradabstellanlagen,
   d) Regale mit einer Höhe bis zu 7,50 m Oberkante Lagergut,
   e) selbständige Aufschüttungen und Abgrabungen bis 2 m Höhe oder Tiefe, im Außenbereich nur, wenn die Aufschüttungen und Abgrabungen nicht mehr als 500 m² Fläche haben,
   f) Denkmale und Skulpturen sowie Grabsteine, Grabkreuze und Feldkreuze,
   g) Brunnenanlagen,
   h) Ausstellungs-, Abstell- und Lagerplätze im Innenbereich bis 100 m² Nutzfläche,
   i) unbefestigte Lager- und Abstellplätze bis 500 m² Nutzfläche, die einem land- oder forstwirtschaftlichen Betrieb dienen;
12. nicht aufgeführte Anlagen
   a) sonstige untergeordnete oder unbedeutende bauliche Anlagen,
   b) Anlagen und Einrichtungen, die mit den in den Nummern 1 bis 11 aufgeführten Anlagen und Einrichtungen vergleichbar sind.

2. Allgemeine Ausführungsverordnung des Wirtschaftsministeriums zur Landesbauordnung (LBOAVO)[1)]

Vom 5. Februar 2010

(GBl. S. 24)

geänd. durch Art. 217 Achte AnpassungsVO v. 25.1.2012 (GBl. S. 65), Art. 2 ÄndG v. 11.11.2014 (GBl. S. 501), Art. 124 9. AnpassungsVO v. 23.2.2017 (GBl. S. 99) und Art. 1 Zweite VO zur Änd. bauordnungsrechtlicher Verordnungen v. 8.12.2020 (GBl. S. 1182)

Inhaltsübersicht[2)]

Auf Grund von § 73 Abs. 1 Nr. 1 und Abs. 8 Nr. 2 der Landesbauordnung für Baden-Württemberg (LBO)[3)] vom 8. August 1995 (GBl. S. 617), zuletzt geändert durch Artikel 1 Nr. 51 des Gesetzes vom 10. November 2009 (GBl. S. 615, 625), wird verordnet:

§ 1[4)] **Kinderspielplätze (Zu § 9 Abs. 2 LBO)** (1) [1]Die nutzbare Fläche der nach § 9 Absatz 2 LBO[3)] erforderlichen Kinderspielplätze muss mindestens 30 m² betragen. [2]Diese Fläche erhöht sich

1. ab der 11. bis zur 20. Wohnung um 2 m²,
2. ab der 21. bis zur 30. Wohnung um 1,5 m² und
3. ab der 31. Wohnung um 1 m²

je weiterer Wohnung. [3]Sie müssen für Kinder gefahrlos zu erreichen sein.

[1)] Titel geänd. mWv 28.2.2012 durch VO v. 25.1.2012 (GBl. S. 65); geänd. mWv 11.3.2017 durch VO v. 23.2.2017 (GBl. S. 99).

[2)] Inhaltsübersicht geänd. mWv 1.2.2021 durch VO v. 8.12.2020 (GBl. S. 1182).

[3)] Nr. **1**.

[4)] § 1 Abs. 2 Satz 1 neu gef., Satz 2 eingef., bish. Satz 2 wird Satz 3 mWv 1.2.2021 durch VO v. 8.12.2020 (GBl. S. 1182).

(2) [1]Die nutzbare Fläche der nach § 9 Abs. 2 LBO erforderlichen Kinderspielplätze muss mindestens 3 m^2 je Wohnung, bei Wohnungen mit mehr als drei Aufenthaltsräumen zusätzlich mindestens 2 m^2 je weiteren Aufenthaltsraum, insgesamt jedoch mindestens 30 m^2 betragen. [2]Diese Spielplätze müssen für Kinder bis zu sechs Jahren geeignet und entsprechend dem Spielbedürfnis dieser Altersgruppe angelegt und ausgestattet sein.

§ 2[1)] Flächen für die Feuerwehr, Löschwasserversorgung (Zu § 15 Abs. 1 und 3 bis 6 LBO) (1) [1]Gebäude, deren zweiter Rettungsweg über Rettungsgeräte der Feuerwehr führt, dürfen nur errichtet werden, wenn Zufahrt oder Zugang und geeignete Aufstellflächen für die erforderlichen Rettungsgeräte vorgesehen werden. [2]Ist für die Personenrettung der Einsatz von Hubrettungsfahrzeugen erforderlich, sind die dafür erforderlichen Aufstell- und Bewegungsflächen vorzusehen. [3]Bei Sonderbauten ist der zweite Rettungsweg über Rettungsgeräte der Feuerwehr nur zulässig, wenn keine Bedenken wegen der Personenrettung bestehen.

(2) [1]Von öffentlichen Verkehrsflächen ist insbesondere für die Feuerwehr ein Zu- oder Durchgang zu rückwärtigen Gebäuden zu schaffen; zu anderen Gebäuden ist er zu schaffen, wenn der zweite Rettungsweg dieser Gebäude über Rettungsgeräte der Feuerwehr führt. [2]Die Zu- oder Durchgänge müssen geradlinig und mindestens 1,25 m, bei Türöffnungen und anderen geringfügigen Einengungen mindestens 1 m breit sein. [3]Die lichte Höhe muss mindestens 2,2 m, bei Türöffnungen und anderen geringfügigen Einengungen mindestens 2 m betragen.

(3) [1]Zu Gebäuden nach Absatz 1, bei denen die Oberkante der zum Anleitern bestimmten Stellen mehr als 8 m über Gelände liegt, ist anstelle eines Zu- oder Durchgangs eine Zu- oder Durchfahrt zu schaffen. [2]Hiervon kann eine Ausnahme zugelassen werden, wenn keine Bedenken wegen des Brandschutzes bestehen. [3]Bei Gebäuden, die ganz oder mit Teilen auf bisher unbebauten Grundstücken mehr als 50 m, auf bereits bebauten Grundstücken mehr als 80 m von einer öffentlichen Verkehrsfläche entfernt sind, sind Zu- oder Durchfahrten zu den vor und hinter den Gebäuden gelegenen Grundstücksteilen und Bewegungsflächen herzustellen, wenn sie aus Gründen des Feuerwehreinsatzes erforderlich sind. [4]Die Zu- oder Durchfahrten müssen mindestens 3 m breit sein und eine lichte Höhe von mindestens 3,5 m haben. [5]Werden die Zu- oder Durchfahrten auf eine Länge von mehr als 12 m beidseitig durch Bauteile begrenzt, so muss die lichte Breite mindestens 3,5 m betragen.

(4) [1]Zu- und Durchgänge, Zu- und Durchfahrten, Aufstellflächen und Bewegungsflächen müssen für die einzusetzenden Rettungsgeräte der Feuerwehr ausreichend befestigt und tragfähig sein; sie sind als solche zu kennzeichnen und ständig frei zu halten; die Kennzeichnung von Zufahrten muss von der öffentlichen Verkehrsfläche aus sichtbar sein. [2]Fahrzeuge dürfen auf den Flächen nach Satz 1 nicht abgestellt werden.

(5) [1]Zur Brandbekämpfung muss eine ausreichende Wassermenge zur Verfügung stehen. [2]§ 3 Feuerwehrgesetz (FwG) in der jeweils geltenden Fassung bleibt unberührt.

[1)] § 2 Abs. 5 Satz 2 geänd. mWv 1.2.2021 durch VO v. 8.12.2020 (GBl. S. 1182).

§ 3 Umwehrungen (Zu § 16 Abs. 3 LBO) (1) In, an und auf baulichen Anlagen sind zu umwehren oder mit Brüstungen zu versehen:

1. Flächen, die im Allgemeinen zum Begehen bestimmt sind und unmittelbar an mehr als 1 m tiefer liegende Flächen angrenzen; dies gilt nicht, wenn die Umwehrung dem Zweck der Flächen widerspricht,
2. nicht begehbare Oberlichte und Glasabdeckungen in Flächen, die im Allgemeinen zum Begehen bestimmt sind, wenn sie weniger als 0,50 m aus diesen Flächen herausragen,
3. Dächer oder Dachteile, die zum auch nur zeitweiligen Aufenthalt von Menschen bestimmt sind,
4. Öffnungen in begehbaren Decken sowie in Dächern oder Dachteilen nach Nummer 3, wenn sie nicht sicher abgedeckt sind,
5. nicht begehbare Glasflächen in Decken sowie in Dächern oder Dachteilen nach Nummer 3, wenn sie weniger als 0,50 m aus diesen Decken oder Dächern herausragen,
6. die freien Seiten von Treppenläufen, Treppenabsätzen und Treppenöffnungen (Treppenaugen), soweit sie an mehr als 1 m tiefer liegende Flächen angrenzen,
7. Lichtschächte und Betriebsschächte, die an Verkehrsflächen liegen, wenn sie nicht verkehrssicher abgedeckt sind.

(2) [1] In Verkehrsflächen liegende Lichtschächte und Betriebsschächte sind in Höhe der Verkehrsfläche verkehrssicher abzudecken. [2] An und in Verkehrsflächen liegende Abdeckungen müssen gegen unbefugtes Abheben gesichert sein. [3] Fenster, die unmittelbar an Treppen liegen und deren Brüstungen unter der notwendigen Umwehrungshöhe liegen, sind zu sichern.

(3) [1] Nach Absatz 1 notwendige Umwehrungen und Fensterbrüstungen müssen mindestens 0,9 m hoch sein. [2] Die Höhe darf auf 0,8 m verringert werden, wenn die Tiefe des oberen Abschlusses der Umwehrung mindestens 0,2 m beträgt. [3] Bei Fensterbrüstungen wird die Höhe von Oberkante Fußboden bis Unterkante lichte Fensteröffnung gemessen.

(4) Der Abstand zwischen den Umwehrungen nach Absatz 1 und den zu sichernden Flächen darf waagerecht gemessen nicht mehr als 6 cm betragen.

(5) [1] Öffnungen in Umwehrungen nach Absatz 1 dürfen bei Flächen, auf denen in der Regel mit der Anwesenheit von Kindern bis zu sechs Jahren gerechnet werden muss,

1. bei horizontaler Anordnung der Brüstungselemente bis zu einer Höhe der Umwehrung von 0,6 m nicht höher als 2 cm, darüber nicht höher als 12 cm sein,
2. bei vertikaler Anordnung der Brüstungselemente nicht breiter als 12 cm sein,
3. bei unregelmäßigen Öffnungen das Überklettern nicht erleichtern und in keiner Richtung größer als 12 cm sein.

[2] Der Abstand dieser Umwehrungen von der zu sichernden Fläche darf senkrecht gemessen nicht mehr als 12 cm betragen. [3] Die Sätze 1 und 2 gelten nicht bei Wohngebäuden der Gebäudeklassen 1 und 2 und bei Wohnungen.

§ 4[1)] Tragende Wände und Stützen (Zu § 27 Abs. 1 LBO) (1) [1]Tragende und aussteifende Wände und Stützen müssen

1. in Gebäuden der Gebäudeklasse 5 feuerbeständig,
2. in Gebäuden der Gebäudeklasse 4 hochfeuerhemmend,
3. in Gebäuden der Gebäudeklassen 2 und 3 feuerhemmend

sein. [2]Satz 1 gilt

1. für Geschosse im Dachraum nur, wenn darüber noch Aufenthaltsräume möglich sind; § 6 Abs. 3 bleibt unberührt,
2. nicht für Balkone, ausgenommen offene Gänge, die als notwendige Flure dienen.

(2) In Kellergeschossen müssen tragende und aussteifende Wände und Stützen

1. in Gebäuden der Gebäudeklassen 3 bis 5 feuerbeständig,
2. in Gebäuden der Gebäudeklassen 1 und 2 feuerhemmend

sein.

§ 5[2)] Außenwände (Zu § 27 Abs. 2 LBO) (1) [1]Nichttragende Außenwände und nichttragende Teile tragender Außenwände müssen aus nichtbrennbaren Baustoffen bestehen; sie sind außer bei Hochhäusern aus brennbaren Baustoffen zulässig, wenn sie als raumabschließende Bauteile feuerhemmend sind. [2]Satz 1 gilt nicht für Fenster, Türen und Fugendichtungen sowie brennbare Dämmstoffe in nichtbrennbaren geschlossenen und linienförmigen Profilen der Außenwandkonstruktion.

(2) [1]Oberflächen von Außenwänden sowie Außenwandbekleidungen müssen einschließlich der Dämmstoffe und Unterkonstruktionen schwerentflammbar sein. [2]Konstruktionen aus normalentflammbaren Baustoffen sind zulässig, wenn eine Brandausbreitung auf und in diesen Bauteilen ausreichend lang begrenzt ist. [3]Oberflächen von Außenwänden sowie Außenwandbekleidungen dürfen im Brandfall nicht brennend abtropfen. [4]Balkonbekleidungen, die über die erforderliche Umwehrungshöhe hinaus hochgeführt werden, müssen schwerentflammbar sein.

(3) [1]Bei Außenwandkonstruktionen mit geschossübergreifenden Hohl- oder Lufträumen wie hinterlüfteten Außenwandbekleidungen sind gegen die Brandausbreitung besondere Vorkehrungen zu treffen. [2]Satz 1 gilt für Doppelfassaden entsprechend.

(4) Die Absätze 1, 2 und 3 Satz 1 gelten nicht für Gebäude der Gebäudeklassen 1 bis 3; Absatz 3 Satz 2 gilt nicht für Gebäude der Gebäudeklassen 1 und 2.

[1)] § 4 Abs. 3 aufgeh. mWv 1.3.2015 durch G v. 11.11.2014 (GBl. S. 501); Abs. 1 Satz 2 aufgeh., bish. Satz 3 wird Satz 2 und einl. Satzteil geänd. mWv 1.2.2021 durch VO v. 8.12.2020 (GBl. S. 1182).

[2)] § 5 Abs. 1 Sätze 1 und 2 geänd., Abs. 2 Satz 2 aufgeh., bish. Satz 3 wird Satz 2 und geänd., bish. Sätze 4 und 5 werden Sätze 3 und 4, Abs. 3 Satz 1 geänd., Satz 2 angef., Abs. 4 neu gef. mWv 1.2. 2021 durch VO v. 8.12.2020 (GBl. S. 1182).

§ 6[1] **Trennwände (Zu § 27 Abs. 3 LBO)** (1) Trennwände sind erforderlich

1. zwischen Nutzungseinheiten sowie zwischen Nutzungseinheiten und anders genutzten Räumen, ausgenommen notwendigen Fluren,
2. zum Abschluss von Räumen mit Explosions- oder erhöhter Brandgefahr,
3. zwischen Aufenthaltsräumen und anders genutzten Räumen im Kellergeschoss.

(2) [1] Trennwände nach Absatz 1 Nr. 1 und 3 müssen als raumabschließende Bauteile die Feuerwiderstandsfähigkeit der tragenden und aussteifenden Bauteile des Geschosses haben, jedoch mindestens feuerhemmend sein. [2] Trennwände nach Absatz 1 Nr. 2 müssen als raumabschließende Bauteile feuerbeständig sein.

(3) [1] Die Trennwände nach Absatz 1 sind bis zur Rohdecke, im Dachraum bis unter die Dachhaut zu führen. [2] Baustoffe in und an geschossübergreifenden Fugen müssen nichtbrennbar sein. [3] Werden in Dachräumen Trennwände nur bis zur Rohdecke geführt, ist diese Decke als raumabschließendes Bauteil einschließlich der sie tragenden und aussteifenden Bauteile feuerhemmend herzustellen.

(4) [1] Öffnungen in Trennwänden nach Absatz 1 sind nur zulässig, wenn sie auf die für die Nutzung erforderliche Zahl und Größe beschränkt sind. [2] Sie müssen feuerhemmende und selbstschließende Abschlüsse haben.

(5) Die Absätze 1 bis 4 gelten nicht für Wohngebäude der Gebäudeklassen 1 und 2.

§ 7[2] **Brandwände (Zu § 27 Abs. 4 LBO)** (1) Brandwände sind erforderlich

1. als Gebäudeabschlusswand, wenn diese Abschlusswände an oder mit einem Abstand von weniger als 2,50 m gegenüber der Nachbargrenze oder mit einem Abstand von weniger als 5 m zu bestehenden oder baurechtlich zulässigen Gebäuden auf demselben Grundstück errichtet werden, es sei denn, dass ein Abstand von mindestens 5 m zu bestehenden oder nach den baurechtlichen Vorschriften zulässigen künftigen Gebäuden gesichert ist,
2. als innere Brandwand zur Unterteilung ausgedehnter Gebäude in Abständen von nicht mehr als 40 m,
3. als innere Brandwand zur Unterteilung landwirtschaftlich genutzter Gebäude in Brandabschnitte von nicht mehr als 10 000 m³ Brutto-Rauminhalt, wobei größere Brandabschnitte mit Brandwandabständen bis 60 m möglich sind, wenn die Nutzung des Gebäudes dies erfordert und keine Bedenken wegen des Brandschutzes bestehen,
4. als Gebäudeabschlusswand zwischen Wohngebäuden und angebauten landwirtschaftlich genutzten Gebäuden sowie als innere Brandwand zwischen dem Wohnteil und dem landwirtschaftlich genutzten Teil eines Gebäudes.

---

[1] § 6 Abs. 3 Satz 2 eingef., bish. Satz 2 wird Satz 3 mWv 1.2.2021 durch VO v. 8.12.2020 (GBl. S. 1182).

[2] § 7 Abs. 2 Nr. 4 geänd., Nr. 5 eingef., bish. Nr. 5 wird Nr. 6 und geänd., Nr. 7 und Abs. 3 Satz 3 angef. mWv 1.2.2021 durch VO v. 8.12.2020 (GBl. S. 1182).

(2) Absatz 1 Nummer 1 gilt nicht für

1. Vorbauten nach § 5 Abs. 6 Nr. 2 LBO[1)], soweit ihre seitlichen Wände von dem Nachbargebäude oder der Nachbargrenze einen Abstand einhalten, der ihrer eigenen Ausladung entspricht, mindestens jedoch 1,25 m beträgt,
2. Wände bis 5 m Breite nach § 5 Abs. 7 Satz 2 LBO,
3. Gebäude oder Gebäudeteile, die nach § 6 Abs. 1 LBO in den Abstandsflächen sowie ohne eigene Abstandsflächen zulässig sind und zu Nachbargrenzen Wände ohne Öffnungen haben,
4. Wände, die gemäß § 5 Absatz 6 Satz 2 LBO die Abstände nicht einhalten, soweit die verwendeten Dämmstoffe nichtbrennbar sind,
5. Wände, die gemäß § 6 Absatz 3 Satz 1 Nummer 2 LBO die Abstände nicht einhalten, wenn ohne Brandwand keine Bedenken wegen des Brandschutzes bestehen,
6. Wände, die mit einem Winkel von mehr als 75° zu Nachbargrenzen oder zu bestehenden oder baurechtlich zulässigen Gebäuden stehen, soweit Öffnungen in diesen Wänden zu Nachbargrenzen einen Abstand von 1,25 m beziehungsweise zu Öffnungen von bestehenden oder baurechtlich zulässigen Gebäuden einen Abstand von 2,5 m einhalten, und
7. seitliche Wände von grenzständigen oder grenznahen Terrassenüberdachungen, soweit die Terrassenüberdachungen nicht mehr als 3 m vor die Außenwand des anschließenden Geschosses vortreten.

(3) [1] Brandwände müssen auch unter zusätzlicher mechanischer Beanspruchung feuerbeständig sein und aus nichtbrennbaren Baustoffen bestehen. [2] Anstelle von Brandwänden nach Satz 1 sind zulässig

1. für Gebäude der Gebäudeklasse 4 Wände, die auch unter zusätzlicher mechanischer Beanspruchung hochfeuerhemmend sind,
2. für Gebäude der Gebäudeklassen 1 bis 3 hochfeuerhemmende Wände,
3. für Gebäude der Gebäudeklassen 1 bis 3 Gebäudeabschlusswände ohne Öffnungen, die von innen nach außen die Feuerwiderstandsfähigkeit der tragenden und aussteifenden Teile des Gebäudes, mindestens jedoch feuerhemmender Bauteile, und von außen nach innen die Feuerwiderstandsfähigkeit feuerbeständiger Bauteile haben,
4. in den Fällen des Absatzes 1 Nr. 4 feuerbeständige Wände, wenn der umbaute Raum des landwirtschaftlich genutzten Gebäudes oder Gebäudeteils nicht größer als 2 000 m^3 ist.

[3] In Wänden nach Satz 2 müssen Baustoffe in und an geschossübergreifenden Fugen nichtbrennbar sein.

(4) [1] Brandwände müssen bis zur Bedachung durchgehen und in allen Geschossen übereinander angeordnet sein. [2] Abweichend davon dürfen anstelle innerer Brandwände Wände geschossweise versetzt angeordnet werden, wenn

1. die Wände im Übrigen Absatz 3 Satz 1 entsprechen,
2. die Decken, soweit sie die Verbindung zwischen diesen Wänden herstellen, feuerbeständig sind, aus nichtbrennbaren Baustoffen bestehen und keine Öffnungen haben,

---

[1)] Nr. 1.

3. die Bauteile, die diese Wände und Decken unterstützen, feuerbeständig sind und aus nichtbrennbaren Baustoffen bestehen,
4. die Außenwände in der Breite des Versatzes in dem Geschoss oberhalb oder unterhalb des Versatzes feuerbeständig sind und
5. Öffnungen in den Außenwänden im Bereich des Versatzes so angeordnet oder andere Vorkehrungen so getroffen sind, dass eine Brandausbreitung in andere Brandabschnitte nicht zu befürchten ist.

[3] Für Wände nach Satz 2 gelten die Absätze 5 bis 9 sinngemäß.

(5) [1] Brandwände sind 0,30 m über die Bedachung zu führen oder in Höhe der Dachhaut mit einer beiderseits 0,50 m auskragenden feuerbeständigen Platte aus nichtbrennbaren Baustoffen abzuschließen; darüber dürfen brennbare Teile des Daches nicht hinweggeführt werden. [2] Bei Gebäuden der Gebäudeklassen 1 bis 3 sind Brandwände mindestens bis unter die Dachhaut zu führen. [3] Verbleibende Hohlräume sind vollständig mit nichtbrennbaren Baustoffen auszufüllen.

(6) [1] Müssen Gebäude oder Gebäudeteile, die über Eck zusammenstoßen, durch eine Brandwand getrennt werden, so muss der Abstand dieser Wand von der inneren Ecke mindestens 5 m betragen. [2] Dies gilt nicht, wenn der Winkel der inneren Ecke mehr als 120 Grad beträgt oder mindestens eine Außenwand auf 5 m Länge als öffnungslose feuerbeständige Wand aus nichtbrennbaren Baustoffen ausgebildet ist.

(7) [1] Bauteile mit brennbaren Baustoffen dürfen über Brandwände nicht hinweggeführt werden. [2] Außenwandkonstruktionen, die eine seitliche Brandausbreitung begünstigen können, wie Doppelfassaden oder hinterlüftete Außenwandbekleidungen, dürfen ohne besondere Vorkehrungen über Brandwände nicht hinweggeführt werden. [3] Bauteile dürfen in Brandwände nur soweit eingreifen, dass deren Feuerwiderstandsfähigkeit nicht beeinträchtigt wird; für Leitungen, Leitungsschlitze und Schornsteine gilt dies entsprechend.

(8) [1] Öffnungen in Brandwänden sind unzulässig. [2] Sie sind in inneren Brandwänden nur zulässig, wenn sie auf die für die Nutzung erforderliche Zahl und Größe beschränkt sind; die Öffnungen müssen selbstschließende Abschlüsse in der Feuerwiderstandsfähigkeit der Wand haben.

(9) In inneren Brandwänden sind feuerbeständige Verglasungen nur zulässig, wenn sie auf die für die Nutzung erforderliche Zahl und Größe beschränkt sind.

(10) Die Absätze 4 bis 9 gelten entsprechend auch für Wände, die nach Absatz 3 Satz 2 anstelle von Brandwänden zulässig sind.

§ 8[1)] Decken (Zu § 27 Abs. 5 LBO) (1) [1] Decken und ihre Anschlüsse müssen

1. in Gebäuden der Gebäudeklasse 5 feuerbeständig,
2. in Gebäuden der Gebäudeklasse 4 hochfeuerhemmend,
3. in Gebäuden der Gebäudeklassen 2 und 3 feuerhemmend

sein. [2] Satz 1 gilt

[1)] § 8 Abs. 4 aufgeh. mWv 1.3.2015 durch G v. 11.11.2014 (GBl. S. 501); Abs. 1 Satz 2 aufgeh., bish. Satz 3 wird Satz 2 und einl. Satzteil geänd. mWv 1.2.2021 durch VO v. 8.12.2020 (GBl. S. 1182).

1. für Geschosse im Dachraum nur, wenn darüber Aufenthaltsräume möglich sind; § 6 Abs. 3 bleibt unberührt,
2. nicht für Balkone, ausgenommen offene Gänge, die als notwendige Flure dienen.

(2) [1] Im Kellergeschoss müssen Decken
1. in Gebäuden der Gebäudeklassen 3 bis 5 feuerbeständig,
2. in Gebäuden der Gebäudeklassen 1 und 2 feuerhemmend

sein. [2] Decken müssen feuerbeständig sein
1. unter und über Räumen mit Explosions- oder erhöhter Brandgefahr, ausgenommen in Wohngebäuden der Gebäudeklassen 1 und 2,
2. zwischen dem landwirtschaftlich genutzten Teil und dem Wohnteil eines Gebäudes.

(3) Öffnungen in Decken, für die eine Feuerwiderstandsfähigkeit vorgeschrieben ist, sind nur zulässig
1. in Gebäuden der Gebäudeklassen 1 und 2,
2. innerhalb derselben Nutzungseinheit mit nicht mehr als insgesamt 400 m^2 in nicht mehr als zwei Geschossen,

im Übrigen, wenn sie auf die für die Nutzung erforderliche Zahl und Größe beschränkt sind und Abschlüsse mit der Feuerwiderstandsfähigkeit der Decke haben.

§ 9[1)] Dächer (Zu § 27 Abs. 6 und § 16 LBO) (1) [1] Bedachungen, die die Anforderungen nach § 27 Abs. 6 LBO[2)] (harte Bedachung) nicht erfüllen, sind zulässig bei Gebäuden der Gebäudeklassen 1 bis 3, wenn die Gebäude
1. einen Abstand von der Grundstücksgrenze von mindestens 12 m,
2. von Gebäuden auf demselben Grundstück mit harter Bedachung einen Abstand von mindestens 15 m,
3. von Gebäuden auf demselben Grundstück mit Bedachungen, die die Anforderungen nach § 27 Abs. 6 LBO nicht erfüllen, einen Abstand von mindestens 24 m und
4. von Gebäuden auf demselben Grundstück ohne Aufenthaltsräume und ohne Feuerstätten mit nicht mehr als 50 m^3 Brutto-Rauminhalt einen Abstand von mindestens 5 m

einhalten. [2] Soweit Gebäude nach Satz 1 Abstand halten müssen, genügt bei Wohngebäuden der Gebäudeklassen 1 und 2 in den Fällen
1. von Satz 1 Nr. 1 ein Abstand von mindestens 6 m,
2. von Satz 1 Nr. 2 ein Abstand von mindestens 9 m,
3. von Satz 1 Nr. 3 ein Abstand von mindestens 12 m.

(2) § 27 Abs. 6 LBO und Absatz 1 gelten nicht für
1. Gebäude ohne Aufenthaltsräume und ohne Feuerstätten mit nicht mehr als 50 m^3 Brutto-Rauminhalt,

---

[1)] § Abs. 2 Nr. 5 geänd., Nr. 6 angef., Abs. 4 Satz 3 angef. mWv 1.2.2021 durch VO v. 8.12.2020 (GBl. S. 1182).
[2)] Nr. **1**.

2. lichtdurchlässige Bedachungen aus nichtbrennbaren Baustoffen; brennbare Fugendichtungen und brennbare Dämmstoffe in nichtbrennbaren Profilen sind zulässig,
3. Lichtkuppeln und Oberlichte von Wohngebäuden,
4. Eingangsüberdachungen und Vordächer aus nichtbrennbaren Baustoffen,
5. Eingangsüberdachungen aus brennbaren Baustoffen, wenn die Eingänge nur zu Wohnungen führen,
6. Terrassenüberdachungen, soweit diese nicht mehr als 3 m vor die Außenwand des darüberliegenden Geschosses vortreten.

(3) Abweichend von Absatz 1 sind
1. lichtdurchlässige Teilflächen aus brennbaren Baustoffen in harten Bedachungen und
2. begrünte Bedachungen

zulässig, wenn eine Brandentstehung bei einer Brandbeanspruchung von außen durch Flugfeuer und strahlende Wärme nicht zu befürchten ist oder Vorkehrungen hiergegen getroffen werden.

(4) [1] Dachüberstände, Dachgesimse und Dachaufbauten, lichtdurchlässige Bedachungen, Lichtkuppeln und Oberlichte sind so anzuordnen und herzustellen, dass Feuer nicht auf andere Gebäudeteile und Nachbargrundstücke übertragen werden kann. [2] Von Brandwänden und von Wänden, die anstelle von Brandwänden zulässig sind, müssen mindestens 1,25 m entfernt sein
1. Oberlichte, Lichtkuppeln und Öffnungen in der Bedachung, wenn diese Wände nicht mindestens 30 cm über die Bedachung geführt sind,
2. Dachgauben und ähnliche Dachaufbauten aus brennbaren Baustoffen, wenn sie nicht durch diese Wände gegen Brandübertragung geschützt sind.

[3] Anlagen zur photovoltaischen oder thermischen Solarnutzung sind keine ähnlichen Dachaufbauten im Sinne von Satz 2 Nummer 2.

(5) [1] Dächer von traufseitig aneinander gebauten Gebäuden müssen als raumabschließende Bauteile für eine Brandbeanspruchung von innen nach außen einschließlich der sie tragenden und aussteifenden Bauteile feuerhemmend sein. [2] Öffnungen in diesen Dachflächen und Fenster in Dachaufbauten müssen waagerecht gemessen mindestens 2 m von der Brandwand oder der Wand, die anstelle der Brandwand zulässig ist, entfernt sein. [3] Bei traufseitig benachbarten Gebäuden müssen Öffnungen in Dachflächen und Fenster in Dachaufbauten 2 m Abstand zur Grenze beziehungsweise 4 m Abstand zu solchen Öffnungen des benachbarten Gebäudes auf demselben Grundstück einhalten.

(6) [1] Dächer, die an Außenwände mit höher liegenden Öffnungen oder ohne Feuerwiderstandsfähigkeit anschließen, müssen innerhalb eines Abstands von 5 m von diesen Wänden als raumabschließende Bauteile für eine Brandbeanspruchung von innen nach außen einschließlich der sie tragenden und aussteifenden Bauteile die Feuerwiderstandsfähigkeit der Decken des Gebäudeteils haben, an den sie angebaut werden. [2] Dies gilt nicht für Anbauten an Wohngebäude der Gebäudeklassen 1 bis 3.

(7) Dächer an Verkehrsflächen und über Eingängen müssen Vorrichtungen zum Schutz gegen das Herabfallen von Schnee und Eis haben, wenn dies die Verkehrssicherheit erfordert.

(8) Für vom Dach aus vorzunehmende Arbeiten sind sicher benutzbare Vorrichtungen anzubringen.

§ 10 Treppen (Zu § 28 Abs. 1 LBO) (1) [1] Einschiebbare Treppen und Rolltreppen sind als notwendige Treppen unzulässig. [2] In Gebäuden der Gebäudeklassen 1 und 2 sind einschiebbare Treppen und Leitern als Zugang zu einem Dachraum ohne Aufenthaltsraum zulässig.

(2) [1] Notwendige Treppen sind in einem Zuge zu allen angeschlossenen Geschossen zu führen; sie müssen mit den Treppen zum Dachraum unmittelbar verbunden sein. [2] Dies gilt nicht für Treppen

1. in Gebäuden der Gebäudeklassen 1 bis 3,
2. nach § 28 Abs. 2 Satz 4 Nr. 2 LBO[1)].

(3) [1] Die tragenden Teile notwendiger Treppen müssen

1. in Gebäuden der Gebäudeklasse 5 feuerhemmend und aus nichtbrennbaren Baustoffen,
2. in Gebäuden der Gebäudeklasse 4 aus nichtbrennbaren Baustoffen,
3. in Gebäuden der Gebäudeklasse 3 aus nichtbrennbaren Baustoffen oder feuerhemmend

sein. [2] Tragende Teile von Außentreppen nach § 28 Abs. 2 Satz 4 Nr. 3 LBO für Gebäude der Gebäudeklassen 3 bis 5 müssen aus nichtbrennbaren Baustoffen bestehen.

(4) [1] Die nutzbare Breite notwendiger Treppen muss mindestens 1 m, bei Treppen in Wohngebäuden der Gebäudeklassen 1 und 2 mindestens 0,8 m betragen. [2] Dies gilt nicht für Treppen in mehrgeschossigen Wohnungen. [3] Für Treppen mit geringer Benutzung können geringere Breiten zugelassen werden.

(5) [1] Treppen müssen mindestens einen festen und griffsicheren Handlauf haben. [2] Dies gilt nicht für Treppen

1. in mehrgeschossigen Wohnungen,
2. in Höhe des Geländes oder mit einer Absturzhöhe von nicht mehr als 1 m,
3. mit nicht mehr als fünf Stufen oder
4. von Anlagen, die nicht umwehrt werden müssen.

(6) [1] Treppenstufen dürfen nicht unmittelbar hinter einer Tür beginnen, die in Richtung der Treppe aufschlägt. [2] Zwischen Treppe und Tür ist in diesen Fällen ein Treppenabsatz anzuordnen, der mindestens so tief sein muss, wie die Tür breit ist.

§ 11[2)] Notwendige Treppenräume, Ausgänge (Zu § 28 Abs. 2 LBO)

(1) [1] Von jeder Stelle eines Aufenthaltsraumes sowie eines Kellergeschosses muss mindestens ein Ausgang in einen notwendigen Treppenraum oder ins Freie in höchstens 35 m Entfernung erreichbar sein. [2] Übereinander liegende Kellergeschosse müssen jeweils mindestens zwei Ausgänge in notwendige Treppenräume oder ins Freie haben. [3] Sind mehrere notwendige Treppenräume erforderlich, müssen sie so verteilt sein, dass sie möglichst entgegengesetzt liegen und dass die Rettungswege möglichst kurz sind.

[1)] Nr. **1**.

[2)] § 11 Abs. 4 Nr. 2 neu gef. mWv 1.2.2021 durch VO v. 8.12.2020 (GBl. S. 1182).

(2) [1]Jeder notwendige Treppenraum muss an einer Außenwand liegen und einen unmittelbaren Ausgang ins Freie haben. [2]Innenliegende notwendige Treppenräume sind zulässig, wenn ihre Nutzung ausreichend lang nicht durch Raucheintritt gefährdet werden kann. [3]Sofern der Ausgang eines notwendigen Treppenraumes nicht unmittelbar ins Freie führt, muss der Raum zwischen dem notwendigen Treppenraum und dem Ausgang ins Freie

1. mindestens so breit sein wie die dazugehörigen Treppenläufe,
2. Wände haben, die die Anforderungen an die Wände des Treppenraumes erfüllen,
3. rauchdichte und selbstschließende Abschlüsse zu notwendigen Fluren haben und
4. ohne Öffnungen zu anderen Räumen, ausgenommen zu notwendigen Fluren, sein.

(3) [1]Die Wände notwendiger Treppenräume müssen als raumabschließende Bauteile

1. in Gebäuden der Gebäudeklasse 5 die Bauart von Brandwänden haben,
2. in Gebäuden der Gebäudeklasse 4 auch unter zusätzlicher mechanischer Beanspruchung hochfeuerhemmend sein und
3. in Gebäuden der Gebäudeklasse 3 feuerhemmend sein.

[2]Dies ist nicht erforderlich für Außenwände von Treppenräumen, die aus nichtbrennbaren Baustoffen bestehen und durch andere an diese Außenwände anschließende Gebäudeteile im Brandfall nicht gefährdet werden können. [3]Der obere Abschluss notwendiger Treppenräume muss als raumabschließendes Bauteil die Feuerwiderstandsfähigkeit der Decken des Gebäudes haben; dies gilt nicht, wenn der obere Abschluss das Dach ist und die Treppenraumwände bis unter die Dachhaut reichen.

(4) In notwendigen Treppenräumen und in Räumen nach Absatz 2 Satz 3 müssen

1. Bekleidungen, Putze, Dämmstoffe, Unterdecken und Einbauten aus nichtbrennbaren Baustoffen bestehen,
2. Wände und Decken aus brennbaren Baustoffen treppenraumseitig eine Bekleidung aus nichtbrennbaren Baustoffen haben, die über einen Zeitraum von mindestens 30 Minuten eine Brandbeteiligung der brennbaren Baustoffe verhindert,
3. Bodenbeläge, ausgenommen Gleitschutzprofile, aus mindestens schwerentflammbaren Baustoffen bestehen.

(5) [1]In notwendigen Treppenräumen und in Räumen nach Absatz 2 Satz 3 müssen Öffnungen

1. zu Räumen und Nutzungseinheiten mit einer Fläche von mehr als 200 m², ausgenommen Wohnungen, zu Kellergeschossen, zu nicht ausgebauten Dachräumen, Werkstätten, Läden, Lagerräumen und ähnlichen Räumen mindestens feuerhemmende, rauchdichte und selbstschließende Abschlüsse,
2. zu notwendigen Fluren rauchdichte und selbstschließende Abschlüsse,
3. zu sonstigen Räumen und Nutzungseinheiten, ausgenommen Wohnungen, mindestens dicht- und selbstschließende Abschlüsse und
4. zu Wohnungen mindestens dichtschließende Abschlüsse

haben. [2]Die Feuerschutz- und Rauchschutzabschlüsse dürfen lichtdurchlässige Seitenteile und Oberlichte enthalten, wenn der Abschluss insgesamt die Anforderungen nach Satz 1 erfüllt und nicht breiter als 2,50 m ist. [3]An notwendige Treppenräume dürfen in einem Geschoss nicht mehr als vier Wohnungen oder Nutzungseinheiten vergleichbarer Größe unmittelbar angeschlossen sein.

(6) [1]Notwendige Treppenräume müssen zu beleuchten sein. [2]Innenliegende notwendige Treppenräume müssen in Gebäuden mit einer Höhe nach § 2 Abs. 4 Satz 2 LBO[1)] von mehr als 13 m eine Sicherheitsbeleuchtung haben.

(7) [1]Notwendige Treppenräume müssen belüftet werden können. [2]Für an der Außenwand liegende notwendige Treppenräume sind dafür in jedem oberirdischen Geschoss unmittelbar ins Freie führende Fenster mit einem freien Querschnitt von mindestens 0,50 m^2 erforderlich, die geöffnet werden können. [3]Für innenliegende notwendige Treppenräume und notwendige Treppenräume in Gebäuden mit einer Höhe nach § 2 Abs. 4 Satz 2 LBO von mehr als 13 m ist an der obersten Stelle eine Öffnung zur Rauchableitung mit einem freien Querschnitt von mindestens 1 m^2 erforderlich; sie muss vom Erdgeschoss sowie vom obersten Treppenabsatz aus geöffnet werden können.

(8) [1]Sicherheitstreppenräume nach § 15 Abs. 5 Satz 2 LBO müssen folgenden Anforderungen genügen:

1. Sie müssen an einer Außenwand liegen oder vom Gebäude abgesetzt sein und in allen angeschlossenen Geschossen ausschließlich über unmittelbar davor liegende offene Gänge erreichbar sein; diese offenen Gänge müssen im freien Luftstrom liegen.
2. Die Wände müssen auch als Raumabschluss denselben Feuerwiderstand wie tragende Wände haben und aus nichtbrennbaren Baustoffen bestehen. Öffnungen in diesen Wänden müssen ins Freie führen und dichte Abschlüsse aufweisen.
3. Die Treppen müssen aus nichtbrennbaren Baustoffen bestehen.
4. Die Türen müssen rauchdicht und selbstschließend, bei innenliegenden Sicherheitstreppenräumen feuerhemmend und selbstschließend sein.
5. Eine Sicherheitsbeleuchtung muss vorhanden sein.

[2]Innenliegende Sicherheitstreppenräume sind zulässig, wenn durch andere Maßnahmen sichergestellt ist, dass sie ebenso sicher sind wie Sicherheitstreppenräume nach Satz 1.

§ 12 Notwendige Flure, offene Gänge (Zu § 28 Abs. 3 LBO) (1) Notwendige Flure sind nicht erforderlich

1. in Wohngebäuden der Gebäudeklassen 1 und 2,
2. in sonstigen Gebäuden der Gebäudeklassen 1 und 2, ausgenommen in Kellergeschossen,
3. innerhalb von Wohnungen oder innerhalb von Nutzungseinheiten mit nicht mehr als 200 m^2,
4. innerhalb von Nutzungseinheiten, die einer Büro- oder Verwaltungsnutzung dienen, mit nicht mehr als 400 m^2; das gilt auch für Teile größerer Nutzungseinheiten, wenn diese Teile nicht größer als 400 m^2 sind, Trennwände

[1)] Nr. **1**.

nach § 6 Abs. 1 Nr. 1 haben und jeder Teil unabhängig von anderen Teilen Rettungswege nach § 15 Abs. 3 LBO[1] hat.

(2) [1] Notwendige Flure müssen so breit sein, dass sie für den größten zu erwartenden Verkehr ausreichen, mindestens jedoch 1,25 m. [2] In den Fluren ist eine Folge von weniger als drei Stufen unzulässig. [3] Rampen mit einer Neigung bis zu 6 Prozent sind zulässig.

(3) [1] Notwendige Flure sind durch nichtabschließbare, rauchdichte und selbstschließende Abschlüsse in Rauchabschnitte zu unterteilen. [2] Die Rauchabschnitte sollen nicht länger als 30 m sein. [3] Die Abschlüsse sind bis an die Rohdecke zu führen; sie dürfen bis an die Unterdecke der Flure geführt werden, wenn die Unterdecke feuerhemmend ist. [4] Notwendige Flure mit nur einer Fluchtrichtung, die zu einem Sicherheitstreppenraum führen, dürfen nicht länger als 15 m sein. [5] Die Sätze 1 bis 4 gelten nicht für offene Gänge nach Absatz 5.

(4) [1] Die Wände notwendiger Flure müssen als raumabschließende Bauteile feuerhemmend, in Kellergeschossen, deren tragende und aussteifende Bauteile feuerbeständig sein müssen, feuerbeständig sein. [2] Die Wände sind bis an die Rohdecke zu führen. [3] Sie dürfen bis an die Unterdecke der Flure geführt werden, wenn die Unterdecke feuerhemmend und ein demjenigen nach Satz 1 vergleichbarer Raumabschluss sichergestellt ist. [4] Türen in diesen Wänden müssen dicht schließen; Öffnungen zu Lagerbereichen im Kellergeschoss müssen feuerhemmende und selbstschließende Abschlüsse haben.

(5) [1] Für Wände und Brüstungen notwendiger Flure mit nur einer Fluchtrichtung, die als offene Gänge vor den Außenwänden angeordnet sind, gilt Absatz 4 entsprechend. [2] Fenster sind in diesen Außenwänden ab einer Brüstungshöhe von 1,20 m zulässig.

(6) [1] In notwendigen Fluren sowie in offenen Gängen nach Absatz 5 müssen

1. Bekleidungen, Putze, Unterdecken und Dämmstoffe aus nichtbrennbaren Baustoffen bestehen,
2. Wände und Decken aus brennbaren Baustoffen eine Bekleidung aus nichtbrennbaren Baustoffen in ausreichender Dicke haben und
3. Bodenbeläge aus mindestens schwerentflammbaren Baustoffen bestehen; dies gilt nicht für Gebäude der Gebäudeklasse 3.

[2] Einbauten, Bekleidungen, Unterdecken und Dämmstoffe können aus schwerentflammbaren Baustoffen zugelassen werden, wenn keine Bedenken wegen des Brandschutzes bestehen.

§ 13 Fenster, Türen, sonstige Öffnungen (Zu § 28 Abs. 4 und § 16 LBO) (1) Können die Fensterflächen nicht gefahrlos vom Erdboden, vom Innern des Gebäudes, von Loggien oder Balkonen aus gereinigt werden, so sind Vorrichtungen wie Aufzüge, Halterungen oder Stangen anzubringen, die eine Reinigung von außen ermöglichen.

(2) [1] Glastüren und andere Glasflächen, die bis zum Fußboden allgemein zugänglicher Verkehrsflächen herabreichen, sind so zu kennzeichnen, dass sie leicht erkannt werden können. [2] Weitere Schutzmaßnahmen sind für größere Glasflächen vorzusehen, wenn dies die Verkehrssicherheit erfordert.

---

[1] Nr. **1**.

(3) [1]Jedes Kellergeschoss ohne Fenster muss mindestens eine Öffnung ins Freie haben, um eine Rauchableitung zu ermöglichen. [2]Gemeinsame Kellerlichtschächte für übereinander liegende Kellergeschosse sind unzulässig.

(4) [1]Fenster, die als Rettungswege nach § 15 Abs. 5 Satz 1 LBO[1)] dienen, müssen im Lichten mindestens 0,90 m breit und 1,20 m hoch sein und nicht höher als 1,20 m über der Fußbodenoberkante angeordnet sein; eine Unterschreitung dieser Maße bis minimal 0,6 m Breite im Lichten und 0,9 m Höhe im Lichten ist im Benehmen mit der für den Brandschutz zuständigen Dienststelle dann möglich, wenn das Rettungsgerät der Feuerwehr die betreffende Öffnung nicht einschränkt. [2]Sie müssen von innen ohne Hilfsmittel vollständig zu öffnen sein. [3]Liegen diese Fenster in Dachschrägen oder Dachaufbauten, so darf ihre Unterkante oder ein davor liegender Austritt von der Traufkante horizontal gemessen nicht mehr als 1,0 m entfernt sein.

§ 14[2)] Aufzugsanlagen (Zu § 29 LBO) (1) [1]Aufzüge im Innern von Gebäuden müssen eigene Fahrschächte haben, um eine Brandausbreitung in andere Geschosse ausreichend lang zu verhindern. [2]In einem Fahrschacht dürfen bis zu drei Aufzüge liegen. [3]Aufzüge ohne eigene Fahrschächte sind zulässig

1. innerhalb eines notwendigen Treppenraumes, ausgenommen in Hochhäusern,
2. innerhalb von Räumen, die Geschosse überbrücken,
3. zur Verbindung von Geschossen, die offen miteinander in Verbindung stehen dürfen,
4. in Gebäuden der Gebäudeklassen 1 und 2;

sie müssen sicher umkleidet sein.

(2) [1]Die Fahrschachtwände müssen als raumabschließende Bauteile

1. in Gebäuden der Gebäudeklasse 5 feuerbeständig und aus nichtbrennbaren Baustoffen,
2. in Gebäuden der Gebäudeklasse 4 hochfeuerhemmend,
3. in Gebäuden der Gebäudeklasse 3 feuerhemmend

sein; Fahrschachtwände aus brennbaren Baustoffen müssen schachtseitig eine Bekleidung aus nichtbrennbaren Baustoffen in ausreichender Dicke haben. [2]Fahrschachttüren und andere Öffnungen in Fahrschachtwänden mit erforderlicher Feuerwiderstandsfähigkeit sind so herzustellen, dass die Anforderungen nach Absatz 1 Satz 1 nicht beeinträchtigt werden.

(3) [1]Fahrschächte müssen zu lüften sein und eine Öffnung zur Rauchableitung mit einem freien Querschnitt von mindestens 2,5 Prozent der Fahrschachtgrundfläche, mindestens jedoch 0,1 m² haben. [2]Die Lage der Rauchaustrittsöffnungen muss so gewählt werden, dass der Rauchaustritt durch Windeinfluss nicht beeinträchtigt wird.

(4) [1]Aufzüge nach § 29 Abs. 2 Satz 2 LBO[1)] müssen von allen Nutzungseinheiten in dem Gebäude und von der öffentlichen Verkehrsfläche aus stufenlos erreichbar sein. [2]Haltestellen im obersten Geschoss und in den Keller-

[1)] Nr. **1**.
[2)] § 14 Abs. 6 geänd. mWv 1.2.2021 durch VO v. 8.12.2020 (GBl. S. 1182).

geschossen sind nicht erforderlich, wenn sie nur unter besonderen Schwierigkeiten hergestellt werden können.

(5) [1] Fahrkörbe zur Aufnahme einer Krankentrage müssen eine nutzbare Grundfläche von mindestens 1,1 m Breite und 2,1 m Tiefe, zur Aufnahme eines Rollstuhls von mindestens 1,1 m Breite und 1,4 m Tiefe haben; Türen müssen eine lichte Durchgangsbreite von mindestens 0,9 m haben. [2] In einem Aufzug für Rollstühle und Krankentragen darf der für Rollstühle nicht erforderliche Teil der Fahrkorbgrundfläche durch eine verschließbare Tür abgesperrt werden. [3] Vor den Aufzügen muss eine ausreichende Bewegungsfläche vorhanden sein.

(6) Aufzüge, die Haltepunkte in mehr als einem Rauchabschnitt haben, müssen über eine Brandfallsteuerung mit Brandmeldern an mindestens einem Haltepunkt in jedem Rauchabschnitt verfügen.

§ 15 Lüftungsanlagen, raumlufttechnische Anlagen, Warmluftheizungen (Zu § 30 LBO) (1) [1] Lüftungsleitungen sowie deren Bekleidungen und Dämmstoffe müssen aus nichtbrennbaren Baustoffen bestehen; brennbare Baustoffe sind zulässig, wenn ein Beitrag der Lüftungsleitung zur Brandentstehung und Brandweiterleitung nicht zu befürchten ist. [2] Lüftungsleitungen dürfen raumabschließende Bauteile, für die eine Feuerwiderstandsfähigkeit vorgeschrieben ist, nur überbrücken, wenn eine Brandausbreitung ausreichend lang nicht zu befürchten ist oder wenn Vorkehrungen hiergegen getroffen sind.

(2) Lüftungsanlagen sind so herzustellen, dass sie Gerüche und Staub nicht in andere Räume übertragen.

(3) [1] Lüftungsanlagen dürfen nicht in Abgasanlagen eingeführt werden; die gemeinsame Nutzung von Lüftungsleitungen zur Lüftung und zur Ableitung der Abgase von Feuerstätten ist zulässig, wenn keine Bedenken wegen der Betriebssicherheit und des Brandschutzes bestehen. [2] Die Abluft ist ins Freie zu führen. [3] Nicht zur Lüftungsanlage gehörende Einrichtungen sind in Lüftungsleitungen unzulässig.

(4) Die Absätze 1 und 2 gelten nicht

1. für Gebäude der Gebäudeklassen 1 und 2,
2. innerhalb von Wohnungen,
3. innerhalb derselben Nutzungseinheit mit nicht mehr als insgesamt 400 m² in nicht mehr als zwei Geschossen.

(5) Für raumlufttechnische Anlagen und Warmluftheizungen gelten die Absätze 1 bis 4 entsprechend.

§ 16 Leitungen, Installationsschächte und -kanäle (Zu § 31 LBO)

(1) [1] Leitungen, Installationsschächte und -kanäle dürfen durch raumabschließende Bauteile, für die eine Feuerwiderstandsfähigkeit vorgeschrieben ist, nur hindurchgeführt werden, wenn eine Brandausbreitung ausreichend lang nicht zu befürchten ist oder Vorkehrungen hiergegen getroffen sind. [2] Dies gilt nicht

1. für Gebäude der Gebäudeklassen 1 und 2,
2. innerhalb von Wohnungen,
3. innerhalb derselben Nutzungseinheit mit nicht mehr als insgesamt 400 m² in nicht mehr als zwei Geschossen.

(2) In notwendigen Treppenräumen, in Räumen nach § 11 Abs. 2 Satz 3 und in notwendigen Fluren sind Leitungsanlagen nur zulässig, wenn eine Nutzung als Rettungsweg im Brandfall ausreichend lang möglich ist.

(3) Für Installationsschächte und -kanäle gilt § 15 Abs. 1 Satz 1 und Abs. 2 entsprechend.

§ 17 Kleinkläranlagen, Gruben, Anlagen für Abfall- und Reststoffe (Zu § 33 LBO) (1) [1]Kleinkläranlagen und Gruben müssen wasserdicht und ausreichend groß sein. [2]Sie müssen eine dichte und sichere Abdeckung sowie Reinigungs- und Entleerungsöffnungen haben. [3]Diese Öffnungen dürfen nur vom Freien aus zugänglich sein. [4]Die Anlagen sind so zu entlüften, dass Gesundheitsschäden oder unzumutbare Belästigungen nicht entstehen. [5]Die Zuleitungen zu Abwasserentsorgungsanlagen müssen geschlossen, dicht und, soweit erforderlich, zum Reinigen eingerichtet sein. [6]Geschlossene Abwassergruben dürfen nur mit Zustimmung der Wasserbehörde zugelassen werden, wenn keine gesundheitlichen und wasserwirtschaftlichen Bedenken bestehen.

(2) [1]Abgänge aus Toiletten ohne Wasserspülung sind in eigene, geschlossene Gruben einzuleiten. [2]In diese Gruben darf kein Abwasser eingeleitet werden.

(3) [1]Zur vorübergehenden Aufbewahrung fester Abfall- und Reststoffe sind auf dem Grundstück geeignete Plätze für bewegliche Behälter vorzusehen oder geeignete Einrichtungen herzustellen. [2]Ortsfeste Behälter müssen dicht und aus nichtbrennbaren Baustoffen sein. [3]Sie sind außerhalb der Gebäude aufzustellen. [4]Die Anlagen sind so herzustellen und anzuordnen, dass Gefahren sowie erhebliche Nachteile oder Belästigungen, insbesondere durch Geruch oder Geräusch, nicht entstehen. [5]Feste Abfallstoffe dürfen innerhalb von Gebäuden vorübergehend aufbewahrt werden, in Gebäuden der Gebäudeklassen 3 bis 5 jedoch nur, wenn die dafür bestimmten Räume

1. Trennwände und Decken als raumabschließende Bauteile mit der Feuerwiderstandsfähigkeit der tragenden Wände aufweisen,
2. Öffnungen vom Gebäudeinnern zum Aufstellraum mit feuerhemmenden und selbstschließenden Abschlüssen haben,
3. unmittelbar vom Freien entleert werden können und
4. eine ständig wirksame Lüftung haben.

§ 18[1)] Anwendung betriebssicherheitsrechtlicher Vorschriften (Zu § 73 Abs. 8 Nr. 2 LBO) (1) Für Aufzugsanlagen im Sinne des Anhang 2 Abschnitt 2 Nummer 2 der Verordnung über Sicherheit und Gesundheitsschutz bei der Verwendung von Arbeitsmitteln (Betriebssicherheitsverordnung – BetrSichV) vom 3. Februar 2015 (BGBl. I S. 49), die zuletzt durch Artikel 1 der Verordnung vom 30. April 2019 (BGBl. I S. 554) geändert worden ist, die weder gewerblichen noch wirtschaftlichen Zwecken dienen und in deren Gefahrenbereich auch keine Arbeitnehmer beschäftigt werden, gelten die §§ 2, 5, 6, ausgenommen Absatz 1 Satz 2, §§ 8, 9, 15 bis 17, 19 Absätze 1, 2, 4 bis 6 und §§ 22 bis 24 BetrSichV entsprechend.

[1)] § 18 Überschrift geänd., Abs. 1 neu gef., Abs. 2 geänd. mWv 1.2.2021 durch VO v. 8.12.2020 (GBl. S. 1182).

(2) Soweit durch die in Absatz 1 genannten betriebssicherheitsrechtlichen Vorschriften Zuständigkeitsregelungen berührt sind, entscheiden bei Anlagen im Anwendungsbereich der Landesbauordnung die Baurechtsbehörden im Benehmen mit den Gewerbeaufsichtsbehörden.

§ 19 Ordnungswidrigkeiten (Zu § 75 Abs. 3 Nr. 2 LBO) Ordnungswidrig nach § 75 Abs. 3 Nr. 2 LBO[1] handelt, wer vorsätzlich oder fahrlässig

1. entgegen § 2 Abs. 2 Satz 2 oder Satz 3 oder Abs. 3 Satz 3 oder Satz 4 Zu- oder Durchgänge oder Zu- oder Durchfahrten für die Feuerwehr durch Einbauten einengt oder
2. entgegen § 2 Abs. 4 die Zu- oder Durchfahrten, Aufstellflächen oder Bewegungsflächen für die Feuerwehr nicht freihält.

§ 20 Inkrafttreten. [1]Diese Verordnung tritt am 1. März 2010 in Kraft. [2]Gleichzeitig tritt die Allgemeine Ausführungsverordnung des Wirtschaftsministeriums zur Landesbauordnung vom 17. November 1995 (GBl. S. 836), zuletzt geändert durch Artikel 69 der Verordnung vom 25. April 2007 (GBl. S. 252, 259), außer Kraft.

---

[1] Nr. **1**.

3. Verordnung des Wirtschaftsministeriums über Anforderungen an Feuerungsanlagen, Wärme- und Brennstoffversorgungsanlagen (Feuerungsverordnung – FeuVO)[1)2)]

Vom 8. Dezember 2020
(GBl. S. 1182, 1184)

Inhaltsübersicht

Auf Grund von § 73 Absatz 1 Nummern 1 und 2 und Absatz 8 Nummer 2 der Landesbauordnung für Baden-Württemberg (LBO)[3)] in der Fassung vom 5. März 2010 (GBl. S. 357, 358, ber. S. 416), die zuletzt durch Gesetz vom 18. Juli 2019 (GBl. S. 313) geändert worden ist, wird verordnet:

§ 1 Einschränkung des Anwendungsbereichs. [1] Für Feuerstätten, Wärmepumpen und Blockheizkraftwerke gilt die Verordnung nur, soweit diese Anlagen der Beheizung von Räumen oder der Warmwasserversorgung dienen oder Gas-Haushalts-Kochgeräte sind. [2] Die Verordnung gilt nicht für Brennstoffzellen und ihre Anlagen zur Abführung der Prozessgase.

§ 2 Begriffe. (1) Als Nennleistung gilt

1. die auf dem Typenschild der Feuerstätte angegebene höchste Leistung, bei Blockheizkraftwerken die Gesamtleistung,
2. die in den Grenzen des auf dem Typenschild angegebenen Leistungsbereiches festeingestellte und auf einem Zusatzschild angegebene höchste nutzbare Leistung der Feuerstätte oder
3. bei Feuerstätten ohne Typenschild die aus dem Brennstoffdurchsatz mit einem Wirkungsgrad von 80 vom Hundert ermittelte Leistung.

[1)] **Amtl. Anm.:** Notifiziert gemäß der Richtlinie (EU) 2015/1535 des Europäischen Parlaments und des Rates vom 9. September 2015 über ein Informationsverfahren auf dem Gebiet der technischen Vorschriften und der Vorschriften für die Dienste der Informationsgesellschaft (ABl. L 241 vom 17.9.2015, S. 1).

[2)] Verkündet als Art. 2 VO v. 8.12.2020 (GBl. S. 1182); Inkrafttreten am 1.2.2021, vgl. § 14 Satz 1.

[3)] Nr. **1**.

(2) [1] Raumluftunabhängig sind Feuerstätten, denen die Verbrennungsluft über Leitungen oder Schächte nur direkt vom Freien zugeführt wird und bei denen kein Abgas in gefahrdrohender Menge in den Aufstellraum austreten kann. [2] Andere Feuerstätten sind raumluftabhängig.

§ 3 Verbrennungsluftversorgung von Feuerstätten. (1) Für raumluftabhängige Feuerstätten ist eine ausreichende Verbrennungsluftversorgung aus dem Freien erforderlich.

(2) Für raumluftabhängige Feuerstätten mit einer Nennleistung von insgesamt nicht mehr als 50 kW reicht die Verbrennungsluftversorgung aus, wenn jeder Aufstellraum eine ins Freie führende Öffnung mit einem lichten Querschnitt von mindestens 150 cm^2 oder zwei Öffnungen von je mindestens 75 cm^2 oder Leitungen ins Freie mit strömungstechnisch äquivalenten Querschnitten hat.

(3) [1] Für raumluftabhängige Feuerstätten mit einer Nennleistung von insgesamt mehr als 50 kW reicht die Verbrennungsluftversorgung aus, wenn jeder Aufstellraum eine ins Freie führende Öffnung oder Leitung hat. [2] Der Querschnitt der Öffnung muss mindestens 150 cm^2 und für jedes über 50 kW hinausgehende Kilowatt 2 cm^2 mehr betragen. [3] Leitungen müssen strömungstechnisch äquivalent bemessen sein. [4] Der erforderliche Querschnitt darf auf höchstens zwei Öffnungen oder Leitungen aufgeteilt sein.

(4) [1] Verbrennungsluftöffnungen und -leitungen dürfen nicht verschlossen oder zugestellt werden, sofern nicht durch besondere Sicherheitseinrichtungen gewährleistet ist, dass die Feuerstätten nur bei geöffnetem Verschluss betrieben werden können. [2] Der erforderliche Querschnitt darf durch den Verschluss oder durch Gitter nicht verengt werden.

(5) Abweichend von den Absätzen 2 und 3 kann für raumluftabhängige Feuerstätten eine ausreichende Verbrennungsluftversorgung auf andere Weise nachgewiesen werden; das ist der Fall, wenn ein Volumenstrom von mindestens 1,6 m^3/h pro kW Nennleistung verfügbar ist.

(6) [1] Absatz 2 gilt nicht für Gas-Haushalts-Kochgeräte. [2] Die Absätze 2 und 3 gelten nicht für offene Kamine.

§ 4 Aufstellung von Feuerstätten, Gasleitungsanlagen. (1) Feuerstätten dürfen nicht aufgestellt werden

1. in notwendigen Treppenräumen, in Räumen zwischen notwendigen Treppenräumen und Ausgängen ins Freie und in notwendigen Fluren,
2. in Garagen, ausgenommen raumluftunabhängige Feuerstätten, deren Oberflächentemperatur bei Nennleistung nicht mehr als 300 °C beträgt.

(2) [1] Die Betriebssicherheit von raumluftabhängigen Feuerstätten darf durch den Betrieb von raumluftabsaugenden Anlagen wie Lüftungs- oder Warmluftheizungsanlagen, Dunstabzugshauben, Abluft-Wäschetrockner nicht beeinträchtigt werden. [2] Dies gilt als erfüllt, wenn

1. ein gleichzeitiger Betrieb der Feuerstätten und der luftabsaugenden Anlagen durch Sicherheitseinrichtungen verhindert wird,
2. die Abgasführung durch besondere Sicherheitseinrichtungen überwacht wird,
3. die Abgase der Feuerstätten über die luftabsaugenden Anlagen abgeführt werden oder

4. anlagentechnisch sichergestellt ist, dass während des Betriebes der Feuerstätten kein gefährlicher Unterdruck entstehen kann.

(3) [1] Feuerstätten für gasförmige Brennstoffe ohne Flammenüberwachung dürfen nur in Räumen aufgestellt werden, wenn durch mechanische Lüftungsanlagen während des Betriebes der Feuerstätten stündlich mindestens ein fünffacher Luftwechsel sichergestellt ist. [2] Für Gas-Haushalts-Kochgeräte genügt ein Außenluftvolumenstrom von 100 m^3/h.

(4) Feuerstätten für gasförmige Brennstoffe mit Strömungssicherung dürfen unbeschadet des § 3 in Räumen aufgestellt werden,

1. mit einem Rauminhalt von mindestens 1 m^3 je kW Nennleistung dieser Feuerstätten, soweit sie gleichzeitig betrieben werden können,
2. in denen durch unten und oben angeordnete Öffnungen mit einem Mindestquerschnitt von jeweils 75 cm^2 ins Freie eine Durchlüftung sichergestellt ist oder
3. in denen durch andere Maßnahmen wie beispielsweise unten und oben in derselben Wand angeordnete Öffnungen mit einem Mindestquerschnitt von jeweils 150 cm^2 zu unmittelbaren Nachbarräumen ein zusammenhängender Rauminhalt der Größe nach Nummer 1 eingehalten wird.

(5) [1] Gasleitungsanlagen in Räumen müssen so beschaffen, angeordnet oder mit Vorrichtungen ausgerüstet sein, dass bei einer äußeren thermischen Beanspruchung von bis zu 650 °C über einen Zeitraum von 30 Minuten keine gefährlichen Gas-Luft-Gemische entstehen können. [2] Alle Gasentnahmestellen müssen mit einer Vorrichtung ausgerüstet sein, die im Brandfall die Brennstoffzufuhr selbsttätig verhindert. [3] Satz 2 gilt nicht, wenn Gasleitungsanlagen durch Ausrüstung mit anderen selbsttätigen Vorrichtungen die Anforderungen nach Satz 1 erfüllen.

(6) Feuerstätten für Flüssiggas (Propan, Butan und deren Gemische) dürfen in Räumen, deren Fußboden an jeder Stelle mehr als 1 m unter der Geländeoberfläche liegt, nur aufgestellt werden, wenn

1. die Feuerstätten eine Flammenüberwachung haben und
2. sichergestellt ist, dass auch bei abgeschalteter Feuerungseinrichtung Flüssiggas aus den im Aufstellraum befindlichen Brennstoffleitungen in gefahrdrohender Menge nicht austreten kann oder über eine mechanische Lüftungsanlage sicher abgeführt wird.

(7) [1] Feuerstätten müssen von Bauteilen aus brennbaren Baustoffen so weit entfernt oder so abgeschirmt sein, dass an diesen bei Nennleistung der Feuerstätten keine höheren Temperaturen als 85 °C auftreten können. [2] Dies gilt als erfüllt, wenn mindestens die vom Hersteller angegebenen Abstandsmaße eingehalten werden oder, wenn diese Angaben fehlen, ein Mindestabstand von 40 cm eingehalten wird.

(8) [1] Vor den Feuerungsöffnungen von Feuerstätten für feste Brennstoffe sind Fußböden aus brennbaren Baustoffen in einem ausreichenden Abstand durch einen Belag aus nichtbrennbaren Baustoffen zu schützen. [2] Dies gilt als erfüllt, wenn der Belag sich nach vorne auf mindestens 50 cm und seitlich auf mindestens 30 cm über die Feuerungsöffnung hinaus erstreckt, die Maßgaben des Herstellers eingehalten sind oder ein nicht brennbarer Belag gemäß Herstellerangaben nicht erforderlich ist.

(9) [1]Bauteile aus brennbaren Baustoffen müssen von den Feuerraumöffnungen offener Kamine nach oben und nach den Seiten einen Abstand von mindestens 80 cm haben. [2]Bei Anordnung eines beiderseits belüfteten Strahlungsschutzes genügt ein Abstand von 40 cm.

§ 5 Aufstellräume für Feuerstätten. (1) [1]In einem Raum dürfen Feuerstätten mit einer Nennleistung von insgesamt mehr als 100 kW, die gleichzeitig betrieben werden sollen, nur aufgestellt werden, wenn dieser Raum

1. nicht anderweitig genutzt wird, ausgenommen zur Aufstellung von Wärmepumpen, Blockheizkraftwerken und ortsfesten Verbrennungsmotoren sowie für zugehörige Installationen und zur Lagerung von Brennstoffen,
2. gegenüber anderen Räumen keine Öffnungen, ausgenommen Öffnungen für Türen, hat,
3. dicht- und selbstschließende Türen hat und
4. gelüftet werden kann.

[2]In einem Raum nach Satz 1 dürfen Feuerstätten für feste Brennstoffe jedoch nur aufgestellt werden, wenn deren Nennleistung insgesamt nicht mehr als 50 kW beträgt.

(2) [1]Feuerstätten für gasförmige Brennstoffe mit einer Nennleistung von mehr als 100 kW, die mit Überdruck betrieben werden und deren Abgase mit Überdruck abgeführt werden, müssen innerhalb von Gebäuden in Räumen aufgestellt werden, die zwei unmittelbar ins Freie führende, unten und oben angeordnete, Öffnungen mit einem Mindestquerschnitt von je 150 cm^2 aufweisen zuzüglich 1 cm^2 für jedes über 100 kW hinausgehende kW. [2]Dies gilt nicht, wenn diese Feuerstätten der Bauart nach so beschaffen sind, dass Abgase in gefahrdrohender Menge nicht austreten können.

(3) [1]Brenner und Brennstofffördereinrichtungen der Feuerstätten für flüssige und gasförmige Brennstoffe mit einer Nennleistung von insgesamt mehr als 100 kW müssen durch einen außerhalb des Aufstellraumes angeordneten Schalter (Notschalter) jederzeit abgeschaltet werden können. [2]Bei dem Notschalter muss ein Schild mit der Aufschrift „NOTSCHALTER – FEUERUNG“ sichtbar angebracht sein.

(4) Wird in dem Aufstellraum nach Absatz 1 Heizöl gelagert oder ist der Raum für die Heizöllagerung nur von diesem Aufstellraum zugänglich, muss die Heizölzufuhr von der Stelle des Notschalters nach Absatz 3 aus durch eine entsprechend gekennzeichnete Absperreinrichtung unterbrochen werden können.

(5) Abweichend von Absatz 1 dürfen die Feuerstätten auch in anderen Räumen aufgestellt werden, wenn die Nutzung dieser Räume dies erfordert und die Feuerstätten sicher betrieben werden können.

§ 6 Heizräume. (1) [1]Feuerstätten für feste Brennstoffe mit einer Nennleistung von insgesamt mehr als 50 kW, die gleichzeitig betrieben werden sollen, dürfen nur in besonderen Räumen (Heizräumen) aufgestellt werden. [2]§ 5 Absatz 4 und Absatz 5 gelten entsprechend. [3]Die Heizräume dürfen

1. nicht anderweitig genutzt werden, ausgenommen zur Aufstellung von Feuerstätten für flüssige und gasförmige Brennstoffe, Wärmepumpen, Blockheizkraftwerken, ortsfesten Verbrennungsmotoren und für zugehörige Installationen sowie zur Lagerung von Brennstoffen und

2. mit Aufenthaltsräumen, ausgenommen solche für das Betriebspersonal, sowie mit notwendigen Treppenräumen, Räumen zwischen notwendigen Treppenräumen und dem Ausgang ins Freie, Sicherheitsschleusen und Vorräumen von Feuerwehraufzügen nicht in unmittelbarer Verbindung stehen.

[4] Wenn in Heizräumen Feuerstätten für flüssige und gasförmige Brennstoffe aufgestellt werden, gilt § 5 Absatz 3 entsprechend.

(2) Heizräume müssen

1. mindestens einen Rauminhalt von 8 m^3 und eine lichte Höhe von 2 m,
2. einen Ausgang, der ins Freie oder in einen Flur führt, der die Anforderungen an notwendige Flure erfüllt, und
3. Türen, die in Fluchtrichtung aufschlagen,

haben.

(3) [1] Wände, ausgenommen nichttragende Außenwände, und Stützen von Heizräumen sowie Decken über und unter ihnen müssen feuerbeständig sein. [2] Öffnungen in Decken und Wänden müssen, soweit sie nicht unmittelbar ins Freie führen, mindestens feuerhemmende und selbstschließende Abschlüsse haben. [3] Die Sätze 1 und 2 gelten nicht für Trennwände zwischen Heizräumen und den zum Betrieb der Feuerstätten gehörenden Räumen, wenn diese Räume die Anforderungen der Sätze 1 und 2 erfüllen.

(4) [1] Heizräume müssen zur Raumlüftung jeweils eine obere und eine untere Öffnung ins Freie mit einem Querschnitt von mindestens je 150 cm^2 oder Leitungen ins Freie mit strömungstechnisch äquivalenten Querschnitten haben. [2] § 3 Absatz 4 gilt sinngemäß. [3] Der Querschnitt einer Öffnung oder Leitung darf auf die Verbrennungsluftversorgung nach § 3 Absatz 3 angerechnet werden.

(5) [1] Lüftungsleitungen für Heizräume müssen eine Feuerwiderstandsdauer von mindestens 90 Minuten haben, soweit sie durch andere Räume führen, ausgenommen angrenzende, zum Betrieb der Feuerstätten gehörende Räume, die die Anforderungen nach Absatz 3 Sätze 1 und 2 erfüllen. [2] Die Lüftungsleitungen dürfen mit anderen Lüftungsanlagen nicht verbunden sein und nicht der Lüftung anderer Räume dienen.

(6) Lüftungsleitungen, die der Lüftung anderer Räume dienen, müssen, soweit sie durch Heizräume führen, eine Feuerwiderstandsdauer von mindestens 90 Minuten oder selbsttätige Absperrvorrichtungen mit einer Feuerwiderstandsdauer von mindestens 90 Minuten haben und ohne Öffnungen sein.

§ 7 Abgasanlagen. (1) Abgasanlagen müssen nach lichtem Querschnitt und Höhe, soweit erforderlich auch nach Wärmedurchlasswiderstand und Beschaffenheit der inneren Oberfläche, so bemessen sein, dass die Abgase bei allen bestimmungsgemäßen Betriebszuständen ins Freie abgeführt werden und gegenüber Räumen kein gefährlicher Überdruck auftreten kann.

(2) [1] Die Abgase von Feuerstätten für feste Brennstoffe müssen in Schornsteine, die Abgase von Feuerstätten für flüssige oder gasförmige Brennstoffe dürfen auch in Abgasleitungen eingeleitet werden. [2] § 15 Absatz 3 der Allgemeinen Ausführungsverordnung zur Landesbauordnung bleibt unberührt.

(3) [1] Abweichend von Absatz 2 Satz 1 sind Feuerstätten für gasförmige Brennstoffe ohne Abgasanlage zulässig, wenn durch einen sicheren Luftwechsel

im Aufstellraum gewährleistet ist, dass Gefahren oder unzumutbare Belästigungen nicht entstehen. [2]Dies gilt insbesondere als erfüllt, wenn

1. durch maschinelle Lüftungsanlagen während des Betriebs der Feuerstätten ein Luftvolumenstrom von mindestens 30 m^3/h je kW Nennleistung aus dem Aufstellraum ins Freie abgeführt wird oder
2. besondere Sicherheitseinrichtungen verhindern, dass die Kohlenmonoxidkonzentration in den Aufstellräumen einen Wert von 30 ppm überschreitet;
3. bei Gas-Haushalts-Kochgeräten, soweit sie gleichzeitig betrieben werden können, mit einer Nennleistung von insgesamt nicht mehr als 11 kW der Aufstellraum einen Rauminhalt von mehr als 15 m^3 aufweist und mindestens eine Tür ins Freie oder ein Fenster hat, das geöffnet werden kann.

(4) Mehrere Feuerstätten dürfen an einen gemeinsamen Schornstein, an eine gemeinsame Abgasleitung oder an ein gemeinsames Verbindungsstück nur angeschlossen werden, wenn

1. durch die Bemessung nach Absatz 1 und die Beschaffenheit der Abgasanlage die Ableitung der Abgase für jeden Betriebszustand sichergestellt ist,
2. eine Übertragung von Abgasen zwischen den Aufstellräumen und ein Austritt von Abgasen über andere Feuerstätten ausgeschlossen sind,
3. die gemeinsame Abgasleitung aus nichtbrennbaren Baustoffen besteht oder eine Brandübertragung zwischen den Geschossen durch selbsttätige Absperrvorrichtungen oder andere Maßnahmen verhindert wird und
4. die Anforderungen des § 4 Absatz 2 für alle angeschlossenen Feuerstätten gemeinsam erfüllt sind.

(5) [1]In Gebäuden muss jede Abgasleitung, die Geschosse überbrückt, in einem eigenen Schacht angeordnet sein. [2]Dies gilt nicht

1. für Abgasleitungen in Gebäuden der Gebäudeklassen 1 und 2, die durch nicht mehr als eine Nutzungseinheit führen,
2. für einfach belegte Abgasleitungen im Aufstellraum der Feuerstätte und
3. für Abgasleitungen, die eine Feuerwiderstandsdauer von mindestens 90 Minuten, in Gebäuden der Gebäudeklassen 1 und 2 eine Feuerwiderstandsdauer von mindestens 30 Minuten, haben.

[3]Schächte für Abgasleitungen dürfen nicht anderweitig genutzt werden. [4]Die Anordnung mehrerer Abgasleitungen in einem gemeinsamen Schacht ist zulässig, wenn

1. die Abgasleitungen aus nichtbrennbaren Baustoffen bestehen,
2. die zugehörigen Feuerstätten in demselben Geschoss aufgestellt sind oder
3. eine Brandübertragung zwischen den Geschossen durch selbsttätige Absperrvorrichtungen oder andere Maßnahmen verhindert wird.

[5]Die Schächte müssen für die Verwendung als Schächte für Abgasleitungen geeignet sein und eine Feuerwiderstandsdauer von mindestens 90 Minuten, in Gebäuden der Gebäudeklassen 1 und 2 von mindestens 30 Minuten haben.

(6) [1]Abgasleitungen aus normalentflammbaren Baustoffen innerhalb von Gebäuden müssen, soweit sie nicht gemäß Absatz 5 in Schächten zu verlegen sind, zum Schutz gegen mechanische Beanspruchung von außen in Schutzrohren aus nichtbrennbaren Baustoffen angeordnet oder mit vergleichbaren Schutzvorkehrungen aus nichtbrennbaren Baustoffen ausgestattet sein. [2]Dies

gilt nicht für Abgasleitungen im Aufstellraum der Feuerstätten. [3] § 8 bleibt unberührt.

(7) Schornsteine müssen

1. gegen Rußbrände beständig sein,
2. in Gebäuden, in denen sie Geschosse überbrücken, eine Feuerwiderstandsdauer von mindestens 90 Minuten haben oder in durchgehenden Schächten, die für die Verwendung als Schächte für Schornsteine geeignet sind und die eine Feuerwiderstandsdauer von 90 Minuten haben, angeordnet sein,
3. grundsätzlich unmittelbar auf dem Baugrund gegründet oder auf einem feuerbeständigen Unterbau errichtet sein; es genügt ein Unterbau aus nichtbrennbaren Baustoffen für Schornsteine in Gebäuden der Gebäudeklassen 1 bis 3, für Schornsteine, die oberhalb der obersten Geschossdecke beginnen sowie für Schornsteine an Gebäuden,
4. durchgehend, insbesondere nicht durch Decken unterbrochen sein und
5. für die Reinigung Öffnungen mit Schornsteinreinigungsverschlüssen haben.

(8) Schornsteine, Abgasleitungen und Verbindungsstücke, die unter Überdruck betrieben werden, müssen innerhalb von Gebäuden

1. in vom Freien dauernd gelüfteten Räumen liegen,
2. in Räumen liegen, die § 3 Absatz 2 entsprechen,
3. soweit sie in Schächten liegen, über die gesamte Länge und den ganzen Umfang hinterlüftet sein oder
4. der Bauart nach so beschaffen sein, dass Abgase in gefahrdrohender Menge nicht austreten können.

(9) Verbindungsstücke dürfen nicht in Decken, Wänden oder unzugänglichen Hohlräumen angeordnet sowie nicht in andere Geschosse oder Nutzungseinheiten geführt werden.

(10) [1] Luft-Abgas-Systeme sind zur Abgasabführung nur zulässig, wenn sie getrennte, durchgehende Luft- und Abgasführungen haben. [2] An diese Systeme dürfen nur raumluftunabhängige Feuerstätten angeschlossen werden, deren Bauart sicherstellt, dass sie für diese Betriebsweise geeignet sind. [3] Im Übrigen gelten für Luft-AbgasSysteme die Absätze 4 bis 9 sinngemäß.

§ 8 Abstände von Abgasanlagen zu brennbaren Bauteilen. (1) Abgasanlagen müssen zu Bauteilen aus brennbaren Baustoffen so weit entfernt oder so abgeschirmt sein, dass an den genannten Bauteilen

1. bei Nennleistung keine höheren Temperaturen als 85 °C und
2. bei Rußbränden in Schornsteinen keine höheren Temperaturen als 100 °C

auftreten können.

(2) [1] Die Anforderungen von Absatz 1 gelten insbesondere als erfüllt, wenn

1. die aufgrund von harmonisierten technischen Spezifikationen angegebenen Mindestabstände eingehalten sind,
2. bei Abgasanlagen für Abgastemperaturen der Feuerstätten bei Nennleistung bis zu 400 °C, deren Wärmedurchlasswiderstand mindestens 0,12 m^2K/W und deren Feuerwiderstandsdauer mindestens 90 Minuten beträgt, ein Mindestabstand von 5 cm eingehalten ist; dieser Abstand gilt auch für Schächte, in denen Abgasanlagen für Abgastemperaturen der Feuerstätten bei Nenn-

leistung bis zu 400 °C verlegt sind und die allein oder zusammen mit den Abgasanlagen die zuvor genannten Eigenschaften aufweisen,

3. bei Abgasanlagen für Abgastemperaturen der Feuerstätten bei Nennleistung bis zu 400 °C ein Mindestabstand von 40 cm eingehalten ist oder
4. die Abgasleitungen in feuerwiderstandsfähigen Schächten verlegt sind und die Abgastemperatur der Feuerstätten bei Nennleistung nicht mehr als 120 ° C betragen kann oder bei Abgastemperaturen der Feuerstätte bei Nennleistung von nicht mehr als 200 °C eine Hinterlüftung im Schacht von mindestens 2 cm bei runder Abgasleitung in rechteckigem Schacht und ansonsten 3 cm gewährleistet ist.

[2] Im Falle von Satz 1 Nummer 2 ist

1. zu Holzbalken und Bauteilen entsprechender Abmessungen ein Mindestabstand von 2 cm ausreichend,
2. zu Bauteilen mit geringer Fläche wie Fußleisten und Dachlatten, soweit die Ableitung der Wärme aus diesen Bauteilen nicht durch Wärmedämmung behindert wird, kein Mindestabstand erforderlich.

[3] Abweichend von Satz 1 Nummer 3 genügt bei Abgasleitungen für Abgastemperaturen der Feuerstätten bei Nennleistung bis zu 300 °C außerhalb von Schächten

1. ein Mindestabstand von 20 cm oder
2. wenn die Abgasleitungen mindestens 2 cm dick mit nichtbrennbaren Baustoffen mit geringer Wärmeleitfähigkeit ummantelt sind oder die Abgastemperatur der Feuerstätte bei Nennleistung nicht mehr als 160 °C betragen kann, ein Mindestabstand von 5 cm.

[4] Abweichend von Satz 1 Nummer 3 genügt für Verbindungsstücke ein Mindestabstand von 10 cm, wenn die Verbindungsstücke mindestens 2 cm dick mit nichtbrennbaren Baustoffen mit geringer Wärmeleitfähigkeit ummantelt sind. [5] Die Mindestabstände gelten für den Anwendungsfall der Hinterlüftung.

(3) [1] Bei Abgasleitungen und Verbindungsstücken für Abgastemperaturen der Feuerstätten bei Nennleistung bis zu 400 °C, die durch Bauteile aus brennbaren Baustoffen führen, gelten die Anforderungen von Absatz 1 insbesondere als erfüllt, wenn diese Leitungen und Verbindungsstücke

1. in einem Mindestabstand von 20 cm mit einem Schutzrohr aus nichtbrennbaren Baustoffen versehen oder
2. in einer Dicke von mindestens 20 cm mit nichtbrennbaren Baustoffen mit geringer Wärmeleitfähigkeit ummantelt werden.

[2] Abweichend von Satz 1 genügt bei Feuerstätten für flüssige und gasförmige Brennstoffe ein Maß von 5 cm, wenn die Abgastemperatur bei Nennleistung der Feuerstätte nicht mehr als 160 °C betragen kann.

(4) Werden bei Durchführungen von Abgasanlagen durch Bauteile aus brennbaren Baustoffen Zwischenräume verschlossen, müssen dafür nichtbrennbare Baustoffe mit geringer Wärmeleitfähigkeit verwendet und die Anforderungen des Absatzes 1 erfüllt werden.

§ 9 Abführung von Abgasen. (1) [1]Die Mündungen von Abgasanlagen müssen

1. den First um mindestens 40 cm überragen oder von der Dachfläche mindestens 1 m entfernt sein; ein Abstand von der Dachfläche von 40 cm genügt, wenn nur raumluftunabhängige Feuerstätten für flüssige und gasförmige Brennstoffe angeschlossen sind, die Summe der Nennleistungen der angeschlossenen Feuerstätten nicht mehr als 50 kW beträgt und das Abgas durch Ventilatoren abgeführt wird,
2. Dachaufbauten, Gebäudeteile, Öffnungen zu Räumen und ungeschützte Bauteile aus brennbaren Baustoffen, ausgenommen Bedachungen, um mindestens 1 m überragen, soweit deren Abstand zu den Abgasanlagen weniger als 1,5 m beträgt,
3. bei Feuerstätten für feste Brennstoffe in Gebäuden, deren Bedachung überwiegend nicht den Anforderungen des § 27 Absatz 6 LBO[1)] entspricht, am First des Daches austreten und diesen um mindestens 80 cm überragen.

[2]Satz 1 Nummer 2 gilt nicht für Abgasleitungen untereinander, sofern diese die gleiche Temperaturklasse aufweisen und die Abgastemperaturen der Feuerstätten bei Nennleistung 160 °C nicht überschreiten.

(2) [1]Die Abgase von raumluftunabhängigen Feuerstätten für gasförmige Brennstoffe dürfen nur dann durch die Außenwand ins Freie geleitet werden, wenn keine Gefahren oder unzumutbare Belästigungen entstehen können. [2]Die Abführung der Abgase muss so in den freien Luftstrom erfolgen, dass sie nicht in Räume eintreten oder in diese rückgeführt werden können.

§ 10 Wärmepumpen, Blockheizkraftwerke und ortsfeste Verbrennungsmotoren. (1) Für die Aufstellung von

1. Sorptionswärmepumpen mit feuerbeheizten Austreibern,
2. Blockheizkraftwerken in Gebäuden und
3. ortsfesten Verbrennungsmotoren

gelten § 3 Absatz 1 bis 5 sowie § 4 Absatz 1 bis 7 entsprechend.

(2) [1]Es dürfen

1. Sorptionswärmepumpen mit einer Nennleistung der Feuerung von insgesamt mehr als 50 kW,
2. Wärmepumpen, die die Abgaswärme von Feuerstätten mit einer Nennleistung von insgesamt mehr als 50 kW nutzen,
3. Kompressionswärmepumpen mit elektrisch angetriebenen Verdichtern mit Antriebsleistungen von insgesamt mehr als 50 kW,
4. Blockheizkraftwerke mit insgesamt mehr als 35 kW Nennleistung in Gebäuden,
5. Kompressionswärmepumpen mit Verbrennungsmotoren und
6. ortsfeste Verbrennungsmotoren

nur in Räumen aufgestellt werden, die die Anforderungen nach § 5 erfüllen. [2]Dies gilt auch für Kombinationen von Feuerstätten und Anlagen nach Satz 1 Nummer 1 bis 4, die gemeinsam betrieben werden sollen mit insgesamt mehr als 100 kW Nennleistung.

[1)] Nr. **1**.

(3) [1]Die Verbrennungsgase von Blockheizkraftwerken und ortsfesten Verbrennungsmotoren in Gebäuden sind durch eigene, dichte Leitungen über Dach abzuleiten. [2]Mehrere Verbrennungsmotoren dürfen an eine gemeinsame Leitung nach Maßgabe des § 7 Absatz 4 angeschlossen werden. [3]Die Leitungen müssen außerhalb der Aufstellräume der Verbrennungsmotoren nach Maßgabe von § 7 Absatz 5 und 8 sowie § 8 beschaffen und angeordnet sein.

(4) [1]Die Einleitung der Verbrennungsgase von Blockheizkraftwerken oder ortsfesten Verbrennungsmotoren in Abgasanlagen für Feuerstätten ist zulässig, wenn die einwandfreie Abführung der Verbrennungsgase und, soweit Feuerstätten angeschlossen sind, auch die einwandfreie Abführung der Abgase nachgewiesen ist. [2]§ 7 Absatz 1 gilt entsprechend.

(5) Für die Abführung der Abgase von Sorptionswärmepumpen mit feuerbeheizten Austreibern und Abgaswärmepumpen gelten die §§ 7 bis 9 entsprechend.

§ 11 Brennstofflagerung in Brennstofflagerräumen. (1) [1]Je Gebäude oder Brandabschnitt darf die Lagerung von

1. Holzpellets von mehr als 6.500 kg,
2. sonstigen festen Brennstoffen in einer Menge von mehr als 15.000 kg,
3. Heizöl und Dieselkraftstoff in Behältern mit mehr als insgesamt 5.000 l oder
4. Flüssiggas in Behältern mit einem Füllgewicht von mehr als insgesamt 16 kg

nur in besonderen Räumen (Brennstofflagerräumen) erfolgen, die nicht zu anderen Zwecken genutzt werden dürfen. [2]Das Fassungsvermögen der Behälter darf insgesamt 100 000 l Heizöl oder Dieselkraftstoff oder 6 500 l Flüssiggas je Brennstofflagerraum und 30 000 l Flüssiggas je Gebäude oder Brandabschnitt nicht überschreiten.

(2) [1]Wände und Stützen von Brennstofflagerräumen sowie Decken über oder unter ihnen müssen feuerbeständig sein. [2]Öffnungen in Decken und Wänden müssen, soweit sie nicht unmittelbar ins Freie führen, mindestens feuerhemmende und selbstschließende Abschlüsse haben. [3]Durch Decken und Wände von Brennstofflagerräumen dürfen keine Leitungen geführt werden, ausgenommen Leitungen, die zum Betrieb dieser Räume erforderlich sind, sowie Heizrohrleitungen, Wasserleitungen und Abwasserleitungen. [4]Die Sätze 1 und 2 gelten nicht für Trennwände zwischen Brennstofflagerräumen und Heizräumen.

(3) [1]Brennstofflagerräume für flüssige Brennstoffe müssen

1. gelüftet werden können,
2. an den Zugängen mit der Aufschrift „HEIZÖLLAGERUNG“ oder „DIESELKRAFTSTOFFLAGERUNG“ gekennzeichnet sein.

[2]Bei Lagerung von mehr als 20 000 l Heizöl kann verlangt werden, dass der Brennstofflagerraum von der Feuerwehr vom Freien aus beschäumt werden kann.

(4) Brennstofflagerräume für Flüssiggas

1. müssen über eine ständig wirksame Lüftung verfügen,
2. dürfen keine Öffnungen zu anderen Räumen, ausgenommen Öffnungen für Türen, und keine offenen Schächte und Kanäle haben,

3. dürfen mit ihren Fußböden nicht allseitig unterhalb der Geländeoberfläche liegen,
4. dürfen in ihren Fußböden keine Öffnungen haben,
5. müssen an ihren Zugängen mit der Aufschrift „FLÜSSIGGASANLAGE" gekennzeichnet sein und
6. dürfen nur mit Geräten und Schutzsystemen zur bestimmungsgemäßen Verwendung in explosionsgefährdeten Bereichen ausgestattet werden, die der Explosionsschutzproduktverordnung vom 6. Januar 2016 (BGBl. I S. 39) entsprechen.

(5) [1] Brennstofflagerräume für Holzpellets müssen vor dem Betreten ausreichend gelüftet werden können. [2] Die Brennstofflagerräume sind an ihren Zugängen mit der Aufschrift „Holzpelletlagerraum – Lebensgefahr durch giftige Gase – Vor Betreten ausreichend lüften!" zu kennzeichnen. [3] Absatz 4 Nummer 6 gilt entsprechend. [4] Für bestehende Brennstofflagerräume für Holzpellets sind die Anforderungen nach Satz 1 und Satz 2 innerhalb von einem Jahr nach Inkrafttreten der Verordnung zu erfüllen.

(6) [1] Durch technische Lösungen über freie oder maschinelle Lüftung ist sicherzustellen, dass der Brennstofflagerraum gefahrlos betreten werden kann. [2] Dies gilt als erfüllt, wenn die aufgrund von technischen Regeln angegebenen Anforderungen an die Lagerraumbelüftung eingehalten sind oder vor dem Betreten des Lagerraums in 60 Minuten ein mindestens 10-facher Luftwechsel erfolgt.

§ 12 Brennstofflagerung außerhalb von Brennstofflagerräumen.

(1) Feste Brennstoffe sowie Behälter zur Lagerung von brennbaren Gasen und Flüssigkeiten dürfen nicht in notwendigen Treppenräumen, in Räumen zwischen notwendigen Treppenräumen und Ausgängen ins Freie und in notwendigen Fluren gelagert oder aufgestellt werden.

(2) Heizöl oder Dieselkraftstoff dürfen gelagert werden

1. in Wohnungen bis zu 100 l,
2. in Räumen außerhalb von Wohnungen bis zu 1 000 l,
3. in Räumen außerhalb von Wohnungen bis zu 5 000 l je Gebäude oder Brandabschnitt, wenn diese Räume gelüftet werden können und gegenüber anderen Räumen keine Öffnungen, ausgenommen Öffnungen mit dichtschließenden Türen, haben,
4. in Räumen in Gebäuden der Gebäudeklasse 1 mit nicht mehr als einer Nutzungseinheit, die keine Aufenthaltsräume sind und den Anforderungen nach Nummer 3 genügen bis zu 5 000 l.

(3) [1] Sind in den Räumen nach Absatz 2 Nummer 2 bis 4 Feuerstätten aufgestellt, müssen diese außerhalb erforderlicher Auffangräume für auslaufenden Brennstoff stehen. [2] Behälter für Heizöl oder Dieselkraftstoff müssen einen Abstand von mindestens 1 m zur Feuerungsanlage haben. [3] Dieser Abstand kann bis auf die Hälfte verringert werden, wenn ein beiderseits belüfteter Strahlungsschutz vorhanden ist. [4] Ein Abstand von 0,1 m zur Feuerstätte genügt, wenn nachgewiesen ist, dass deren Oberflächentemperatur 40 °C nicht überschreitet.

(4) Flüssiggas darf in Wohnungen und in Räumen außerhalb von Wohnungen jeweils in einem Behälter mit einem Füllgewicht von nicht mehr als 16 kg

gelagert werden, wenn die Fußböden allseitig oberhalb der Geländeoberfläche liegen und außer Abläufen mit Flüssigkeitsverschluss keine Öffnungen haben.

(5) Für die Lagerung von mehr als 500 kg Holzpellets gilt § 11 Absatz 5 und 6 entsprechend.

§ 13 Druckbehälter für Flüssiggas. (1) [1]Druckbehälter für Flüssiggas, die weder gewerblichen noch wirtschaftlichen Zwecken dienen oder durch die keine Beschäftigten gefährdet werden können, dürfen nur errichtet werden, wenn sie der Druckgeräteverordnung vom 13. Mai 2015 (BGBl. I S. 692), die durch Artikel 2 der Verordnung vom 6. April 2016 (BGBl. I S. 597, 603) geändert worden ist, entsprechen. [2]Die materiellen Anforderungen und Festlegungen über erstmalige Prüfungen vor Inbetriebnahme und wiederkehrende Prüfungen nach den §§ 15 und 16 der Betriebssicherheitsverordnung vom 3. Februar 2015 (BGBl. I S. 49), die zuletzt durch Artikel 1 der Verordnung vom 30. April 2019 (BGBl. I S. 554) geändert worden ist, gelten entsprechend. [3]Dies gilt nicht für die in diesen Vorschriften genannten Druckbehälter, auf die diese Vorschriften keine Anwendung finden. [4]Eine Ermittlung der Prüffristen nach § 3 Absatz 6 Betriebssicherheitsverordnung ist nicht erforderlich; es gelten die Höchstfristen.

(2) Soweit durch die in Absatz 1 genannten arbeitsschutzrechtlichen Vorschriften Zuständigkeitsregelungen berührt sind, entscheiden bei Anlagen im Anwendungsbereich der Landesbauordnung die Baurechtsbehörden im Benehmen mit den Gewerbeaufsichtsbehörden.

§ 14 Inkrafttreten, Außerkrafttreten. [1]Diese Verordnung tritt am ersten Tag des zweiten auf die Verkündung[1)] folgenden Monats in Kraft. [2]Gleichzeitig tritt die Feuerungsverordnung vom 24. November 1995 (GBl. S. 806), die zuletzt durch Artikel 133 der Verordnung vom 23. Februar 2017 (GBl. S. 99, 114) geändert worden ist, außer Kraft.

---

1) Verkündet am 22.12.2020.

4. Verordnung der Landesregierung, des Wirtschaftsministeriums und des Umweltministeriums über das baurechtliche Verfahren (Verfahrensverordnung zur Landesbauordnung – LBOVVO)[1)]

Vom 13. November 1995

(GBl. S. 794)

BWGültV Sachgebiet 2133-1

geänd. durch ÄndVO v. 13.2.2001 (GBl. S. 121, ber. S. 516), Art. 2 ÄndVO v. 6.5.2003 (GBl. S. 228), Art. 15 Elektronik-AnpassungsG v. 14.12.2004 (GBl. S. 884), ÄndVO v. 21.11.2005 (GBl. S. 688), Art. 70 Siebte AnpassungsVO v. 25.4.2007 (GBl. S. 252), ÄndVO v. 27.1.2010 (GBl. S. 10), Art. 218 Achte AnpassungsVO v. 25.1.2012 (GBl. S. 65), Art. 125 9. AnpassungsVO v. 23.2.2017 (GBl. S. 99) und ÄndVO v. 28.7.2020 (GBl. S. 662, geänd. durch VO v. 12.1.2021, GBl. S. 41)

Inhaltsübersicht[2)]

[1)] Überschrift geänd. mWv 26.11.2005 durch VO v. 21.11.2005 (GBl. S. 688); mWv 16.6.2007 durch VO v. 25.4.2007 (GBl. S. 252); mWv 28.2.2012 durch VO v. 25.1.2012 (GBl. S. 65); mWv 11.3.2017 durch VO v. 23.2.2017 (GBl. S. 99).

[2)] Inhaltsübersicht geänd. mWv 1.4.2001 durch VO v. 13.2.2001 (GBl. S. 121); mWv 1.3.2010 durch VO v. 27.1.2010 (GBl. S. 10); mWv 1.10.2020 durch VO v. 28.7.2020 (GBl. S. 662).

Auf Grund von § 73 Abs. 2, 4 und 5 der Landesbauordnung für Baden-Württemberg (LBO)[1] vom 8. August 1995 (GBl. S. 617) wird verordnet:

Erster Abschnitt. Allgemeine Vorschriften zu den Bauvorlagen im Kenntnisgabeverfahren und im Genehmigungsverfahren

§ 1[2] Bauvorlagen im Kenntnisgabeverfahren. (1) Im Kenntnisgabeverfahren hat der Bauherr nach Maßgabe der folgenden Vorschriften als Bauvorlagen einzureichen:

1. den Lageplan (§§ 4 und 5),
2. die Bauzeichnungen (§ 6),
3. die Darstellung der Grundstücksentwässerung (§ 8),
4. die Erklärung zum Standsicherheitsnachweis (§ 10 Abs. 1),
5. die Bestätigungen des Entwurfsverfassers und des Lageplanfertigers (§ 11),
6. die Bestätigung des Bauherrn, dass er die Bauherrschaft für das Vorhaben übernommen hat; Namen und Anschriften des Bauherrn und des Bauleiters, soweit ein solcher bestellt wurde, sind einzutragen.

(2) [1] Die Bauvorlagen sind in einfacher Ausfertigung bei der Gemeinde einzureichen; ist die Gemeinde nicht selbst Baurechtsbehörde, sind die Bauvorlagen nach Absatz 1 Satz 1 Nr. 1 bis 3 in zweifacher Ausfertigung einzureichen. [2] Werden die Bauvorlagen in elektronischer Form eingereicht, sind Mehrfertigungen in schriftlicher Form nicht erforderlich.

(3) Die Bauvorlagen sind vollständig im Sinne des § 53 Abs. 5 Satz 1 Nr. 1 LBO[1], wenn die in Absatz 1 genannten Bauvorlagen nach Art und Anzahl vorhanden sind.

§ 2[3] Bauvorlagen in Genehmigungsverfahren. (1) [1] In Genehmigungsverfahren hat der Bauherr dem Bauantrag nach Maßgabe der folgenden Vorschriften als Bauvorlagen beizufügen:

1. den Lageplan (§§ 4 und 5),
2. die Bauzeichnungen (§ 6),
3. die Baubeschreibung (§ 7),
4. die Darstellung der Grundstücksentwässerung (§ 8),
5. die bautechnischen Nachweise (§ 9) und im Fall des § 10 Abs. 2 die Erklärung zum Standsicherheitsnachweis (§ 10 Abs. 1),

---

[1] Nr. **1**.

[2] § 1 Abs. 1 Nr. 4 neu gef. mWv 1.4.2001 durch VO v. 13.2.2001 (GBl. S. 121); Abs. 2 Satz 2 angef. mWv 1.3.2005 durch G v. 14.12.2004 (GBl. S. 884); Abs. 1 Nr. 5 geänd., Nr. 6 neu gef., Abs. 3 geänd. mWv 1.3.2010 durch VO v. 27.1.2010 (GBl. S. 10); Abs. 1 Nr. 6 geänd. mWv 1.10.2020 durch VO v. 28.7.2020 (GBl. S. 662).

[3] § 2 Abs. 1 Satz 2 geänd. mWv 1.4.2001 durch VO v. 13.2.2001 (GBl. S. 121); Abs. 2 Satz 3 angef. mWv 1.3.2005 durch G v. 14.12.2004 (GBl. S. 884); Überschrift, Abs. 1 Satz 1 einl. Satzteil geänd., Nr. 5, 6 neu gef. mWv 1.3.2010 durch VO v. 27.1.2010 (GBl. S. 10); Abs. 1 Satz 1 Nr. 6 geänd., Abs. 2 neu gef., Abs. 3 Nr. 3 geänd., Nr. 4 angef. mWv 1.10.2020 durch VO v. 28.7.2020 (GBl. S. 662).

im vereinfachten Baugenehmigungsverfahren nur die Erklärung zum Standsicherheitsnachweis,

6. die Angabe von Name und Anschrift des Bauleiters, soweit ein solcher bestellt wurde.

[2]Die in Satz 1 Nr. 4 bis 6 genannten Bauvorlagen mit Ausnahme der Erklärung zum Standsicherheitsnachweis können nachgereicht werden; sie sind der Baurechtsbehörde vor Baubeginn vorzulegen. [3]Die Darstellung der Grundstücksentwässerung und die bautechnischen Nachweise sind so rechtzeitig vorzulegen, daß sie noch vor Baubeginn geprüft werden können.

(2) [1]Die Bauvorlagen sind in zweifacher Ausfertigung bei der Gemeinde einzureichen. [2]Ist die Gemeinde nicht selbst Baurechtsbehörde, sind die Bauvorlagen mit Ausnahme der in Absatz 1 Satz 1 Nummern 5 und 6 genannten Vorlagen in dreifacher Ausfertigung einzureichen. [3]Die Gemeinde leitet den Bauantrag und die Bauvorlagen unter Zurückbehaltung einer Ausfertigung des Bauantrags und der Vorlagen nach Absatz 1 Satz 1 Nummern 1 bis 4 innerhalb von drei Arbeitstagen an die Baurechtsbehörde weiter. [4]Ist für die Prüfung des Bauantrags die Beteiligung anderer Behörden oder Dienststellen erforderlich, kann die Baurechtsbehörde die Einreichung weiterer Ausfertigungen verlangen. [5]Werden die Bauvorlagen elektronisch in Textform eingereicht, sind Mehrfertigungen nicht erforderlich; hinsichtlich der Weiterleitung gilt Satz 3 entsprechend.

(3) Die Baurechtsbehörde kann

1. weitere Unterlagen verlangen, wenn diese zur Berurteilung des Vorhabens erforderlich sind,
2. auf Bauvorlagen oder einzelne Angaben in den Bauvorlagen verzichten, wenn diese zur Beurteilung des Vorhabens nicht erforderlich sind,
3. zulassen, daß über Absatz 1 Sätze 2 und 3 hinaus einzelne Bauvorlagen nachgereicht werden,
4. verlangen, dass Bauvorlagen elektronisch in Textform einzureichen sind.

§ 3[1)] Allgemeine Anforderungen an die Bauvorlagen. (1) [1]Die Bauvorlagen müssen aus dauerhaftem Papier lichtbeständig hergestellt sein; sie müssen einen Heftrand und die Größe von DIN A 4 haben oder auf diese Größe nach DIN 824 gefaltet sein. [2]Dies gilt nicht, wenn die Bauvorlagen elektronisch in Textform eingereicht werden.

(2) Hat die oberste Baurechtsbehörde Vordrucke öffentlich bekanntgemacht, so sind der Bauantrag und die betreffenden Bauvorlagen unter Verwendung dieser Vordrucke einzureichen.

(3) [1]Werden Bauvorlagen elektronisch in Textform eingereicht, sind sie in archivfähigem Portable Document Format (pdf/A) zu übermitteln. [2]Die Baurechtsbehörde kann andere dauerhaft archivierbare Dateiformate, die Inhalte zuverlässig wiedergeben und keine externen Inhalte einbeziehen, zulassen sowie Übermittlungswege und Dateistrukturen vorgeben.

[1)] § 3 Abs. 1 Satz 2 angef., bish. Wortlaut wird Satz 1 mWv 1.3.2005 durch G v. 14.12.2004 (GBl. S. 884); Abs. 1 Satz 2 geänd., Abs. 3 und 4 angef. mWv 1.10.2020 durch VO v. 28.7.2020 (GBl. S. 662).

(4) Bauzeichnungen nach § 6 und sonstige grafische Darstellungen entsprechen der Textform.

Zweiter Abschnitt. Inhalt und Verfasser einzelner Bauvorlagen

§ 4[1] Lageplan. (1) Der Lageplan gliedert sich in einen zeichnerischen und einen schriftlichen Teil.

(2) [1]Der zeichnerische Teil ist auf der Grundlage eines nach dem neuesten Stand gefertigten Auszugs aus dem Liegenschaftskataster zu erstellen. [2]Der Lageplanfertiger hat die Übereinstimmung des zeichnerischen Teils mit dem Auszug aus dem Liegenschaftskataster und die vollständige Ergänzung nach Absatz 4 auf dem Lageplan zu bestätigen. [3]Der zeichnerische Teil muß das zu bebauende Grundstück und dessen Nachbargrundstücke umfassen. [4]Die Nachbargrundstücke sind nur insoweit aufzunehmen, als es für die Beurteilung des Vorhabens erforderlich ist. [5]Für den zeichnerischen Teil ist der Maßstab 1:500 zu verwenden. [6]Die Baurechtsbehörde kann einen anderen Maßstab verlangen oder zulassen, wenn dies für die Beurteilung des Vorhabens erforderlich oder ausreichend ist.

(3) Der zeichnerische Teil des Lageplans muß folgende Angaben aus dem Liegenschaftskataster enthalten:

1. den Maßstab und die Nordrichtung,
2. die katastermäßigen Grenzen des Grundstücks und der Nachbargrundstücke einschließlich der Verkehrsflächen,
3. die Bezeichnung des Grundstücks und der Nachbargrundstücke nach dem Liegenschaftskataster.

(4) [1]Über Absatz 3 hinaus sind im zeichnerischen Teil des Lageplans darzustellen:

1. die vorhandenen und die in einem Bebauungsplan enthaltenen Verkehrsflächen unter Angabe der Straßengruppe, der Breite, der Höhenlage, sowie die in Planfeststellungsbeschlüssen ausgewiesenen, noch nicht in einen Bebauungsplan übernommenen Verkehrsflächen,
2. soweit in einem Bebauungsplan festgesetzt, die Abgrenzung der überbaubaren Flächen und der Flächen für Garagen und Stellplätze auf dem Grundstück und den Nachbargrundstücken,
3. die bestehenden baulichen Anlagen auf dem Grundstück und den Nachbargrundstücken unter Angabe ihrer Nutzung, ihrer Zahl der Vollgeschosse oder Gebäudehöhe und ihrer Dachform,
4. die Kulturdenkmale und die Naturdenkmale auf dem Grundstück und den Nachbargrundstücken,
5. die geplante Anlage unter Angabe
   a) der Außenmaße,
   b) der Höhenlage, bei Gebäuden des Erdgeschoßfußbodens,
   c) der Abstände zu den Grundstücksgrenzen und zu anderen vorhandenen oder geplanten Gebäuden auf demselben Grundstück,
   d) der erforderlichen Abstandsflächen,

---

[1] § 4 Abs. 2 Satz 2, Abs. 6 Nr. 2 geänd. mWv 1.3.2010 durch VO v. 27.1.2010 (GBl. S. 10).

e) der Zu- und Abfahrten,

f) der für das Aufstellen von Feuerwehrfahrzeugen erforderlichen Flächen unter Angabe ihrer Höhenlage,

6. die Abstände der geplanten Anlage von benachbarten öffentlichen Grünflächen, Wasserflächen, Wäldern, Mooren und Heiden sowie von Anlagen und Einrichtungen, von denen nach öffentlich-rechtlichen Vorschriften Mindestabstände einzuhalten sind, insbesondere von Verkehrsflächen und Bahnanlagen,
7. die Kinderspielplätze,
8. die Lage und Anzahl vorhandener und geplanter Stellplätze für Kraftfahrzeuge,
9. die Abgrenzung von Flächen, auf denen Baulasten oder sonstige für die Zulässigkeit des Vorhabens wesentliche öffentlich-rechtliche Lasten oder Beschränkungen für das Grundstück ruhen,
10. soweit erforderlich Hochspannungsleitungen, andere Leitungen und Einrichtungen für die Versorgung mit Elektrizität, Gas, Wärme, brennbaren Flüssigkeiten und Wasser sowie für das Fernmeldewesen,
11. Anlagen zur Aufnahme und Beseitigung von Abwasser und Fäkalien sowie Brunnen, Dungbehälter und Dungstätten,
12. die Lage vorhandener oder geplanter ortsfester Behälter für brennbare oder sonst schädliche Flüssigkeiten sowie deren Abstände zu der geplanten Anlage, zu Brunnen oder zu Wasserversorgungsanlagen.

[2] Die erforderlichen Abstandsflächen nach Nummer 5 Buchst. d sind auf einem besonderen Blatt darzustellen. [3] Die übrigen Angaben können auf besonderen Blättern dargestellt werden, wenn der zeichnerische Teil sonst unübersichtlich würde.

(5) [1] Der Inhalt des Lageplans nach den Absätzen 3 und 4 ist in schwarzer Strichzeichnung oder Beschriftung, bei Festsetzungen nach dem Baugesetzbuch mit den für die Ausarbeitung von Bauleitplänen vorgeschriebenen, nicht farbigen Planzeichen darzustellen. [2] Es sind farbig zu kennzeichnen:

1.	die Grenzen des zu bebauenden Grundstücks:	
	bestehend	durch violette Außenbandierung,
	geplant	durch unterbrochene violette Außenbandierung,
2.	vorhandene Verkehrsflächen	in goldocker Flächenfarbe,
3.	vorhandene Anlagen, soweit sie nicht schraffiert sind,	in grauer Flächenfarbe,
4.	geplante Anlagen	
	auf dem Grundstück	in roter Flächenfarbe,
	auf den Nachbargrundstücken	durch rote Innenbandierung,
5.	Anlagen, deren Beseitigung beabsichtigt ist	
	auf dem Grundstück	in gelber Flächenfarbe,
	auf den Nachbargrundstücken	durch gelbe Innenbandierung,
6.	geplante Veränderungen bestehender Anlagen	durch rote Schraffur.

(6) Im schriftlichen Teil des Lageplans sind anzugeben:

1. die Bezeichnung des Grundstücks nach Liegenschaftskataster und Grundbuchblatt unter Angabe des Eigentümers und des Flächeninhalts,
2. die Bezeichnung der Nachbargrundstücke nach dem Liegenschaftskataster,
3. der wesentliche Inhalt von Baulasten und von sonstigen öffentlichen Lasten oder Beschränkungen, die das Grundstück betreffen, insbesondere Zugehörigkeit zu einer unter Denkmalschutz gestellten Gesamtanlage, Lage in einem geschützten Grünbestand oder einem Grabungsschutz-, Naturschutz-, Landschaftsschutz-, Wasserschutz-, Überschwemmungs-, Flurbereinigungs- oder Umlegungsgebiet,
4. die Festsetzungen des Bebauungsplans, soweit sie das Grundstück betreffen und im zeichnerischen Teil nicht enthalten sind, insbesondere Bauweise, Art und Maß der baulichen Nutzung,
5. die vorhandene und geplante Art der baulichen Nutzung des Grundstücks,
6. eine Berechnung der Flächenbeanspruchung des Grundstücks nach Grundflächen-, Geschoßflächen- oder Baumassenzahl für vorhandene und geplante Anlagen, soweit Festsetzungen im Bebauungsplan enthalten sind.

(7) [1] Für die Änderungen von Gebäuden, bei denen die Außenwände und Dächer sowie die Nutzung nicht verändert werden, ist ein Lageplan nicht erforderlich. [2] Es genügt ein Übersichtsplan, der die in Absatz 3 vorgeschriebenen Angaben und die Lage des zu ändernden Gebäudes auf dem Grundstück enthält.

§ 5[1)] Erstellung des Lageplans durch Sachverständige. (1) [1] Der Lageplan ist für die Errichtung von Gebäuden durch einen Sachverständigen zu erstellen, wenn

1. Gebäude an der Grundstücksgrenze oder so errichtet werden sollen, daß nur die in den §§ 5 und 6 LBO[2)] vorgeschriebenen Mindesttiefen der Abstandsflächen eingehalten oder
2. diese Mindesttiefen unterschritten werden sollen oder
3. Flächen für Abstände durch Baulast ganz oder teilweise auf Nachbargrundstücke übernommen werden sollen.

[2] Dies gilt nicht bei eingeschossigen Gebäuden ohne Aufenthaltsräume bis zu 50 m^2 Grundfläche.

(2) Sachverständige im Sinne dieser Vorschrift sind

1. Vermessungsbehörden (§§ 7 und 9 des Vermessungsgesetzes),
2. die zu Katastervermessungen befugten Stellen des Bundes und des Landes (§ 10 des Vermessungsgesetzes),
3. Öffentlich bestellte Vermessungsingenieure, auch außerhalb ihres Amtsbezirks,
4. Personen, die nach der württ. Verordnung des Staatsministeriums über die Ausführung und Prüfung von Vermessungsarbeiten mit öffentlichem Glauben vom 4. Juli 1929 (RegBl. S. 260), geändert durch württ.-bad. Verordnung Nr. 382 der Landesregierung vom 13. Dezember 1949 (RegBl. 1950

[1)] § 5 Abs. 1 aufgeh., bish. Abs. 2 wird Abs. 1 und Satz 1 einl. Satzteil geänd., bish. Abs. 3 wird Abs. 2 und Nr. 6 geänd. mWv 1.3.2010 durch VO v. 27.1.2010 (GBl. S. 10).

[2)] Nr. **1**.

S. 2) und württ.-hohenz. Verordnung des Staatsministeriums vom 2. Mai 1950 (RegBl. S. 185), bestellt wurden,
5. Personen, die von einer Industrie- und Handelskammer nach § 7 des Gesetzes über die Industrie- und Handelskammern in Baden-Württemberg als Sachverständige für vermessungstechnische Ingenieurarbeiten bestellt sind,
6. Personen, die das Studium der Fachrichtung Vermessungswesen an einer deutschen oder ausländischen Universität oder Fachhochschule, einschließlich Vorgängereinrichtungen, erfolgreich abgeschlossen haben sowie über eine zweijährige Berufserfahrung auf dem Gebiet des Vermessungswesens verfügen,
7. Personen, die eine Bestätigung der höheren Baurechtsbehörde über die Sachverständigeneigenschaft nach § 2 Abs. 4 Buchst. a Nr. 7 der Bauvorlagenverordnung vom 2. April 1984 (GBl. S. 262), eingefügt durch Verordnung vom 8. Juli 1985 (GBl. S. 234), erhalten haben.

§ 6[1] Bauzeichnungen. (1) [1] Für die Bauzeichnungen ist der Maßstab 1:100 zu verwenden. [2] Die Baurechtsbehörde kann einen anderen Maßstab verlangen oder zulassen, wenn dies zur Beurteilung des Vorhabens erforderlich oder ausreichend ist.

(2) In den Bauzeichnungen sind darzustellen:
1. die Grundrisse aller Geschosse einschließlich des nutzbaren Dachraums mit Angabe der vorgesehenen Nutzung der Räume und mit Einzeichnung der
   a) Treppen,
   b) Schornsteine und Abgasleitungen unter Angabe der Reinigungsöffnungen,
   c) Feuerstätten, Verbrennungsmotoren und Wärmepumpen,
   d) ortsfesten Behälter für brennbare oder sonst schädliche Flüssigkeiten mit Angabe des Fassungsvermögens,
   e) Aufzugsschächte,
   f) Bauteile mit den Anforderungen hinsichtlich des Brandschutzes, wenn diese Anforderungen nicht bereits in anderen Bauvorlagen enthalten sind,
2. die Schnitte, mit Einzeichnung der
   a) Geschoßhöhen,
   b) lichten Raumhöhen,
   c) Treppen und Rampen,
   d) Anschnitte des vorhandenen und des künftigen Geländes,
3. die Ansichten der geplanten baulichen Anlage mit dem Anschluß an angrenzende Gebäude unter Angabe des vorhandenen und künftigen Geländes; an den Eckpunkten der Außenwände sind die Höhenlage des künftigen Geländes sowie die Wandhöhe, bei geneigten Dächern auch die Dachneigung und die Firsthöhe anzugeben.

(3) In den Bauzeichnungen sind anzugeben:
1. der Maßstab,
2. die Maße,

[1] § 6 Abs. 2 Nr. 1 Buchst. f angef. mWv 1.10.2020 durch VO v. 28.7.2020 (GBl. S. 662).

3. bei Änderung baulicher Anlagen die zu beseitigenden und die neuen Bauteile.

(4) [1] In den Grundrissen und Schnitten sind farbig dazustellen:

1. neues Mauerwerk rot,
2. neuer Beton oder Stahlbeton blaßgrün,
3. vorhandene Bauteile grau,
4. zu beseitigende Bauteile gelb.

[2] Sind die Bauteile und Bauarten auch ohne farbige Darstellung zweifelsfrei zu erkennen, so können sie auch in Schwarz-Weiß dargestellt werden.

§ 7 Baubeschreibung. (1) In der Baubeschreibung sind zu erläutern:

1. die Nutzung des Vorhabens,
2. die Konstruktion,
3. die Feuerungsanlagen,
4. die haustechnischen Anlagen,

soweit dies zur Beurteilung erforderlich ist und die notwendigen Angaben nicht in die Bauzeichnungen aufgenommen werden können.

(2) Für gewerbliche Anlagen, die keiner immissionsschutzrechtlichen Genehmigung bedürfen, muß die Baubeschreibung zusätzliche Angaben enthalten über

1. die Bezeichnung der gewerblichen Tätigkeit,
2. die Zahl der Beschäftigten,
3. Art, Zahl und Aufstellungsort von Maschinen oder Apparaten,
4. die Art der zu verwendenden Rohstoffe und der herzustellenden Erzeugnisse,
5. die Art der Lagerung der Rohstoffe, Erzeugnisse, Waren, Produktionsmittel und Produktionsrückstände, soweit diese feuer-, explosions-, gesundheitsgefährlich oder wassergefährdend sind,
6. chemische, physikalische und biologische Einwirkungen auf die Beschäftigten oder auf die Nachbarschaft, wie Gerüche, Gase, Dämpfe, Rauch, Ruß, Staub, Lärm, Erschütterungen, ionisierende Strahlen, Flüssigkeiten, Abwässer und Abfälle.

(3) In der Baubeschreibung sind ferner der umbaute Raum und die Baukosten der baulichen Anlage einschließlich der Kosten der Wasserversorgungs- und Abwasserbeseitigungsanlagen auf dem Grundstück anzugeben.

§ 8 Darstellung der Grundstücksentwässerung. (1) [1] Wenn nicht an eine öffentliche Kanalisation angeschlossen wird, sind Anlagen zur Beseitigung des Abwassers und des Niederschlagswassers in einem Entwässerungsplan im Maßstab 1:500 darzustellen. [2] Der Plan muß enthalten:

1. die Führung der vorhandenen und geplanten Leitungen außerhalb der Gebäude mit Schächten und Abscheidern,
2. die Lage der vorhandenen und geplanten Kleinkläranlagen, Gruben und ähnlichen Einrichtungen.

[3] Kleinkläranlagen, Gruben und ähnliche Einrichtungen sind, soweit erforderlich, durch besondere Bauzeichnungen darzustellen.

(2) Bei Anschluß an eine öffentliche Kanalisation sind darzustellen:

1. Lage, Abmessung, Gefälle der öffentlichen Kanalisation sowie die Sohlenhöhe und Einlaufhöhe an der Anschlußstelle,
2. Lage, Querschnitte, Gefälle und Höhe der Anschlußkanäle.

(3) Über die Absätze 1 und 2 hinaus sind darzustellen:

1. die Lage der vorhandenen und geplanten Brunnen,
2. die Lage der vorhandenen und geplanten Anlagen zur Reinigung oder Vorbehandlung von Abwasser unter Angabe des Fassungsvermögens,
3. besondere Anlagen zur Löschwasserversorgung.

§ 9[1)] **Bautechnische Nachweise.** (1) Bautechnische Nachweise sind:

1. der Standsicherheitsnachweis unter Berücksichtigung der Anforderungen des Brandschutzes an tragende Bauteile,
2. der Schallschutznachweis.

(2) [1] Der Standsicherheitsnachweis ist durch eine statische Berechnung sowie durch die Darstellung aller für die Standsicherheit wesentlichen Bauteile in Konstruktionszeichnungen zu erbringen. [2] Berechnung und Konstruktionszeichnungen müssen übereinstimmen und gleiche Positionsangaben haben. [3] Die Beschaffenheit und Tragfähigkeit des Baugrundes sind anzugeben. [4] Soweit erforderlich, ist nachzuweisen, dass die Standsicherheit anderer baulicher Anlagen und die Tragfähigkeit des Baugrundes der Nachbargrundstücke nicht gefährdet werden.

(3) Der Schallschutznachweis ist durch Berechnungen zu erbringen und, soweit dies zur Beurteilung erforderlich ist, durch Zeichnungen zu ergänzen.

§ 10[2)] **Erklärung zum Standsicherheitsnachweis.** (1) [1] Im Kenntnisgabeverfahren und im vereinfachten Baugenehmigungsverfahren hat der Bauherr diejenige Person zu benennen, die er mit der Erstellung des Standsicherheitsnachweises beauftragt hat. [2] Namen und Anschriften des Bauherrn und der beauftragten Person sind einzutragen. ***[Satz 3 bis 31.1.2022:]*** [3] Wenn die Voraussetzungen für den Wegfall der bautechnischen Prüfung nach § 18 vorliegen, hat die beauftragte Person in dieser Erklärung zu versichern, dass sie die Qualifikationsanforderungen nach § 18 Abs. 3 erfüllt.

(2) In Genehmigungsverfahren, die nicht unter Absatz 1 fallen, ist eine Erklärung nach Absatz 1 abzugeben, wenn die Voraussetzungen für den Wegfall der bautechnischen Prüfung nach § 18 vorliegen.

§ 11[3)] **Bestätigungen des Entwurfsverfassers und des Lageplanfertigers.** (1) Im Kenntnisgabeverfahren hat der Entwurfsverfasser unter Angabe von Name und Anschrift zu bestätigen, daß

[1)] § 9 Abs. 1 Nr. 2 aufgeh., bish. Nr. 3 wird Nr. 2, Abs. 3 neu gef. mWv 1.7.2003 durch VO v. 6.5.2003 (GBl. S. 228); Abs. 2 Satz 4 angef. mWv 1.3.2010 durch VO v. 27.1.2010 (GBl. S. 10).

[2)] § 10 neu gef. mWv 1.4.2001 durch VO v. 13.2.2001 (GBl. S. 121); Abs. 1 Satz 1, Abs. 2 geänd. mWv 1.3.2010 durch VO v. 27.1.2010 (GBl. S. 10); Abs. 1 Satz 2 geänd. mWv 1.10.2020, Satz 3 aufgeh. mWv 1.2.2022 durch VO v. 28.7.2020 (GBl. S. 662, geänd. durch VO v. 12.1.2021, GBl. S. 41).

[3)] § 11 Überschrift, Abs. 1 einl. Satzteil geänd., Abs. 1 Nr. 2, 3, Abs. 2 Nr. 2 neu gef., Abs. 4 angef. mWv 1.3.2010 durch VO v. 27.1.2010 (GBl. S. 10); Abs. 3 aufgeh., bish. Abs. 4 wird Abs. 3 und neu gef. mWv 1.10.2020 durch VO v. 28.7.2020 (GBl. S. 662).

1. die Voraussetzungen für das Kenntnisgabeverfahren nach § 51 Abs. 1 und 2 LBO[1)] vorliegen,
2. die erforderlichen Bauvorlagen unter Beachtung der öffentlich-rechtlichen Vorschriften verfasst worden sind, insbesondere die Festsetzungen im Bebauungsplan über die Art der baulichen Nutzung eingehalten und die nach § 15 Abs. 3 bis 5 LBO erforderlichen Rettungswege einschließlich der notwendigen Flächen für die Feuerwehr nach § 15 Abs. 6 LBO vorgesehen sind,
3. die Qualifikationsanforderungen nach § 43 LBO oder § 77 Abs. 2 LBO erfüllt sind.

(2) Im Kenntnisgabeverfahren hat der Lageplanfertiger unter Angabe von Name und Anschrift zu bestätigen, daß

1. der Lageplan unter Beachtung der öffentlich-rechtlichen Vorschriften verfaßt worden ist, insbesondere die Vorschriften über die Abstandsflächen und die Festsetzungen über das Maß der baulichen Nutzung eingehalten sind,
2. in den Fällen des § 5 Abs. 1 die erforderlichen Qualifikationsanforderungen erfüllt sind.

(3) [1]Im vereinfachten Baugenehmigungsverfahren gilt Absatz 1 Nummer 2 entsprechend hinsichtlich der im Verfahren nicht zu prüfenden Vorschriften. [2]Bei einem Antrag nach § 52 Absatz 4 LBO müssen die davon betroffenen Bestätigungen nach § 11 Absatz 1 Nummer 2 unter dem Vorbehalt erfolgen, dass die beantragte Abweichung, Ausnahme oder Befreiung gewährt wird.

Dritter Abschnitt. Bauvorlagen in besonderen Fällen

§ 12 Bauvorlagen für den Abbruch baulicher Anlagen. [1]Beim Abbruch baulicher Anlagen sind folgende Bauvorlagen einzureichen:

1. ein Übersichtsplan mit Bezeichnung des Grundstücks nach Straße und Hausnummer im Maßstab 1:500,
2. die Angabe von Lage und Nutzung der abzubrechenden Anlage,
3. die Bestätigung des vom Bauherrn bestellten Fachunternehmers, daß er
   a) über die notwendige Befähigung zur Durchführung der Abbrucharbeiten verfügt, insbesondere über ausreichende Kenntnisse in Standsicherheitsfragen, Fragen des Arbeits- und Gesundheitsschutzes sowie über ausreichende praktische Erfahrungen beim Abbruch baulicher Anlagen,
   b) über die für den Abbruch notwendigen Einrichtungen und Geräte verfügt,
4. die Bestätigung des Bauherrn, daß er die für den Abbruch erforderlichen Genehmigungen nach anderen öffentlich-rechtlichen Vorschriften, insbesondere nach den denkmalschutzrechtlichen Vorschriften, beantragt hat.

[2]Verfügt der Fachunternehmer nicht über die nach Satz 1 Nr. 3 Buchst. a geforderten Kenntnisse in Standsicherheitsfragen, hat er die Hinzuziehung eines geeigneten Tragwerksplaners zu bestätigen.

§ 13 Bauvorlagen für Werbeanlagen. (1) Bauvorlagen für die Errichtung von Werbeanlagen sind:

[1)] Nr. **1**.

1. der Lageplan,
2. die Bauzeichnungen,
3. die Baubeschreibung,
4. soweit erforderlich eine fotografische Darstellung der Umgebung und die Bestätigung der Standsicherheit.

(2) [1] Für den Lageplan ist ein Maßstab nicht kleiner als 1:500 zu verwenden. [2] Der Lageplan muß enthalten:

1. die Bezeichnung des Grundstücks nach dem Liegenschaftskataster unter Angabe des Eigentümers mit Anschrift sowie nach Straße und Hausnummer,
2. die katastermäßigen Grenzen des Grundstücks,
3. den Ort der Errichtung der Werbeanlage,
4. die Festsetzungen des Bebauungsplans über die Art des Baugebiets,
5. die festgesetzten Baulinien, Baugrenzen und Bebauungstiefen,
6. die auf dem Grundstück vorhandenen baulichen Anlagen,
7. die Abstände der Werbeanlage zu öffentlichen Verkehrsflächen unter Angabe der Straßengruppe,
8. die Kulturdenkmale und die Naturdenkmale auf dem Grundstück und den Nachbargrundstücken,
9. die Lage innerhalb einer denkmalschutzrechtlichen Gesamtanlage, in einem geschützten Grünbestand, einem Naturschutz- oder Landschaftsschutzgebiet.

(3) [1] Für die Bauzeichnungen ist ein Maßstab nicht kleiner als 1:50 zu verwenden. [2] Die Bauzeichnungen müssen enthalten:

1. die Darstellung der Werbeanlage in Verbindung mit der baulichen Anlage, vor der oder in deren Nähe sie errichtet werden soll,
2. die farbgetreue Wiedergabe aller sichtbaren Teile der Werbeanlage,
3. die Ausführungsart der Werbeanlage.

(4) In der Baubeschreibung sind, soweit dies zur Beurteilung erforderlich ist und die notwendigen Angaben nicht in den Lageplan und die Bauzeichnungen aufgenommen werden können, anzugeben:

1. die Art und Größe der Werbeanlage,
2. die Farben der Werbeanlage,
3. benachbarte Signalanlagen und Verkehrszeichen.

Vierter Abschnitt. Bauvorlagen in besonderen Verfahren

§ 14 Bauvorlagen für das Zustimmungsverfahren. Für den Antrag auf Zustimmung nach § 70 LBO[1] gelten § 2 mit Ausnahme von Absatz 1 Satz 1 Nr. 5 und 6 und § 3 entsprechend.

§ 15 Bauvorlagen für den Bauvorbescheid. (1) Dem Antrag auf einen Bauvorbescheid nach § 57 LBO[1] sind die Bauvorlagen beizufügen, die zur Beurteilung der durch den Vorbescheid zu entscheidenden Fragen des Bauvorhabens erforderlich sind.

(2) § 2 Abs. 2 und 3 und § 3 gelten entsprechend.

---

[1] Nr. **1**.

§ 16[1]) Bauvorlagen für die Ausführungsgenehmigung Fliegender Bauten. (1) [1]Dem Antrag auf eine Ausführungsgenehmigung Fliegender Bauten nach § 69 LBO[2]) sind die in § 2 Abs. 1 Satz 1 Nr. 2 und 3 genannten Bauvorlagen sowie die bau- und maschinentechnischen Nachweise beizufügen. [2]Die Baubeschreibung muß ausreichende Angaben über die Konstruktion, den Aufbau und den Betrieb der Fliegenden Bauten enthalten.

(2) [1]Die Bauvorlagen sind in zweifacher Ausfertigung einzureichen. [2]§ 2 Abs. 3 und § 3 Abs. 1 Satz 1 gelten entsprechend; die Bauzeichnungen müssen aus Papier auf reißfester Unterlage hergestellt sein.

Fünfter Abschnitt.[3]) Erstellung der bautechnischen Nachweise, bautechnische Prüfung und bautechnische Prüfbestätigung

§ 16a[4]) Erstellung der bautechnischen Nachweise. [1]Soweit die bautechnischen Nachweise nicht als Bauvorlagen einzureichen sind, müssen sie vor Baubeginn, spätestens jedoch vor Ausführung des jeweiligen Bauabschnitts erstellt sein; § 9 gilt entsprechend. [2]Ist im Kenntnisgabeverfahren oder im vereinfachten Baugenehmigungsverfahren eine bautechnische Prüfung durchzuführen, müssen die bautechnischen Nachweise so rechtzeitig erstellt sein, dass sie noch vor Baubeginn oder Ausführung des jeweiligen Bauabschnitts geprüft werden können. [3]Soweit keine bautechnische Prüfung durchzuführen ist, haben der Bauherr und seine Rechtsnachfolger die bautechnischen Nachweise bis zur Beseitigung der baulichen Anlage aufzubewahren.

§ 17[5]) Bautechnische Prüfung, bautechnische Prüfbestätigung.

(1) [1]Für bauliche Anlagen ist eine bautechnische Prüfung nach den Absätzen 2 bis 4 durchzuführen, soweit in § 18 oder § 19 nichts anderes bestimmt ist. [2]Die bautechnische Prüfung umfaßt:

1. die Prüfung der bautechnischen Nachweise (§ 9),
2. die Überwachung der Ausführung in konstruktiver Hinsicht.

(2) [1]Im Kenntnisgabeverfahren und im vereinfachten Baugenehmigungsverfahren hat der Bauherr eine prüfende Stelle nach § 4 Abs. 1 BauPrüfVO mit der bautechnischen Prüfung zu beauftragen. [2]Die prüfende Stelle muß unter Angabe von Name und Anschrift eine bautechnische Prüfbestätigung abgeben. [3]Die bautechnische Prüfbestätigung umfaßt:

1. die Bescheinigung der Vollständigkeit und Richtigkeit der bautechnischen Nachweise (Prüfbericht),
2. eine Fertigung der mit Prüfvermerk versehenen bautechnischen Nachweise.

[4]Der Bauherr hat die bautechnische Prüfbestätigung vor Baubeginn bei der Baurechtsbehörde einzureichen. [5]Der Prüfbericht kann auch für einzelne Bau-

---

[1]) § 16 Abs. 2 Satz 2 geänd. mWv 1.3.2005 durch G v. 14.12.2004 (GBl. S. 884).

[2]) Nr. 1.

[3]) 5. Abschnitt Überschrift neu gef. mWv 1.4.2001 durch VO v. 13.2.2001 (GBl. S. 121).

[4]) § 16a eingef. mWv 1.4.2001 durch VO v. 13.2.2001 (GBl. S. 121); Satz 2 geänd., Satz 3 angef. mWv 1.3.2010 durch VO v. 27.1.2010 (GBl. S. 10).

[5]) § 17 Abs. 5 aufgeh. mWv 1.4.2001 durch VO v. 13.2.2001 (GBl. S. 121); Abs. 1 Satz 1 geänd. mWv 26.11.2005 durch VO v. 21.11.2005 (GBl. S. 688); Abs. 2 Satz 1 neu gef., Satz 2, Abs. 3 Satz 1, Abs. 4 geänd. mWv 1.3.2010 durch VO v. 27.1.2010 (GBl. S. 10).

abschnitte erteilt werden. [6]Er muß stets vor Ausführung des jeweiligen Bauabschnitts vorliegen und den geprüften Bauabschnitt genau bezeichnen.

(3) [1]In Genehmigungsverfahren, die nicht unter Absatz 2 fallen, hat der Bauherr die bautechnischen Nachweise der Baurechtsbehörde zur bautechnischen Prüfung vorzulegen. [2]Die Baurechtsbehörde kann die bautechnische Prüfung ganz oder teilweise einem Prüfamt für Baustatik (Prüfamt) oder einem Prüfingenieur übertragen; die Übertragung kann widerrufen werden. [3]Wird die bautechnische Prüfung übertragen, ist der Baurechtsbehörde eine bautechnische Prüfbestätigung vorzulegen.

(4) Mit der Prüfung der bautechnischen Nachweise und der Überwachung der Ausführung können auch verschiedene prüfende Stellen beauftragt werden.

§ 18[1)] Wegfall der bautechnischen Prüfung. (1) [1]Keiner bautechnischen Prüfung bedürfen

1. Wohngebäude der Gebäudeklassen 1 bis 3,
2. sonstige Gebäude der Gebäudeklassen 1 bis 3 bis 250 m² Grundfläche, die neben einer Wohnnutzung oder ausschließlich
   a) Büroräume,
   b) Räume für die Berufsausübung freiberuflich oder in ähnlicher Art Tätiger und
   c) anders genutzte Räume mit einer Nutzlast von jeweils bis 2 kN/m²

   enthalten,
3. land- und forstwirtschaftlich genutzte Gebäude mit einer maximalen Gebäudehöhe von bis zu 7,50 m, gemessen ab der Oberkante des Rohfußbodens im Erdgeschoss, und einer Grundfläche
   a) bis zu 250 m²,
   b) bis zu 1200 m², wenn die freie Spannweite der Dachbinder nicht mehr als 10 m beträgt,
4. nichtgewerbliche eingeschossige Gebäude mit Aufenthaltsräumen bis zu 250 m² Grundfläche,
5. Gebäude ohne Aufenthaltsräume
   a) bis zu 250 m² Grundfläche und mit nicht mehr als einem Geschoss,
   b) bis zu 100 m² Grundfläche und mit nicht mehr als zwei Geschossen,
6. Nebenanlagen zu Nummer 1 bis 5, ausgenommen Gebäude.

[2]Bei der Berechnung der Grundfläche nach Satz 1 bleibt die Grundfläche untergeordneter Bauteile und Vorbauten nach § 5 Abs. 6 LBO[2)] außer Betracht. [3]Satz 1 gilt nur dann, wenn

1. die genannten Gebäude nicht auf Garagen mit einer Nutzfläche von insgesamt mehr als 200 m² errichtet werden, die sich ganz oder teilweise unter dem Gebäude befinden,
2. die genannten Gebäude über nicht mehr als ein Untergeschoss verfügen und

---

[1)] § 18 neu gef. mWv 1.4.2001 durch VO v. 13.2.2001 (GBl. S. 121, ber. S. 516); Abs. 1, 2 neu gef., Abs. 6 angef. mWv 1.3.2010 durch VO v. 27.1.2010 (GBl. S. 10); Abs. 3 neu gef., Abs. 4 eingef., bish. Abs. 4–6 werden Abs. 5–7, neuer Abs. 6 Satz 1 geänd. mWv 1.2.2022 durch VO v. 28.7.2020 (GBl. S. 662, geänd. durch VO v. 12.1.2021, GBl. S. 41).

[2)] Nr. **1**.

3. bei einseitiger Erddruckbelastung die Höhendifferenz zwischen den Geländeoberflächen maximal 4 m beträgt.

(2) Außer bei den in Absatz 1 genannten Gebäuden entfällt die bautechnische Prüfung auch bei

1. Erweiterungen bestehender Gebäude durch Anbau, wenn der Anbau Absatz 1 entspricht,
2. sonstigen Änderungen von Wohngebäuden und anderen Gebäuden nichtgewerblicher Nutzung, wenn nicht infolge der Änderung die wesentlichen Teile der baulichen Anlage statisch nachgerechnet werden müssen.

[Abs. 3 bis 31.1.2022:]

(3) Standsicherheitsnachweise von Vorhaben nach den Absätzen 1 und 2 müssen verfasst sein.[1)]

1. von einem Bauingenieur mit einer Berufserfahrung auf dem Gebiet der Baustatik von mindestens fünf Jahren oder
2. von einer Person, die in den letzten fünf Jahren vor dem 31. Mai 1985 hauptberuflich auf dem Gebiet der Baustatik ohne wesentliche Beanstandungen Standsicherheitsnachweise verfasst hat, wenn ihr eine Bestätigung darüber von der höheren Baurechtsbehörde ausgestellt und diese Bestätigung bis zum 31. Mai 1986 beantragt worden ist.

[Abs. 3 ab 1.2.2022:]

(3) Standsicherheitsnachweise von Vorhaben nach den Absätzen 1 und 2 müssen von einer Person verfasst sein, die in die von der Ingenieurkammer Baden-Württemberg geführte Liste nachweisberechtigter Personen im Bereich der Standsicherheit eingetragen ist; Eintragungen anderer Länder gelten auch im Land Baden-Württemberg.

[Abs. 4 ab 1.2.2022:]

(4) [1] In die Liste nachweisberechtigter Personen im Bereich der Standsicherheit ist auf Antrag von der Ingenieurkammer Baden-Württemberg einzutragen, wer

1. *einen berufsqualifizierenden Hochschulabschluss eines Studiums der Fachrichtung Hochbau nach Artikel 49 Absatz 1 der Richtlinie 2005/36/EG des Europäischen Parlaments und des Rates vom 7. September 2005 über die Anerkennung von Berufsqualifikationen (ABl. L 255 vom 30.9.2005, S. 22, zuletzt ber. ABl. L 305 vom 24.10.2014, S. 115), die zuletzt durch Delegierten Beschluss (EU) Nr. 2020/548 vom 23. Januar 2020 (ABl. L 131 vom 24.4.2020, S. 1) geändert worden ist, oder des Bauingenieurwesens nachweist und danach mindestens drei Jahre auf dem Gebiet der Tragwerksplanung innerhalb der letzten sechs Jahre vor Antrag auf Eintragung praktisch tätig gewesen ist,*
2. *Prüfingenieurin oder Prüfingenieur nach §§ 1 oder 14 der Bauprüfverordnung ist,*
3. *Bauingenieurin oder Bauingenieur mit einer vor dem 1. Februar 2022 erworbenen Berufserfahrung auf dem Gebiet der Baustatik von mindestens fünf Jahren ist oder*
4. *in den letzten fünf Jahren vor dem 31. Mai 1985 hauptberuflich auf dem Gebiet der Baustatik ohne wesentliche Beanstandungen Standsicherheitsnachweise verfasst hat und eine Bestätigung darüber von der höheren Baurechtsbehörde ausgestellt und diese Bestätigung bis zum 31. Mai 1986 beantragt worden ist.*

[1)] Zeichensetzung amtlich.

[2] *§ 43 Absatz 6 Satz 2 bis 7 sowie Absatz 7 bis 9 der Landesbauordnung finden entsprechende Anwendung.*

(4) ***[ab 1.2.2022:** (5)]* Wurde der Standsicherheitsnachweis bei einem Vorhaben nach Absatz 1 oder 2 nicht von einer in Absatz 3 genannten Person verfasst, beschränkt sich die bautechnische Prüfung auf die Prüfung des Standsicherheitsnachweises.

(5) ***[ab 1.2.2022:** (6)]* [1] Die Absätze 1 ***[bis 31.1.2022:*** bis 4***][ab 1.2.2022:*** *bis 5]* gelten in den in der Anlage aufgeführten besonders erdbebengefährdeten Gemeinden und Gemeindeteilen nur bei Vorhaben nach Absatz 1 Nummern 5 und 6. [2] Bei sonstigen Vorhaben nach Absatz 1 oder 2 beschränkt sich die bautechnische Prüfung auf die Prüfung der Standsicherheitsnachweise und die Überwachung der Ausführung in konstruktiver Hinsicht.

(6) ***[ab 1.2.2022:** (7)]* Abweichend von den Absätzen 1 und 2 kann die zuständige Baurechtsbehörde eine bautechnische Prüfung verlangen, insbesondere wenn eine Beeinträchtigung einer benachbarten baulichen Anlage oder öffentlicher Verkehrsanlagen zu erwarten ist oder wenn es wegen des Schwierigkeitsgrads der Konstruktion oder wegen schwieriger Baugrund- oder Grundwasserverhältnisse erforderlich ist.

§ 19[1)] Verzicht auf bautechnische Bauvorlagen sowie bautechnische Prüfbestätigungen. (1) Bauvorlagen nach §§ 9 und 10 sowie bautechnische Prüfbestätigungen brauchen nicht vorgelegt zu werden,

1. soweit zur Ausführung des Bauvorhabens nach Maßgabe der bautechnischen Anforderungen die Aufstellung statischer und anderer bautechnischer Berechnungen nicht notwendig ist oder
2. wenn das Bauvorhaben unter der Leitung und Bauüberwachung geeigneter Fachkräfte der Baubehörden von Gebietskörperschaften oder Kirchen ausgeführt wird.

(2) Darüber hinaus kann die Baurechtsbehörde im Genehmigungsverfahren auf die Vorlage der in Absatz 1 genannten Bauvorlagen und gegebenenfalls auf die bautechnische Prüfung nach § 17 verzichten, soweit sie die bautechnischen Anforderungen aus der Erfahrung beurteilen kann.

Sechster Abschnitt. Festlegung von Grundriß und Höhenlage der Gebäude auf dem Baugrundstück

§ 20[2)] Festlegung nach § 59 Abs. 5 LBO im Kenntnisgabeverfahren.

Abweichend von § 59 Abs. 5 Nr. 2 LBO[3)] braucht die Festlegung von Grundriß und Höhenlage bei Gebäuden nach § 5 Absatz 1 Satz 2 nicht durch einen Sachverständigen vorgenommen zu werden.

---

1) § 19 Überschrift neu gef. mWv 1.4.2001 durch VO v. 13.2.2001 (GBl. S. 121); Abs. 2 geänd. mWv 1.3.2010 durch VO v. 27.1.2010 (GBl. S. 10).

2) § 20 geänd. mWv 1.3.2010 durch VO v. 27.1.2010 (GBl. S. 10); geänd. mWv 1.10.2020 durch VO v. 28.7.2020 (GBl. S. 662).

3) Nr. **1**.

Siebter Abschnitt. Ordnungswidrigkeiten, Inkrafttreten

§ 21[1)] Ordnungswidrigkeiten. Ordnungswidrig nach § 75 Abs. 3 Nr. 2 LBO[2)] handelt, wer vorsätzlich oder fahrlässig

1. als Bauherr eine unrichtige Erklärung nach § 10 abgibt,
2. als Entwurfsverfasser oder Lageplanfertiger eine unrichtige Bestätigung (§ 11) abgibt,
3. als Bauherr eine unrichtige Bestätigung (§ 12 Satz 1 Nr. 4) abgibt,
4. als Bauherr entgegen § 16a Satz 1 mit dem Bau beginnt oder Bauarbeiten fortsetzt, bevor der dafür erforderliche Standsicherheitsnachweis erstellt ist,
5. als Bauherr entgegen § 17 Abs. 2 Sätze 4 bis 6 mit dem Bau beginnt oder Bauarbeiten fortsetzt, bevor er die danach erforderliche bautechnische Prüfbestätigung vorgelegt hat.

§ 22[3)] Inkrafttreten, Übergangsvorschrift. (1) [1]Diese Verordnung tritt am 1. Januar 1996 in Kraft. [2]Gleichzeitig treten die Verordnung des Innenministeriums über Bauvorlagen im baurechtlichen Verfahren (Bauvorlagenverordnung – BauVorlVO) vom 2. April 1984 (GBl. S. 262, ber. S. 519), geändert durch Verordnung vom 8. Juli 1985 (GBl. S. 234), sowie die §§ 1 und 1a der Verordnung des Innenministeriums über die bautechnische Prüfung genehmigungspflichtiger Vorhaben (Bauprüfverordnung – BauPrüfVO) vom 11. August 1977 (GBl. S. 387), zuletzt geändert durch Verordnung vom 18. Oktober 1990 (GBl. S. 324) außer Kraft.

(2) [1]Die vor dem Inkrafttreten von Änderungen zu dieser Verordnung eingeleiteten Verfahren bei den Baurechtsbehörden sind nach den bisherigen Vorschriften weiterzuführen. [2]Auf Antrag des Bauherrn sind die neuen Vorschriften anzuwenden.

Anlage[4)]
[bis 31.1.2022:] (zu § 18 Abs. 5)
[ab 1.2.2022:] *(zu § 18 Absatz 6)*

Gemeinden und Gemeindeteile in besonders erdbebengefährdeten Gebieten

1. Regierungsbezirk Freiburg
   – Binzen
   – Efringen-Kirchen ohne die Gemarkung Blansingen
   – Eimeldingen
   – Fischingen
   – Grenzach-Wyhlen
   – Inzlingen
   – Irndorf
   – Kandern nur die Gemarkungen Holzen und Wollbach
   – Lörrach

[1)] § 21 neu gef. mWv 1.4.2001 durch VO v. 13.2.2001 (GBl. S. 121); Nr. 2 geänd. mWv 1.3.2010 durch VO v. 27.1.2010 (GBl. S. 10).

[2)] Nr. **1**.

[3)] § 22 Überschrift geänd., Abs. 2 angef. mWv 1.10.2020 durch VO v. 28.7.2020 (GBl. S. 662).

[4)] Anl. neu gef. mWv 26.11.2005 durch VO v. 21.11.2005 (GBl. S. 688); geänd. mWv 1.2.2022 durch VO v. 28.7.2020 (GBl. S. 662, geänd. durch VO v. 12.1.2021, GBl. S. 41).

- Rheinfelden (Baden) nur die Gemarkungen Adelhausen, Degerfelden, Eichsel und Herten
- Rümmingen
- Schallbach
- Steinen nur die Gemarkung Hüsingen
- Weil am Rhein
- Wittlingen

2. Regierungsbezirk Tübingen
   - Albstadt
   - Ammerbuch nur die Gemarkungen Entringen, Pfäffingen und Poltringen
   - Balingen
   - Beuron nur die Gemarkung Hausen
   - Bingen nur die Gemarkungen Hochberg und Hornstein
   - Bisingen
   - Bitz
   - Bodelshausen
   - Burladingen
   - Dußlingen
   - Gammertingen ohne die Gemarkung Kettenacker
   - Geislingen (Zollernalbkreis) ohne die Gemarkungen Erlaheim und Binsdorf
   - Gomaringen
   - Grosselfingen
   - Haigerloch nur die Gemarkungen Hart, Owingen und Stetten
   - Hausen am Tann
   - Hechingen
   - Hettingen ohne die Gemarkung Inneringen
   - Hirrlingen
   - Inzigkofen ohne die Gemarkung Engelswies
   - Jungingen
   - Kirchentellinsfurt
   - Kusterdingen
   - Leibertingen nur die Gemarkung Kreenheinstetten
   - Meßstetten
   - Mössingen
   - Nehren
   - Neufra
   - Neustetten ohne die Gemarkung Wolfenhausen
   - Nusplingen
   - Obernheim
   - Ofterdingen
   - Pfullingen ohne die östliche Teilfläche (Gemarkung Pfullingen, Gewanne Übersberg, Hülbenwald und Gerstenberg)
   - Rangendingen
   - Reutlingen nur die Gemarkungen Bronnweiler, Degerschlacht, Gönningen, Ohmenhausen, Reutlingen und Reutlingen-Betzingen
   - Rottenburg am Neckar ohne die Gemarkungen Baisingen, Eckenweiler, Ergenzingen, Hailfingen und Seebronn
   - Schwenningen
   - Sigmaringen
   - Sonnenbühl

- Starzach nur die Gemarkung Wachendorf
- Stetten am kalten Markt
- Straßberg
- Trochtelfingen ohne die Gemarkung Wilsingen
- Tübingen
- Veringenstadt
- Wannweil
- Winterlingen

3. Exklaven anderer Gemeinden, die vom Gebiet der aufgeführten Gemeinden und Gemeindeteile umschlossen sind.

5. Verwaltungsvorschrift des Ministeriums für Verkehr und Infrastruktur über Vordrucke im baurechtlichen Verfahren (VwV LBO-Vordrucke) [1] [2][3]

Vom 25. Februar 2010 – 5-2600.0-9/127 –

(GABl. S. 49)

geänd. durch Nr. I ÄndVwV v. 3. 3. 2015 (GABl. S. 82)

§ 1[4] **[Vordrucke für Verfahren nach der LBO]** [1]Für die Verfahren nach der Landesbauordnung für Baden-Württemberg (LBO)[5] in der Fassung vom 5. März 2010 (GBl. S. 358, ber. S. 416), zuletzt geändert durch Gesetz vom 11. November 2014 (GBl. S. 501), werden nach § 3 der Verfahrensverordnung zur Landesbauordnung (LBOVVO)[6] vom 13. November 1995 (GBl. S. 794), zuletzt geändert durch Artikel 218 der Verordnung vom 25. Januar 2012 (GBl. S. 65, 89), folgende Vordrucke bekanntgemacht und verbindlich eingeführt:

Kenntnisgabeverfahren nach § 51 Abs. 1 und 2 LBO – *Anlage 1* –

Abbruch baulicher Anlagen im Kenntnisgabeverfahren nach § 51 Abs. 3 LBO – *Anlage 2* –

Antrag auf Baugenehmigung im vereinfachten Verfahren (§ 52 LBO) – *Anlage 3* –

Antrag auf Baugenehmigung (§ 49 LBO)/Bauvorbescheid (§ 57 LBO) – *Anlage 4* –

Schriftlicher Teil des Lageplans – *Anlage 5* –

Baubeschreibung – *Anlage 6* –

Technische Angaben über Feuerungsanlagen – *Anlage 7* –

Angaben zu gewerblichen Anlagen, die keiner immissionsschutzrechtlichen Genehmigung bedürfen – *Anlage 8* –

[2]Der Inhalt der Vordrucke ist hinsichtlich Wortlaut und Abfolge verbindlich, nicht jedoch bezüglich der graphischen Gestaltung. [3]Sofern die Vordrucke den amtlichen Mustern entsprechen, können sie auch mittels Datenverarbeitung erstellt und weiter bearbeitet werden. [4]Für die Zahl der einzureichenden

---

[1] **[Amtl.] Hinweis:** Die Verwaltungsvorschrift über Vordrucke im baurechtlichen Verfahren (VwV LBO-Vordrucke) wird **nur noch auf der Homepage** des Ministeriums für Verkehr und Infrastruktur (www.mvi.baden-wuerttemberg.de) in der amtlichen Fassung **veröffentlicht und fortgeschrieben**. Diese Veröffentlichung in einem elektronischen Speichermedium ersetzt die Veröffentlichung der Änderungen im amtlichen Bekanntmachungsblatt (vgl. Bekanntmachung des Ministeriums vom 2. Juni 2015 (GABl. S. 265) **[Red. Anm.:** insoweit ersetzt durch Bek. v. 5.5. 2017 (GABl. S. 294)**]**).

[2] Die vorliegende Fassung berücksichtigt die online veröffentlichten Fortschreibungen zum 13.7. 2015, 27.3.2017, 29.5.2019, 1.7.2019, 17.10.2019, 11.11.2019 sowie die Korrektur zum 19.11. 2019, vgl. Änderungshistorie unter https://wm.baden-wuerttemberg.de/de/bauen/baurecht/erlasse-und-vorschriften/.

[3] Titel geänd. mWv 1.4.2015 durch VwV v. 3.3.2015 (GABl. S. 82).

[4] § 1 Sätze 1, 7 Nr. 4 und Hinweis geänd. mWv 1.4.2015 durch VwV v. 3.3.2015 (GABl. S. 82); Satz 6 neu gef., Satz 7 eingef., bish. Satz 7 wird Satz 8 durch Fortschr. zum 13.7.2015; Hinweis geänd. durch Fortschr. zum 27.3.2017.

[5] Nr. **1**.

[6] Nr. **4**.

Ausfertigungen gilt § 1 Abs. 2 LBOVVO (Kenntnisgabeverfahren) und § 2 Abs. 2 LBOVVO (Genehmigungsverfahren). [5]Sofern der in den Vordrucken vorgesehene Raum für die Angaben im Einzelfall nicht ausreicht, sind Zusatzblätter einzulegen.

[6]Vordruckfassungen, die von den nachfolgend bekannt gemachten Vordrucken abweichen, können noch aufgebraucht oder weiterverwendet werden, soweit sie überwiegend diesen Vordrucken entsprechen. [7]Soweit sich durch die Verwendung nicht mehr geltender Vordruckfassungen Erschwernisse im baurechtlichen Verfahren ergeben, kann die zuständige Baurechtsbehörde diese zurückweisen und die Einreichung der Bauvorlagen unter Verwendung der bekannt gemachten Vordrucke verlangen.

[8]Zu den einzelnen Vordrucken wird angemerkt:

1. Kenntnisgabeverfahren (Anlage 1), Antrag auf Baugenehmigung im vereinfachten Verfahren (Anlage 3) sowie Antrag auf Baugenehmigung und Bauvorbescheid (Anlage 4)
   Für die Errichtung von Werbeanlagen sind der Anlage 1, Anlage 3 oder Anlage 4 die in § 13 LBOVVO aufgeführten Bauvorlagen anzuschließen.
   Wird für den Abbruch baulicher Anlagen eine Baugenehmigung beantragt, sind der Anlage 3 oder 4 die in § 12 LBOVVO aufgeführten Bauvorlagen anzuschließen.
2. Schriftlicher Teil des Lageplans (Anlage 5)
   Soweit nach § 4 Abs. 7 LBOVVO ein einfacher Übersichtsplan genügt, ist der schriftliche Teil des Lageplans nicht erforderlich. Bei Änderungen und Umbauten sowie bei Nutzungsänderungen, mit denen bauliche Erweiterungen oder Erweiterungen der Geschossfläche nicht verbunden sind, bedarf es keiner Berechnung der Flächenbeanspruchung (Nr. 8 des Lageplanvordrucks).
3. Baubeschreibung (Anlage 6)
   Der Vordruck ist nur bei Bauanträgen zu verwenden, die Gebäude betreffen. Bei Änderungen und Nutzungsänderungen sind Angaben in der Baubeschreibung nur erforderlich, soweit diese die Änderung oder Nutzungsänderung betreffen. Bei Anträgen auf Bauvorbescheid ist eine Baubeschreibung erforderlich, wenn die bautechnische Ausführung des Vorhabens im Bauvorbescheid mitbehandelt werden soll.
4. Technische Angaben über Feuerungsanlagen (Anlage 7)
   Die Angaben in dem Vordruck dienen dazu, die Prüfung der Brandsicherheit und der sicheren Abführung der Verbrennungsgase zu ermöglichen. Dazu reichen die nach dem Vordruck erforderlichen Angaben regelmäßig aus. Die Anlage darf erst in Betrieb genommen werden, wenn der/die bevollmächtigte Bezirksschornsteinfeger/in die Brandsicherheit und die sichere Abführung der Verbrennungsgase bescheinigt hat. Die Baurechtsbehörde muss im Genehmigungsverfahren dem/der bevollmächtigten Bezirksschornsteinfeger/in rechtzeitig eine Mehrfertigung des Vordrucks zur Verfügung stellen.
5. Angaben zu gewerblichen Anlagen, die keiner immissionsschutzrechtlichen Genehmigung bedürfen (Anlage 8)
   Die Angaben dienen dazu, die Prüfung des Vorhabens hinsichtlich der für den Arbeitsschutz und den Nachbarschutz (Immissionsschutz) vorgesehenen bzw. erforderlichen baulichen Maßnahmen zu ermöglichen. Der Vordruck ist deshalb nur bei Bauvorhaben auszufüllen, die ganz oder teilweise

gewerblichen Zwecken dienen. Bei gewerblichen Anlagen, die keine Gebäude sind (z.B. gewerbliche Lagerplätze) sind diese Angaben ebenfalls erforderlich.

Hinweis: Die Formulare werden vom Ministerium für Wirtschaft, Arbeit und Wohnungsbau im Internet als digitale Dateien (pdf-Format) zum Herunterladen bereitgehalten. Diese Formulare sind zum digitalen Ausfüllen geeignet und enthalten teilweise Zusatzfunktionen.

§ 2[1)] Statistik. [1] Nach dem Gesetz über die Statistik der Bautätigkeit im Hochbau und die Fortschreibung des Wohnungsbestandes werden im Geltungsbereich des Gesetzes laufend Erhebungen über die Bautätigkeit im Hochbau durchgeführt. [2] Das Finanz- und Wirtschaftsministerium hat zum Vollzug des Gesetzes am 6. Dezember 2012 (GABl. S. 922) eine Verwaltungsvorschrift mit näheren Ausführungen zu den einzelnen Auskunftspflichten erlassen.

§ 3 Weitergabe und Veröffentlichung von Daten. [1] Daten über Bauvorhaben dürfen nur veröffentlicht oder an Dritte zur Veröffentlichung weitergegeben werden, wenn der/die Bauherr/in im Vordruck hierzu seine/ihre schriftliche Einwilligung erteilt hat. [2] Aus der Verweigerung der Einwilligung entstehen keine rechtlichen Nachteile. [3] Die Nichtabgabe einer Erklärung gilt als Verweigerung.
[4] Sollen Daten mit Zustimmung des/der Bauherrn/in von der Baurechtsbehörde zur Veröffentlichung an Dritte weitergegeben werden, so sind dazu Mehrfertigungen der Seite 1 der Vordrucke Anlage 1 bis 4 zu verwenden. [5] Eine Datenweitergabe ohne schriftliche Zustimmung des/der Bauherrn/in ist unzulässig. [6] Die Weitergabe von Daten zur Veröffentlichung steht im pflichtgemäßen Ermessen der Baurechtsbehörde. [7] Entscheidet sich die Baurechtsbehörde für die Weitergabe von Daten an Bautenverlage, muss sie diese Daten sämtlichen interessierten Verlagen zur Verfügung stellen. [8] Die Datenweitergabe kann entgeltlich erfolgen. [9] Die Weitergabe von Baudaten an einzelne Unternehmen, Unternehmensgruppen oder Interessenverbände ohne Zustimmungserklärung im Bauantragsvordruck ist ausgeschlossen.
[10] Die Gemeinde ist – unabhängig von der Einwilligung des/der Bauherrn/in – nach § 34 Abs. 1 Satz 7 der Gemeindeordnung im Falle der Behandlung des Bauvorhabens im Gemeinderat oder einem Ausschuss verpflichtet, das Bauvorhaben in die ortsüblich bekanntzumachende Tagesordnung der öffentlichen Sitzung aufzunehmen; ferner ist sie berechtigt, über die Sitzung im örtlichen Amtsblatt zu berichten. [11] In der Regel reichen dazu Angaben über die Art des Bauvorhabens und dessen Lage (Straße und Hausnummer oder Flurstück), ohne Namensangabe des/der Bauherrn/in, aus.

§ 4 Inkrafttreten. [1] Diese Verwaltungsvorschrift tritt am 1. März 2010 in Kraft. [2] Gleichzeitig tritt die Verwaltungsvorschrift des Wirtschaftsministeriums zur Änderung und Weitergeltung der Vordrucke im baurechtlichen Verfahren (VwV LBO-Vordrucke) vom 30. Mai 1996 (GABl. S. 492), zuletzt geändert durch Verwaltungsvorschrift vom 23. Oktober 2003 (GABl. S. 636), außer Kraft.

[1)] § 2 Satz 2 neu gef. mWv 1.4.2015 durch VwV v. 3.3.2015 (GABl. S. 82).

Anlage 1[1)]

Über die Gemeinde	Eingangsvermerk der **Gemeinde**
an die untere Baurechtsbehörde	Eingangsvermerk der **Baurechtsbehörde**
	Aktenzeichen
	Zutreffendes bitte ankreuzen ☒ oder ausfüllen

Kenntnisgabeverfahren
nach § 51 Abs. 1 und 2 LBO

– Bauvorlagen –

Zur Angabe der in den Vordrucken verlangten Daten sind Sie aufgrund § 53 Abs. 1 und 2 LBO in Verbindung mit der Verfahrensverordnung zur LBO verpflichtet.

1. Bauherr/in

Name, Vorname bzw. Firma[1], Anschrift, Telefon, E-Mail[2], Fax[2]

2. Baugrundstück

Gemeinde, Gemarkung, Flur, Flurstück, Straße, Haus-Nr.

3. Bauvorhaben

☐ **Errichtung** ☐ **Änderung** ☐ **Nutzungsänderung** ☐ **Gebäudeklasse**[3] ☐

Genaue Bezeichnung des Vorhabens

4. Bestätigungen des/der Entwurfsverfassers/in nach § 11 Abs. 1 und 3 LBOVVO

Name, Vorname, Anschrift, Telefon, E-Mail[2], Fax[2]

[1)] Anl. 1 geänd. mWv 1.4.2015 durch VwV v. 3.3.2015 (GABl. S. 82); geänd. durch Fortschr. zum 13.7.2015; geänd. durch Fortschr. zum 27.3.2017; geänd. durch Fortschr. zum 17.10.2019; geänd. durch Fortschr. zum 11.11.2019; geänd. durch Korrektur zum 19.11.2019.

Als Entwurfsverfasser/in bestätige ich:

4.1 Für das unter Nr. 3 angeführte Bauvorhaben liegen die Voraussetzungen für das Kenntnisgabeverfahren nach § 51 Abs. 1 und 2 LBO vor.

4.2 Die erforderlichen Bauvorlagen habe ich unter Beachtung der öffentlich-rechtlichen Vorschriften, insbesondere der Festsetzungen im Bebauungsplan über die Art der baulichen Nutzung und der nach § 15 Abs. 3 bis 5 LBO erforderlichen Rettungswege einschließlich der notwendigen Flächen für die Feuerwehr (§ 2 LBOAVO), verfasst.

4.3 Ich bin bauvorlageberechtigt

☐ als Architekt/in nach § 43 Abs. 3 Nr. 1 LBO, Architektenliste Nr. als ☐

☐ Innenarchitekt/in nach § 43 Abs. 3 Nr. 2 LBO, Architektenliste Nr. ☐

☐ als Ingenieur/in der Fachrichtung Bauingenieurwesen nach § 43 Abs. 3 Nr. 3 LBO, Liste der Ingenieurkammer Nr. ☐

☐ als ☐

mit Bauvorlagenberechtigung nach

☐ § 43 Abs. 4 LBO ☐ § 43 Abs. 5 LBO

☐ § 43 Abs. 7 LBO, Verzeichnis der Ingenieurkammer Nr. ☐

☐ § 43 Abs. 8 LBO, Verzeichnis der Ingenieurkammer Nr. ☐

☐ § 77 Abs. 2 LBO

Entwurfsverfasser/in	Datum, Unterschrift[4]

5. Bestätigungen des/der Lageplanfertigers/in nach § 11 Abs. 2 und 3 LBOVVO

Als Lageplanfertiger/in bestätige ich:

5.1 Den Lageplan für das unter Nr. 3 angeführte Bauvorhaben habe ich unter Beachtung der öffentlich-recht lichen Vorschriften verfasst; insbesondere die Vorschriften über die Abstandsflächen und die Festsetzun gen über das Maß der baulichen Nutzung sind eingehalten.

5.2 ☐ Der Lageplan braucht nach § 5 Abs. 1 LBOVVO nicht von einem/r Sachverständigen erstellt werden.

☐ Ich bin Sachverständige/r nach § 5 Abs. 2 LBOVVO.

Lageplanfertiger/in	Datum, Unterschrift[4]

6. Erklärung zum Standsicherheitsnachweis nach § 10 Abs. 1 LBOVVO

6.1 Ich habe Herrn / Frau

Name, Vorname, Anschrift, Telefon, E-Mail[2], Fax [2] des/der Verfassers/in des Standsicherheitsnachweises

mit der Erstellung des Standsicherheitsnachweises beauftragt.

Bauherr/in	Datum, Unterschrift[4]

6.2 Ich bin Verfasser/in des Standsicherheitsnachweises für das unter 3. angeführte Bauvorhaben.

☐ Die Voraussetzungen des § 18 LBOVVO für den Wegfall der bautechnischen Prüfung liegen vor.

Ich erfülle die Qualifikationsanforderungen nach

☐ § 18 Abs. 3 Nr. 1 LBOVVO
(Bauingenieur/in mit einer Berufserfahrung auf dem Gebiet der Baustatik von mind. fünf Jahren.)

☐ § 18 Abs. 3 Nr. 2 LBOVVO
(Bestätigung der höheren Baurechtsbehörde, dass ich in den letzten fünf Jahren vor dem 31.05.1985 hauptberuflich auf dem Gebiet der Baustatik ohne wesentliche Beanstandungen Standsicherheitsnachweise verfasst habe.)

Hinweis: Der Standsicherheitsnachweis muss vor Baubeginn, spätestens jedoch vor Ausführung des jeweiligen Bauabschnitts erstellt sein.

☐ Die Voraussetzungen des § 18 LBOVVO für den Wegfall der bautechnischen Prüfung liegen **nicht** vor.

Hinweis: Der/Die Bauherr/in hat gem. § 17 LBOVVO eine prüfende Stelle nach § 4 BauPrüfVO (z.B. eine/n Prüfingenieur/in für Baustatik) mit der bautechnischenPrüfung zu beauftragen und vor Baubeginn eine bautechnische Prüfbestätigung bei der Baurechtsbehörde einzureichen.

Verfasser/in des Standsicherheitsnachweises	Datum, Unterschrift[4]

7. Anlagen:

Bauvorlagen (Die Anzahl der Ausfertigungen ergibt sich aus § 1 Abs. 2 LBOVVO.)

7.1 ☐ -fach Lageplan (§ 4 LBOVVO) vom ☐

7.2 ☐ -fach Bauzeichnungen (§ 6 LBOVVO) vom ☐

7.3 ☐ -fach Darstellung der Grundstücksentwässerung (§ 8 LBOVVO)

Sonstige Unterlagen

7.4 ☐ statistischer Erhebungsbogen - 1-fach

Der/Die Bauherr/in ist verpflichtet, den statistischen Erhebungsbogen auszufüllen und zusammen mit den Bauvorlagen bei der Gemeinde einzureichen. Der Bauzustand zum Jahresende sowie die Baufertigstellung sind dem Statistischen Landesamt auf den entsprechenden Vordrucken mitzuteilen (Hochbaustatistikgesetz und die Vollzugsverwaltungsvorschrift hierzu), die das Statistische Landesamt dem/der Bauherrn/in direkt zusendet.

Hinweis zum barrierefreien Bauen:

Die Vorschriften zur Barrierefreiheit nach § 35 Abs. 1 und § 39 LBO sind zu beachten. Die Einzelanforderungen (Aufzüge, Bewegungsflächen etc.) an barrierefreie Anlagen ergeben sich aus den in der Verwaltungsvorschrift Technische Baubestimmungen (VwVTB) bekanntgemachten Normen DIN 18040 Teil 1 und Teil 2.

Hinweise zum Baubeginn:

- Der/Die Bauherr/in hat vor Baubeginn Grundriss und Höhenlage von Gebäuden auf dem Baugrundstück durch eine/n Sachverständige/n festlegen zu lassen; dies gilt nicht in den Fällen nach § 20 LBOVVO.
- Die Technischen Angaben über die Feuerungsanlagen (Vordruck) sind dem/der bevollmächtigten Bezirksschornsteinfeger/in **vor** Baubeginn vorzulegen.
- Die nach anderen öffentlich-rechtlichen Vorschriften erforderlichen Genehmigungen o.ä., z.B. die nach den denkmalschutzrechtlichen Vorschriften oder zur Herstellung des Anschlusses an die öffentl. Wasserversorgung bzw. Abwasseranlage erforderlichen Genehmigungen, müssen vor Baubeginn vorliegen.

8. Bestätigungen des/der Bauherrn/in, Bauleiter/in-Erklärung nach § 1 Abs. 1 Nr. 6 LBOVVO

8.1 ☐ Ich habe folgende/n Bauleiter/in bestellt:

Name, Vorname, Anschrift, Telefon, E-Mail[2], Fax[2] des/der Bauleiters/in

Ich erkläre die Übernahme der Bauleitung.

Bauleiter/in	Datum, Unterschrift des/der Bauleiters/in[4]

☐ Ich habe keine/n Bauleiter/in bestellt (§ 42 Abs. 3 LBO)

8.2 Ich bestätige, dass ich die Bauherrschaft für das angeführte Vorhaben übernommen habe.

Bauherr/in	Datum, Unterschrift[4]

9. Datenschutz – Einwilligungserklärung

Daten über Bauvorhaben dürfen nur veröffentlicht oder an Dritte zur Veröffentlichung weitergegeben werden, wenn der/die Bauherr/in hierzu seine/ihre schriftliche Einwilligung erteilt hat. Aus der Verweigerung der Einwilligung entstehen keine rechtlichen Nachteile. Die Nichtabgabe einer Erklärung gilt als Verweigerung.

Als Bauherr/in bin ich damit einverstanden, dass die Angaben in den Nr. 1 bis 3 zur Veröffentlichung weitergegeben werden.

☐ **ja** ☐ **nein**

☐ an das örtliche Amtsblatt bzw. die örtliche Zeitung

☐ an Verlage für Bautennachweise

Die Gemeinde ist unabhängig von der Einwilligung des/der Bauherrn/in zur Bekanntgabe des Bauvorhabens in der Tagesordnung des Gemeinderats oder des zuständigen Ausschusses verpflichtet und zudem berechtigt, über die Sitzung im örtlichen Amtsblatt zu berichten.

Bauherr/in	Datum, Unterschrift

[1] bitte Ansprechpartner/in anführen
[2] Angabe freiwillig
[3] gemäß § 2 Abs. 4 LBO
[4] Nicht erforderlich bei Einreichung in Textform

Anlage 2[1)]

Über die Gemeinde	Eingangsvermerk der **Gemeinde**
an die untere Baurechtsbehörde	Eingangsvermerk der **Baurechtsbehörde**
	Aktenzeichen
	Zutreffendes bitte ankreuzen ☒ oder ausfüllen

Abbruch baulicher Anlagen

– Kenntnisgabeverfahren nach § 51 Abs. 3 LBO –

Hinweis: Der Abbruch von mit Asbest kontaminierten baulichen Anlagen darf nur von Unternehmen durchgeführt werden, die vom zuständigen Gewerbeaufsichtsamt zur Durchführung dieser Arbeiten zugelassen worden sind. Der Abbruch solcher Anlagen ist der für die Gewerbeaufsicht zuständigen Behörde anzuzeigen. (Chemikaliengesetz-Zuständigkeitsverordnung vom 14.05.2009 – GBl. S. 230).

Zur Angabe der in den Vordrucken verlangten Daten sind Sie aufgrund § 53 Abs. 1 und 2 LBO in Verbindung mit der Verfahrensverordnung zur LBO verpflichtet.

1. Bauherr/in

Name, Vorname bzw. Firma[1], Anschrift, Telefon, E-Mail[2], Fax [2]

2. Grundstück mit der abzubrechenden Anlage

Gemeinde, Gemarkung, Flur, Flurstück, Straße, Haus-Nr.

3. Nutzung der abzubrechenden Anlage

Rauminhalt, Beschreibung

4. Gebäudeklasse (gemäß § 2 Abs. 4 LBO) der abzubrechenden Anlage

☐ GKL 1 ☐ GKL 2 ☐ GKL 3 ☐ GKL 4 ☐ GKL 5

---

1) Anl. 2 geänd. durch Fortschr. zum 27.3.2017; geänd. durch Fortschr. zum 11.11.2019.

5. Fachunternehmer/in

Für die Durchführung der Arbeiten wurde folgende/r Fachunternehmer/in bestellt:

Name, Vorname bzw. Firma[1], Anschrift, Telefon, E-Mail[2], Fax[2]

Der/Die Fachunternehmer/in bestätigt:

Ich verfüge über
- die notwendige Befähigung zur Durchführung der Abbrucharbeiten, insbesondere über ausreichende Kenntnisse in Standsicherheitsfragen, Fragen des Arbeits- und Gesundheitsschutzes, sowie über ausreichende praktische Erfahrungen beim Abbruch baulicher Anlagen,
- die für den Abbruch notwendigen Einrichtungen und Geräte.

Ich bestätige, dass ich

Name, Vorname, Anschrift, Telefon, E-Mail[2], Fax[2]

als geeignete/n Tragwerksplaner/in hinzugezogen habe.

Hinweis:

Verfügt der/die Fachunternehmer/in nicht über die geforderten Kenntnisse der Standsicherheit, hat er/sie eine/n geeignete/n Tragwerkplaner/in hinzuzuziehen.

Fachunternehmer/in	Datum, Unterschrift

6. Dieser Vorlage ist beigefügt:

☐ ein Übersichtsplan im Maßstab 1:500
- mit Bezeichnung des Grundstücks und der Nachbargrundstücke nach Straße und Hausnummer sowie Darstellung der Lage der abzubrechenden Anlage -

☐ ein statistischer Erhebungsbogen

7. Bestätigung des/der Bauherrn/in

Ich bestätige, dass ich die für den Abbruch erforderlichen Genehmigungen nach anderen öffentlich-rechtlichen Vorschriften - **insbesondere nach den denkmalschutzrechtlichen Vorschriften** - beantragt habe. Es ist mir bekannt, dass die vorliegende Kenntnisgabe diese Genehmigungen **nicht** ersetzt und mit den Abbrucharbeiten vor Erteilung der Genehmigungen nicht begonnen werden darf.

Bauherr/in	Datum, Unterschrift[3]

8. Datenschutz – Einwilligungserklärung

Daten über Bauvorhaben dürfen nur veröffentlicht oder an Dritte zur Veröffentlichung weitergegeben werden, wenn der/die Bauherr/in hierzu seine/ihre schriftliche Einwilligung erteilt hat. Aus der Verweigerung der Einwilligung entstehen keine rechtlichen Nachteile. Die Nichtabgabe einer Erklärung gilt als Verweigerung.

Als Bauherr/in bin ich damit einverstanden, dass die Angaben in den Nr. 1 bis 3 zur Veröffentlichung weitergegeben werden.

☐ **ja** ☐ an das örtliche Amtsblatt bzw. die örtliche Zeitung
☐ an Verlage für Bautennachweise

☐ **nein**

Die Gemeinde ist unabhängig von der Einwilligung des/der Bauherrn/in zur Bekanntgabe des Bauvorhabens in der Tagesordnung des Gemeinderats oder des zuständigen Ausschusses verpflichtet und zudem berechtigt, über die Sitzung im örtlichen Amtsblatt zu berichten.

Bauherr/in	Datum, Unterschrift

[1] bitte Ansprechpartner/in anführen

[2] Angabe freiwillig

[3] Nicht erfoderlich bei Einreichung in Textform

Anlage 3[1)]

Über die Gemeinde	Eingangsvermerk der **Gemeinde**
an die untere Baurechtsbehörde	Eingangsvermerk der **Baurechtsbehörde**
	Aktenzeichen
	Zutreffendes bitte ankreuzen ☒ oder ausfüllen

Antrag auf Baugenehmigung im vereinfachten Verfahren (§ 52 LBO)

Über den Bauantrag kann nur entschieden werden, wenn die aufgrund § 53 Abs. 1 und 2 LBO in Verbindung mit der Verfahrensverordnung zur LBO notwendigen Angaben im Bauantrag und in den Bauvorlagen enthalten sind. Sind Bauantrag oder Bauvorlagen unvollständig oder weisen sie erhebliche Mängel auf, kann der Bauantrag nach ergebnisloser Fristsetzung zurückgewiesen werden (§ 54 Abs. 1 LBO).

1. Bauherr/in

Name, Vorname bzw. Firma[1], Anschrift, Telefon, E-Mail[2], Fax[2]

2. Baugrundstück

Gemeinde, Gemarkung, Flur, Flurstück, Straße, Haus-Nr.

3. Bauvorhaben

☐ **Errichtung** ☐ **Änderung** ☐ **Nutzungsänderung** ☐ ________________ **Gebäudeklasse**[3] ☐

Genaue Bezeichnung des Vorhabens

4. Bestätigung und Erklärung des/der Entwurfsverfassers/in

Name, Vorname, Anschrift, Telefon, E-Mail[2], Fax[2]

[1)] Anl. 3 geänd. mWv 1.4.2015 durch VwV v. 3.3.2015 (GABl. S. 82); geänd. durch Fortschr. zum 27.3.2017; geänd. durch Fortschr. zum 11.11.2019.

4.1 Als Entwurfsverfasser/in bestätige ich, dass ich die erforderlichen Bauvorlagen unter Beachtung der öffentlich-rechtlichen Vorschriften, insbesondere zu den nach § 15 Abs. 3 bis 5 LBO erforderlichen Rettungswegen einschließlich der notwendigen Flächen für die Feuerwehr (§ 2 LBOAVO), verfasst habe (§ 11 Abs. 1 Nr. 2 i.V.m. § 11 Abs. 4 LBOVVO).

☐ Diese Bestätigung gilt unter dem Vorbehalt, dass die gesondert beantragte

Abweichung von	
Ausnahme von	
Befreiung von	

gewährt wird (§ 11 Abs. 3 i.V.m. § 11 Abs. 4 LBOVVO).

4.2 Als Entwurfsverfasser/in erkläre ich, dass ich bauvorlageberechtigt bin

☐ als Architekt/in nach § 43 Abs. 3 Nr. 1 LBO, Architektenliste Nr. ☐

☐ als Innenarchitekt/in nach § 43 Abs. 3 Nr. 2 LBO, Architektenliste Nr. ☐

☐ als Ingenieur/in der Fachrichtung Bauingenieurwesen nach § 43 Abs. 3 Nr. 3 LBO, Liste der Ingenieurkammer Nr. ☐

☐ als

mit Bauvorlagenberechtigung nach

☐ § 43 Abs. 4 LBO ☐ § 43 Abs. 5 LBO

☐ § 43 Abs. 7 LBO, Verzeichnis der Ingenieurkammer Nr. ☐

☐ § 43 Abs. 8 LBO, Verzeichnis der Ingenieurkammer Nr. ☐

☐ § 77 Abs. 2 LBO

Entwurfsverfasser/in	Datum, Unterschrift[4]

Hinweis zum barrierefreien Bauen:

Die Vorschriften zur Barrierefreiheit nach § 35 Abs. 1 und § 39 LBO sind zu beachten. Die Einzelanforderungen (Aufzüge, Bewegungsflächen etc.) an barrierefreie Anlagen ergeben sich aus den in der Verwaltungsvorschrift Technische Baubestimmungen (VwVTB) bekanntgemachten Normen DIN 18040 Teil 1 und Teil 2.

5. **Erklärung zum Standsicherheitsnachweis** nach § 10 Abs. 1 LBOVVO

5.1 Ich habe Herrn / Frau

Name, Vorname, Anschrift, Telefon, E-Mail[2], Fax[2] des/der Verfassers/in des Standsicherheitsnachweises

mit der Erstellung des Standsicherheitsnachweises beauftragt.

Bauherr/in	Datum, Unterschrift[4]

5.2 Ich bin Verfasser/in des Standsicherheitsnachweises für das unter 3. angeführte Bauvorhaben.

☐ Die Voraussetzungen des § 18 LBOVVO für den Wegfall der bautechnischen Prüfung liegen vor.

Ich erfülle die Qualifikationsanforderungen nach

☐ § 18 Abs. 3 Nr. 1 LBOVVO
(Bauingenieur/in mit einer Berufserfahrung auf dem Gebiet der Baustatik von mind. fünf Jahren.)

☐ § 18 Abs. 3 Nr. 2 LBOVVO
(Bestätigung der höheren Baurechtsbehörde, dass ich in den letzten fünf Jahren vor dem 31.05.1985 hauptberuflich auf dem Gebiet der Baustatik ohne wesentliche Beanstandungen Standsicherheitsnachweise verfasst habe.)

Hinweis: Der Standsicherheitsnachweis muss vor Baubeginn, spätestens jedoch vor Ausführung des jeweiligen Bauabschnitts erstellt sein.

☐ Die Voraussetzungen des § 18 LBOVVO für den Wegfall der bautechnischen Prüfung liegen **nicht** vor.

Hinweis: Der/Die Bauherr/in hat gem. § 17 LBOVVO eine prüfende Stelle nach § 4 BauPrüfVO (z.B. eine/n Prüfingenieur/in für Baustatik) mit der bautechnischenPrüfung zu beauftragen und vor Baubeginn eine bautechnische Prüfbestätigung bei der Baurechtsbehörde einzureichen.

Verfasser/in des Standsicherheitsnachweises	Datum, Unterschrift[4]

6. Anlagen

Bauvorlagen (Die Anzahl der Ausfertigungen ergibt sich aus § 1 Abs. 2 LBOVVO.)

6.1 ☐ -fach Lageplan (§ 4 LBOVVO) vom ☐

6.2 ☐ -fach Bauzeichnungen (§ 6 LBOVVO) vom ☐

6.3 ☐ -fach Baubeschreibung (§ 7 LBOVVO)

6.4 ☐ -fach Technische Angaben zu Feuerungsanlagen (§ 7 LBOVVO)

6.5 ☐ -fach Angaben zu gewerblichen Anlagen, die keiner immissionsschutzrechtlichen Genehmigung bedürfen (§ 7 Abs. 2 LBOVVO)

6.6 ☐ -fach Darstellung der Grundstücksentwässerung (§ 8 LBOVVO)

6.7 ☐ -fach Benennung eines/r Bauleiters/in (§ 42 LBO) - Name, Anschrift, Unterschrift -, soweit bestellt

Sonstige Unterlagen

6.8 ☐ -fach statistischer Erhebungsbogen (für jedes Gebäude getrennt)

6.9 ☐ -fach Anträge auf Abweichung, Ausnahme oder Befreiung von öffentlich-rechtlichen Vorschriften, soweit diese im vereinfachten Verfahren nicht geprüft werden (§ 52 Abs. 4 LBO).

6.10 ☐ -fach sonstige Anlagen

Die Bauvorlagen Nr. 6.6 und 6.7 können nachgereicht werden; sie sind der Baurechtsbehörde vor Baubeginn vorzulegen.

7. Unterschriften

Bauherr/in	Datum, Unterschrift[4]	**Entwurfsverfasser/in**	Datum, Unterschrift[4]

8. Datenschutz – Einwilligungserklärung

Daten über Bauvorhaben dürfen nur veröffentlicht oder an Dritte zur Veröffentlichung weitergegeben werden, wenn der/die Bauherr/in hierzu seine/ihre schriftliche Einwilligung erteilt hat. Aus der Verweigerung der Einwilligung entstehen keine rechtlichen Nachteile. Die Nichtabgabe einer Erklärung gilt als Verweigerung.

Als Bauherr/in bin ich einverstanden, dass die Angaben in den Nr. 1 bis 3 zur Veröffentlichung weitergegeben werden.

☐ **ja** ☐ an das örtliche Amtsblatt bzw. die örtliche Zeitung ☐ **nein**
☐ an Verlage für Bautennachweise

Die Gemeinde ist unabhängig von der Einwilligung des/der Bauherrn/in zur Bekanntgabe des Bauvorhabens in der Tagesordnung des Gemeinderats oder des zuständigen Ausschusses verpflichtet und zudem berechtigt, über die Sitzung im örtlichen Amtsblatt zu berichten.

Bauherr/in	Datum, Unterschrift

[1] bitte Ansprechpartner/in anführen
[2] Angabe freiwillig
[3] gemäß § 2 Abs. 4 LBO
[4] Nicht erfoderlich bei Einreichung in Textform

Anlage 4[1)]

Über die Gemeinde	Eingangsvermerk der **Gemeinde**
an die untere Baurechtsbehörde	Eingangsvermerk der **Baurechtsbehörde**
	Aktenzeichen
	Zutreffendes bitte ankreuzen ☒ oder ausfüllen

Antrag auf

☐ **Baugenehmigung (§ 49 LBO)**

☐ **Bauvorbescheid (§ 57 LBO)**

Über den Bauantrag kann nur entschieden werden, wenn die aufgrund § 53 Abs. 1 und 2 LBO in Verbindung mit der Verfahrensverordnung zur LBO notwendigen Angaben im Bauantrag und in den Bauvorlagen enthalten sind. Sind Bauantrag oder Bauvorlagen unvollständig oder weisen sie erhebliche Mängel auf, kann der Bauantrag nach ergebnisloser Fristsetzung zurückgewiesen werden (§ 54 Abs. 1 LBO).

1. Bauherr/in

Name, Vorname bzw. Firma[1], Anschrift, Telefon, E-Mail[2], Fax[2]

2. Baugrundstück

Gemeinde, Gemarkung, Flur, Flurstück, Straße, Haus-Nr.

3. Bauvorhaben

☐ **Errichtung** ☐ **Änderung** ☐ **Nutzungsänderung** ☐ ____________ **Gebäudeklasse**[3] ☐

Genaue Bezeichnung des Vorhabens / der mit dem Bauvorbescheid zu klärenden Einzelfragen

4. Entwurfsverfasser/in

Name, Vorname, Anschrift, Telefon, E-Mail[2], Fax[2]

[1)] Anl. 4 geänd. mWv 1.4.2015 durch VwV v. 3.3.2015 (GABl. S. 82); geänd. durch Fortschr. zum 27.3.2017; geänd. durch Fortschr. zum 11.11.2019.

Bauvorlageberechtigt

☐ als Architekt/in nach § 43 Abs. 3 Nr. 1 LBO, Architektenliste Nr. [ ]

☐ als Innenarchitekt/in nach § 43 Abs. 3 Nr. 2 LBO, Architektenliste Nr. [ ]

☐ als Ingenieur/in der Fachrichtung Bauingenieurwesen nach § 43 Abs. 3 Nr. 3 LBO, Liste der Ingenieurkammer Nr. [ ]

☐ als [ ]

mit **Bauvorlageberechtigung** nach

☐ § 43 Abs. 4 LBO ☐ § 43 Abs. 5 LBO

☐ § 43 Abs. 7 LBO, Verzeichnis der Ingenieurkammer Nr. [ ]

☐ § 43 Abs. 8 LBO, Verzeichnis der Ingenieurkammer Nr. [ ]

☐ § 77 Abs. 2 LBO

Hinweis zum barrierefreien Bauen:

Die Vorschriften zur Barrierefreiheit nach § 35 Abs. 1 und § 39 LBO sind zu beachten. Die Einzelanforderungen (Aufzüge, Bewegungsflächen etc.) an barrierefreie Anlagen ergeben sich aus den in der Verwaltungsvorschrift Technische Baubestimmungen (VwVTB) bekanntgemachten Normen DIN 18040 Teil 1 und Teil 2.

5. Bautechnische Bauvorlagen

Die bautechnischen Nachweise (§ 9 LBOVVO) sind angeschlossen bzw. werden nachgereicht.

☐ Das Bauvorhaben bedarf der bautechnischen Prüfung (§ 17 LBOVVO). Das

☐ Bauvorhaben bedarf **keiner** bautechnischen Prüfung (§ 18 LBOVVO):

Erklärung zum Standsicherheitsnachweis nach § 10 Abs. 2 i.V.m. § 10 Abs. 1 LBOVVO

Ich habe Herrn / Frau

Name, Vorname, Anschrift, Telefon, E-Mail[2], Fax[2] des/der Verfassers/in des Standsicherheitsnachweises

mit der Erstellung des Standsicherheitsnachweises beauftragt.

Bauherr/in	Datum, Unterschrift[4]

Ich bin Verfasser/in des Standsicherheitsnachweises für das unter 3. angeführte Bauvorhaben und erfülle die Qualifikationsanforderungen nach

☐ § 18 Abs. 3 Nr. 1 LBOVVO
(Bauingenieur/in mit einer Berufserfahrung auf dem Gebiet der Baustatik von mindestens **fünf** Jahren.)

☐ § 18 Abs. 3 Nr. 2 LBOVVO
(Bestätigung der höheren Baurechtsbehörde, dass ich in den letzten **fünf** Jahren vor dem 31.05.1985 hauptberuflich auf dem Gebiet der Baustatik ohne wesentliche Beanstandungen Standsicherheitsnachweise verfasst habe.)

Verfasser/in des Standsicherheitsnachweises	Datum, Unterschrift[4]

6. Bauvorlagen und sonstige Anlagen
(Die Anzahl der Ausfertigungen ergibt sich aus § 2 Abs. 2 LBOVVO)

6.1 ☐ -fach Lageplan (§ 4 LBOVVO) vom ☐

6.2 ☐ -fach Bauzeichnungen (§ 6 LBOVVO) vom ☐

6.3 ☐ -fach Baubeschreibung (§ 7 LBOVVO)

6.4 ☐ -fach Technische Angaben zu Feuerungsanlagen (§ 7 LBOVVO)

6.5 ☐ -fach Angaben zu gewerblichen Anlagen, die keiner immissionsschutzrechtlichen Genehmigung bedürfen (§ 7 Abs. 2 LBOVVO)

6.6 ☐ -fach Darstellung der Grundstücksentwässerung (§ 8 LBOVVO)

6.7 ☐ -fach bautechnische Nachweise (§ 9 LBOVVO)

6.8 ☐ -fach Benennung eines/r Bauleiters/in (§ 42 LBO) - Name, Anschrift, Unterschrift -, soweit bestellt

6.9 ☐ -fach statistischer Erhebungsbogen (für jedes Gebäude getrennt)

6.10 ☐ -fach sonstige Anlagen

Die Bauvorlagen Nr. 6.6 bis 6.8 können nachgereicht werden; sie sind der Baurechtsbehörde vor Baubeginn vorzulegen. Die Darstellung der Grundstücksentwässerung und die bautechnischen Nachweise sind so rechtzeitig vorzulegen, dass sie noch vor Baubeginn geprüft werden können.

7. Unterschriften

Bauherr/in Unterschrift[4], Datum	**Entwurfsverfasser/in-** Unterschrift[4], Datum

8. Datenschutz – Einwilligungserklärung

Daten über Bauvorhaben dürfen nur veröffentlicht oder an Dritte zur Veröffentlichung weitergegeben werden, wenn der/die Bauherr/in hierzu seine/ihre schriftliche Einwilligung erteilt hat. Aus der Verweigerung der Einwilligung entstehen keine rechtlichen Nachteile. Die Nichtabgabe einer Erklärung gilt als Verweigerung.

Als Bauherr/in bin ich damit einverstanden, dass die Angaben in den Nr. 1 bis 3 zur Veröffentlichung weitergegeben werden.

☐ **ja** ☐ **nein**

☐ an das örtliche Amtsblatt bzw. die örtliche Zeitung
☐ an Verlage für Bautennachweise

Die Gemeinde ist unabhängig von der Einwilligung des/der Bauherrn/in zur Bekanntgabe des Bauvorhabens in der Tagesordnung des Gemeinderats oder des zuständigen Ausschusses verpflichtet und zudem berechtigt, über die Sitzung im örtlichen Amtsblatt zu berichten.

Bauherr/in	Datum, Unterschrift

[1] bitte Ansprechpartner/in anführen
[2] Angabe freiwillig
[3] gemäß § 2 Abs. 4 LBO
[4] Nicht erforderlich bei Einreichung in Textform

Anlage 5[1)]

Stadt / Gemeinde: ______________________

Gemarkung und Flur: ______________________

Landkreis: ______________________

LAGEPLAN

schriftlicher Teil (§ 4 LBOVVO)

Zutreffendes bitte ankreuzen ☒ oder ausfüllen

1. Bauherr/in

Name, Vorname bzw. Firma[1], Anschrift, Telefon, E-Mail[2], Fax [2]

2. Baugrundstück

Flurstück, Straße, Haus-Nr., Grundbuch, Flächeninhalt

3. Art der baulichen Nutzung

geplant

vorhanden

4. Eigentümer/in lt. Grundbuch

Name, Vorname, Anschrift, Telefon, E-Mail[2], Fax [2]

5. Nachbargrundstücke

Flurstück, Straße, Haus-Nr.	Eigentümer/in[2] (bei Eigentümergemeinschaften: Verwaltung)

6. Baulasten, sonstige öffentliche Lasten oder Beschränkungen und bauplanungsrechtliche Beurteilungsgrundlage

6.1 Baulasten sind eingetragen

auf dem Grundstück	☐ ja	☐ nein
zugunsten des Grundstücks auf einem anderen Grundstück	☐ ja	☐ nein

Art der Baulast, Verzeichnis-Nr., ggf. Grundstück

[1)] Anl. 5 geänd. durch Fortschr. zum 27.3.2017; geänd. durch Fortschr. zum 11.11.2019.

6.2 Sonstige öffentliche Lasten oder Beschränkungen

☐ Zugehörigkeit zu einer unter Denkmalschutz gestellten Gesamtanlage, Sachgesamtheit oder zu einem einzelnen Kulturdenkmal

Lage in einem

☐ Grabungsschutzgebiet ☐ Naturschutzgebiet

☐ Landschaftsschutzgebiet ☐ geschützten Grünbestand

☐ Wasserschutzgebiet ☐ Überschwemmungsgebiet

Zone I ☐ Zone II ☐ Zone III a ☐

☐ Flurbereinigungsgebiet ☐ Umlegungsgebiet

☐ Weitere Angaben

6.3 Beurteilungsgrundlage für die bauplanungsrechtliche Zulässigkeit des Vorhabens

☐ § 30 BauGB; ☐ § 33 BauGB; ☐ § 34 BauGB; ☐ § 35 BauGB;

7. Festsetzungen des Bebauungsplanes und / oder örtliche Bauvorschriften (Satzungen gem. § 74 LBO)

7.1 Name des Bebauungsplanes bzw. der Satzung

7.2 rechtsverbindlich seit ______

7.3 maßgebliche BauNVO ☐ 1962 ☐ 1968 ☐ 1977 ☐ 1986 ☐ 1990 ☐ ______

7.4 festgesetzes Baugebiet ☐ WR ☐ WA ☐ MI ☐ MD ☐ MK ☐ GE ☐ GI ☐ ______

7.5 Maß der baulichen Nutzung

7.5.1 Grundflächenzahl = **GRZ** oder Größe der Grundfläche ______

7.5.2 Geschossflächenzahl = **GFZ** oder Größe der Geschossfläche ______

7.5.3 Baumassenzahl = **BMZ** oder Baumasse ______

7.5.4 Zahl der Vollgeschosse = **Z** ______

7.5.5 Höhe der baulichen Anlage = **H / HbA** ______ **m**

7.6 Bauweise (§ 22 BauNVO)

☐ offen ☐ geschlossen ☐ abweichende Bauweise

7.7 Sonstige Angaben (z.B. zu abweichenden Berechnungsvorgaben)

8a. Berechnung der Flächenbeanspruchung des Baugrundstücks nach <u>BauNVO 1990</u>

8.1	Fläche des Baugrundstücks	______	m²
8.1.1	zu Zuschlag nach § 21 a Abs. 2 BauNVO	+ ______	m²
8.1.2	zu Flächenbaulast auf Flurstück-Nr.	+ ______	m²
8.1.3	ab Fläche vor der Straßenbegrenzungslinie (§ 19 Abs. 3 BauNVO)	– ______	m²
8.1.4	ab Teilflächen des Baugrundstücks, die nicht im Bauland liegen (§ 19 Abs. 3 BauNVO)	– ______	m²
8.1.5	ab Flächenbaulast für Flurstück-Nr. ______	– ______	m²
8.2	Maßgebende Grundstücksfläche = **M G F**	______	m²

Nr.	Bauliche Nutzung		Grundfläche		Geschossfl.	Baumasse
8.3	Bauliche Nutzung des Baugrundstücks nach **BauNVO 1990**					
8.3.1.1	anzurechnende baul. Anlagen ohne Anlagen nach § 19 Abs. 4 BauNVO	vorhanden	______ m²			
		geplant	______ m²			
		vorh. + gepl.	______ m²			
8.3.1.2	anzurechnende baul. Anlagen nach § 20 Abs. 3 u. 4 bzw. § 21 Abs. 2 u. 3 BauNVO	vorhanden			______ m²	______ m³
		geplant			______ m²	______ m³
		vorh. + gepl.			______ m²	______ m³
8.3.1.3	mitzurechnende Anlagen nach § 19 Abs. 4 BauNVO	vorhanden	______ m²			
		geplant	______ m²			
		vorh. + gepl.	______ m²			
8.3.1.4	davon anrechnungspflichtige oberirdische überdachte Stellplätze und Garagen	vorhanden		______ m²		
		geplant		______ m²		
		vorh. + gepl.		______ m²		
8.3.1.5	in Anspruch genommen (8.3.1.1 + [3]8.3.1.3 bzw. [4]8.3.1.4)		[3] ______ m²	[4] ______ m²	[5] ______ m²	[5] ______ m³
8.3.2.1	zulässige bauliche Nutzung gemäß Festsetzung des Bebauungsplans MGF x GRZ GFZ BMZ		______ m²		______ m²	______ m³
8.3.2.2	Zuschlag nach § 21 a Abs. 5 BauNVO				______ m²	______ m³
8.3.2.3	zulässige Überschreitung gem. § 19 Abs. 4 BauNVO:					
	a) 50 % des Wertes aus 8.3.2.1, wenn		______ m²			
	Summe aus 8.3.2.1 und 8.3.2.3 a		______ m² ≤			
	max. 0,8 x MGF		≤ ______ m²			
	oder					
	gem. Festsetzungen im Bebauungsplan:					
	b) ______ des Wertes aus 8.3.2.1		______ m²			
	c) ______ x MGF		______ m²			
8.3.2.4	davon zulässige Überschreitung durch überdachte Stellplätze und Garagen gemäß § 21 a Abs. 3 BauNVO: 0,1 x MGF			______ m²		
8.3.2.5	zulässige Nutzung (8.3.2.1 + [6]8.3.2.3 bzw. [7]8.3.2.4 bzw. [8]8.3.2.2)		[6] ______ m²	[7] ______ m²	[8] ______ m²	[8] ______ m³
8.3.2.6	zulässige Nutzung überschritten		☐ nein ☐ ja		☐ nein ☐ ja	☐ nein ☐ ja
	☐ mit Anlagen nach 8.3.1.1 (Differenz aus 8.3.1.1 und 8.3.2.1)	um	______ m² ______ %			
	☐ mit Anlagen nach 8.3.1.2 (Differenz aus 8.3.1.5[5] und 8.3.2.5[8])	um			______ m² ______ %	______ m³ ______ %
	☐ mit Anlagen nach 8.3.1.3 (Differenz aus 8.3.1.5[3] und 8.3.2.5[6], ggf. Differenz aus 8.3.1.1 und 8.3.2.1abziehen)	um	______ m² ______ %			
	☐ mit Anlagen nach 8.3.1.4 (Differenz aus 8.3.1.5[4] und 8.3.2.5[7], ggf. Differenz aus 8.3.1.1 und 8.3.2.1abziehen)	um		______ m² ______ %		

[5] Übertrag von oben [3, 4, 7, 8] *diese Hochzahlen dienen lediglich der Verknüpfung im Rahmen des Berechnungsvorgangs*

[6] 8.3.2.5: einzutragen ist der kleinere Wert (8.3.2.1 + 50% von 8.3.2.1 oder 0,8 x MGF), wenn nicht ein Wert aus b / c zu 8.3.2.1 zu addieren ist

8b. Berechnung der Flächenbeanspruchung des Baugrundstücks nach BauNVO 1962 bis 1986

Nr.			
8.1	Fläche des Baugrundstücks		______ m²
8.1.1	zu Zuschlag nach § 21 a Abs. 2 BauNVO	+	______ m²
8.1.2	zu Flächenbaulast auf Flurstück-Nr.	+	______ m²
8.1.3	ab Fläche vor der Straßenbegrenzungslinie (§ 19 Abs. 3 BauNVO)	–	______ m²
8.1.4	ab Teilfläche des Baugrundstücks, die nicht im Bauland liegen (§ 19 Abs. 3 BauNVO)	–	______ m²
8.1.5	ab Flächenbaulast für Flurstück-Nr. ______	–	______ m²
8.2	Maßgebende Grundstücksfläche = **M G F**		______ m²

8.3 Bauliche Nutzung des Baugrundstücks		Grundfläche		Geschossfläche		Baumasse	
8.3.1.1 anzurechnende baul. Anlagen (ohne Garagen und überdachte Stellplätze)	vorhanden		____ m²		____ m²		____ m³
	geplant		____ m²		____ m²		____ m³
8.3.1.2 Garagen und überdachte Stellplätze	vorhanden	____ m²		____ m²		____ m³	
	geplant	____ m²		____ m²		____ m³	
	vorhanden + geplant	____ m²		____ m²		____ m³	
8.3.1.3 nach § 21 a Abs. 3 S. 1 BauNVO	ab: 0,1 x MGF	____ m²					
	verbleiben	____ m²					
anzurechnen unter Berücksichtigung von § 21 a Abs. 3 und 4 BauNVO			____ m²		____ m²		____ m³
8.3.1.4 in Anspruch genommen			____ m²		____ m²		____ m³
		MGF x GRZ =		MGF x GFZ =		MGF x BMZ =	
8.3.2.1 Zulässiges Maß der baulichen Nutzung gem. Festsetzung des Bebauungsplans			____ m²		____ m²		____ m³
8.3.2.2 Zuschlag nach § 21 a Abs.5 BauNVO					____ m²		____ m³
8.3.2.3 zulässiges Maß der baulichen Nutzung			____ m²		____ m²		____ m³
8.3.2.4 zulässige Nutzung überschritten		☐ nein	☐ ja	☐ nein	☐ ja	☐ nein	☐ ja
8.3.2.5 zul Nutzung überschritten um		____ m²	____ %	____ m²	____ %	____ m³	____ %
8.3.2.6 davon Überschreitung in Vollgeschossen				____ m²	____ %		

9. Bestätigung

Der Lageplan mit zeichnerischem und schriftlichem Teil wurde nach den Bauzeichnungen des/der Entwurfsverfassers/in vom ____________________ erstellt; die Übereinstimmung des zeichnerischen Teils mit dem Auszug aus dem Liegenschaftskataster und die vollständige Ergänzung nach § 4 Abs.4 LBOVVO wird bestätigt.

Lageplanfertiger/in (Name) Datum, Unterschrift[3]

[1]bitte Ansprechpartner/in anführen
[2]Angabe freiwillig
[3]Nicht erforderlich bei Einreichung in Textform

Anlage 6[1)]

Baubeschreibung

1. Bauherr/in

Zutreffendes bitte ankreuzen ☒ oder ausfüllen

Name, Vorname bzw. Firma[1], Anschrift, Telefon, E-Mail[2], Fax[2]

2. Baugrundstück

Gemeinde, Gemarkung, Flur, Flurstück, Straße, Haus-Nr.

3. Bauvorhaben

☐ **Errichtung** ☐ **Änderung** ☐ **Nutzungsänderung** ☐ ____________

Genaue Bezeichnung des Vorhabens

Bauwert[3] €

davon Rohbaukosten €

Brutto-Rauminhalt nach DIN 277 Teil 1 m³ Kosten für 1 m³ €

4. Angaben zur Nutzung

Art der Nutzung (z.B. Wohnungen, Büroräume)	notwendige Kfz-Stellplätze*		notwendige Garagen*		notwendige Fahrradstellplätze*	
	vorhanden	geplant	vorhanden	geplant	vorhanden	geplant
1.						
2.						
3.						
4.						

* **Hinweis:**
Bei anderen Nutzungen als Wohnnutzungen ist nach § 37 Absatz 1 Satz 2 LBO die Zahl der notwendigen Kfz-Stellplätze unter Berücksichtigung des ÖPNV sowie nach § 37 Absatz 2 Satz 1 LBO die Zahl der notwendigen Fahrrad-Stellplätze zu ermitteln. Die jeweiligen Stellplatzzahlen ergeben sich aus der VwV Stellplätze in der jeweils gültigen Fassung.

Nebenanlagen:

[1)] Anl. 6 geänd. mWv 1.4.2015 durch VwV v. 3.3.2015 (GABl. S. 82); geänd. durch Fortschr. zum 27.3.2017; geänd. durch Fortschr. zum 11.11.2019.

Außenanlagen:

Einfriedungen (Höhe, Material)	Kinderspielplatz bei Wohngeb. (§ 9 LBO, § 1 LBOAVO)	Sonstige
	Größe: m²	

5. Grundstücksbeschaffenheit

Baugrund (Angaben insbes. nach DIN EN 1997 und DIN 1054)	Beschaffenheit und Tragfähigkeit

6. Konstruktion des Gebäudes

Gründungsart

Gebäudeklasse nach § 2 Abs. 4 LBO ☐ GKL 1 ☐ GKL 2 ☐ GKL 3 ☐ GKL 4 ☐ GKL 5

Bauteil	Art u. Material der Konstruktion (Dämmstoffe, Verkleidungen)	Brandschutzqualität nach LBOAVO	
		Feuerwiderstand (soweit gefordert)	Baustoff-eigenschaft
Tragkonstruktion (§§ 4, 7 u. 8 LBOAVO)			
Außenwände (§ 5 LBOAVO)			
Trennwände (§ 6 LBOAVO)			
Wände notwendiger Treppenräume (§ 11 LBOAVO)			
Wände notwendiger Flure (§ 12 LBOAVO)			
Dach (§ 9 LBOAVO)			
notwendige Treppen (§ 10 LBOAVO)			

Entsprechen Feuerwiderstand und / oder Baustoffeigenschaft von Bauteilen nicht mindestens den Anforderungen der LBOAVO, sind auf einem Zusatzblatt qualifizierte Ausgleichsmaßnahmen nachzuweisen, die eine Abweichung nach § 56 Abs. 1 LBO rechtfertigen.

7. Feuerungsanlagen – Heizung und Warmwasserbereitung –
(Zusätzliche Angaben mit Vordruck "Technische Angaben über Feuerungsanlagen" sind erforderlich)

☐ Schornsteingebundene Feuerstätten

Art der Feuerungsanlage	Nennwärmeleistung ☐ größer als 50 kW ☐ kleiner als 50 kW
Brennstoff	Offener Kamin ☐ ja [Stück] ☐ nein

☐ Sonstige Feuerungsanlage

Genaue Bezeichnung mit Angabe der Energieart

8. Lagerbehälter für Brennstoffe

[Stück] Lagerbehälter für ☐ Heizöl ☐ Flüssiggas ☐ feste Brennstoffe (z.B. Pellets)

[m³] Fassungsvermögen ingesamt

Lagerort ☐ unterirdisch ☐ oberirdisch ☐ im Freien ☐ im Gebäude

Schutzvorkehrungen

☐ Auffangwanne/Auffangraum mit [m³] Fassungsvermögen ☐ doppelwandiger Behälter

9. Haustechnische Anlagen z.B. Lüftungsanlagen werden

☐ eingebaut ☐ **nicht** eingebaut

Art der Anlage (Erläuterungen auf besonderem Blatt)

10. Löschwasser – Rückhalteanlagen
(Soweit nach der "Richtlinie zur Bemessung von Löschwasser - Rückhalteanlagen beim Lagern wassergefährdender Stoffe" vom 10.02.1993 (GABl. S. 207) erforderlich.)

Zusätzliche Angaben auf einem besonderen Blatt zu folgenden Punkten:
- Größe und Fläche des Lagerabschnitts und Lagermenge,
- Art der Feuerwehr (Berufs-, Werks- oder Freiwillige Feuerwehr),
- Art der Feuerlöschanlage,
- Art der Branderkennung und Brandmeldung,
- Maß und Bemessung der Abstände,
- Anordnung, Berechnung und Ausbildung der Löschwasser – Rückhalteanlagen.

11. Gewerbliche Anlagen, die keiner immissionsschutzrechtlichen Genehmigung bedürfen

Zusätzliche Angaben mit Vordruck "Angaben zu gewerblichen Anlagen" sind erforderlich.

Entwurfsverfasser/in	Name	Datum, Unterschrift[4]

[1] bitte Ansprechpartner/in anführen

[2] Angabe freiwillig

[3] Berechnung nach Gebührenordnung der zuständigen Baurechtsbehörde

[4] Nicht erfoderlich bei Einreichung in Textform

Anlage 7[1)]

Technische Angaben über Feuerungsanlagen

Zutreffendes bitte ankreuzen ☒ oder ausfüllen

Die Feuerungsanlage wird errichtet

a) ☐ als verfahrensfreie Baumaßnahme nach § 50 Abs. 1 LBO i.V.m. Anhang Nr. 3a. Dieser Vordruck muss **mindestens 10 Tage** vor Beginn der Ausführung dem/der **bevollmächtigten Bezirksschornsteinfeger/in** vorgelegt werden.

b) ☐ als Bestandteil eines kenntnisgabepflichtigen Bauvorhabens nach § 51 LBO. Dieser Vordruck muss **vor Baubeginn** dem/der **bevollmächtigten Bezirksschornsteinfeger/in** vorgelegt werden.

c) ☐ als Bestandteil eines genehmigungspflichtigen Bauvohabens nach § 49 LBO. Dieser Vordruck ist zusammen mit den Bauvorlagen bei der **Gemeinde** einzureichen.

1. Bauherr/in

Name, Vorname bzw. Firma[1], Anschrift, Telefon, E-Mail[2], Fax[2]

2. Baugrundstück

Gemeinde, Gemarkung, Flur, Flurstück, Straße, Haus-Nr.

3. Bauvorhaben

kurze Bezeichnung

4. Abgasanlage Für jede Abgasanlage (Abgasleitung / Schornstein) ist ein eigener Vordruck zu verwenden.

☐ Schornstein ☐ Abgasleitung ☐ Luft-Abgas-System ☐ System (Typ,Verwendbarkeitsnachweis)
☐ Einfachbelegung ☐ Mehrfachbelegung ☐ Feuchteunempfindlich
☐ Unterdruckbetrieb ☐ Überdruckbetrieb ☐ Feuchteempfindlich ☐ Montageanlage (siehe Tabelle unten)

	Baustoff	Dicke in cm	Fabrikat, Typ	Verwendbarkeitsnachweis (z.B. Norm oder Zulassung)
Innenschale				
Dämmstoff				
Ringspalt	———		———	———
Außenschale oder Schacht	☐F 30 ☐F 90			

Wirksame Höhe (Höhe über dem Anschluss der obersten Feuerstätte) ☐ m

Lichte Weite ☐ cm x ☐ cm oder ☐ cm ø

Bemessung

☐ nach Herstellerangaben ☐ nach DIN ☐ ☐ Berechnung liegt bei

1) Anl. 7 geänd. mWv 1.4.2015 durch VwV v. 3.3.2015 (GABl. S. 82); geänd. durch Fortschr. zum 27.3.2017; geänd. durch Fortschr. zum 11.11.2019.

5. Feuerstätten

Hersteller, Typ	Art der Feuerstätte	Nennwärme-leistung (kW)	Abgas-temp. °C	Brennstoff (Nr. s. unten)	Verwendbarkeitsnachweis (z.B. Norm o. Zulassung)

Brennstoffe: 1 = Festbrennstoff; 2 = Heizöl; 3 = Erdgas; 4 = Flüssiggas; 5 = sonstige: ☐

Feuerungs-einrichtung
☐ mit Gebläse ☐ mit Strömungssicherung ☐ Luftversorgung vom Aufstellraum
☐ ohne Gebläse ☐ ohne Strömungssicherung ☐ Luftversorgung vom Freien
☐ verbrennungsluftumspülte Abgasleitung im Aufstellraum

6. Lüftungseinrichtungen

(Keine Angaben notwendig bei Feuerstätten mit einer Nennwärmeleistung bis 35 kW, wenn Raumgröße oder Lüftungsverbund mit angrenzenden Räumen ausreicht oder bei Verbrennungsluftversorgung vom Freien)

Lüftung des Heizraums / Aufstellraums

durch Zuluftöffnung, cm²	durch Zuluftleitung, cm²	durch Abluftöffnung, cm²	durch Abluftschacht, cm²

7. Sonstige Angaben

(Angaben soweit sie zur Beurteilung der Anlage erforderlich oder hilfreich sind)

Bauherr/in	Datum, Unterschrift[3]
Entwurfsverfasser/in, Fachplaner/in oder Fachunternehmer/in	Datum, Unterschrift[3]

Hinweis:

Bei Errichtung und Betrieb von Feuerungsanlagen sind insbesondere auch die Regelungen des Immissionsschutzrechts (z.B. 1. BImSchV) und der Erneuerbaren-Wärme-Gesetze zu beachten.

[1] bitte Ansprechpartner/in einfügen
[2] Angabe freiwillig
[3] Nicht erforderlich bei Einreichung in Textform

Anlage 8[1)]

Angaben zu gewerblichen Anlagen

die keiner immissionsschutzrechtlichen Genehmigung bedürfen (§ 7 Abs. 2 LBOVVO)

Zutreffendes bitte ankreuzen ☒ oder ausfüllen

1. Bauherr/in, Betreiber/in der Arbeitsstätte

Name, Vorname bzw. Firma[1], Anschrift, Telefon, E-Mail[2], Fax[2]

Betreiber/in der Arbeitsstätte (falls nicht identisch mit dem/der Bauherrn/in)

2. Baugrundstück

Gemeinde, Gemarkung, Flur, Flurstück, Straße, Haus-Nr.

3. Bauvorhaben

kurze Bezeichnung

4. Gewerbliche Tätigkeit/Branche

Welche Arbeiten werden in dem geplanten Gebäude/-teil, mit der geplanten Anlage durchgeführt, welche Produkte werden hergestellt/vertrieben[3]?

5. Zahl der Beschäftigten

Wie viele Arbeitnehmer/innen werden beschäftigt?	männlich	weiblich
in der Arbeitsstätte insgesamt		
davon im geplanten Bauvorhaben		
davon maximal gleichzeitig anwesend (z. B. pro Schicht)		

6. Sozialanlagen

Sind Sozialanlagen vorgesehen? ☐ nein ☐ ja, und zwar

	Pausenraum	Liegeraum	Umkleideraum	Waschraum	Toiletten
im geplanten Gebäude (s. Bauzeichnungen)	☐	☐	☐	☐	☐
im bestehenden Gebäude	☐	☐	☐	☐	☐

[1)] Anl. 8 geänd. durch Fortschr. zum 27.3.2017; geänd. durch Fortschr. zum 29.5.2019; geänd. durch Fortschr. zum 1.7.2019; geänd. durch Fortschr. zum 11.11.2019.

7. Besondere Maschinen, Geräte und technische Einrichtungen

Werden Maschinen, Anlagen, Geräte und technische Einrichtungen aufgestellt, von denen Gefahren für die Beschäftigten oder Gefahren, Belästigungen oder Beeinträchtigungen für die Nachbarschaft oder die Umwelt ausgehen können? (gegebenenfalls Maschinenaufstellungsplan beilegen.)

☐ nein ☐ ja, und zwar:

☐ Dampfkesselanlagen	☐ Entfettungsanlagen	☐ Härtereianlagen
☐ Druckbehälteranlagen	☐ Galvanische Anlagen	☐ Anlagen mit radioaktiven Strahlen
☐ Flüssiggasanlagen	☐ chemische Oberflächenbehandlung	☐ Röntgeneinrichtungen
☐ Gasflaschen-Lager	☐ Chemischreinigungsanlagen	☐ Laser
☐ Kälteanlagen	☐ Spritzstände / Lackieranlagen	

☐ Sonstiges, nämlich:

8. Einwirkungen auf die Beschäftigten und / oder die Nachbarschaft

8.1 Einwirkungen und Schutzmaßnahmen

Sind im Betrieb durch Gerüche, Gase, Dämpfe, Rauch, Ruß, Staub, Erschütterungen, ionisierende Strahlung, Flüssigkeiten oder Abwässer chemische, physikalische oder biologische Einwirkungen auf Beschäftigte oder Nachbarn zu erwarten?

☐ nein ☐ ja, und zwar durch:

Welche Schutzmaßnahmen werden getroffen?

8.2 Lärm - Schallemissionen durch das Bauvorhaben

Sind im Betrieb durch Lärm Einwirkungen auf Beschäftigte oder Nachbarn zu erwarten?

☐ nein ☐ ja, und zwar durch:

Welche Schutzmaßnahmen werden getroffen?

8.3 Betriebszeiten

☐ zwischen 6.00 und 22.00 Uhr ☐ zwischen 22.00 und 6.00 Uhr

☐ an Sonn- und Feiertagen Andere Betriebszeiten: von ☐ Uhr bis ☐ Uhr

8.4 Abfälle
Sind im Betrieb durch Abfälle Einwirkungen auf Beschäftigte oder Nachbarn zu erwarten?

☐ nein ☐ ja

Welche Abfälle fallen an?	Bezeichnung (evtl. Abfallschlüssel-Nr.)	Menge pro Jahr	vorgesehene Schutzmaßnahmen

9. Gefahrstoffe (einschließlich entzündlicher, leicht- oder hochentzündlicher Flüssigkeiten), wassergefährdende Stoffe

9.1 Tätigkeiten (gegebenenfalls besonderes Blatt verwenden)
Werden Gefahrstoffe (einschließlich entzündliche, leicht- oder hochentzündliche Flüssigkeiten) oder wassergefährdende Stoffe im Rahmen eines Prozesses verwendet, z.B. abgefüllt, umgeschlagen, hergestellt, behandelt oder entsorgt?

☐ nein ☐ ja

Bezeichnung /Art des Stoffes	Gefährlichkeitsmerkmale[4]		Umgangs-menge	Art des Umgangs	Schutzmaßnahmen
	GefStoffV	VwVwS			

9.2 Lagerung (gegebenenfalls besonderes Blatt verwenden)
Werden Gefahrstoffe (einschließlich entzündliche, leicht- oder hochentzündliche Flüssigkeiten) oder wassergefährdende Stoffe gelagert?

☐ nein ☐ ja

Bezeichnung/Art des Stoffes	Gefährlichkeitsmerkmale[4]		maximale Lagermenge	Art der Lagerung	Schutzmaßnahmen
	GefStoffV	VwVwS			

10. Abwasser (gegebenenfalls besonderes Blatt verwenden)

Fällt im Betrieb gewerbliches Abwasser an? ☐ nein ☐ ja

Ist eine Abwasservorbehandlungsanlage vorgesehen? ☐ nein ☐ ja

Anschluss an eine öffentliche Kläranlage? ☐ nein ☐ besteht ☐ vorgesehen

Herkunft (Anfallstelle)	Inhaltsstoffe	Menge	vorgesehene Behandlung

Entwurfsverfasser/in	Datum, Unterschrift[5]

Von der Baurechtsbehörde auszufüllen:

Für den Fall, dass keine rechtskräftige Gebietsausweisung vorliegt: ☐ § 34 BauGB ☐ § 35 BauGB

Art der baulichen Nutzung des Baugebiets entsprechend der geltenden BauNVO (ggf. aus dem Flächenutzungsplan):

☐ WS ☐ WR ☐ WA ☐ WB ☐ MD ☐ MI ☐ MK ☐ GE ☐ GI ☐ SO

Einschränkungen:	Datum, Unterschrift

[1] bitte Ansprechpartner/in anführen
[2] Angabe freiwillig
[3] bitte keine Sammelbegriffe, also beispielsweise nicht „Dienstleistungen" sondern z. B. „Rechtsanwaltskanzlei", „Versicherungsbüro" o. ä.
[4] Kennbuchstabe nach Gefahrstoffverordnung (GefStoffV), z. B.: T = giftig, Xi = reizend, F = leicht entzündlich, ...
[5] Wassergefährdungsklasse nach Verwaltungsvorschrift wassergefährdende Stoffe (VwVwS), WGK 1, 2, 3
[6] Nicht erforderlich bei Einreichung in Textform

6. Verordnung der Landesregierung und des Umweltministeriums zur Durchführung der Energieeinsparverordnung (EnEV-Durchführungsverordnung – EnEV-DVO)

Vom 8. November 2016

(GBl. S. 600, ber. 2017 S. 74)

geänd. durch Art. 47 G zum Abbau verzichtbarer Formerfordernisse v. 11.2.2020 (GBl. S. 37)

Es wird verordnet auf Grund von

1. § 7 Absatz 1a Satz 2, Absatz 2 und 4, § 7a Absatz 2 und § 7b Absatz 3 und 4 Satz 1 des Energieeinsparungsgesetzes (EnEG) in der Fassung vom 1. September 2005 (BGBl. I S. 2685), das zuletzt durch Artikel 1 des Gesetzes vom 4. Juli 2013 (BGBl. I S. 2197) geändert worden ist, und § 4 Absatz 1 und 2 des Landesverwaltungsgesetzes vom 14. Oktober 2008 (GBl. S. 313, 314), das zuletzt durch Artikel 10 des Gesetzes vom 23. Juni 2015 (GBl. S. 585, 614) geändert worden ist,
2. § 36 Absatz 2 Satz 1 des Gesetzes über Ordnungswidrigkeiten (OWiG) in der Fassung vom 19. Februar 1987 (BGBl. I S. 602), das zuletzt durch Artikel 4 des Gesetzes vom 18. Juli 2016 (BGBl. I S. 1666) geändert worden ist:

§ 1 Zuständigkeit. (1) [1]Die unteren Baurechtsbehörden nach § 46 Absatz 1 Nummer 3 und Absatz 2 Satz 1 der Landesbauordnung (LBO)[1)] sind für die Durchführung der Energieeinsparverordnung (EnEV) zuständig, soweit in dieser Verordnung nichts anderes bestimmt ist. [2]Sie unterliegen dabei der Fachaufsicht der Regierungspräsidien.

(2) Die den Gemeinden und den Verwaltungsgemeinschaften nach § 46 Absatz 2 Satz 1 LBO übertragenen Aufgaben sind Pflichtaufgaben nach Weisung.

(3) [1]Zuständige Behörde nach § 26d Absatz 1 EnEV ist das Regierungspräsidium Tübingen, Landesstelle für Bautechnik (Kontrollstelle Land). [2]Die vorläufige Aufgabenwahrnehmung durch das Deutsche Institut für Bautechnik nach § 30 EnEV bleibt davon unberührt. [3]Die Kontrollstelle Land kann die zuständige untere Baurechtsbehörde mit der Inaugenscheinnahme nach § 26d Absatz 4 Satz 1 Nummer 3 EnEV beauftragen.

(4) [1]Zuständige Behörde nach § 24 Absatz 2 und § 25 Absatz 1 Satz 1 EnEV ist das Regierungspräsidium Tübingen, Landesstelle für Bautechnik. [2]Sie kann verlangen, dass der Antragsteller das Vorliegen der Voraussetzungen für eine Ausnahme nach § 24 Absatz 2 EnEV und für eine Befreiung nach § 25 Absatz 1 EnEV durch Gutachten nachweist.

(5) Die für die Fachaufsicht zuständigen Behörden können den nachgeordneten Behörden unbeschränkt Weisung erteilen.

(6) Die Kontrollstelle Land ist Verwaltungsbehörde im Sinne von § 36 Absatz 1 Nummer 1 OWiG bei Ordnungswidrigkeiten nach § 27 Absatz 2

---

1) Nr. **1**.

Nummer 7 bis 9 und Absatz 3 Nummer 1 und 3 EnEV; für alle übrigen Ordnungswidrigkeiten nach § 27 EnEV und § 8 dieser Verordnung ist die zuständige Baurechtsbehörde Verwaltungsbehörde.

§ 2[1)] Errichtung, Erweiterung und Ausbau von Gebäuden. (1) [1] Für alle in den Anwendungsbereich der Energieeinsparverordnung fallendenden Gebäude sind im Auftrag des Bauherrn nach § 42 LBO[2)] die Nachweise zur Einhaltung der Anforderungen nach den §§ 3, 4, 8 oder 9 Absatz 5 EnEV von einem Entwurfsverfasser nach § 43 LBO zu erstellen. [2] Für die Zuziehung von Sachkundigen durch den Entwurfsverfasser gilt § 43 Absatz 2 LBO entsprechend. [3] Sachkundige sind Personen nach § 5 Nummer 1 bis 3. [4] Bei energetisch relevanten baulichen oder anlagentechnischen Änderungen in der Bauausführung sind die Nachweise vom Entwurfsverfasser anzupassen. [5] Der Bauherr hat sicherzustellen, dass dem Eigentümer des Gebäudes die Nachweise spätestens nach Fertigstellung des Gebäudes übergeben werden. [6] Die Nachweise sind vom Eigentümer des Gebäudes mindestens fünf Jahre aufzubewahren; er hat sie der zuständigen Baurechtsbehörde auf deren Verlangen unverzüglich vorzulegen. [7] Der Entwurfsverfasser hat den Bauherrn in geeigneter Weise schriftlich oder elektronisch auf dessen Verpflichtungen nach Satz 5 und Absatz 2 sowie die Verpflichtungen des Eigentümers des Gebäudes nach Satz 6 und Absatz 3 hinzuweisen. [8] Zur Erfüllung der Hinweispflicht genügt es, wenn dem Bauherrn ein entsprechendes Merkblatt übergeben wird.

(2) [1] Der Bauherr hat unverzüglich nach Abschluss der Arbeiten sicherzustellen, dass dem Eigentümer des Gebäudes von einem für das Gewerk qualifizierten Sachkundigen nach § 5 eine Erklärung ausgestellt wird, dass Klimaanlagen und sonstige Anlagen der Raumlufttechnik nach § 15 EnEV den dort genannten Mindestanforderungen entsprechen, und dass dem Eigentümer des Gebäudes diese Erklärung oder eine Kopie hiervon übergeben wird. [2] Wurden die Arbeiten von Unternehmen geschäftsmäßig ausgeführt, haben diese jeweils für die von ihnen durchgeführten Arbeiten die schriftliche Erklärung nach Satz 1 unverzüglich nach Abschluss der Arbeiten gegenüber dem Eigentümer des Gebäudes abzugeben. [3] Die Erklärungen sind vom Eigentümer des Gebäudes mindestens fünf Jahre aufzubewahren. [4] Der Eigentümer hat der zuständigen Baurechtsbehörde die Erklärung nach Satz 1 oder 2

1. zu Klimaanlagen nach § 15 Absatz 1 Satz 1 EnEV nach Fertigstellung des Gebäudes,
2. für die übrigen raumlufttechnischen Anlagen nach § 15 Absatz 1 Satz 1 EnEV auf deren Verlangen

unverzüglich vorzulegen. [5] Die Sachkundigen und Unternehmen haben den Eigentümer des Gebäudes auf seine Verpflichtungen nach Satz 3 und 4 hinzuweisen. [6] Zur Erfüllung der Hinweispflicht genügt es, wenn ein deutlicher Hinweis in der Erklärung nach Satz 1 oder 2 erfolgt oder wenn dem Eigentümer ein entsprechendes Merkblatt übergeben wird.

(3) [1] Der Eigentümer des Gebäudes hat eine Kopie des Energieausweises nach § 16 Absatz 1 Satz 1 EnEV der zuständigen Baurechtsbehörde unverzüglich nach Fertigstellung des Gebäudes vorzulegen. [2] Zur Ausstellung eines Energieausweises nach § 16 Absatz 1 Satz 1 EnEV sind nur Personen berechtigt, die

[1)] § 2 Abs. 1 Satz 7 geänd. mWv 1.3.2020 durch G v. 11.2.2020 (GBl. S. 37).
[2)] Nr. **1**.

die Anforderungen zur Ausstellungsberechtigung für bestehende Gebäude nach § 21 EnEV erfüllen. [3]Der Energieausweis ist vom Eigentümer des Gebäudes mindestens fünf Jahre aufzubewahren.

(4) Die Pflichten des Bauherrn nach Absatz 1 und 2 bestehen auch, wenn dieser zugleich Eigentümer des Gebäudes ist.

§ 3 Schriftform, elektronische Form. [1]Nachweise und Erklärungen nach § 2 bedürfen der Schriftform. [2]Die elektronische Form nach § 3a des Landesverwaltungsverfahrensgesetzes ist zulässig, sofern eine Behörde Empfängerin ist. [3]Das Umweltministerium kann auf seiner Internetseite Muster für die Nachweise und Erklärungen zur Verfügung stellen.

§ 4[1] Stichprobenkontrollen von Energieausweisen und Inspektionsberichten von Klimaanlagen. (1) Die Kontrollstelle Land kann zur Erfüllung ihrer Aufgaben nach §§ 26d und 26e EnEV fachkundige Personen hinzuziehen; fachkundige Personen sind insbesondere Sachkundige nach § 5.

(2) [1]Hat die Kontrolle ergeben, dass ein Inspektionsbericht oder ein Energieausweis

1. die Anforderungen nach §§ 12 oder 17 bis 20 EnEV nicht erfüllt oder
2. von einer Person ausgestellt wurde, die nicht die Voraussetzungen für die Durchführung einer Inspektion einer Klimaanlage nach § 12 Absatz 5 EnEV oder für die Ausstellung eines Energieausweises nach § 2 Absatz 3 Satz 2 oder nach § 21 EnEV erfüllt,

teilt die Kontrollstelle Land dies der ausstellenden Person mit. [2]Sie kann von der ausstellenden Person Angaben zum Eigentümer des Gebäudes und zu dessen Adresse sowie Angaben zur Adresse des Gebäudes verlangen. [3]Die Kontrollstelle Land teilt das Ergebnis der Kontrolle dem Eigentümer des Gebäudes und der zuständigen Baurechtsbehörde mit. [4]Ergeben sich bei der Kontrolle Anhaltspunkte, dass ein Entwurfsverfasser, Bauherr, Eigentümer eines Gebäudes oder eine fachkundige Person gegen eine Vorschrift dieser Verordnung oder der Energieeinsparverordnung, die nicht von der Kontrollstelle Land vollzogen wird, verstoßen hat, übermittelt die Kontrollstelle Land der zuständigen Baurechtsbehörde die für eine Überprüfung dieses Sachverhalts erforderlichen Daten. [5]Für die nach Satz 4 übermittelten Daten gilt § 26d Absatz 7 Satz 2 und 3 EnEV entsprechend.

(3) Die Kontrollstelle Land hat die Daten nach § 26e EnEV zu speichern und dem Umweltministerium zum 31. Januar 2017, danach alle drei Jahre, eine mit ihm abgestimmte Auswertung der Daten mindestens zu den Merkmalen nach § 26e Absatz 2 und 3 EnEV sowie einen Bericht über die wesentlichen Erfahrungen mit den Stichprobenkontrollen vorzulegen.

§ 5 Sachkundige. Sachkundige im Sinne dieser Verordnung sind

1. die nach § 12 Absatz 5 EnEV zur energetischen Inspektion Berechtigten,
2. die für die jeweilige Gebäudeart nach § 21 EnEV zur Ausstellung von Energieausweisen Berechtigten, auch für die Errichtung, Erweiterung und den Ausbau von Gebäuden,

---

[1] § 4 Abs. 2 Satz 5 ber. GBl. 2017 S. 74.

3. a) Architektinnen und Architekten sowie Innenarchitektinnen und Innenarchitekten nach § 2 Absatz 1 des Architektengesetzes und
   b) Ingenieurinnen und Ingenieure nach § 1 Absatz 1 oder § 3 Absatz 1 und 3 des Ingenieurgesetzes (IngG)

   mit mindestens drei Jahre zusammenhängender Berufserfahrung in der Erstellung oder Prüfung von Nachweisen des baulichen und energiesparenden Wärmeschutzes (Bilanzverfahren) für die jeweilige Gebäudeart sowie
   c) Ingenieurinnen und Ingenieure nach § 1 Absatz 1 oder § 3 Absatz 1 und 3 IngG mit mindestens drei Jahre zusammenhängender Berufserfahrung in der energetischen Planung oder Bewertung von Anlagen der Heizungs-, Kühl- und Raumlufttechnik sowie der Warmwasserversorgung für die jeweilige Gebäudeart.

   Personen, die in einem anderen Mitgliedstaat der Europäischen Union, einem Vertragsstaat des Abkommens über den Europäischen Wirtschaftsraum oder der Schweiz gleichwertig ausgebildet worden sind und dies durch Ausbildungsnachweise belegen können, sind den in Buchstabe a) bis c) genannten Personen gleichgestellt.
4. Personen, die für ein zulassungspflichtiges Bau-, Ausbau- oder anlagentechnisches Gewerbe oder für das Schornsteinfegerwesen die Voraussetzungen zur Eintragung in die Handwerksrolle erfüllen, sowie Handwerksmeister der zulassungsfreien Handwerke dieser Bereiche und Personen, die aufgrund ihrer Ausbildung berechtigt sind, ein solches Handwerk ohne Meistertitel selbstständig auszuüben, hinsichtlich der Gewerke, auf die sich ihre Sachkunde erstreckt.

§ 6 Kontrolle der Berichte, Erklärungen und Nachweise. [1] Die zuständige Baurechtsbehörde kann prüfen, ob die Ausführung von Bau- und Installationsmaßnahmen den Nachweisen und Erklärungen nach § 2 sowie den Unternehmererklärungen nach § 26a Absatz 1 EnEV entspricht. [2] Zu diesem Zweck kann sie den Bauherrn und den Eigentümer zur Erteilung der notwendigen Auskünfte und Vorlage der notwendigen Unterlagen verpflichten. [3] Satz 1 und 2 gilt entsprechend für die Kontrolle von Energieausweisen nach § 16 EnEV und Inspektionsberichten nach § 12 Absatz 6 EnEV, soweit nicht die Kontrollstelle Land zuständig ist.

§ 7 Ausnahmen für Gebäude öffentlicher Körperschaften. [1] §§ 1, 2 Absatz 1 Satz 5, Absatz 2 Satz 3 und 4, Absatz 3 Satz 1, § 6 gelten nicht für Gebäude des Bundes, des Landes, einer anderen Gebietskörperschaft des öffentlichen Rechts oder einer Kirche, soweit nach § 70 LBO[1)] die Zustimmung an die Stelle der Baugenehmigung tritt. [2] Der Bauherr ist dafür verantwortlich, dass das Vorhaben den Anforderungen der Energieeinsparverordnung entspricht.

§ 8 Ordnungswidrigkeiten. Ordnungswidrig im Sinne von § 8 Absatz 1 Nummer 3 EnEG handelt, wer vorsätzlich oder leichtfertig

1. entgegen § 2 Absatz 1 Satz 6 Halbsatz 2 die Nachweise nach § 2 Absatz 1 Satz 1 oder 4 der Baurechtsbehörde auf deren Verlangen nicht oder nicht unverzüglich vorlegt,

---

[1)] Nr. **1**.

2. entgegen § 2 Absatz 2 Satz 4 Nummer 1 die Erklärung nach § 2 Absatz 2 Satz 1 oder 2 der Baurechtsbehörde nicht oder nicht unverzüglich vorlegt,
3. entgegen § 2 Absatz 2 Satz 4 Nummer 2 die Erklärung nach § 2 Absatz 2 Satz 1 oder 2 der Baurechtsbehörde auf deren Verlangen nicht oder nicht unverzüglich vorlegt,
4. entgegen § 2 Absatz 3 Satz 1 eine Kopie des Energieausweises nicht oder nicht unverzüglich der Baurechtsbehörde vorlegt.

§ 9[1)] Übergangsvorschriften. (1) [1] § 2 ist nicht anzuwenden, wenn für das Vorhaben vor Inkrafttreten dieser Verordnung der Bauantrag gestellt oder das Vorhaben der Gemeinde zur Kenntnis gegeben wurde. [2] Auf verfahrensfreie Bauvorhaben ist § 2 nicht anzuwenden, wenn mit der Ausführung vor dem Inkrafttreten dieser Verordnung begonnen worden ist. [3] Auf Bauvorhaben nach den Sätzen 1 und 2 ist die EnEV-Durchführungsverordnung vom 27. Oktober 2009 (GBl. S. 669) weiter anzuwenden. [4] Abweichend von Satz 3 findet auf Verlangen des Bauherrn diese Verordnung Anwendung, wenn über den Bauantrag noch nicht bestandskräftig entschieden ist oder im Kenntnisgabeverfahren mit der Ausführung noch nicht begonnen werden darf.

(2) Die Zuständigkeit für Anträge auf Erteilung von Ausnahmen und Befreiungen nach § 24 Absatz 2 und § 25 Abs. 1 Satz 1 EnEV, die vor Inkrafttreten dieser Verordnung gestellt wurden, richtet sich nach der EnEV-Durchführungsverordnung vom 27. Oktober 2009 (GBl. S. 669).

§ 10 Inkrafttreten, Außerkrafttreten. [1] Diese Verordnung tritt am Tag nach ihrer Verkündung[2)] in Kraft. [2] Gleichzeitig tritt die EnEV-Durchführungsverordnung vom 27. Oktober 2009 (GBl. S. 669) außer Kraft.

---

1) § 9 Abs. 1 Satz 2 ber. GBl. 2017 S. 74.

2) Verkündet am 25.11.2016.

7. Verwaltungsvorschrift des *Wirtschaftsministerium*[1] über die Herstellung notwendiger Stellplätze (VwV Stellplätze)[2][3]

Vom 28. Mai 2015 – Az.: 41-2600.0-13/187 –
(GABl. S. 260)

geänd. durch ÄndVwV v. 23.9.2020 (GABl. S. 698)

I.[4] [Vollzug von § 37, § 56 Abs. 5 Satz 1 Nr. 1 und § 74 Abs. 2 Nr. 2 LBO]

Beim Vollzug von § 35 Abs. 4 Satz 1, § 37, § 56 Abs. 5 Satz 1 Nr. 1 und § 74 Abs. 2 Nr. 2 der Landesbauordnung für Baden-Württemberg (LBO)[5] in der Fassung vom 5. März 2010 (GBl. S. 358, ber. S. 416), zuletzt geändert durch Gesetz vom 11. November 2014 (GBl. S. 501), ist Folgendes zu beachten:

Zu § 35 Absatz 4 Satz 1: *(aufgehoben)*

Zu § 37 Absatz 1:

1. Ermittlung der Zahl der notwendigen Kfz-Stellplätze bei anderen Anlagen

Hierbei kommt es auf die Lage, die Nutzung, die Größe und die Art des Bauvorhabens an. Bei der Ermittlung der Zahl der notwendigen Kfz-Stellplätze ist von den im *Anhang 1* abgedruckten Richtzahlen auszugehen. Die Umstände des Einzelfalles sind innerhalb des angegebenen Spielraums in die Beurteilung einzubeziehen. Die Einbindung des Standorts in das Netz des öffentlichen Personennahverkehrs ist nach der im Anhang aufgeführten Art und Weise zu berücksichtigen. Eine besonders gute Erreichbarkeit des Standorts mit öffentlichen Verkehrsmitteln führt dabei zur größtmöglichen Minderung der Zahl der Kfz-Stellplätze, wobei eine Grundausstattung der Anlage mit Stellplätzen grundsätzlich erhalten bleiben muss. Die Grundausstattung beträgt mindestens 30 % der Kfz-Stellplätze nach Tabelle B des Anhangs. Ergibt sich bei dieser Ermittlung ein geringerer Wert als die in der Tabelle genannte Mindestzahl, ist jedoch mindestens diese Zahl zu erbringen. Errechnet sich bei der Ermittlung der Zahl der notwendigen Kfz-Stellplätze eine Bruchzahl, ist nach allgemeinem mathematischem Grundsatz auf ganze Zahlen auf- bzw. abzurunden.

Bei Anlagen mit mehreren Nutzungsarten ist der Stellplatzbedarf für jede Nutzungsart getrennt zu ermitteln. Lassen die einzelnen Nutzungsarten eine wechselseitige Bereitstellung der Kfz-Stellplätze zu, kann die Zahl der notwendigen Kfz-Stellplätze entsprechend gemindert werden.

Für Anlagen, die von den Richtzahlen nicht erfasst sind, ist die Zahl der notwendigen Stellplätze nach den besonderen Umständen des Einzelfalles gegebenenfalls in Anlehnung an die Richtzahlen vergleichbarer Anlagen zu ermitteln.

---

[1] Richtig wohl: „Wirtschaftsministeriums“.

[2] Die VwV **tritt am 30.6.2022 außer Kraft**, vgl. Teil III.

[3] Überschrift geänd. mWv 29.10.2020 durch VwV v. 23.9.2020 (GABl. S. 698).

[4] Teil I Abschnitt zu § 35 Abs. 4 Satz 1 aufgeh., Abschnitt zu § 37 Abs. 2 neu gef., Abschnitt zu § 37 Abs. 3 aufgeh. mWv 29.10.2020 durch VwV v. 23.9.2020 (GABl. S. 698).

[5] Nr. **1**.

Bei barrierefreien Anlagen nach § 39 Abs. 1 und 2 LBO[1)] ist ein angemessener Prozentsatz der Kfz-Stellplätze barrierefrei auszuführen.

2. Altenwohnungen

Von der Verpflichtung zur Herstellung von einem Kfz-Stellplatz je Wohnung sind grundsätzlich auch Altenwohnungen erfasst, bei denen i.d.R. von einem geringeren Stellplatzbedarf ausgegangen werden kann. Soweit es sich dabei um Wohnanlagen oder Teile von Anlagen handelt, die nachweislich dauerhaft zur Nutzung durch alte Menschen vorgesehen sind, führt diese uneingeschränkte Verpflichtung zu einer nicht beabsichtigten Härte, da hier auch die Möglichkeit des § 37 Abs. 4 S. 2 LBO[1)] wenig entlastend wirkt. Diese Fälle sind über eine Befreiung nach § 56 Abs. 5 LBO zu lösen. Eine Beschränkung der Baugenehmigung auf die Nutzung als Altenwohnung ist geeignet, eine dauerhafte Nutzung im beantragten Sinne sicherzustellen bzw. ein Aufleben der Stellplatzverpflichtung im Falle anderer Nutzungen zu verdeutlichen.

Zu § 37 Absatz 2:

1. Ermittlung der Zahl der notwendigen Fahrradstellplätze bei Wohnungen

Die Zahl notwendiger Fahrradstellplätze hat sowohl den Bedarf der Bewohnerinnen und Bewohner als auch den Bedarf der Besucherinnen und Besucher abzudecken.

Zur Bemessung des Bedarfs an Fahrradstellplätzen werden in der baubehördlichen Praxis Lösungen entwickelt, für die grundsätzlich auf Papiere von Fachgesellschaften zurückgegriffen werden soll.

Entscheidend für den Fahrradstellplatzbedarf bei Wohnungen ist nicht die Fahrradnutzung, sondern die Zahl der Fahrräder je Haushalt.

Ein geringer Radverkehrsanteil in der Kommune ist kein Indikator für einen geringeren zu erwartenden Fahrradstellplatzbedarf.

[1]Die Topographie ist grundsätzlich kein Indikator für einen geringeren zu erwartenden Fahrrad-Stellplatzbedarf. [2]Durch die zunehmende Verbreitung von Pedelecs stellen Steigungen heute kein generelles Hindernis für den Radverkehr mehr dar.

2. Ermittlung der Zahl der notwendigen Fahrradstellplätze bei anderen Anlagen

[1]Die erforderliche Zahl notwendiger Fahrradstellplätze nach § 37 Abs. 2 Satz 1 LBO[1)] bestimmt sich nach den Richtzahlen in Anhang 2. [2]Die Stellplätze sind in den Bauvorlagen darzustellen. [3]Bei Anlagen, die von den Richtzahlen nicht erfasst sind, ist die Zahl der notwendigen Stellplätze nach den besonderen Umständen des Einzelfalls gegebenenfalls in Anlehnung an die Richtzahlen vergleichbarer Anlagen zu ermitteln. [4]Für die den laufenden Nummern in Anhang 2 zugeordneten Nutzungen sind jeweils mindestens zwei Stellplätze nachzuweisen. [5]Die Fahrradstellplätze sollen zielnah zu der jeweiligen Nutzung beziehungsweise zu dem jeweiligen Zugang angeordnet und vom öffentlichen Straßenraum leicht auffindbar sein.

[1)] Nr. **1**.

3. Anforderungen an die Fahrradstellplätze

Die Fahrradstellplätze müssen so hergestellt werden, dass

- diese hinsichtlich Erreichbarkeit, Zugänglichkeit und Nutzbarkeit auch für Personen mit Pedelecs geeignet sind. Nur in Ausnahmefällen sind mehr als zwei Stufen zulässig (z.B. wenn andernfalls Flächen für Wohnungen reduziert werden müssten),
- sie eine Anschließmöglichkeit für den Fahrradrahmen haben,
- dem Fahrrad ein sicherer Stand durch einen Anlehnbügel gegeben wird,
- sie eine Länge von 2 m zuzüglich der erforderlichen Fahrgassen und Rangierflächen aufweisen und
- durch einen Mindestabstand von 0,80 m zwischen den Fahrradständen das Abstellen und Anschließen des Fahrrades einschließlich des Rahmens ermöglicht wird.

[1] Die Herstellung einfacher Vorderradständer ist unzulässig. [2] Der Platzbedarf kann durch den Einsatz platzsparender Fahrradabstellsysteme wie beispielsweise Doppelstockparksysteme reduziert werden. [3] Solche Systeme müssen eine einfache Nutzbarkeit gewährleisten.

Die notwendigen Fahrradstellplätze für Wohnungen können in einem Abstellraum nach § 35 Abs. 5 LBO[1)] nur dann nachgewiesen werden, wenn der Raum nach Größe, Lage, Zuschnitt und Erreichbarkeit sowohl die Funktion als Abstellraum zur Wohnung als auch die Anforderungen für Fahrradstellplätze nach der LBO erfüllt.

[1] Soweit die Fahrradstellplätze für Wohnungen in nicht gemeinschaftlich genutzten, abschließbaren Garagen oder Räumen ausgewiesen werden, wird der gesetzlich geforderte Diebstahlschutz auch ohne Anschließmöglichkeit erreicht. [2] Auch ist in diesen Fällen ein Anlehnbügel entbehrlich.

Zu § 37 Absatz 3: *(aufgehoben)*

Zu § 37 Absatz 4:

Aussetzen der Verpflichtung zur Herstellung notwendiger Stellplätze

§ 37 Abs. 4 S. 2 LBO[1)] räumt dem Bauherrn einen Anspruch auf Aussetzung der Herstellung der notwendigen Stellplätze ein. Soweit und solange nachweislich ein Stellplatzbedarf nicht oder nicht in vollem Umfang besteht, z.B. weil die Bewohner kein Kraftfahrzeug halten, ist die Verpflichtung zur Herstellung der gleichwohl notwendigen Stellplätze auszusetzen. Da die Stellplatzverpflichtung als solche dadurch nicht berührt wird, muss in diesen Fällen die Fläche für die zu einem späteren Zeitpunkt eventuell herzustellenden Stellplätze durch Baulast gesichert sein. Die Vorschrift kommt z.B. bei solchen Wohngebäuden zur Anwendung, die einer zeitlich begrenzten Belegungsbindung zugunsten von alten Menschen unterliegen. In Betracht kommt aber auch eine teilweise Aussetzung der Pflicht zur Herstellung der notwendigen Stellplätze im Verhältnis zu dem Umfang, in dem ein Arbeitgeber den Beschäftigten in der betroffenen baulichen Anlage – dies ist das Gebäude mit den Geschäftsräumlichkeiten – preisgünstige Zeitkarten für den ÖPNV (»Job-Tickets«) zur Verfügung stellt und so den tatsächlich von der Anlage ausgelösten ruhenden Verkehr vermindert. Der Nachweis über das Vorliegen der Voraussetzung zur

---

[1)] Nr. **1**.

Aussetzung der Verpflichtung zur Herstellung der notwendigen Stellplätze obliegt dem Bauherrn; die Baurechtsbehörde legt in der Entscheidung über die Aussetzung fest, in welcher Form und in welchen zeitlichen Abständen der Nachweis zu erbringen ist.

Zu § 37 Absatz 5:

Voraussetzungen einer Bestimmung des Grundstücks durch die Baurechtsbehörde

Die Gründe des Verkehrs müssen in diesen Fällen hinreichend schwerwiegend und konkret sein und dürfen sich nicht allein auf allgemeine verkehrsplanerische Überlegungen stützen. Eine Bestimmung durch die Baurechtsbehörde ist beispielsweise gerechtfertigt, wenn durch die Errichtung der notwendigen Stellplätze auf dem beabsichtigten Grundstück entweder im Umfeld dieses Grundstücks selbst oder, sofern die Errichtung auf einem anderen Grundstück vorgesehen ist, im Umfeld des Baugrundstücks Verhältnisse geschaffen würden, die zur Gefährdung der Sicherheit und Leichtigkeit des Verkehrs führen würden. Eine Bestimmung durch die Baurechtsbehörde ist aber auch dann gerechtfertigt, wenn die vom Bauherrn beabsichtigte Herstellung von Stellplätzen einer konkreten verkehrsplanerischen Konzeption der Gemeinde, z.B. zur Schaffung verkehrsberuhigter Bereiche mit Parkierung in Gebietsrandlage, zuwiderlaufen würde.

Bei Fahrrad-Stellplätzen sind besondere Anforderungen an die räumliche Zuordnung der Stellplätze zur Nutzung zu stellen. Bei der Festlegung zumutbarer Entfernungen sind daher deutlich engere Maßstäbe anzulegen als bei Kfz-Stellplätzen.

Zu § 37 Absatz 7:

Abweichung von der Kfz-Stellplatzverpflichtung bei Wohnungen

Eine Erfüllung der Verpflichtung zur Herstellung von Kfz-Stellplätzen durch Ablösung ist für Wohnungen durch § 37 Abs. 7 S. 1 LBO[1] ausgeschlossen. Um Fälle unbilliger Härten ausschließen und einem Scheitern von Wohnbauvorhaben durch fehlende Kfz-Stellplätze entgegenwirken zu können, verlangt § 37 Abs. 7 S. 2 LBO die Zulassung einer Abweichung von § 37 Abs. 1 S. 1 LBO, soweit die unter Ziff. 1 oder 2 genannten Voraussetzungen vorliegen. Unzumutbar kann das Verlangen nach Herstellung von Kfz-Stellplätzen u.a. dann werden, wenn die wirtschaftlichen Aufwendungen für die Errichtung der Kfz-Stellplätze, z.B. bei Unterbringung in Untergeschossen oder in mehreren Geschossen, durch schwierige topografische und/oder konstruktive Verhältnisse die ortsüblichen Aufwendungen erheblich übersteigen oder die Aufwendungen für die Errichtung der Kfz-Stellplätze nicht mehr im Verhältnis zum Aufwand der gesamten Baumaßnahme stehen würden. Der Bauherr hat das Vorliegen der Voraussetzungen nach § 37 Abs. 7 Nr. 1 LBO darzulegen.

Aufgrund öffentlich-rechtlicher Vorschriften ausgeschlossen sein kann die Herstellung von Kfz-Stellplätzen z.B. dann, wenn die Gemeinde von ihrem Satzungsrecht nach § 74 Abs. 2 Nr. 3 (oder 4) LBO Gebrauch gemacht und die Herstellung auf dem Baugrundstück ausgeschlossen hat.

Nicht erfasst von der Regelung sind die Fälle, in denen planungsrechtliche Festsetzungen oder örtliche Bauvorschriften die Herstellung von Kfz-Stellplät-

---

[1] Nr. **1**.

zen auf dem Baugrundstück ausschließen, gleichzeitig jedoch andere Flächen in zumutbarer Entfernung zur Herstellung von Kfz-Stellplätzen, z.B. in Gemeinschaftsanlagen, ausgewiesen werden. Auf diesen Flächen muss die Herstellung der notwendigen Kfz-Stellplätze jedoch für den betroffenen Bauherrn auch rechtlich und tatsächlich möglich sein.

Zu § 56 Absatz 5 Satz 1 Nummer 1:

Schutz vor Luftverschmutzung aus Gründen des Allgemeinwohls

In Gebieten, für die ein Luftreinhalteplan aufgestellt wurde, kann aus Gründen des allgemeinen Wohls eine Befreiung von der Stellplatzpflicht nach § 37 Abs. 1 S. 1 LBO[1)] erteilt werden, sofern dies Teil eines Parkraummanagement-Konzepts ist.

Zu § 74 Absatz 2 Nummer 2:

Erhöhung der Zahl der notwendigen Kfz-Stellplätze für Wohnungen durch Satzung nach § 74 Abs. 2 Nr. 2 LBO[1)]

Die Voraussetzungen zum Erlass einer solchen Satzung liegen aus Gründen des Verkehrs insbesondere dann vor, wenn durch die örtlichen Verhältnisse bei Nachweis von nur einem Kfz-Stellplatz je Wohnung verkehrsgefährdende Zustände zu befürchten sind. Dies kann z.B. dann der Fall sein, wenn in beengten Erschließungsverhältnissen mit bereits vorhandener hoher Verkehrsbelastung ein durch die Errichtung zusätzlicher Wohnungen zu erwartender, über die Zahl von einem Kfz-Stellplatz pro Wohnung hinausgehender Parkierungsbedarf nicht abgedeckt werden kann. Gründe des Verkehrs können auch dann vorliegen, wenn aufgrund übergeordneter verkehrsregelnder Maßnahmen in dem betreffenden Gebiet ein Halteverbot angeordnet ist und somit keine Möglichkeit besteht, einen ständigen oder zeitweiligen (z.B. durch Besucher) Mehrbedarf aufzunehmen.

Gründe des Verkehrs können auch dann vorliegen, wenn in Gemeindeteilen mit unzureichender Anbindung an den öffentlichen Personennahverkehr – ÖPNV – (z.B. abgelegene Weiler) auch unter Beachtung der Möglichkeit einer Erschließung mit dem Radverkehr davon ausgegangen werden muss, dass die Haushalte i.d.R. mit mehr als einem Kraftfahrzeug ausgestattet sein müssen, um die für die tägliche Lebensführung notwendige Mobilität aufbringen zu können.

Voraussetzungen zum Erlass einer Satzung aus städtebaulichen Gründen können z.B. dann vorliegen, wenn in Gemeindeteilen ein Mehrbedarf an notwendigen Stellplätzen zu erwarten ist, der nicht durch Verlagerung des Verkehrs auf Verkehrsträger mit geringerer Flächeninanspruchnahme vermieden werden kann (z.B. Förderung Radverkehr, standortbezogenes Mobilitätsmanagement) und der ruhende Verkehr aus stadtgestalterischen Gründen nicht im öffentlichen Straßenraum untergebracht werden kann oder soll.

Im Regelfall werden sowohl städtebauliche als auch Gründe des Verkehrs nicht gleichermaßen und flächendeckend im gesamten Gemeindegebiet vorliegen.

[1)] Nr. **1**.

II. [Aufhebungsvorschrift]

Die Verwaltungsvorschrift des Wirtschaftsministeriums über die Herstellung notwendiger Stellplätze vom 16. April 1996 (GABl. S. 289), geändert durch Verwaltungsvorschrift vom 4. August 2003 (GABl. S. 590), wird aufgehoben.

III. [Inkrafttreten, Außerkrafttreten]

Diese Verwaltungsvorschrift tritt am 1. Juli 2015 in Kraft und am 30. Juni 2022 außer Kraft.

Anhang 1

[Ermittlung der Zahl der notwendigen Kfz-Stellplätze]

Bei der Ermittlung der Zahl der notwendigen Kfz-Stellplätze von Anlagen nach § 37 Abs. 1 Satz 2 LBO[1] ist wie folgt zu verfahren:

1. Der Standort der baulichen Anlage wird hinsichtlich seiner Einbindung in den ÖPNV entsprechend Tabelle A bewertet.
   Eine Bewertung unterbleibt bei Einrichtungen für mobilitätseingeschränkte Personen.

A. Kriterien ÖPNV

Punkte je Kriterium	Erreichbarkeit*1)	Dichte der Verkehrsmittel	Leistungsfähigkeit*2) (Taktfolge Mo. bis Fr. 6 h–19 h)	Attraktivität des Verkehrsmittels
1	mindestens eine Haltestelle des ÖPNV in R = > 500 m – max. 600 m	mehr als 1 Bus- oder Bahnlinie	Takt max. 15 min	Bus überwiegend auf eigenen Busspur
2	mindestens eine Haltestelle des ÖPNV in R = > 300 m – max. 500 m	mehr als 2 Bus- oder Bahnlinien	Takt max. 10 min	Straßenbahn, Stadtbahn
3	mindestens eine Haltestelle des ÖPNV in R = max. 300 m	mehr als 3 Bus- oder Bahnlinien	Takt max. 5 min	Schienenschnellverkehr (S-Bahn, Stadtbahn) mit eigenem Gleiskörper

*1) **Amtl. Anm.:** Besonderheiten, die die Erreichbarkeit beschränken, wie Eisenbahnlinien oder Flussläufe, sind zu berücksichtigen.

*2) **Amtl. Anm.:** Kürzester Takt des leistungsfähigsten Verkehrsmittels. Dabei können mehrere Linien dieses Verkehrsmittels herangezogen werden, wenn diese eine direkte Verbindung zu einem zentralen Verkehrsknotenpunkt besitzen oder eine weitgehend gleiche Streckenführung aufweisen und daher angenommen werden kann, dass es den meisten Nutzerinnen und Nutzern gleich ist, welche Linie sie benutzen.

Es sind im günstigsten Fall, d.h. bei maximaler Punktzahl in jeder der 4 Kategorien, 12 Punkte erreichbar.

Beispiel:

– Vom Standort der baulichen Anlage aus ist eine Haltestelle des ÖPNV in einem Radius zwischen 300 m und 500 m erreichbar:	2 Punkte
– Mehr als 1 Bus oder Bahnlinie können erreicht werden:	1 Punkt
– Die kürzeste Taktfolge des leistungsfähigsten Verkehrsmittels Mo. bis Fr. zwischen 6 h und 19 h beträgt max. 10 Minuten:	2 Punkte
– Das attraktivste erreichbare Verkehrsmittel ist die S-Bahn:	3 Punkte
	8 Punkte

[1] Nr. **1**.

Die Standortqualität dieser baulichen Anlage wird hinsichtlich ihrer Einbindung in das ÖPNV-Netz mit insgesamt 8 Punkten bewertet.

2. Aus Tabelle B wird nach Nutzungsart und Größe der Anlage eine Zahl von Kfz-Stellplätzen ermittelt. Diese wird ggf. entsprechend der nach Nr. 1 erreichten Punktzahl gemindert. Die Zahl der notwendigen Kfz-Stellplätze beträgt bei

unter 4	Punkten =	100% der aus Tab. B ermittelten Kfz-Stellplätze,
4–6	Punkten =	80% der aus Tab. B ermittelten Kfz-Stellplätze,
7–9	Punkten =	60% der aus Tab. B ermittelten Kfz-Stellplätze,
10–11	Punkten =	40% der aus Tab. B ermittelten Kfz-Stellplätze,
12	Punkten =	30% der aus Tab. B ermittelten Kfz-Stellplätze.

Kfz-Stellplätze für Beschäftigte der jeweiligen Anlagen sind bereits eingeschlossen.

B. [Nutzungsart und Größe der Anlage]

Nr.	Verkehrsquelle	Zahl der Kfz-Stellplätze
1	*Wohnheime*	
1.1	Altenheime	1 je 10–15 Plätze, mindestens jedoch 3
1.2	Behindertenwohnheime	1 je 10–15 Plätze, mindestens jedoch 3
1.3	Kinder- und Jugendwohnheime	1 je 20 Plätze, mindestens jedoch 2
1.4	Flüchtlingswohnheime	1 je 10–15 Plätze, mindestens jedoch 2
1.5	Studierendenwohnheime	1 je 4–10 Plätze, mindestens jedoch 2
1.6	Sonstige Wohnheime	1 je 2–5 Plätze, mindestens jedoch 2
2	*Gebäude mit Büro-, Verwaltungs- und Praxisräumen*	
2.1	Büro- und Verwaltungsräume allgemein	1 je 30–40 m² Büronutzfläche*[1)], mindestens jedoch 1
2.2	Räume mit erheblichem Besucherverkehr (Schalter-, Abfertigungs- oder Beratungsräume, Arztpraxen o. ä.)	1 je 20–30 m² Nutzfläche*[4)], mindestens jedoch 3
3	*Verkaufsstätten*	
3.1	Verkaufsstätten bis 700 m² Verkaufsnutzfläche	1 je 30–50 m² Verkaufsnutzfläche*[2)], mindestens jedoch 2 je Laden
3.2	Verkaufsstätten mit mehr als 700 m² Verkaufsnutzfläche,	1 je 10–30 m² Verkaufsnutzfläche*[2)]
4	*Versammlungsstätten (außer Sportstätten), Kirchen*	
4.1	Versammlungsstätten	1 je 4–8 Besucherplätze
4.2	Kirchen	1 je 10–40 Sitzplätze
5	*Sportstätten*	
5.1	Sportplätze	1 je 250 m² Sportfläche*[3)], zusätzlich 1 je 10–15 Besucherplätze
5.2	Spiel- und Sporthallen	1 je 50 m² Sportfläche*[3)], zusätzlich 1 je 10–15 Besucherplätze
5.3	Fitnesscenter	1 je 25 m² Sportfläche*[3)]
5.4	Freibäder	1 je 200–300 m² Grundstücksfläche
5.5	Hallenbäder	1 je 5–10 Kleiderablagen, zusätzlich 1 je 10–15 Besucherplätze
5.6	Tennisanlagen	3–4 je Spielfeld, zusätzlich 1 je 10–15 Besucherplätze
5.7	Kegel-, Bowlingbahnen	4 je Bahn
5.8	Bootshäuser und Bootsliegeplätze	1 je 2–3 Boote
5.9	Reitanlagen	1 je 4 Pferdeeinstellplätze
6	*Gaststätten, Beherbergungsbetriebe, Vergnügungsstätten*	
6.1	Gaststätten	1 je 6–12 m² Gastraum
6.2	Tanzlokale, Discotheken	1 je 4–8 m² Gastraum
6.3	Spielhallen	1 je 10–20 m² Nutzfläche des Ausstellraumes, mindestens 3

Nr.	Verkehrsquelle	Zahl der Kfz-Stellplätze
6.4	Hotels, Pensionen, Kurheime und andere Beherbergungsbetriebe	1 je 2–6 Zimmer
6.5	Jugendherbergen	1 je 10 Betten
7	*Krankenhäuser und Pflegeeinrichtungen*	
7.1	Universitätskliniken und ähnliche Lehrkrankenhäuser	1 je 2–3 Betten
7.2	Krankenhäuser, Kureinrichtungen	1 je 3–6 Betten
7.3	Pflegeheime	1 je 10–15 Betten, mindestens jedoch 3
8	*Schulen, Einrichtungen für Kinder und Jugendliche*	
8.1	Grund- und Hauptschulen	1 je 30 Schüler/-innen
8.2	Sonstige allgemeinbildenden Schulen	1 je 25 Schüler/-innen, zusätzlich 1 je 10–15 Schüler/-innen über 18 Jahre
8.3	Berufsschulen, Berufsfachschulen	1 je 20 Schüler/-innen, zusätzlich 1 je 3–5 Schüler/-innen über 18 Jahre
8.4	Sonderschulen für Behinderte	1 je 15 Schüler/-innen
8.5	Hochschulen	1 je 2–4 Studierende
8.6	Kindergärten, Kindertagesstätten und dgl.	1 je 20–30 Kinder, mindestens jedoch 2
8.7	Jugendfreizeitheime und dgl.	1 je 15 Besucherplätze
9	*Gewerbliche Anlagen*	
9.1	Handwerks- und Industriebetriebe	1 je 50–70 m² Nutzfläche[*4)] oder je 3 Beschäftigte[*5)]
9.2	Lagerräume, Lagerplätze	1 je 120 m² Nutzfläche[*4)] oder je 3 Beschäftigte[*5)]
9.3	Ausstellungs- und Verkaufsplätze	1 je 80–100 m² Nutzfläche[*4)] oder je 3 Beschäftigte[*5)]
9.4	Kfz-Werkstätten, Tankstellen mit Wartungs- oder Reparaturständen	4 je Wartungs- oder Reparaturstand
9.5	Kfz-Waschanlagen	2 je Waschplatz
9.6	Reifenhandelsbetriebe mit Montageständen	2 je Montagestand
10	*Verschiedenes*	
10.1	Kleingartenanlagen	1 je 3 Kleingärten
10.2	Friedhöfe	1 je 2000 m² Grundstücksfläche, mindestens jedoch 10

[*1)] **Amtl. Anm.:** Nicht zur Büronutzfläche werden gerechnet:
Sozial- und Sanitärräume, Funktionsflächen für betriebstechnische Anlagen, Verkehrsflächen.

[*2)] **Amtl. Anm.:** Nicht zur Verkaufsnutzfläche werden gerechnet:
Sozial- und Sanitärräume, Kantinen, Ausstellungsflächen, Lagerflächen, Funktionsflächen für betriebstechnische Anlagen, Verkehrsflächen.

[*3)] **Amtl. Anm.:** Nicht zur Sportfläche werden gerechnet:
Sozial- und Sanitärräume, Umkleideräume, Geräteräume, Funktionsflächen für betriebstechnische Anlagen, Verkehrsflächen.

[*4)] **Amtl. Anm.:** Nicht zur Nutzfläche werden gerechnet:
Sozial- und Sanitärräume, Kantinen, Funktionsflächen für betriebliche Anlagen, Verkehrsflächen.

[*5)] **Amtl. Anm.:** Der Stellplatzbedarf ist in der Regel nach der Nutzfläche zu berechnen. Ergibt sich dabei ein offensichtliches Missverhältnis zum tatsächlichen Stellplatzbedarf, so ist die Zahl der Beschäftigten zugrunde zu legen.

Anhang 2

Richtzahlen für Fahrrad-Stellplätze

1.	Wohnheime	
1.1	Studierenden-, Schüler-, Kinder- und Jugendwohnheime	1 je 2 Plätze

1.2	Altenheime, Behindertenwohnheime	1 je 10 Plätze
1.3	Sonstige Wohnheime 1 je 2 Plätze	
2.	Gebäude mit Büro- und Verwaltungs- und Praxisräumen	
2.1	mit Büronutzfläche	1 je 100 m² Büronutzfläche*1)
2.2	Räume mit erheblichem Besucherverkehr (Schalter-, Abfertigungs- oder Beratungsräume, Arztpraxen o.ä.)	1 je 70 m² Nutzfläche*4)
3.	Verkaufsstätten	1 je 50 m² Verkaufsnutzfläche*2)
4.	Versammlungsstätten	1 je 10 Besucherplätze
5.	Sportstätten	
5.1	Sportplätze	1 je 250 m² Sportfläche*3)
5.2	Spiel- und Sporthallen	1 je 50 m² Sportfläche*3)
5.3	Sportstadien	1 je 10 Besucherplätze
5.4	Freibäder	1 je 100 m² Grundstücksfläche
5.5	Hallenbäder	1 je 5 Kleiderablagen
6.	Gaststätten	1 je 6–12 m² Gastraum
7.	Hotels, Pensionen, Kurheime und andere Beherbergungsbetriebe	1 je 10 Betten
8.	Jugendherbergen	1 je 5 Betten
9.	Krankenhäuser, Kureinrichtungen	1 je 20 Betten
10.	Schulen, Einrichtungen für Kinder und Jugendliche	
10.1	Allgemeinbildende Schulen	1 je 3 Schüler/-innen
10.2	Berufsschulen	1 je 5 Schüler/-innen
10.3	Hochschulen	1 je 5 Studierende
10.4	Kindergärten, Kindertagesstätten u. dgl.	5 je Gruppenraum
10.5	Jugendfreizeitheime und dgl.	1 je 3 Besucherplätze
11.	Handwerks- und Industriebetriebe,	1 je 225 m² Nutzfläche*4)
12.	Museen und Ausstellungsgebäude	1 je 100 m² Nutzfläche*4)

*1) **Amtl. Anm.:** Nicht zur Büronutzfläche werden gerechnet:
Sozial- und Sanitärräume, Funktionsflächen für betriebstechnische Anlagen, Verkehrsflächen.

*2) **Amtl. Anm.:** Nicht zur Verkaufsnutzfläche werden gerechnet:
Sozial- und Sanitärräume, Kantinen, Ausstellungsflächen, Lagerflächen, Funktionsflächen für betriebstechnische Anlagen, Verkehrsflächen.

*3) **Amtl. Anm.:** Nicht zur Sportfläche werden gerechnet:
Sozial- und Sanitärräume, Umkleideräume, Geräteräume, Funktionsflächen für betriebstechnische Anlagen, Verkehrsflächen.

*4) **Amtl. Anm.:** Nicht zur Nutzfläche werden gerechnet:
Sozial- und Sanitärräume, Kantinen, Funktionsflächen für betriebliche Anlagen, Verkehrsflächen.

*5) **Amtl. Anm.:** Der Stellplatzbedarf ist in der Regel nach der Nutzfläche zu berechnen. Ergibt sich dabei ein offensichtliches Missverhältnis zum tatsächlichen Stellplatzbedarf, so ist die Zahl der Beschäftigten zugrunde zu legen.

8. Verordnung des Wirtschaftsministeriums über Garagen und Stellplätze (Garagenverordnung – GaVO)[1)2)]

Vom 7. Juli 1997

(GBl. S. 332)

BWGültV Sachgebiet 2133-2

geänd. durch Art. 3 ÄndVO v. 5.1.2011 (GBl. S. 25), Art. 223 Achte AnpassungsVO v. 25.1.2012 (GBl. S. 65), Art. 131 9. AnpassungsVO v. 23.2.2017 (GBl. S. 99) und Art. 4 Zweite VO zur Änd. bauordnungsrechtlicher Verordnungen v. 8.12.2020 (GBl. S. 1182)

Inhaltsübersicht[3)]

Auf Grund von § 73 Abs. 1 Nr. 1 und 3 und Abs. 2 Satz 1 Nr. 1 der Landesbauordnung für Baden-Württemberg (LBO)[4)] vom 8. August 1995 (GBl. S. 617) wird verordnet:[5)]

§ 1 Begriffe. (1) Offene Garagen sind Garagen, die

1. unmittelbar ins Freie führende unverschließbare Öffnungen in einer Größe von insgesamt mindestens einem Drittel der Gesamtfläche der Umfassungswände haben,

---

[1)] **Amtl. Anm.:** Die Verpflichtungen aus der Richtlinie 83/189/EWG des Rates vom 28. März 1983 über ein Informationsverfahren auf dem Gebiet der Normen und technischen Vorschriften (ABl. EG Nr. L 109 S. 8), zuletzt geändert durch die Richtlinie 94/10/EG des Europäischen Parlaments und des Rates vom 23. März 1994 (ABl. EG Nr. L 100 S. 30), sind beachtet worden.

[2)] Titel geänd. mWv 28.2.2012 durch VO v. 25.1.2012 (GBl. S. 65); geänd. mWv 11.3.2017 durch VO v. 23.2.2017 (GBl. S. 99).

[3)] Inhaltsübersicht geänd. mWv 26.1.2011 durch VO v. 5.1.2011 (GBl. S. 25).

[4)] Nr. **1**.

[5)] Eingangsformel geänd. mWv 26.1.2011 durch VO v. 5.1.2011 (GBl. S. 25).

2. diese Öffnungen in mindestens zwei sich gegenüberliegenden und nicht mehr als 70 m voneinander entfernten Umfassungswänden haben und
3. eine ständige Querlüftung haben.

(2) Geschlossene Garagen sind Garagen, die die Voraussetzungen des Absatzes 1 nicht erfüllen.

(3) Oberirdische Garagen sind Garagen, deren Fußboden im Mittel nicht mehr als 1,5 m unter der Geländeoberfläche liegt.

(4) Automatische Garagen sind Garagen ohne Personen- und Fahrverkehr, in denen die Kraftfahrzeuge mit mechanischen Förderanlagen von der Garagenzufahrt zu den Garagenstellplätzen befördert und ebenso zum Abholen an die Garagenausfahrt zurückbefördert werden.

(5) Garagenstellplätze sind Flächen zum Abstellen von Kraftfahrzeugen in Garagen.

(6) Verkehrsflächen einer Garage sind alle ihre allgemein befahr- und begehbaren Flächen, ausgenommen Garagenstellplätze.

(7) [1] Die Nutzfläche einer Garage ist die Summe aller miteinander verbundenen Flächen der Garagenstellplätze und der Verkehrsflächen. [2] Die Nutzfläche einer automatischen Garage ist die Summe der Flächen aller Garagenstellplätze. [3] Stellplätze auf Dächern (Dachstellplätze) und die dazugehörigen Verkehrsflächen werden der Nutzfläche nicht zugerechnet, soweit in § 2 Abs. 5 nichts anderes bestimmt ist.

(8) Es sind Garagen mit einer Nutzfläche

1. bis 100 m² Kleingaragen,
2. über 100 m² bis 1000 m² Mittelgaragen,
3. über 1000 m² Großgaragen.

§ 2[1)] Zu- und Abfahrten. (1) Zwischen Garagen und öffentlichen Verkehrsflächen können Zu- und Abfahrten als Stauraum für wartende Kraftfahrzeuge verlangt werden, wenn dies wegen der Sicherheit oder Ordnung des Verkehrs erforderlich ist.

(2) [1] Die Fahrbahnen von Zu- und Abfahrten vor Mittel- und Großgaragen müssen mindestens 2,75 m breit sein; bei Kurven muß der Radius des Inneren Fahrbahnrandes mindestens 5 m betragen. [2] Breitere Fahrbahnen können in Kurven mit Innenradien von weniger als 10 m verlangt werden, wenn dies wegen der Sicherheit oder Ordnung des Verkehrs erforderlich ist. [3] Für Fahrbahnen im Bereich von Zu- und Abfahrtssperren genügt eine Breite von 2,3 m.

(3) [1] Großgaragen müssen getrennte Fahrbahnen für Zu- und Abfahrten haben. [2] Bei Garagen mit geringer Frequenz kann im Einzelfall eine Trennung über zeitversetzte Richtungsfreigabe zugelassen werden.

(4) [1] Bei Großgaragen ist neben den Fahrbahnen der Zu- und Abfahrten ein mindestens 0,8 m breiter Gehweg erforderlich, soweit nicht für den Fußgängerverkehr besondere Fußwege vorhanden sind. [2] Der Gehweg muß gegenüber der Fahrbahn erhöht oder mindestens durch Markierungen am Boden leicht erkennbar und dauerhaft abgegrenzt sein.

[1)] § 2 Abs. 3 Satz 2 angef. mWv 26.1.2011 durch VO v. 5.1.2011 (GBl. S. 25).

(5) In den Fällen der Absätze 1 bis 4 sind die Dachstellplätze und die dazugehörigen Verkehrsflächen der Nutzfläche zuzurechnen.

(6) Für Zu- und Abfahrten von Stellplätzen gelten die Absätze 1 bis 4 entsprechend.

§ 3[1)] Rampen. (1) [1]Rampen von Mittel- und Großgaragen dürfen nicht mehr als 15 vom Hundert geneigt sein. [2]Die Breite der Fahrbahnen auf diesen Rampen muß mindestens 2,75 m, die in gewendelten Rampenbereichen mindestens 3,5 m betragen. [3]Gewendelte Rampenteile müssen eine Querneigung von mindestens 3 vom Hundert haben. [4]Der Halbmesser des inneren Fahrbahnrandes muß mindestens 5 m betragen. [5]Die Anforderungen an gewendelte Rampenbereiche gelten bezüglich Breite und Halbmesser des inneren Fahrbahnrandes entsprechend, wenn unmittelbar vor der Rampe eine Kurvenfahrt vorgesehen ist.

(2) [1]Zwischen öffentlicher Verkehrsfläche und einer Rampe mit mehr als 10 vom Hundert Neigung muß eine Fläche von mindestens 3 m Länge liegen, deren Neigung nicht mehr als 10 vom Hundert betragen darf. [2]Bei Rampen von Kleingaragen können Ausnahmen zugelassen werden, wenn keine Bedenken wegen der Sicherheit oder Ordnung des Verkehrs bestehen.

(3) [1]In Großgaragen müssen Rampen, die von Fußgängern benutzt werden, einen mindestens 0,8 m breiten Gehweg haben, der gegenüber der Fahrbahn erhöht oder mindestens durch Markierungen am Boden leicht erkennbar und dauerhaft abgegrenzt sein muß. [2]An Rampen, die von Fußgängern nicht benutzt werden dürfen, ist auf das Verbot hinzuweisen.

(4) [1]Bei Neigungswechseln mit einer Neigungsdifferenz von mehr als 8 Prozent und bis zu 15 Prozent ist bei Kuppen ein 1,5 m langer Übergangsbereich und bei Wannen ein 2,5 m langer Übergangsbereich vorzusehen, der die halbe Neigungsdifferenz aufweist. [2]Neigungsdifferenzen werden bei gegenläufig geneigten Rampen durch Addition der jeweiligen Neigungen ermittelt. [3]Bei Neigungsdifferenzen von über 15 Prozent ist die Befahrbarkeit durch eine geeignete Ausrundung sicherzustellen.

(5) Für Rampen von Stellplätzen gelten die Absätze 1 bis 3 entsprechend.

(6) Kraftbetriebene geneigte Hebebühnen sind keine Rampen.

§ 4[2)] Stellplätze und Fahrgassen, Frauenparkplätze. (1) Garagenstellplätze müssen mindestens 5 m, hintereinander und parallel zur Fahrgasse angeordnete Garagenstellplätze mindestens 6 m lang sein.

(2) [1]Garagenstellplätze müssen mindestens 2,3 m breit sein. [2]Diese Breite darf bis zu 0,1 m Abstand von jeder Längsseite der Stellplätze nicht durch Wände, Stützen, andere Bauteile oder Einrichtungen begrenzt sein. [3]Satz 2 gilt nicht für Garagenstellplätze auf kraftbetriebenen Hebebühnen. [4]Garagenstellplätze für Behinderte müssen mindestens 3,50 m breit sein.

[1)] § 3 Abs. 1 Satz 5 angef., Abs. 4 eingef., bish. Abs. 4 und 5 werden Abs. 5 und 6 mWv 26.1.2011 durch VO v. 5.1.2011 (GBl. S. 25); Abs. 4 Satz 1 geänd. mWv 1.2.2021 durch VO v. 8.12.2020 (GBl. S. 1182).

[2)] § 4 Abs. 3 Satz 2 eingef., bish. Satz 2 wird Satz 3, Abs. 9 eingef., bish. Abs. 9 wird Abs. 10 mWv 26.1.2011 durch VO v. 5.1.2011 (GBl. S. 25).

(3) [1] Die Breite von Fahrgassen, die unmittelbar der Zu- oder Abfahrt von Garagenstellplätzen dienen, muß mindestens den Anforderungen der folgenden Tabelle entsprechen; Zwischenwerte sind zulässig:

Anordnung der Garagenstellplätze zur Fahrgasse im Winkel von	Erforderliche Fahrgassenbreite (in m) bei einer Breite des Garagenstellplatzes von		
	2,3 m	2,4 m	2,5 m
90°	6,5	6	5,5
75°	5,5	5	5
60°	4,5	4	4
45°	3,5	3	3
bis 30°	3	3	3

[2] Für Stellplätze, die am Ende der Fahrgasse in einem Winkel von 90° angeordnet sind, muss die Einfahrtsbreite mindestens 2,75 m betragen. [3] Vor kraftbetriebenen Hebebühnen müssen die Fahrgassen mindestens 8 m breit sein, wenn die Hebebühnen Fahrspuren haben oder beim Absenken in die Fahrgasse hineinragen.

(4) Fahrgassen, die nicht unmittelbar der Zu- oder Abfahrt von Garagenstellplätzen dienen, müssen mindestens 2,75 m, Fahrgassen mit Gegenverkehr mindestens 5 m breit sein.

(5) [1] In Mittel- und Großgaragen sind die einzelnen Garagenstellplätze und die Fahrgassen mindestens durch Markierungen am Boden leicht erkennbar und dauerhaft gegeneinander abzugrenzen. [2] In jedem Geschoß müssen leicht erkennbare und dauerhafte Hinweise auf Fahrtrichtungen und Ausfahrten vorhanden sein. [3] Satz 1 gilt nicht für Garageneinstellplätze auf kraftbetriebenen Hebebühnen und auf horizontal verschiebbaren Plattformen.

(6) Für Garagenstellplätze auf horizontal verschiebbaren Plattformen können Ausnahmen von den Absätzen 1 und 2 zugelassen werden, wenn keine Bedenken wegen der Sicherheit oder Ordnung des Verkehrs bestehen und eine Breite der Fahrgasse von mindestens 2,75 m erhalten bleibt.

(7) In Großgaragen sind die einzelnen Garagenstellplätze leicht erkennbar und dauerhaft durch Nummern, Markierungen oder durch andere geeignete Maßnahmen so zu kennzeichnen, daß abgestellte Kraftfahrzeuge in den einzelnen Geschossen ohne Schwierigkeiten wieder aufgefunden werden können.

(8) [1] In allgemein zugänglichen geschlossenen Großgaragen sind mindestens 10 vom Hundert der Stellplätze als Frauenparkplätze einzurichten. [2] Diese sind ausschließlich der Benutzung durch Frauen vorbehalten. [3] Frauenparkplätze sind in der Nähe der Zufahrten anzuordnen. [4] Frauenparkplätze sind als solche zu kennzeichnen.

(9) [1] In allgemein zugänglichen Großgaragen sind 1 vom Hundert, mindestens aber zwei der Stellplätze als Stellplätze für Menschen mit Mobilitätseinschränkungen einzurichten. [2] Sie sind in der Nähe der barrierefreien Erschließung anzuordnen und zu kennzeichnen.

(10) [1] Die Absätze 1 bis 8 gelten nicht für automatische Garagen. [2] Für Stellplätze gelten die Absätze 1 bis 6 entsprechend.

§ 5[1)] Lichte Höhe und Leitungen. (1) [1]Mittel- und Großgaragen müssen in zum Begehen bestimmten Bereichen, auch unter Unterzügen, Lüftungsleitungen, sonstigen Bauteilen und Einrichtungen, eine lichte Höhe von mindestens 2 m haben. [2]Dies gilt nicht für Garagenstellplätze auf kraftbetriebenen Hebebühnen. [3]Leitungen für brennbare Stoffe und elektrische Leitungen mit einer Spannung ab 1000 Volt müssen vor mechanischen Beanspruchungen geschützt werden.

(2) [1]Wenn Leitungen für brennbare Stoffe oder elektrische Leitungen mit einer Spannung ab 1000 Volt durch geschlossene Mittel- und Großgaragen geführt werden, müssen diese Leitungen an einer für die Feuerwehr zugänglichen Stelle außerhalb der Garage abgesperrt werden können. [2]Die Absperrvorrichtung darf gegen Missbrauch gesichert werden. [3]Ist eine Brandmeldeanlage vorhanden, so ist die Absperrvorrichtung automatisch anzusteuern.

§ 6[2)] Wände, Decken, Dächer und Stützen. (1) [1]Für Wände, Decken, Dächer und Stützen gelten die Anforderungen der §§ 4 bis 6, 8 und 9 der Allgemeinen Ausführungsverordnung des Wirtschaftsministeriums zur Landesbauordnung (LBOAVO), soweit in den Absätzen 2 bis 8 nichts anderes bestimmt ist. [2]Befinden sich über Garagen Geschosse mit Aufenthaltsräumen und ergeben sich deshalb aus den §§ 4, 5, 7 und 8 LBOAVO[3)], aus einer Regelung nach § 38 Abs. 1 LBO[4)] oder aus einer Rechtsverordnung auf Grund von § 73 Abs. 1 Nr. 2 LBO weitergehende Anforderungen, gelten insoweit anstelle der Absätze 2 bis 4 die weitergehenden Anforderungen.

(2) Tragende Wände, Decken und Stützen von offenen Mittel- und Großgaragen müssen folgendes Brandverhalten aufweisen:

1. keine Anforderungen bei Garagen in nicht mehr als einem Geschoß, auch mit Dachstellplätzen,
2. nichtbrennbar bei sonstigen Garagen, soweit die tragenden Wände, Decken und Stützen nicht feuerbeständig sind.

(3) Tragende Wände, Decken und Stützen von geschlossenen Mittel- und Großgaragen müssen folgendes Brandverhalten aufweisen:

1. feuerhemmend bei oberirdischen Garagen in nicht mehr als einem Geschoß, auch mit Dachstellplätzen,
2. feuerhemmend und aus nichtbrennbaren Baustoffen bei sonstigen oberirdischen Garagen,
3. feuerbeständig und aus nichtbrennbaren Baustoffen bei unterirdischen Garagen.

(4) Brandwände von Mittel- und Großgaragen nach § 7 Abs. 1 Nr. 1 LBOAVO sind abweichend von § 7 Abs. 3 LBOAVO mit einem Brandverhalten wie die tragenden Wände, mindestens feuerhemmend, aus nichtbrennbaren Baustoffen und ohne Öffnungen herzustellen.

[1)] § 5 Überschrift neu gef., bish. Wortlaut wird Abs. 1 und Satz 3 angef. sowie Abs. 2 angef. mWv 26.1.2011 durch VO v. 5.1.2011 (GBl. S. 25).

[2)] § 6 Abs. 1 Sätze 1 und 2, Abs. 6 und Abs. 7 geänd., Abs. 4 neu gef. mWv 26.1.2011 durch VO v. 5.1.2011 (GBl. S. 25); Abs. 1 Satz 1 geänd. mWv 28.2.2012 durch VO v. 25.1.2012 (GBl. S. 65); geänd. mWv 11.3.2017 durch VO v. 23.2.2017 (GBl. S. 99); Abs. 3 Nr. 3 geänd. mWv 1.2.2021 durch VO v. 8.12.2020 (GBl. S. 1182).

[3)] Nr. **2**.

[4)] Nr. **1**.

(5) Innenwände von Mittel- und Großgaragen müssen folgendes Brandverhalten aufweisen:

1. bei Trennwänden notwendiger Treppenräume nichtbrennbar mit einem Feuerwiderstand wie die tragenden Wände, mindestens jedoch feuerhemmend,
2. bei Trennwänden zwischen Garagen und nicht zur Garage gehörenden Räumen nichtbrennbar und mit einem Feuerwiderstand wie die tragenden Wände,
3. bei anderen Wänden nichtbrennbar.

(6) Befahrbare Dächer müssen abweichend von § 4 Abs. 1 Satz 2 Nr. 1 und § 8 Abs. 1 Satz 2 Nr. 1 LBOAVO hinsichtlich ihres Brandverhaltens den Anforderungen an Decken entsprechen.

(7) § 9 Abs. 6 LBOAVO findet auf Dächer von Kleingaragen und offenen Garagen keine Anwendung.

(8) Untere Verkleidungen von Decken und Dächern müssen

1. in Mittelgaragen mindestens schwerentflammbar,
2. in Großgaragen nichtbrennbar sein; schwerentflammbare Verkleidungen sind zulässig, wenn sie überwiegend aus nichtbrennbaren Bestandteilen bestehen und unmittelbar unter der Decke oder dem Dach angebracht sind.

§ 7[1)] Rauchabschnitte, Brandabschnitte. (1) [1] Geschlossene Großgaragen müssen durch mindestens feuerhemmende Wände aus nichtbrennbaren Baustoffen in Rauchabschnitte unterteilt sein, die

1. in oberirdischen Garagen höchstens 5000 m²,
2. in unterirdischen Garagen höchstens 2500 m²

groß sein dürfen. [2] Ein Rauchabschnitt darf sich über mehrere Geschosse erstrecken.

(2) [1] Die Rauchabschnitte nach Absatz 1 dürfen höchstens doppelt so groß sein, wenn sie

1. Öffnungen oder Schächte für den Rauch- und Wärmeabzug mit einem freien Gesamtquerschnitt von mindestens 1000 cm² je Garagenstellplatz haben, die höchstens 20 m voneinander entfernt sind, oder
2. maschinelle Rauch- und Wärmeabzugsanlagen haben, die sich bei Raucheinwirkung selbsttätig einschalten, die mindestens für eine Stunde einer Temperatur von 300 °C standhalten, deren elektrische Leitungen bei Brandeinwirkung für mindestens die gleiche Zeit funktionsfähig bleiben und die in der Stunde einen mindestens zehnfachen Luftwechsel, jedoch nicht mehr als 70 000 m³ gewährleisten; eine ausreichende Versorgung mit Zuluft muß vorhanden sein, oder
3. Sprinkleranlagen haben.

[2] In sonst anders genutzten Gebäuden dürfen bei Garagengeschossen, deren Fußboden im Mittel mehr als 4 m unter der Geländeoberfläche liegt, die Rauchabschnitte nur dann verdoppelt werden, wenn sowohl Maßnahmen für einen Rauch- und Wärmeabzug nach Nummer 1 oder 2 durchgeführt werden, als auch Sprinkleranlagen nach Nummer 3 vorhanden sind.

[1)] § 7 Abs. 2 Satz 2 geänd., Abs. 5 neu gef. mWv 26.1.2011 durch VO v. 5.1.2011 (GBl. S. 25).

(3) [1]Öffnungen in den Wänden zwischen den Rauchabschnitten müssen mit mindestens rauchdichten und selbstschließenden Abschlüssen aus nichtbrennbaren Baustoffen versehen sein. [2]Die Abschlüsse müssen Feststellanlagen haben, die bei Raucheinwirkung ein selbsttätiges Schließen bewirken; sie müssen auch von Hand geschlossen werden können.

(4) [1]Automatische Garagen müssen durch Brandwände in Brandabschnitte von höchstens 6000 m³ Brutto-Rauminhalt unterteilt sein. [2]Die Absätze 1 bis 3 gelten nicht für automatische Garagen.

(5) § 7 Abs. 1 Nr. 2 und Abs. 3 Satz 2 LBOAVO[1)] gelten nicht für Garagen.

§ 8 Verbindung mit anderen Räumen. (1) Kleingaragen dürfen mit anders genutzten Räumen sowie mit anderen Gebäuden unmittelbar nur durch Öffnungen mit mindestens dichtschließenden Türen verbunden sein; dies gilt nicht für Türen in Wänden, die keine Brandschutzanforderungen erfüllen müssen.

(2) Offene Mittel- und Großgaragen dürfen mit nicht zur Garage gehörenden Räumen sowie mit anderen Gebäuden unmittelbar nur durch Öffnungen mit mindestens feuerhemmenden und selbstschließenden Türen verbunden sein.

(3) Geschlossene Mittel- und Großgaragen dürfen verbunden sein

1. mit Fluren, Treppenräumen und Aufzügen, die nicht nur der Garage dienen, nur durch Räume mit feuerbeständigen Wänden und Decken sowie mindestens feuerhemmenden und selbstschließenden, in Fluchtrichtung aufschlagenden Türen (Sicherheitsschleusen); zwischen Sicherheitsschleusen und Fluren oder Treppenräumen sowie Aufzugsvorräumen genügen selbstschließende und rauchdichte Türen, zwischen Sicherheitsschleusen und Aufzügen in Fahrschächten Fahrschachttüren,
2. mit anderen Räumen sowie mit anderen Gebäuden unmittelbar nur durch Öffnungen mit mindestens feuerhemmenden und selbstschließenden Türen, soweit sich aus einer Regelung nach § 38 Abs. 1 LBO[2)] oder aus einer Rechtsverordnung auf Grund von § 73 Abs. 1 Nr. 2 LBO keine weitergehenden Anforderungen ergeben.

(4) Automatische Garagen dürfen mit nicht zur Garage gehörenden Räumen sowie mit anderen Gebäuden nicht verbunden sein.

§ 9 Rettungswege. (1) [1]Jede Mittel- und Großgarage muß in jedem Geschoß mindestens zwei voneinander unabhängige Rettungswege nach § 15 Abs. 3 LBO[2)] haben. [2]Der zweite Rettungsweg darf auch über eine Rampe führen. [3]In oberirdischen Mittel- und Großgaragen genügt ein Rettungsweg, wenn ein Ausgang ins Freie in höchstens 10 m Entfernung erreichbar ist.

(2) [1]Von jeder Stelle einer Mittel- und Großgarage muß in jedem Geschoß mindestens eine notwendige Treppe oder ein Ausgang ins Freie

1. bei offenen Mittel- und Großgaragen in einer Entfernung von höchstens 50 m,
2. bei geschlossenen Mittel- und Großgaragen in einer Entfernung von höchstens 30 m

---

[1)] Nr. **2**.
[2)] Nr. **1**.

erreichbar sein. [2]Die Entfernung ist in der Luftlinie, jedoch nicht durch Bauteile zu messen.

(3) Bei oberirdischen Mittel- und Großgaragen, deren Garagenstellplätze im Mittel nicht mehr als 3 m über der Geländeoberfläche liegen, sind Treppenräume für notwendige Treppen nicht erforderlich.

(4) In Mittel- und Großgaragen müssen dauerhafte und leicht erkennbare Hinweise auf die Ausgänge vorhanden sein.

(5) [1]Für Dachstellplätze gelten die Absätze 1 bis 4 entsprechend. [2]Die Absätze 1 bis 4 gelten nicht für automatische Garagen.

§ 10 Beleuchtung. (1) In Mittel- und Großgaragen muß eine allgemeine elektrische Beleuchtung vorhanden sein, die in den Rettungswegen und den Fahrgassen eine Beleuchtungsstärke von mindestens 20 Lux sicherstellt.

(2) In geschlossenen Großgaragen muß über die Anforderung in Absatz 1 hinaus zur Beleuchtung der Rettungswege vorhanden sein

1. eine Sicherheitsbeleuchtung, die eine vom Versorgungsnetz unabhängige, bei Ausfall des Netzstroms sich selbsttätig einschaltende Ersatzstromquelle hat, die für einen mindestens einstündigen Betrieb und eine Beleuchtungsstärke von mindestens 1 Lux ausgelegt ist, oder
2. nachleuchtende Markierungen, die für mindestens eine Stunde eine entsprechende Beleuchtungsstärke gewährleisten und leicht erkennbar zu den Ausgängen führen.

(3) Die Absätze 1 und 2 gelten nicht für automatische Garagen.

§ 11[1)] Lüftung. (1) Eine natürliche Lüftung ist ausreichend in

1. Kleingaragen,
2. offenen Mittel- und Großgaragen,
3. geschlossenen Mittel- und Großgaragen mit geringem Zu- und Abgangsverkehr, wie Wohnhausgaragen, wenn sie den Anforderungen des Absatzes 2 entsprechen,
4. geschlossenen Mittel- und Großgaragen mit geringem Zu- und Abgangsverkehr, wenn sie den Voraussetzungen des Absatzes 3 entsprechen.

(2) In geschlossenen Mittel- und Großgaragen mit geringem Zu- und Abgangsverkehr ist eine natürliche Lüftung ausreichend, wenn eine ständige Querlüftung gesichert ist durch

1. unverschließbare Lüftungsöffnungen oder bis zu 2 m hohe Lüftungsschächte jeweils mit einem freien Gesamtquerschnitt von mindestens 1500 cm^2 je Garagenplatz,
2. einen Abstand der einander gegenüberliegenden Außenwände mit Lüftungsöffnungen oder Lüftungsschächten von höchstens 35 m und
3. einen Abstand zwischen den einzelnen Lüftungsöffnungen oder Lüftungsschächten von höchstens 20 m.

[1)] § 11 Abs. 3 Nr. 1 geänd. mWv 26.1.2011 durch VO v. 5.1.2011 (GBl. S. 25); geänd. mWv 28.2.2012 durch VO v. 25.1.2012 (GBl. S. 65); geänd. mWv 11.3.2017 durch VO v. 23.2.2017 (GBl. S. 99).

(3) Für geschlossene Mittel- und Großgaragen mit geringem Zu- und Abgangsverkehr, die den Anforderungen des Absatzes 2 nicht entsprechen, ist eine natürliche Lüftung ausreichend, wenn

1. nach dem Gutachten eines anerkannten Sachverständigen nach § 1 der Verordnung des Wirtschaftsministeriums über anerkannte Sachverständige für die Prüfung technischer Anlagen und Einrichtungen nach Bauordnungsrecht (BauSVO) zu erwarten ist, daß der Halbstundenmittelwert des Volumengehalts an Kohlenmonoxyd in der Luft unter Berücksichtigung der regelmäßigen Verkehrsspitzen im Mittel nicht mehr als 100 ppm beträgt, und
2. dies nach Inbetriebnahme auf der Grundlage von ununterbrochenen Messungen über einen Zeitraum von mindestens einem Monat von einem anerkannten Sachverständigen nach § 1 BauSVO bestätigt wird.

(4) [1] Maschinelle Abluftanlagen sind in geschlossenen Mittel- und Großgaragen erforderlich, soweit sich aus den Absätzen 2 und 3 nichts anderes ergibt. [2] Die Zuluftöffnungen müssen so verteilt sein, daß alle Teile der Garage ausreichend gelüftet werden; bei nicht ausreichenden Zuluftöffnungen muß eine maschinelle Zuluftanlage vorhanden sein.

(5) [1] Die maschinellen Abluftanlagen sind so zu bemessen, daß der Halbstundenmittelwert des Volumengehalts an Kohlenmonoxyd in der Luft, gemessen in einer Höhe von 1,5 m über dem Fußboden, nicht mehr als 100 ppm beträgt. [2] Diese Forderung gilt als erfüllt, wenn die Abluftanlagen

1. in Garagen mit geringem Zu- und Abgangsverkehr mindestens 6 m^3,
2. in anderen Garagen mindestens 12 m^3 Abluft in der Stunde je m^2 Garagennutzfläche abführen können.

[3] Für Garagen mit regelmäßig besonders hohen Verkehrsspitzen, wie Garagen für Versammlungsstätten, kann im Einzelfall ein rechnerischer Nachweis darüber verlangt werden, daß die Forderung nach Satz 1 erfüllt ist; der Nachweis ist durch einen nach § 1 BauSVO anerkannten Sachverständigen zu erbringen.

(6) [1] Maschinelle Abluftanlagen müssen in jedem Lüftungssystem mindestens zwei gleich große Ventilatoren haben, die bei gleichzeitigem Betrieb zusammen den erforderlichen Gesamtvolumenstrom erbringen. [2] Jeder Ventilator einer maschinellen Zu- oder Abluftanlage muß aus einem eigenen Stromkreis gespeist werden, an dem andere elektrische Anlagen nicht angeschlossen werden dürfen. [3] Soll das Lüftungssystem zeitweise nur mit einem Ventilator betrieben werden, müssen die Ventilatoren so geschaltet sein, daß sich bei Ausfall eines Ventilators der andere selbsttätig einschaltet.

(7) [1] Geschlossene Großgaragen mit nicht nur geringem Zu- und Abgangsverkehr müssen CO-Anlagen zur Messung und Warnung (CO-Warnanlagen) haben. [2] Die CO-Warnanlagen müssen so beschaffen sein, daß die Benutzer der Garagen bei einem CO-Gehalt der Luft von mehr als 250 ppm über ein akustisches Signal und durch Blinkzeichen dazu aufgefordert werden, die Motoren abzustellen. [3] Die CO-Warnanlagen müssen an eine Ersatzstromquelle angeschlossen sein.

(8) In geschlossenen Mittel- und Großgaragen müssen an der Zufahrt und in jedem Geschoß leicht erkennbar und dauerhaft folgende Hinweise vorhanden sein:
„Abgase gefährden die Gesundheit. Vermeiden Sie längeren Aufenthalt!“.

(9) Die Absätze 1 bis 8 gelten nicht für automatische Garagen.

§ 12[1)] **Feuerlöschanlagen, Rauch- und Wärmeabzug, Brandmeldeanlagen.** (1) [1]Großgaragen müssen in unterirdischen Geschossen und in oberirdischen Geschossen, deren Fußboden im Mittel mehr als 15 m über der Geländeoberfläche liegt, in unmittelbarer Nähe jedes Treppenraumzugangs eine Löschwasseranlage „nass“, „trocken“ oder „nass/trocken“ haben. [2]Auf Wandhydranten kann im Einvernehmen mit der Brandschutzdienststelle verzichtet werden.

(2) Unterirdische Geschosse von Großgaragen müssen

1. Öffnungen oder Schächte für den Rauch- und Wärmeabzug mit einem freien Gesamtquerschnitt von mindestens 1000 cm^2 je Garagenstellplatz haben, die höchstens 20 m voneinander entfernt sind, oder
2. maschinelle Rauch- und Wärmeabzugsanlagen haben, die sich bei Raucheinwirkung selbsttätig einschalten, die mindestens für eine Stunde einer Temperatur von 300 °C standhalten, deren elektrische Leitungen bei Brandeinwirkung für mindestens die gleiche Zeit funktionsfähig bleiben und die in der Stunde einen mindestens zehnfachen Luftwechsel, jedoch nicht mehr als 70 000 m^3 gewährleisten; eine ausreichende Versorgung mit Zuluft muß vorhanden sein, oder
3. Sprinkleranlagen haben.

(3) [1]Automatische Garagen mit mehr als 20 Stellplätzen müssen Sprinkleranlagen haben. [2]Bei automatischen Garagen mit weniger als 20 Stellplätzen, bei kraftbetriebenen Hebebühnen, mit denen Kraftfahrzeuge übereinander angeordnet werden können, und bei von der Fahrgasse durch Abschlüsse abgetrennten Stellplätzen sind nichtselbsttätige Feuerlöschanlagen vorzusehen, deren Art im Einzelfall im Benehmen mit der für den Brandschutz zuständigen Stelle festzulegen ist, wenn innerhalb der Garage nicht alle Stellplätze in jedem Betriebszustand mit einem Löschmittel erreichbar sind.

(4) Geschlossene Mittel- und Großgaragen müssen Brandmeldeanlagen haben, wenn sie in Verbindung mit baulichen Anlagen oder Räumen stehen, für die Brandmeldeanlagen erforderlich sind.

§ 13[2)] **Zusätzliche Bauvorlagen, Feuerwehrpläne.** (1) Bauvorlagen für Mittel- und Großgaragen müssen zusätzliche Angaben enthalten über:

1. die Zahl, Abmessung und Kennzeichnung der Garagenstellplätze und Fahrgassen (§ 4 Abs. 1 bis 8),
2. die maschinellen Rauchabzugsanlagen (§ 7 Abs. 2 Satz 1 Nr. 2, § 12 Abs. 2 Nr. 2),
3. die Feuerlöschanlagen (§ 7 Abs. 2 Satz 1 Nr. 3, § 12 Abs. 1, Abs. 2 Nr. 3 und Abs. 3),
4. die Beleuchtung der Rettungswege (§ 10 Abs. 2),
5. die maschinellen Zu- und Abluftanlagen (§ 11 Abs. 4 und 5),
6. die CO-Warnanlagen (§ 11 Abs. 7).

[1)] § 12 Überschrift und Abs. 3 neu gef., Abs. 4 angef. mWv 26.1.2011 durch VO v. 5.1.2011 (GBl. S. 25); Abs. 1 neu gef., Abs. 2 einl. Satzteil geänd. mWv 1.2.2021 durch VO v. 8.12.2020 (GBl. S. 1182).

[2)] § 13 Abs. 2 Satz 1 Nr. 3 neu gef., Satz 2 eingef., bish. Satz 2 wird Satz 3 mWv 26.1.2011 durch VO v. 5.1.2011 (GBl. S. 25).

(2) [1] Soweit es für den Einsatz der Feuerwehr erforderlich ist, können bei geschlossenen Großgaragen Feuerwehrpläne verlangt werden mit Angaben über:

1. die Zufahrten und die Löschwasserversorgung auf dem Grundstück,
2. die Angriffswege für die Feuerwehr im Gebäude,
3. die Art und Lage der Feuerlöschanlagen, der maschinellen Rauchabzugsanlagen sowie erforderlicher Absperrvorrichtungen.

[2] Auch bei geschlossenen Mittelgaragen können Feuerwehrpläne verlangt werden soweit es für den Einsatz der Feuerwehr erforderlich ist, wenn Leitungen für brennbare Stoffe oder elektrische Leitungen mit einer Spannung ab 1000 Volt durch diese Garagen geführt werden. [3] Weitere Angaben können verlangt werden, wenn dies zur Beurteilung des Vorhabens erforderlich ist.

§ 14 Betriebsvorschriften. (1) [1] Maschinelle Abluftanlagen müssen so betrieben werden, daß der Halbstundenmittelwert des Volumengehalts an Kohlenmonoxyd in der Luft unter Berücksichtigung der regelmäßig zu erwartenden Verkehrsspitzen, gemessen in einer Höhe von 1,5 m über dem Fußboden, nicht mehr als 100 ppm beträgt. [2] CO-Warnanlagen müssen ständig eingeschaltet sein.

(2) [1] In Kleingaragen dürfen bis zu 200 l Dieselkraftstoff und bis zu 20 l Benzin in dicht verschlossenen, bruchsicheren Behältern außerhalb von Kraftfahrzeugen aufbewahrt werden. [2] In Mittel- und Großgaragen ist die Aufbewahrung von Kraftstoffen außerhalb von Kraftfahrzeugen unzulässig; andere brennbar Stoffe dürfen in diesen Garagen nur aufbewahrt werden, wenn sie zum Fahrzeugzubehör zählen oder der Unterbringung von Fahrzeugzubehör dienen.

(3) Damit der Volumengehalt an Kohlenmonoxyd in der Luft durch einen unnötig langen Aufenthalt an Abfahrtssperren nicht erhöht wird, muß sichergestellt sein, daß in geschlossenen Großgaragen, deren Benutzung entgeltlich ist, die Entgelte entrichtet werden, bevor die abgestellten Kraftfahrzeuge die Garagenstellplätze verlassen.

§ 15[1)] Abstellen von Kraftfahrzeugen in anderen Räumen als Garagen.

(1) Kraftfahrzeuge dürfen in Treppenräumen und allgemein zugänglichen Fluren nicht abgestellt werden.

(2) Kraftfahrzeuge dürfen in sonstigen Räumen, die keine Garagen sind, nur abgestellt werden, wenn

1. die Kraftfahrzeuge Arbeitsmaschinen sind oder
2. die Kraftfahrzeuge dem Transport von Personal, Arbeitsgerät oder Arbeitsmaterial dienen und die Räume keine erhöhte Brandgefahr aufweisen oder
3. die Räume der Instandsetzung, der Ausstellung oder dem Verkauf von Kraftfahrzeugen dienen oder
4. die Räume Lagerräume sind, in denen Kraftfahrzeuge mit leeren Kraftstoffbehältern abgestellt werden, oder

---

[1)] § 15 Abs. 2 Nr. 2 eingef., bish. Nr. 2 bis 4 werden Nr. 3 bis 5 mWv 1.2.2021 durch VO v. 8.12. 2020 (GBl. S. 1182).

5. das Fassungsvermögen der Kraftstoffbehälter insgesamt nicht mehr als 12 l beträgt, Kraftstoff außer dem Inhalt der Kraftstoffbehälter in diesen Räumen nicht aufbewahrt wird und diese Räume keine Zündquellen oder leicht entzündliche Stoffe enthalten.

§ 16[1] Prüfungen. (1) [1]In geschlossenen Mittel- und Großgaragen müssen folgende Anlagen und Einrichtungen vor der ersten Inbetriebnahme und nach einer wesentlichen Änderung durch einen nach § 1 BauSVO anerkannten Sachverständigen auf ihre Wirksamkeit und Betriebssicherheit geprüft werden:

1. die maschinellen Rauchabzugsanlagen (§ 7 Abs. 2 Satz 1 Nr. 2, § 12 Abs. 2 Nr. 2),
2. die Feuerlöschanlagen (§ 7 Abs. 2 Satz 1 Nr. 3, § 12 Abs. 1, Abs. 2 Nr. 3 und Abs. 3),
3. die Sicherheitsbeleuchtung einschließlich Sicherheitsstromversorgung (§ 10 Abs. 2 Nr. 1),
4. die maschinellen Zu- und Abluftanlagen (§ 11 Abs. 4 und 5),
5. die CO-Warnanlagen einschließlich Sicherheitsstromversorgung (§ 11 Abs. 7).

[2]Die Prüfungen sind alle drei Jahre zu wiederholen.

(2) Der Betreiber hat

1. die Prüfungen nach Absatz 1 zu veranlassen,
2. die hierzu nötigen Vorrichtungen und fachlich geeignete Arbeitskräfte bereitzustellen sowie die erforderlichen Unterlagen bereitzuhalten,
3. die von dem Sachverständigen festgestellten Mängel unverzüglich beseitigen zu lassen und dem Sachverständigen die Beseitigung mitzuteilen sowie
4. die Berichte über die Prüfungen mindestens fünf Jahre aufzubewahren und der Baurechtsbehörde auf Verlangen vorzulegen.

(3) Der Sachverständige hat der Baurechtsbehörde mitzuteilen,

1. wann er die Prüfungen nach Absatz 1 durchgeführt hat und
2. welche hierbei festgestellten Mängel der Betreiber nicht unverzüglich hat beseitigen lassen.

§ 17 Besondere Anforderungen. Soweit die Vorschriften dieser Verordnung zur Verhinderung oder Beseitigung von Gefahren nicht ausreichen, können besondere Anforderungen gestellt werden

1. für Garagen oder Stellplätze, die für Kraftfahrzeuge mit einer Länge von mehr als 5 m und einer Breite von mehr als 2 m bestimmt sind,
2. für Garagen in Geschossen, deren Fußboden mehr als 22 m über der Geländeoberfläche liegt.

§ 18 Ordnungswidrigkeiten. Ordnungswidrig nach § 75 Abs. 3 Nr. 2 LBO[2] handelt, wer vorsätzlich oder fahrlässig

1. entgegen § 14 Abs. 1 maschinelle Abluftanlagen nicht so betreibt, daß der dort genannte Wert des CO-Gehaltes der Luft eingehalten wird,

---

[1] § 16 Abs. 1 Satz 2 neu gef. mWv 1.2.2021 durch VO v. 8.12.2020 (GBl. S. 1182).
[2] Nr. **1**.

2. entgegen § 16 Abs. 1 die vorgeschriebenen Prüfungen nicht oder nicht rechtzeitig durchführen läßt.

§ 19[1] Übergangsvorschriften. (1) Auf die zum Zeitpunkt des Inkrafttretens dieser Verordnung bestehenden Garagen sind die Betriebsvorschriften nach § 14 Abs. 1 und 2 sowie die Vorschriften über Prüfungen nach § 16 entsprechend anzuwenden.

(2) Bei bestehenden geschlossenen Mittel- und Großgaragen müssen Absperrvorrichtungen für Leitungen nach § 5 Abs. 2 bis zum 31. Dezember 2014 nachgerüstet werden.

§ 20 Inkrafttreten. (1) Diese Verordnung tritt am ersten Tage des auf die Verkündung[2] folgenden Monats in Kraft.

(2) Gleichzeitig tritt die Verordnung des Innenministeriums über Garagen und Stellplätze (Garagenverordnung – GaVO) vom 13. September 1989 (GBl. S. 458, ber. S. 496) außer Kraft.

---

[1] § 19 Abs. 2 neu gef. mWv 26.1.2011 durch VO v. 5.1.2011 (GBl. S. 25).
[2] Verkündet am 12.8.1997.

9. Verordnung des Wirtschaftsministeriums über den Bau von Betriebsräumen für elektrische Anlagen (EltBauVO)[1)]

Vom 8. Dezember 2020
(GBl. S. 1182, 1192)

Auf Grund von § 73 Absatz 1 Nummern 1 und 2 der Landesbauordnung für Baden-Württemberg (LBO)[2)] in der Fassung vom 5. März 2010 (GBl. S. 357, 358, ber. S. 416), die zuletzt durch Gesetz vom 18. Juli 2019 (GBl. S. 313) geändert worden ist, wird verordnet:

§ 1 Geltungsbereich. Diese Verordnung gilt für die Aufstellung von

1. Transformatoren und Schaltanlagen für Nennspannungen über 1 kV,
2. ortsfesten Stromerzeugungsaggregaten für bauordnungsrechtlich vorgeschriebene sicherheitstechnische Anlagen und Einrichtungen und
3. zentralen Batterieanlagen für bauordnungsrechtlich vorgeschriebene sicherheitstechnische Anlagen und Einrichtungen

in Gebäuden.

§ 2 Begriffsbestimmung. Betriebsräume für elektrische Anlagen (elektrische Betriebsräume) sind Räume, die ausschließlich zur Unterbringung von Einrichtungen im Sinne des § 1 dienen.

§ 3 Allgemeine Anforderungen. [1] Innerhalb von Gebäuden müssen elektrische Anlagen nach § 1 in jeweils eigenen elektrischen Betriebsräumen untergebracht sein. [2] Ein elektrischer Betriebsraum ist nicht erforderlich für die in § 1 Nummer 1 genannten elektrischen Anlagen in

1. freistehenden Gebäuden und
2. durch Brandwände abgetrennten Gebäudeteilen,

wenn diese nur die in § 1 Nummer 1 aufgezählten elektrischen Anlagen enthalten.

§ 4 Anforderungen an elektrische Betriebsräume. (1) [1] Elektrische Betriebsräume müssen so angeordnet sein, dass sie im Gefahrenfall von allgemein zugänglichen Räumen oder vom Freien leicht und sicher erreichbar sind und durch nach außen aufschlagende Türen jederzeit ungehindert verlassen werden können; sie dürfen von notwendigen Treppenräumen nicht unmittelbar zugänglich sein. [2] Der Rettungsweg innerhalb elektrischer Betriebsräume bis zu einem Ausgang darf nicht länger als 35 m sein.

(2) [1] Elektrische Betriebsräume müssen so groß sein, dass die elektrischen Anlagen ordnungsgemäß errichtet und betrieben werden können; sie müssen eine lichte Höhe von mindestens 2 m haben. [2] Über Bedienungs- und Wartungsgängen muss eine Durchgangshöhe von mindestens 1,80 m vorhanden sein.

[1)] Verkündet als Art. 6 VO v. 8.12.2020 (GBl. S. 1182); Inkrafttreten am 1.2.2021, vgl. § 9 Satz 1.
[2)] Nr. **1**.

(3) Elektrische Betriebsräume müssen den betrieblichen Anforderungen entsprechend wirksam be- und entlüftet werden.

(4) [1] In elektrischen Betriebsräumen dürfen Leitungen und Einrichtungen, die nicht zum Betrieb der jeweiligen elektrischen Anlagen erforderlich sind, nicht vorhanden sein. [2] Satz 1 gilt nicht für die zur Sicherheitsstromversorgung aus der Batterieanlage erforderlichen Installationen in elektrischen Betriebsräumen nach § 1 Nummer 3.

§ 5 Zusätzliche Anforderungen an elektrische Betriebsräume für Transformatoren und Schaltanlagen mit Nennspannungen über 1 kV.

(1) [1] Raumabschließende Bauteile elektrischer Betriebsräume für Transformatoren und Schaltanlagen mit Nennspannungen über 1 kV, ausgenommen Außenwände, sind feuerbeständig auszuführen. [2] Der erforderliche Raumabschluss zu anderen Räumen darf durch einen Druckstoß aufgrund eines Kurzschlusslichtbogens nicht gefährdet werden.

(2) [1] Türen müssen mindestens feuerhemmend, selbstschließend und rauchdicht sein sowie im Wesentlichen aus nichtbrennbaren Baustoffen bestehen; soweit sie ins Freie führen, genügen selbstschließende Türen aus nichtbrennbaren Baustoffen. [2] An den Türen muss außen ein Hochspannungswarnschild angebracht sein.

(3) [1] Bei elektrischen Betriebsräumen für Transformatoren mit Mineralöl oder einer synthetischen Flüssigkeit mit einem Brennpunkt unter 300 °C als Kühlmittel muss mindestens ein Ausgang unmittelbar ins Freie oder über einen Vorraum ins Freie führen. [2] Der Vorraum darf auch mit dem Schaltraum, jedoch nicht mit anderen Räumen in Verbindung stehen.

(4) [1] Elektrische Betriebsräume nach Absatz 3 Satz 1 dürfen sich nicht in Geschossen befinden, deren Fußboden mehr als 4 m unter der festgelegten Geländeoberfläche liegt. [2] Sie dürfen auch nicht in Geschossen über dem Erdgeschoss liegen.

(5) [1] Elektrische Betriebsräume müssen unmittelbar oder über eigene Lüftungsleitungen wirksam aus dem Freien be- und in das Freie entlüftet werden. [2] Lüftungsleitungen, die durch andere Räume führen, sind feuerbeständig herzustellen. [3] Öffnungen von Lüftungsleitungen zum Freien müssen Schutzgitter haben.

(6) Fußböden müssen aus nichtbrennbaren Baustoffen bestehen; dies gilt nicht für Fußbodenbeläge.

(7) [1] Unter Transformatoren muss auslaufende Isolier- und Kühlflüssigkeit sicher aufgefangen werden können. [2] Für höchstens drei Transformatoren mit jeweils bis zu 1 000 l Isolierflüssigkeit in einem elektrischen Betriebsraum genügt es, wenn die Wände in der erforderlichen Höhe sowie der Fußboden undurchlässig ausgebildet sind; an den Türen müssen entsprechend hohe, undurchlässige Schwellen vorhanden sein.

§ 6 Zusätzliche Anforderungen an elektrische Betriebsräume für ortsfeste Stromerzeugungsaggregate. (1) [1] Raumabschließende Bauteile von elektrischen Betriebsräumen für ortsfeste Stromerzeugungsaggregate zur Versorgung bauordnungsrechtlich vorgeschriebener sicherheitstechnischer Anlagen und Einrichtungen, ausgenommen Außenwände, müssen in einer dem erforderlichen Funktionserhalt der zu versorgenden Anlagen entsprechenden Feuerwiderstandsfähigkeit ausgeführt sein. [2] § 5 Absatz 5 Sätze 1 und 3 und Absatz 6 gelten sinngemäß; für Lüftungsleitungen, die durch andere Räume führen, gilt Satz 1 entsprechend. [3] Die Feuerwiderstandsfähigkeit der Türen muss derjenigen der raumabschließenden Bauteile entsprechen; die Türen müssen selbstschließend sein.

(2) Elektrische Betriebsräume nach Absatz 1 Satz 1 müssen frostfrei sein oder beheizt werden können.

§ 7 Zusätzliche Anforderungen an Batterieräume. (1) [1] Raumabschließende Bauteile von elektrischen Betriebsräumen für zentrale Batterieanlagen zur Versorgung bauordnungsrechtlich vorgeschriebener sicherheitstechnischer Anlagen und Einrichtungen, ausgenommen Außenwände, müssen in einer dem erforderlichen Funktionserhalt der zu versorgenden Anlagen entsprechenden Feuerwiderstandsfähigkeit ausgeführt sein. [2] § 5 Absatz 5 Sätze 1 und 3 und § 6 Absatz 2 gelten sinngemäß; für Lüftungsleitungen, die durch andere Räume führen, gilt Satz 1 entsprechend. [3] Die Feuerwiderstandsfähigkeit der Türen muss derjenigen der raumabschließenden Bauteile entsprechen; die Türen müssen selbstschließend sein. [4] An den Türen muss ein Schild „Batterieraum" angebracht sein.

(2) Fußböden von elektrischen Betriebsräumen nach Absatz 1 Satz 1, in denen geschlossene Zellen aufgestellt werden, müssen an allen Stellen für elektrostatische Ladungen einheitlich und ausreichend ableitfähig sein.

§ 8 Zusätzliche Bauvorlagen. [1] Die Bauvorlagen müssen Angaben über die Lage der elektrischen Betriebsräume und die Art der elektrischen Anlagen enthalten. [2] Soweit erforderlich, müssen sie ferner Angaben über die Schallschutzmaßnahmen enthalten.

§ 9 Inkrafttreten, Außerkrafttreten. [1] Diese Verordnung tritt am ersten Tag des zweiten auf die Verkündung[1)] folgenden Monats in Kraft. [2] Gleichzeitig tritt die Verordnung des Wirtschaftsministeriums über elektrische Betriebsräume vom 28. Oktober 1975 (GBl. S. 788, ber. 1976 S. 256), die zuletzt durch Artikel 132 der Verordnung vom 23. Februar 2017 (GBl. S. 99, 114) geändert worden ist, außer Kraft.

[1)] Verkündet am 22.12.2020.

10. Verordnung des Wirtschaftsministeriums über den Bau und Betrieb von Versammlungsstätten (Versammlungsstättenverordnung – VStättVO) [1)2)]

Vom 28. April 2004

(GBl. S. 311, ber. S. 653)

BWGültV Sachgebiet 2133-2

geänd. durch Art. 1 ÄndVO v. 5.1.2011 (GBl. S. 25), Art. 222 Achte AnpassungsVO v. 25.1.2012 (GBl. S. 65), Art. 130 9. AnpassungsVO v. 23.2.2017 (GBl. S. 99) und Art. 3 Zweite VO zur Änd. bauordnungsrechtlicher Verordnungen v. 8.12.2020 (GBl. S. 1182)

Inhaltsübersicht[3)]

---

1) **Amtl. Anm.:** Die Verpflichtungen aus der Richtlinie 98/34/EG des Europäischen Parlaments und des Rates vom 22. Juni 1998 über ein Informationsverfahren auf dem Gebiet der Normen und technischen Vorschriften (ABl. EG Nr. L 204 S. 37), zuletzt geändert durch die Richtlinie 98/48/EG des Europäischen Parlaments und des Rates vom 20. Juli 1998 (ABl. EG Nr. L 217 S. 18), sind beachtet worden.

2) Titel geänd. mWv 28.2.2012 durch VO v. 25.1.2012 (GBl. S. 65); geänd. mWv 11.3.2017 durch VO v. 23.2.2017 (GBl. S. 99).

3) Inhaltsübersicht geänd. mWv 26.1.2011 durch VO v. 5.1.2011 (GBl. S. 25).

Auf Grund von § 73 Abs. 1 Nr. 2 bis 5 und Abs. 2 der Landesbauordnung für Baden-Württemberg (LBO)[1] vom 8. August 1995 (GBl. S. 617) wird verordnet:

Teil 1. Allgemeine Vorschriften

§ 1[2] Anwendungsbereich. (1) Die Vorschriften dieser Verordnung gelten für den Bau und Betrieb von

1. Versammlungsstätten mit Versammlungsräumen, die einzeln mehr als 200 Besucher fassen. Sie gelten auch für Versammlungsstätten mit mehreren Versammlungsräumen, die insgesamt mehr als 200 Besucher fassen, wenn diese Versammlungsräume gemeinsame Rettungswege haben;

---

[1] Nr. 1.

[2] § 1 Abs. 3 Nr. 2 neu gef., Abs. 4 eingef., bish. Abs. 4 wird Abs. 5 mWv 26.1.2011 durch VO v. 5.1.2011 (GBl. S. 25); Abs. 4 Satz 2 geänd. mWv 28.2.2012 durch VO v. 25.1.2012 (GBl. S. 65); geänd. mWv 11.3.2017 durch VO v. 23.2.2017 (GBl. S. 99).

2. Versammlungsstätten im Freien mit Szeneflächen, deren Besucherbereich mehr als 1000 Besucher fasst und ganz oder teilweise aus baulichen Anlagen besteht;
3. Sportstadien, die mehr als 5000 Besucher fassen.

(2) [1] Die Anzahl der Besucher ist wie folgt zu bemessen:

1. für Sitzplätze an Tischen:
ein Besucher je m^2 Grundfläche des Versammlungsraumes,
2. für Sitzplätze in Reihen und für Stehplätze:
zwei Besucher je m^2 Grundfläche des Versammlungsraumes,
3. für Stehplätze auf Stufenreihen:
zwei Besucher je laufendem Meter Stufenreihe,
4. bei Ausstellungsräumen:
ein Besucher je m^2 Grundfläche des Versammlungsraumes.

[2] Für Besucher nicht zugängliche Flächen werden in die Berechnung nicht einbezogen. [3] Für Versammlungsstätten im Freien und für Sportstadien gelten Satz 1 Nr. 1 bis 3 und Satz 2 entsprechend.

(3) Die Vorschriften dieser Verordnung gelten nicht für

1. Räume, die dem Gottesdienst gewidmet sind,
2. Unterrichts- und Besprechungsräume bis jeweils 100 m^2 Grundfläche,
3. Ausstellungsräume in Museen,
4. Fliegende Bauten.

(4) [1] Soweit in dieser Verordnung nichts Abweichendes geregelt ist, sind auf tragende und aussteifende sowie auf raumabschließende Bauteile die Anforderungen der Landesbauordnung für Baden-Württemberg an diese Bauteile in Gebäuden der Gebäudeklasse 5 anzuwenden. [2] Die Erleichterungen des § 7 Abs. 3 Satz 2, § 8 Abs. 3 Nr. 1 und 2, § 12 Abs. 1 Nr. 2, § 14 Abs. 1 Satz 3 Nr. 4, § 15 Abs. 4 Nr. 1 und 3 sowie des § 16 Abs. 1 Satz 2 Nr. 1 und 3 der Allgemeinen Ausführungsverordnung des Wirtschaftsministeriums zur Landesbauordnung (LBOAVO)[1)] sind nicht anzuwenden.

(5) Bauprodukte, Bauarten und Prüfverfahren, die den in Vorschriften anderer Mitgliedsstaaten der Europäischen Union oder anderer Vertragsstaaten des Abkommens über den Europäischen Wirtschaftsraum genannten technischen Anforderungen entsprechen, dürfen verwendet werden, wenn das geforderte Schutzniveau in Bezug auf Sicherheit, Gesundheit und Gebrauchstauglichkeit gleichermaßen dauerhaft erreicht und die Verwendbarkeit nachgewiesen wird.

§ 2 Begriffe. (1) Versammlungsstätten sind bauliche Anlagen oder Teile baulicher Anlagen, die für die gleichzeitige Anwesenheit vieler Menschen bei Veranstaltungen, insbesondere erzieherischer, wirtschaftlicher, geselliger, kultureller, künstlerischer, politischer, sportlicher oder unterhaltender Art, bestimmt sind, sowie Schank- und Speisewirtschaften.

(2) Erdgeschossige Versammlungsstätten sind Gebäude mit nur einem Geschoss ohne Ränge oder Emporen, dessen Fußboden an keiner Stelle mehr als 1 m unter der Geländeoberfläche liegt; dabei bleiben Geschosse außer Betracht,

---

[1)] Nr. **2**.

die ausschließlich der Unterbringung technischer Anlagen und Einrichtungen dienen.

(3) [1] Versammlungsräume sind Räume für Veranstaltungen oder für den Verzehr von Speisen und Getränken. [2] Hierzu gehören auch Aulen und Foyers, Vortrags- und Hörsäle sowie Studios.

(4) Szenenflächen sind Flächen für künstlerische und andere Darbietungen; für Darbietungen bestimmte Flächen unter 20 m^2 gelten nicht als Szenenflächen.

(5) In Versammlungsstätten mit einem Bühnenhaus ist

1. das Zuschauerhaus der Gebäudeteil, der die Versammlungsräume und die mit ihnen in baulichem Zusammenhang stehenden Räume umfasst,
2. das Bühnenhaus der Gebäudeteil, der die Bühnen und die mit ihnen in baulichem Zusammenhang stehenden Räume umfasst,
3. die Bühnenöffnung die Öffnung in der Trennwand zwischen der Hauptbühne und dem Versammlungsraum,
4. die Bühne der hinter der Bühnenöffnung liegende Raum mit Szenenflächen; zur Bühne zählen die Hauptbühne sowie die Hinter- und Seitenbühnen einschließlich der jeweils zugehörigen Ober- und Unterbühnen,
5. eine Großbühne eine Bühne
   a) mit einer Szenenfläche hinter der Bühnenöffnung von mehr als 200 m^2,
   b) mit einer Oberbühne mit einer lichten Höhe von mehr als 2,5 m über der Bühnenöffnung oder
   c) mit einer Unterbühne,
6. die Unterbühne der begehbare Teil des Bühnenraumes unter dem Bühnenboden, der zur Unterbringung einer Untermaschinerie geeignet ist,
7. die Oberbühne der Teil des Bühnenraumes über der Bühnenöffnung, der zur Unterbringung einer Obermaschinerie geeignet ist.

(6) Mehrzweckhallen sind überdachte Versammlungsstätten für verschiedene Veranstaltungsarten.

(7) Studios sind Produktionsstätten für Film, Fernsehen oder Hörfunk mit Besucherplätzen.

(8) Foyers sind Empfangs- und Pausenräume für Besucher.

(9) [1] Ausstattungen sind Bestandteile von Bühnen- oder Szenenbildern. [2] Hierzu gehören insbesondere Wand-, Fußboden- und Deckenelemente, Bildwände, Treppen und sonstige Bühnenbildteile.

(10) [1] Requisiten sind bewegliche Einrichtungsgegenstände von Bühnen- oder Szenenbildern. [2] Hierzu gehören insbesondere Möbel, Leuchten, Bilder und Geschirr.

(11) [1] Ausschmückungen sind vorübergehend eingebrachte Dekorationsgegenstände. [2] Zu den Ausschmückungen gehören insbesondere Drapierungen, Girlanden, Fahnen und künstlicher Pflanzenschmuck.

(12) Sportstadien sind Versammlungsstätten mit Tribünen für Besucher und mit nicht überdachten Sportflächen.

(13) Tribünen sind bauliche Anlagen mit ansteigenden Steh- oder Sitzplatzreihen (Stufenreihen) für Besucher.

(14) Innenbereich ist die von Tribünen umgebene Fläche für Darbietungen.

Teil 2. Allgemeine Bauvorschriften

Abschnitt 1. Bauteile und Baustoffe

§ 3[1)] **Bauteile.** (1) [1] Tragende und aussteifende Bauteile, wie Wände, Stützen und Decken, müssen feuerbeständig, in erdgeschossigen Versammlungsstätten mindestens feuerhemmend sein. [2] Satz 1 gilt nicht für erdgeschossige Versammlungsstätten mit automatischen Feuerlöschanlagen.

(2) Außenwände mehrgeschossiger Versammlungsstätten müssen aus nichtbrennbaren Baustoffen bestehen.

(3) [1] Trennwände sind erforderlich zum Abschluss von Versammlungsräumen und Bühnen. [2] Diese Trennwände müssen feuerbeständig, in erdgeschossigen Versammlungsstätten mindestens feuerhemmend sein. [3] In der Trennwand zwischen der Bühne und dem Versammlungsraum ist eine Bühnenöffnung zulässig. [4] Im Übrigen sind Öffnungen in diesen Wänden nach Maßgabe von § 6 Absatz 4 LBOAVO[2)] zulässig.

(4) Räume mit besonderen Brandgefahren, wie Werkstätten, Magazine und Lagerräume, sowie Räume unter Tribünen und Podien, müssen feuerbeständige Trennwände und Decken haben.

(5) [1] Der Fußboden von Szenenflächen muss fugendicht sein. [2] Betriebsbedingten Öffnungen sind zulässig. [3] Die Unterkonstruktion, mit Ausnahme der Lagerhölzer, muss aus nichtbrennbaren Baustoffen bestehen. [4] Räume unter dem Fußboden, die nicht zu einer Unterbühne gehören, müssen feuerbeständige Wände und Decken haben.

(6) Die Unterkonstruktion der Fußböden von Tribünen oder Podien, die veränderbare Einbauten in Versammlungsräumen sind, müssen aus nichtbrennbaren Baustoffen bestehen; dies gilt nicht für Podien mit insgesamt nicht mehr als 20 m^2 Fläche.

(7) Veränderbare Einbauten sind so auszubilden, dass sie in ihrer Standsicherheit nicht durch dynamische Beanspruchungen gefährdet werden können.

§ 4[3)] **Dächer.** (1) [1] Tragwerke von Dächern, die den oberen Abschluss von Räumen der Versammlungsstätte bilden oder die von diesen Räumen nicht durch feuerhemmend Bauteile getrennt sind, müssen feuerbeständig sein. [2] Tragwerke von Dächern über Tribünen und Szenenflächen im Freien müssen mindestens feuerhemmend sein oder aus nichtbrennbaren Baustoffen bestehen. [3] Satz 1 gilt nicht für Versammlungsstätten mit automatischen Feuerlöschanlagen.

(2) Bedachungen müssen gegen Flugfeuer und strahlende Wärme widerstandfähig sein und die Brandweiterleitung behindern.

(3) [1] Baustoffe dürfen nicht brennend abtropfen. [2] Lichtdurchlässige Dachflächen müssen

1. schwerentflammbar sein bei Versammlungsstätten mit automatischen Feuerlöschanlagen,

---

[1)] § 3 Abs. 1 Satz 1 und Abs. 7 geänd., Abs. 2 und 3 neu gef. mWv 26.1.2011 durch VO v. 5.1.2011 (GBl. S. 25).

[2)] Nr. **2**.

[3)] § 4 Abs. 1 Satz 1 geänd. mWv 26.1.2011 durch VO v. 5.1.2011 (GBl. S. 25).

2. nichtbrennbar sein bei Versammlungsstätten ohne automatische Feuerlöschanlagen.

[3] Lichtdurchlässige Dachflächen müssen bruchsicher sein.

§ 5[1)] Dämmstoffe, Unterdecken, Bekleidungen und Bodenbeläge.

(1) Dämmstoffe müssen aus nichtbrennbaren Baustoffen bestehen.

(2) [1] Bekleidungen an Wänden in Versammlungsräumen müssen aus mindestens schwerentflammbaren Baustoffen bestehen. [2] In Versammlungsräumen mit nicht mehr als 1000 m² Grundfläche genügen geschlossene nicht hinterlüftete Holzbekleidungen.

(3) [1] Unterdecken und Bekleidungen an Decken in Versammlungsräumen müssen aus nichtbrennbaren Baustoffen bestehen. [2] In Versammlungsräumen mit nicht mehr als 1000 m² Grundfläche genügen Bekleidungen aus mindestens schwerentflammbaren Baustoffen oder geschlossene nicht hinterlüftete Holzbekleidungen.

(4) In Foyers, durch die Rettungswege aus anderen Versammlungsräumen führen, notwendigen Treppenräumen, Räumen zwischen notwendigen Treppenräumen und Ausgängen ins Freie sowie notwendigen Fluren müssen Unterdecken und Bekleidungen aus nichtbrennbaren Baustoffen bestehen.

(5) Unterdecken und Bekleidungen, die mindestens schwerentflammbar sein müssen, dürfen nicht brennend abtropfen.

(6) [1] Unterkonstruktionen, Halterungen und Befestigungen von Unterdecken und Bekleidungen nach den Absätzen 2 bis 4 müssen aus nichtbrennbaren Baustoffen bestehen; dies gilt nicht für Versammlungsräume mit nicht mehr als 100 m² Grundfläche. [2] In den Hohlräumen hinter Unterdecken und Bekleidungen aus brennbaren Baustoffen dürfen Kabel und Leitungen nur aus Installationsschächten oder Installationskanälen aus nichtbrennbaren Baustoffen verlegt werden.

(7) [1] In notwendigen Treppenräumen, Räumen zwischen notwendigen Treppenräumen und Ausgängen ins Freie müssen Bodenbeläge nichtbrennbar sein. [2] In notwendigen Fluren sowie in Foyers, durch die Rettungswege aus anderen Versammlungsräumen führen, müssen Bodenbeläge mindestens schwerentflammbar sein.

Abschnitt 2. Rettungswege

§ 6[2)] Führung der Rettungswege. (1) [1] Rettungswege müssen ins Freie zu öffentlichen Verkehrsflächen führen. [2] Zu den Rettungswegen von Versammlungsstätten gehören insbesondere die frei zu haltenden Gänge und Stufengänge, die Ausgänge aus Versammlungsräumen, die notwendigen Flure und notwendigen Treppen, die Ausgänge ins Freie, die als Rettungsweg dienenden Balkone, Dachterrassen und Außentreppen sowie die Rettungswege im Freien auf dem Grundstück.

(2) [1] Versammlungsstätten müssen in jedem Geschoss mit Aufenthaltsräumen mindestens zwei voneinander unabhängige bauliche Rettungswege haben; die gilt für Tribünen entsprechend. [2] Die Führung beider Rettungswege innerhalb

[1)] § 5 Abs. 7 Satz 2 geänd. mWv 26.1.2011 durch VO v. 5.1.2011 (GBl. S. 25).
[2)] § 6 Abs. 3 geänd. mWv 26.1.2011 durch VO v. 5.1.2011 (GBl. S. 25).

eines Geschosses durch einen gemeinsamen notwendigen Flur ist zulässig. [3]Rettungswege dürfen über Balkone, Dachterrassen und Außentreppen auf das Grundstück führen, wenn sie im Brandfall sicher begehbar sind.

(3) Rettungswege dürfen durch Foyers oder Hallen zu Ausgängen ins Freie geführt werden, soweit mindestens ein weiterer von dem Foyer oder der Halle unabhängiger baulicher Rettungsweg vorhanden ist.

(4) Versammlungsstätten müssen für Geschosse mit jeweils mehr als 800 Besucherplätzen nur diesen Geschossen zugeordnete Rettungswege haben.

(5) Versammlungsräume und sonstige Aufenthaltsräume mit mehr als 100 m^2 Grundfläche müssen jeweils mindestens zwei möglichst weit auseinander und entgegengesetzt liegende Ausgänge ins Freie oder zu Rettungswegen haben.

(6) Ausgänge und Rettungswege müssen durch Sicherheitszeichen dauerhaft und gut sichtbar gekennzeichnet sein.

§ 7[1)] Bemessung der Rettungswege. (1) [1]Die Entfernung von jedem Besucherplatz bis zum nächsten Ausgang aus dem Versammlungsraum oder von der Tribüne darf nicht länger als 30 m sein. [2]Bei mehr als 5 m lichter Höhe ist je 2,5 m zusätzlicher lichter Höhe über der zu entrauchenden Ebene für diesen Bereich eine Verlängerung der Entfernung um 5 m zulässig. [3]Die Entfernung von 60 m bis zum nächsten Ausgang darf nicht überschritten werden.

(2) [1]Die Entfernung von jeder Stelle einer Bühne bis zum nächsten Ausgang darf nicht länger als 30 m sein. [2]Gänge zwischen den Wänden der Bühne und dem Rundhorizont oder den Dekorationen müssen eine lichte Breite von 1,20 m haben; in Großbühnen müssen diese Gänge vorhanden sein.

(3) Die Entfernung von jeder Stelle eines notwendigen Flures oder eines Foyers bis zum Ausgang ins Freie oder zu einem notwendigen Treppenraum darf nicht länger als 30 m sein.

(4) [1]Die Breite der Rettungswege ist nach der größtmöglichen Personenzahl zu bemessen. [2]Die lichte Breite eines jeden Teiles von Rettungswegen muss mindestens 1,20 m betragen. [3]Die lichte Breite eines jeden Teiles von Rettungswegen muss für die darauf angewiesenen Personen mindestens betragen bei

1. Versammlungsstätten im Freien sowie Sportstadien
   1,20 m je 600 Personen
2. anderen Versammlungsstätten
   1,20 m je 200 Personen.

[4]Staffelungen sind nur in Schritten von 0,60 m zulässig. [5]Bei Ausgängen aus Aufenthaltsräumen mit nicht mehr als 200 Besucherplätzen und bei Rettungswegen im Bühnenhaus genügt eine lichte Breite von 0,90 m. [6]Für Rettungswege von Arbeitsgalerien genügt eine Breite von 0,80 m.

(5) [1]Ausstellungshallen müssen durch Gänge so unterteilt sein, dass die Tiefe der zur Aufstellung von Ausstellungsständen bestimmten Grundflächen (Ausstellungsflächen) nicht mehr als 30 m beträgt. [2]Die Entfernung von jeder Stelle auf einer Ausstellungsfläche bis zu einem Gang darf nicht mehr als 20 m betragen; sie wird auf die nach Absatz 1 bemessene Entfernung nicht ange-

[1)] § 7 Abs. 1 Satz 4 aufgeh., Abs. 4 Satz 5 neu gef., Abs. 6 angef. mWv 26.1.2011 durch VO v. 5.1. 2011 (GBl. S. 25); Abs. 4 neu gef. mWv 1.2.2021 durch VO v. 8.12.2020 (GBl. S. 1182).

rechnet. [3]Die Gänge müssen auf möglichst geradem Weg zu entgegengesetzt liegenden Ausgängen führen. [4]Die lichte Breite der Gänge und der zugehörigen Ausgänge muss mindestens 3 m betragen.

(6) Die Entfernungen werden in der Lauflinie gemessen.

§ 8 Treppen. (1) Die Führung der jeweils anderen Geschossen zugeordneten notwendigen Treppen in einem gemeinsamen notwendigen Treppenraum (Schachteltreppen) ist zulässig.

(2) [1]Notwendige Treppen müssen feuerbeständig sein. [2]Für notwendige Treppen in notwendigen Treppenräumen oder als Außentreppen genügen nichtbrennbare Baustoffe. [3]Für notwendige Treppen von Tribünen und Podien als veränderbare Einbauten genügen Bauteile aus nichtbrennbaren Baustoffen und Stufen aus Holz. [4]Die Sätze 1 bis 3 gelten nicht für notwendige Treppen von Ausstellungsständen.

(3) Die lichte Breite notwendiger Treppen darf nicht mehr als 2,40 m betragen.

(4) [1]Notwendige Treppen und dem allgemeinen Besucherverkehr dienende Treppen müssen auf beiden Seiten feste und griffsichere Handläufer ohne freie Enden haben. [2]Die Handläufe sind über Treppenabsätze fortzuführen.

(5) Notwendige Treppen und dem allgemeinen Besucherverkehr dienende Treppen müssen geschlossene Trittstufen haben; dies gilt nicht für Außentreppen.

(6) Wendeltreppen sind als notwendige Treppen für Besucher unzulässig.

§ 9[1)] Türe und Tore. (1) Türen und Tore in raumabschließenden Innenwänden, die feuerbeständig sein müssen, sowie in inneren Brandwänden müssen mindestens feuerhemmend, rauchdicht und selbstschließend sein.

(2) Türen und Tore in raumabschließenden Innenwänden, die feuerhemmend sein müssen, müssen mindestens rauchdicht und selbstschließend sein.

(3) [1]Türen und Tore in Rettungswegen müssen in Fluchtrichtung aufschlagen und dürfen keine Schwellen haben. [2]Während des Aufenthaltes von Personen in der Versammlungsstätte müssen die Türen der jeweiligen Rettungswege jederzeit von innen leicht und in voller Breite geöffnet werden können.

(4) [1]Schiebetüren und -tore sind in Rettungswegen unzulässig; dies gilt nicht für automatische Schiebetüren, die die Rettungswege nicht beeinträchtigen. [2]Pendeltüren müssen in Rettungswegen Vorrichtungen haben, die ein Durchpendeln der Türen verhindern.

(5) Türen, die selbstschließend sein müssen, dürfen offen gehalten werden, wenn sie Einrichtungen haben, die bei Raucheinwirkung ein selbsttätiges Schließen der Türen bewirken; sie müssen auch von Hand geschlossen werden können.

(6) Mechanische Vorrichtungen zur Vereinzelung oder Zählung von Besuchern, wie Drehtüren oder -kreuze, sind in Rettungswegen unzulässig; dies gilt nicht für mechanische Vorrichtungen, die im Gefahrenfall von innen leicht und in voller Breite geöffnet werden können.

[1)] § 9 Abs. 3 Satz 1 und Abs. 4 Satz 1 geänd. mWv 26.1.2011 durch VO v. 5.1.2011 (GBl. S. 25).

Abschnitt 3. Besucherplätze und Einrichtungen für Besucher

§ 10[1)] Bestuhlung, Gänge und Stufengänge. (1) [1] In Reihen angeordnete Sitzplätze müssen unverrückbar befestigt sein; werden nur vorübergehend Stühle aufgestellt, so sind sie in den einzelnen Reihen fest miteinander zu verbinden. [2] Satz 1 gilt nicht für Gaststätten und Kantinen sowie für abgegrenzte Bereiche von Versammlungsräumen mit nicht mehr als 20 Sitzplätzen und ohne Stufen, wie Logen.

(2) Die Sitzplatzbereiche der Tribünen von Versammlungsstätten mit mehr als 5000 Besucherplätzen müssen unverrückbar befestigte Einzelsitze haben.

(3) [1] Sitzplätze müssen mindestens 0,50 m breit sein. [2] Zwischen den Sitzplatzreihen muss eine lichte Durchgangsbreite von mindestens 0,40 m vorhanden sein.

(4) [1] Sitzplätze müssen in Blöcken von höchstens 30 Sitzplatzreihen angeordnet sein. [2] Hinter und zwischen den Blöcken müssen Gänge mit einer Mindestbreite von 1,20 m vorhanden sein. [3] Die Gänge müssen auf möglichst kurzem Weg zum Ausgang führen.

(5) [1] Seitlich eines Ganges dürfen höchstens zehn Sitzplätze, bei Versammlungsstätten im Freien und Sportstadien höchstens 20 Sitzplätze angeordnet sein. [2] Zwischen zwei Seitengängen dürfen 20 Sitzplätze, bei Versammlungsstätten im Freien und Sportstadien höchstens 40 Sitzplätze angeordnet sein. [3] In Versammlungsräumen dürfen zwischen zwei Seitengängen höchstens 50 Sitzplätze angeordnet sein, wenn auf jeder Seite des Versammlungsraumes für jeweils vier Sitzreihen eine Tür mit einer lichten Breite von 1,20 m vorhanden ist.

(6) [1] Von jedem Tischplatz darf der Weg zu einem Gang nicht länger als 10 m sein. [2] Der Abstand von Tisch zu Tisch soll 1,50 m nicht unterschreiten.

(7) [1] In Versammlungsräumen müssen für Rollstuhlbenutzer mindestens 1 Prozent der Besucherplätze, mindestens jedoch zwei Plätze, möglichst im Raum verteilt auf ebenen Standflächen vorhanden sein. [2] Den Plätzen für Rollstuhlbenutzer sind Besucherplätze für Begleitpersonen zuzuordnen. [3] Die Plätze für Rollstuhlbenutzer und die Wege zu ihnen sind durch Hinweisschilder gut sichtbar zu kennzeichnen.

(8) [1] Stufen in Gängen (Stufengänge) müssen eine Steigung von mindestens 0,10 m und höchstens 0,19 m und einen Auftritt von mindestens 0,26 m haben. [2] Der Fußboden des Durchganges zwischen Sitzplatzreihen und der Fußboden von Stehplatzreihen muss mit dem anschließenden Auftritt des Stufenganges auf einer Höhe liegen. [3] Stufengänge in Mehrzweckhallen mit mehr als 5000 Besucherplätzen und in Sportstadien müssen sich durch farbliche Kennzeichnung von den umgebenden Flächen deutlich abheben.

§ 11[2)] Abschrankungen und Schutzvorrichtungen. (1) [1] Flächen, die im Allgemeinen zum Begehen bestimmt sind und unmittelbar an mehr als 20 cm tiefer liegende Flächen angrenzen, sind mit Abschrankungen zu umwehren, soweit sie nicht durch Stufengänge oder Rampen mit der tiefer liegenden Fläche verbunden sind. [2] Satz 1 ist nicht anzuwenden:

---

1) § 10 Abs. 7 Satz 1 geänd. mWv 26.1.2011 durch VO v. 5.1.2011 (GBl. S. 25).

2) § 11 Abs. 1 Satz 1 geänd., Abs. 5 neu gef. mWv 26.1.2011 durch VO v. 5.1.2011 (GBl. S. 25); Abs. 2 Satz 2 geänd. mWv 1.2.2021 durch VO v. 8.12.2020 (GBl. S. 1182).

1. für die den Besuchern zugewandten Seiten von Bühnen und Szenenflächen,
2. vor Stufenreihen, wenn die Stufenreihe nicht mehr als 0,50 m über dem Fußboden der davor liegenden Stufenreihe oder des Versammlungsraumes liegt, oder
3. vor Stufenreihen, wenn die Rückenlehnen der Sitzplätze der davor liegenden Stufenreihe den Fußboden der hinteren Stufenreihe um mindestens 0,65 m überragen.

(2) [1] Abschrankungen, wie Umwehrungen, Geländer, Wellenbrecher, Zäune, Absperrgitter oder Glaswände, müssen mindestens 1,10 m hoch sein. [2] Umwehrungen von Flächen, auf denen mit der Anwesenheit von Kindern unter sechs Jahren gerechnet werden muss, müssen entsprechend § 3 Absatz 5 Sätze 1 und 2 LBOAVO[1)] gestaltet sein.

(3) [1] Vor Sitzplatzreihen genügen Umwehrungen von 0,90 m Höhe; bei mindestens 0,20 m Brüstungsbreite der Umwehrung genügen 0,80 m; bei mindestens 0,50 m Brüstungsbreite genügen 0,70 m. [2] Liegt die Stufenreihe nicht mehr als 1 m über dem Fußboden der davor liegenden Stufenreihe oder des Versammlungsraumes, genügen vor Sitzplatzreihen 0,65 m.

(4) Abschrankungen in den für Besucher zugänglichen Bereichen müssen so bemessen sein, dass sie dem Druck einer Personengruppe standhalten.

(5) Die Fußböden und Stufen von Tribünen und Podien dürfen keine Öffnungen haben, durch die Personen abstürzen können; sofern Bühnen oder Szenenflächen solche Öffnungen benötigen, sind geeignete Vorkehrungen zur Absturzsicherheit zu treffen.

(6) [1] Spielfelder, Manegen, Fahrbahnen für den Rennsport und Reitbahnen müssen durch Abschrankungen, Netze oder andere Vorrichtungen so gesichert sein, dass Besucher durch die Darbietung oder den Betrieb des Spielfeldes, der Manege oder der Bahn nicht gefährdet werden. [2] Für Darbietungen und für den Betrieb technischer Einrichtungen im Luftraum über den Besucherplätzen gilt Satz 1 entsprechend.

(7) Werden Besucherplätze im Innenbereich von Fahrbahnen angeordnet, so muss der Innenbereich ohne Betreten der Fahrbahnen erreicht werden können.

§ 12[2)] Toilettenräume. (1) [1] Versammlungsstätten müssen getrennte Toilettenräume für Damen und Herren haben. [2] Toiletten sollen in jedem Geschoss angeordnet werden. [3] Es sollen mindestens vorhanden sein:

	Damentoiletten	Herrentoilette	
Besucherplätze	Toilettenbecken	Toilettenbecken	Urinalbecken
bis 1000 je 100	1,5	0,5	1,2
über 1000 je weitere 100	1,0	0,3	0,6
über 20 000 je weitere 100	0,5	0,2	0,5

[4] Die ermittelten Zahlen sind auf ganze Zahlen aufzurunden. [5] Soweit die Aufteilung der Toilettenräume nach Satz 2 nach der Art der Veranstaltung nicht

[1)] Nr. **2**.

[2)] § 12 Abs. 1 Satz 3 geänd., Satz 6 eingef., bish. Satz 6 wird Satz 7, Abs. 2 Satz 2 angef., Abs. 3 neu gef. mWv 26.1.2011 durch VO v. 5.1.2011 (GBl. S. 25).

zweckmäßig ist, kann für die Dauer der Veranstaltung eine andere Aufteilung erfolgen, wenn die Toilettenräume entsprechend gekennzeichnet werden. [6]Bei mehr als 6 Urinalbecken in einer Toilettenanlage sind diese in einem Raum unterzubringen, der einen vollständigen Sichtschutz gegenüber den Toilettenbecken und sonstigen Räumen bietet und nicht der Erschließung anderer Toilettenräume dient. [7]Auf dem Gelände der Versammlungsstätte oder in der Nähe vorhandener Toiletten können angerechnet werden, wenn sie für die Besucher der Versammlungsstätte zugänglich sind.

(2) [1]Für Rollstuhlbenutzer muss eine ausreichende Zahl geeigneter, stufenlos erreichbarer Toiletten, mindestens jedoch je zehn Plätzen für Rollstuhlbenutzer eine Toilette, vorhanden sein. [2]Mehrere Toiletten sollen verteilt angeordnet und auf kurzem Weg erreichbar sein.

(3) Für Damen- und Herrentoilettenräume ist jeweils mindestens ein eigener Vorraum mit Waschbecken vorzusehen.

§ 13[1)] Stellplätze für Menschen mit Mobilitätseinschränkung. [1]Die Zahl der notwendigen Stellplätze für die Kraftfahrzeuge in ihrer Mobilität eingeschränkter Personen muss mindestens der Hälfte der Zahl der nach § 10 Abs. 7 erforderlichen Besucherplätze entsprechen. [2]Auf diese Stellplätze ist dauerhaft und leicht erkennbar hinzuweisen.

Abschnitt 4.[2)] Technische Anlagen und Einrichtungen, besondere Räume

§ 14 Sicherheitsstromversorgungsanlagen, elektrische Anlagen und Blitzschutzanlagen. (1) Versammlungsstätten müssen eine Sicherheitsstromversorgungsanlage haben, die bei Ausfall der Stromversorgung den Betrieb der sicherheitstechnischen Anlagen und Einrichtungen übernimmt, insbesondere der

1. Sicherheitsbeleuchtung,
2. automatischen Feuerlöschanlagen und Druckerhöhungsanlagen für die Löschwasserversorgung,
3. Rauchabzugsanlagen,
4. Brandmeldeanlagen,
5. Alarmierungsanlagen.

(2) In Versammlungsstätten für verschiedene Veranstaltungsarten, wie Mehrzweckhallen, Theater und Studios, sind für die vorübergehende Verlegung beweglicher Kabel und Leitungen bauliche Vorkehrungen, wie Installationsschächte und -kanäle oder Abschottungen, zu treffen, die die Ausbreitung von Feuer und Rauch verhindern und die sichere Begehbarkeit, insbesondere der Rettungswege, gewährleisten.

(3) Elektrische Schaltanlagen dürfen für Besucher nicht zugänglich sein.

(4) Versammlungsstätten müssen Blitzschutzanlagen haben, die auch die sicherheitstechnischen Einrichtungen schützen (äußerer und innerer Blitzschutz).

---

1) § 13 Überschrift neu gef., Satz 1 geänd. mWv 26.1.2011 durch VO v. 5.1.2011 (GBl. S. 25).
2) Teil 2 Abschnitt 4 Überschrift neu gef. mWv 26.1.2011 durch VO v. 5.1.2011 (GBl. S. 25).

§ 15 Sicherheitsbeleuchtung. (1) In Versammlungsstätten muss eine Sicherheitsbeleuchtung vorhanden sein, die so beschaffen ist, dass Arbeitsvorgänge auf Bühnen und Szenenflächen sicher abgeschlossen werden können und sich Besucher, Mitwirkende und Betriebsangehörige auch bei vollständigem Versagen der allgemeinen Beleuchtung bis zu öffentlichen Verkehrsflächen hin gut zurechtfinden können.

(2) Eine Sicherheitsbeleuchtung muss vorhanden sein

1. in notwendigen Treppenräumen, in Räumen zwischen notwendigen Treppenräumen und Ausgängen ins Freie und in notwendigen Fluren,
2. in Versammlungsräumen sowie in allen übrigen Räumen für Besucher (zum Beispiel Foyers, Garderoben, Toiletten),
3. für Bühnen und Szenenflächen,
4. in den Räumen für Mitwirkende und Beschäftigte mit mehr als 20 m^2 Grundfläche, ausgenommen Büroräume,
5. in elektrischen Betriebsräumen, in Räumen für haustechnische Anlagen sowie in Scheinwerfer- und Bildwerferräumen,
6. in Versammlungsstätten im Freien und Sportstadien, die während der Dunkelheit benutzt werden,
7. für Sicherheitszeichen von Ausgängen und Rettungswegen,
8. für Stufenbeleuchtungen.

(3) [1] In betriebsmäßig verdunkelten Versammlungsräumen, auf Bühnen und Szenenflächen muss eine Sicherheitsbeleuchtung in Bereitschaftsschaltung vorhanden sein. [2] Die Ausgänge, Gänge und Stufen im Versammlungsraum müssen auch bei Verdunklung unabhängig von der übrigen Sicherheitsbeleuchtung erkennbar sein. [3] Bei Gängen in Versammlungsräumen mit auswechselbarer Bestuhlung sowie bei Sportstadien mit Sicherheitsbeleuchtung ist eine Stufenbeleuchtung nicht erforderlich.

§ 16[1)] Rauchableitung. (1) Versammlungsräume und sonstige Aufenthaltsräume mit mehr als 200 m^2 Grundfläche, Versammlungsräume in Kellergeschossen, Bühnen sowie notwendige Treppenräume müssen entraucht werden können.

(2) Für die Entrauchung von Versammlungsräumen und sonstigen Aufenthaltsräumen mit nicht mehr als 1000 m^2 Grundfläche genügen Rauchableitungsöffnungen mit einer freien Öffnungsfläche von insgesamt 1 Prozent der Grundfläche, Fenster oder Türen mit einer freien Öffnungsfläche von insgesamt 2 Prozent der Grundfläche oder maschinelle Rauchabzugsanlagen mit einem Luftvolumenstrom von 36 m^3/h je Quadratmeter Grundfläche.

(3) Für die Entrauchung von Versammlungsräumen und sonstigen Aufenthaltsräumen mit mehr als 1000 m^2 Grundfläche sowie von Bühnen müssen Rauchabzugsanlagen vorhanden sein, die so bemessen sind, dass sie eine raucharme Schicht von mindestens 2,50 m auf allen zu entrauchenden Ebenen, bei Bühnen jedoch mindestens eine raucharme Schicht von der Höhe der Bühnenöffnung, ermöglichen.

(4) Notwendige Treppenräume müssen Rauchableitungsöffnungen mit einer freien Öffnungsfläche von mindestens 1 m^2 haben.

[1)] § 16 Abs. 1 geänd. mWv 26.1.2011 durch VO v. 5.1.2011 (GBl. S. 25).

(5) [1]Rauchableitungsöffnungen sollen an der höchsten Stelle des Raumes liegen und müssen unmittelbar ins Freie führen. [2]Die Rauchableitung über Schächte mit strömungstechnisch äquivalenten Querschnitten ist zulässig, wenn die Wände der Schächte die Anforderungen nach § 3 Abs. 3 erfüllen. [3]Die Austrittsöffnungen müssen mindestens 0,25 m über der Dachfläche liegen. [4]Fenster und Türen, die auch der Rauchableitung dienen, müssen im oberen Drittel der Außenwand der zu entrauchenden Ebene angeordnet werden.

(6) Die Abschlüsse der Rauchableitungsöffnungen von Bühnen mit Schutzvorhang müssen bei einem Überdruck von 350 Pa selbsttätig öffnen; eine automatische Auslösung durch geeignete Temperaturmelder ist zulässig.

(7) [1]Maschinelle Rauchabzugsanlagen sind für eine Betriebszeit von 30 Minuten bei einer Rauchgastemperatur von 300 °C auszulegen. [2]Maschinelle Lüftungsanlagen können als maschinelle Rauchabzugsanlagen betrieben werden, wenn sie die an diese gestellten Anforderungen erfüllen.

(8) [1]Die Vorrichtungen zum Öffnen oder Einschalten der Rauchabzugsanlagen, der Abschlüsse der Rauchableitungsöffnungen und zum Öffnen der nach Absatz 5 angerechneten Fenster müssen von einer jederzeit zugänglichen Stelle im Raum aus leicht bedient werden können. [2]Bei notwendigen Treppenräumen muss die Vorrichtung zum Öffnen von jedem Geschoss aus leicht bedient werden können.

(9) [1]Jede Bedienungsstelle muss mit einem Hinweisschild mit der Bezeichnung „RAUCHABZUG" und der Bezeichnung des jeweiligen Raumes gekennzeichnet sein. [2]An der Bedienungsvorrichtung muss die Betriebsstellung der Anlage oder Öffnung erkennbar sein.

§ 17 Heizungsanlagen und Lüftungsanlagen. (1) [1]Heizungsanlagen in Versammlungsstätten müssen dauerhaft fest eingebaut sein. [2]Sie müssen so angeordnet sein, dass ausreichende Abstände zu Personen, brennbaren Bauprodukten und brennbarem Material eingehalten werden und keine Beeinträchtigung durch Abgase entstehen.

(2) Versammlungsräume und sonstige Aufenthaltsräume mit mehr als 200 m² Grundfläche müssen Lüftungsanlagen haben.

§ 18 Stände und Arbeitsgalerien für Licht-, Ton-, Bild- und Regieanlagen. (1) [1]Stände und Arbeitsgalerien für den Betrieb von Licht-, Ton-, Bild- und Regieanlagen, wie Schnürböden, Beleuchtungstürme oder Arbeitsbrücken, müssen aus nichtbrennbaren Baustoffen bestehen. [2]Der Abstand zwischen Arbeitsgalerien und Raumdecken muss mindestens 2 m betragen.

(2) [1]Von Arbeitsgalerien müssen mindestens zwei Rettungswege erreichbar sein. [2]Jede Arbeitsgalerie einer Hauptbühne muss auf beiden Seiten der Hauptbühne einen Ausgang zu Rettungswegen außerhalb des Bühnenraumes haben.

(3) Öffnungen in Arbeitsgalerien müssen so gesichert sein, dass Personen oder Gegenstände nicht herabfallen können.

§ 19[1)] Feuerlöscheinrichtungen und -anlagen. (1) [1]Versammlungsräume, Bühnen, Foyers, Werkstätten, Magazine, Lagerräume und notwendige Flure sind mit geeigneten Feuerlöschern in ausreichender Zahl auszustatten. [2]Die Feuerlöscher sind gut sichtbar und leicht zugänglich anzubringen.

---

1) § 19 Abs. 6 Satz 2 angef. mWv 26.1.2011 durch VO v. 5.1.2011 (GBl. S. 25).

(2) In Versammlungsstätten mit Versammlungsräumen von insgesamt mehr als 1000 m² Grundfläche müssen Wandhydranten in ausreichender Zahl gut sichtbar und leicht zugänglich an geeigneten Stellen angebracht sein.

(3) Versammlungsstätten mit Versammlungsräumen von insgesamt mehr als 3600 m² Grundfläche müssen eine automatische Feuerlöschanlage haben; dies gilt nicht für Versammlungsstätten, deren Versammlungsräume jeweils nicht mehr als 400 m² Grundfläche haben.

(4) Foyers oder Hallen, durch die Rettungswege aus anderen Versammlungsräumen führen, müssen eine automatische Feuerlöschanlage haben.

(5) Versammlungsräume, bei denen eine Fußbodenebene höher als 22 m über der Geländerobefläche liegt, sind nur in Gebäuden mit automatischer Feuerlöschanlage zulässig.

(6) [1] Versammlungsräume in Kellergeschossen müssen eine automatische Feuerlöschanlage haben. [2] Ausgenommen sind Versammlungsräume mit nicht mehr als 200 m² Grundfläche, deren Fußboden an keiner Stelle mehr als 5 m unter der Geländeoberfläche liegt.

(7) In Versammlungsräumen müssen offene Küchen oder ähnliche Einrichtungen mit einer Grundfläche von mehr als 30 m² eine dafür geeignete automatische Feuerlöschanlage haben.

(8) Die Wirkung automatischer Feuerlöschanlagen darf durch überdeckte oder mehrgeschossige Ausstellungs- oder Dienstleistungsstände nicht beeinträchtigt werden.

(9) Automatische Feuerlöschanlagen müssen an eine Brandmelderzentrale angeschlossen sein.

§ 20[1)] Brandmelde- und Alarmierungsanlagen, Brandmelder- und Alarmzentrale, Brandfallsteuerung der Aufzüge. (1) Versammlungsstätten mit Versammlungsräumen von insgesamt mehr als 1000 m² Grundfläche müssen Brandmeldeanlagen mit automatischen und nichtautomatischen Brandmeldern haben.

(2) Versammlungsstätten mit Versammlungsräumen von insgesamt mehr als 1000 m² Grundfläche müssen Alarmierungs-, insbesondere Sprachalarmanlagen, haben, mit denen im Gefahrenfall Besucher, Mitwirkende und Betriebsangehörige alarmiert und Anweisungen erteilt werden können.

(3) In Versammlungsstätten mit Versammlungsräumen von insgesamt mehr als 1000 m² Grundfläche müssen zusätzlich zu den örtlichen Bedienungsvorrichtungen zentrale Bedienungsvorrichtungen für Rauchabzugs-, Feuerlösch-, Brandmelde- und Alarmierungs-, insbesondere Sprachalarmanlagen, in einem für die Feuerwehr leicht zugänglichen Raum (Brandmelder- und Alarmzentrale) zusammengefasst werden.

(4) [1] In Versammlungsstätten mit Versammlungsräumen von insgesamt mehr als 1000 m² Grundfläche müssen die Aufzüge mit einer Brandfallsteuerung ausgestattet sein, die durch die automatische Brandmeldeanlage ausgelöst wird. [2] § 14 Abs. 6 LBOAVO[2)] bleibt unberührt. [3] Die Brandfallsteuerung muss sicherstellen, dass die Aufzüge ein Geschoss mit Ausgang ins Freie oder das

---

[1)] § 20 Abs. 2 und 3 geänd., Abs. 4 Satz 2 eingef., bish. Satz 2 wird Satz 3 mWv 26.1.2011 durch VO v. 5.1.2011 (GBl. S. 25).

[2)] Nr. **2**.

diesem nächstgelegene, nicht von der Brandmeldung betroffene Geschoss unmittelbar anfahren und dort mit geöffneten Türen außer Betrieb gehen.

(5) [1] Automatische Brandmeldeanlagen müssen durch technische Maßnahmen gegen Falschalarme gesichert sein. [2] Brandmeldungen müssen von der Brandmelderzentrale unmittelbar und automatisch zur Leitstelle der Feuerwehr weitergeleitet werden.

§ 21 Werkstätten, Magazine und Lagerräume. (1) Für feuergefährliche Arbeiten, wie Schweiß-, Löt- oder Klebearbeiten, müssen dafür geeignete Werkstätten vorhanden sein.

(2) Für das Aufbewahren von Dekorationen, Requisiten und anderem brennbaren Material müssen eigene Lagerräume (Magazine) vorhanden sein.

(3) Für die Sammlung von Abfällen und Wertstoffen müssen dafür geeignete Behälter im Freien oder besondere Lagerräume vorhanden sein.

(4) Werkstätten, Magazine und Lagerräume dürfen mit notwendigen Treppenräumen nicht in unmittelbarer Verbindung stehen.

Teil 3. Besondere Bauvorschriften

Abschnitt 1. Großbühnen

§ 22 Bühnenhaus. (1) In Versammlungsstätten mit Großbühnen sind alle für den Bühnenbetrieb notwendigen Räume und Einrichtungen in einem eigenen, von dem Zuschauerhaus getrennten Bühnenhaus unterzubringen.

(2) [1] Die Trennwand zwischen Bühnen- und Zuschauerhaus muss feuerbeständig und in der Bauart einer Brandwand hergestellt sein. [2] Türen in dieser Trennwand müssen feuerbeständig und selbstschließend sein.

§ 23 Schutzvorhang. (1) [1] Die Bühnenöffnung von Großbühnen muss gegen den Versammlungsraum durch einen Vorhang aus nichtbrennbarem Material dicht geschlossen werden können (Schutzvorhang). [2] Der Schutzvorhang muss durch sein Eigengewicht schließen können. [3] Die Schließzeit darf 30 Sekunden nicht überschreiten. [4] Der Schutzvorhang muss einem Druck von 450 Pa nach beiden Richtungen standhalten. [5] Eine höchstens 1 m breite, zur Hauptbühne sich öffnende, selbsttätig schließende Tür im Schutzvorhang ist zulässig.

(2) [1] Der Schutzvorhang muss so angeordnet sein, dass er im geschlossenen Zustand an allen Seiten an feuerbeständige Bauteile anschließt. [2] Der Bühnenboden darf unter dem Schutzvorhang durchgeführt werden. [3] Das untere Profil dieses Schutzvorhangs muss ausreichend steif sein oder mit Stahldornen in entsprechende stahlbewehrte Aussparungen im Bühnenboden eingreifen.

(3) [1] Die Vorrichtung zum Schließen des Schutzvorhangs muss mindestens an zwei Stellen von Hand ausgelöst werden können. [2] Beim Schließen muss auf der Bühne ein Warnsignal zu hören sein.

§ 24 Feuerlösch- und Brandmeldeanlagen. (1) Großbühnen müssen eine automatische Sprühwasserlöschanlage haben, die auch den Schutzvorhang beaufschlagt.

(2) Die Sprühwasserlöschanlage muss zusätzlich mindestens von zwei Stellen aus von Hand in Betrieb gesetzt werden können.

(3) In Großbühnen müssen neben den Ausgängen zu den Rettungswegen in Höhe der Arbeitsgalerien und des Schnürbodens Wandhydranten vorhanden sein.

(4) Großbühnen und Räume mit besonderen Brandgefahren müssen eine Brandmeldeanlage mit automatischen und nichtautomatischen Brandmeldern haben.

(5) Die Auslösung eines Alarmes muss optisch und akustisch am Platz der Brandsicherheitswache erkennbar sein.

§ 25 Platz für die Brandsicherheitswache. (1) [1] Auf jeder Seite der Bühnenöffnung muss für die Brandsicherheitswache ein besonderer Platz mit einer Grundfläche von mindestens 1 m × 1 m und einer Höhe von mindestens 2,20 m vorhanden sein. [2] Die Brandsicherheitswache muss die Fläche, die bespielt wird, überblicken und betreten können.

(2) [1] Am Platz der Brandsicherheitswache müssen die Vorrichtung zum Schließen des Schutzvorhangs und die Auflösevorrichtungen der Rauchabzugs- und Sprühwasserlöschanlagen der Bühne sowie ein nichtautomatischer Brandmelder leicht erreichbar angebracht und durch Hinweisschilder gekennzeichnet sein. [2] Die Auslösevorrichtungen müssen beleuchtet sein. [3] Diese Beleuchtung muss an die Sicherheitsstromversorgung angeschlossen sein. [4] Die Vorrichtungen sind gegen unbeabsichtigtes Auslösen zu sichern.

Abschnitt 2. Versammlungsstätten mit mehr als 5000 Besucherplätzen

§ 26[1)] Räume für Sprachalarmzentrale, Polizei, Feuerwehr, Sanitäts- und Rettungsdienst. (1) [1] Mehrzweckhallen und Sportstadien müssen einen Raum für eine Sprachalarmzentrale haben, von dem aus die Besucherbereiche und der Innenbereich überblickt und Polizei, Feuerwehr und Rettungsdienste benachrichtigt werden können. [2] Die Sprachalarmanlage muss eine Vorrangschaltung für die Einsatzleitung der Polizei haben.

(2) [1] In Mehrzweckhallen und Sportstadien sind ausreichend große Räume für die Polizei und die Feuerwehr anzuordnen. [2] Der Raum für die Einsatzleitung der Polizei muss eine räumliche Verbindung mit der Sprachalarmzentrale haben und mit Anschlüssen für eine Videoanlage zur Überwachung der Besucherbereiche ausgestattet sein.

(3) Wird die Funkkommunikation der Einsatzkräfte von Polizei und Feuerwehr innerhalb der Versammlungsstätte durch die bauliche Anlage gestört, ist die Versammlungsstätte mit technischen Anlagen zur Unterstützung des Funkverkehrs auszustatten.

(4) In Mehrzweckhallen und Sportstadien muss mindestens ein ausreichend großer Raum für den Sanitäts- und Rettungsdienst vorhanden sein.

§ 27 Abschrankung und Blockbildung in Sportstadien mit mehr als 10 000 Besucherplätzen. (1) [1] Die Besucherplätze müssen vom Innenbereich durch mindestens 2,20 m hohe Abschrankungen abgetrennt sein. [2] In diesen Abschrankungen sind den Stufengängen zugeordnete, mindestens 1,80 m breite Tore anzuordnen, die sich im Gefahrenfall leicht zum Innenbereich hin öffnen

[1)] § 26 Überschrift neu gef., Abs. 1 Sätze 1 und 2 sowie Abs. 2 Satz 2 geänd. mWv 26.1.2011 durch VO v. 5.1.2011 (GBl. S. 25).

lassen. [3]Die Tore dürfen nur vom Innenbereich oder von zentralen Stellen aus zu öffnen sein und müssen in geöffnetem Zustand durch selbsteinrastende Feststeller gesichert werden. [4]Der Übergang in den Innenbereich muss niveaugleich sein.

(2) Stehplätze müssen in Blöcken für höchstens 2500 Besucher angeordnet werden, die durch mindestens 2,20 m hohe Abschrankungen mit eigenen Zugängen abgetrennt sind.

(3) Die Anforderungen nach den Absätzen 1 oder 2 gelten nicht, wenn in dem mit den für öffentliche Sicherheit und Ordnung zuständigen Behörden abgestimmten Sicherheitskonzept nachgewiesen wird, dass abweichende Abschrankungen oder Blockbildungen unbedenklich sind.

§ 28 Wellenbrecher. [1]Werden mehr als fünf Stufen von Stehplatzreihen hintereinander angeordnet, so ist vor der vordersten Stufe eine durchgehende Schranke von 1,10 m Höhe anzuordnen. [2]Nach jeweils fünf weiteren Stufen sind Schranken gleicher Höhe (Wellenbrecher) anzubringen, die einzeln mindestens 3 m und höchstens 5,50 m lang sind. [3]Die seitlichen Abstände zwischen den Wellenbrechern dürfen nicht mehr als 5 m betragen. [4]Die Abstände sind nach höchstens fünf Stehplatzreihen durch versetzt angeordnete Wellenbrecher zu überdecken, die auf beiden Seiten mindestens 0,25 m länger sein müssen als die seitlichen Abstände zwischen den Wellenbrechern. [5]Die Wellenbrecher sind im Bereich der Stufenvorderkante anzuordnen.

§ 29 Abschrankung von Stehplätzen und Szenenflächen. (1) Werden vor Szenenflächen Stehplätze für Besucher angeordnet, so sind die Besucherplätze von der Szenenfläche durch eine Abschrankung so abzutrennen, dass zwischen der Szenenfläche und der Abschrankung ein Gang von mindestens 2 m Breite für den Ordnungsdienst und Rettungskräfte vorhanden ist.

(2) [1]Werden vor Szenenflächen mehr als 5000 Stehplätze für Besucher angeordnet, so sind durch mindestens zwei weitere Abschrankungen vor der Szenenfläche nur von den Seiten zugängliche Stehplatzbereiche zu bilden. [2]Die Abschrankungen müssen an den Seiten einen Abstand von jeweils mindestens 5 m und über die Breite der Szenenfläche einen Abstand von mindestens 10 m haben.

§ 30 Einfriedungen und Eingänge. (1) Stadionanlagen müssen eine mindestens 2,20 m hohe Einfriedung haben, die das Überklettern erschwert.

(2) [1]Vor den Eingängen sind Geländer so anzuordnen, dass Besucher nur einzeln und hintereinander Einlass finden. [2]Es sind Einrichtungen für Zugangskontrollen sowie für die Durchsuchung von Personen und Sachen vorzusehen. [3]Für die Einsatzkräfte von Polizei, Feuerwehr und Rettungsdiensten sind von den Besuchereingängen getrennte Eingänge anzuordnen.

(3) [1]Für Einsatz- und Rettungsfahrzeuge müssen besondere Zufahrten, Aufstell- und Bewegungsflächen vorhanden sein. [2]Von den Zufahrten und Aufstellflächen aus müssen die Eingänge der Versammlungsstätten unmittelbar erreichbar sein. [3]Für Einsatz- und Rettungsfahrzeuge muss eine Zufahrt zum Innenbereich vorhanden sein. [4]Die Zufahrten, Aufstell- und Bewegungsflächen müssen gekennzeichnet sein.

Teil 4.[1] Betriebsvorschriften

Abschnitt 1. Rettungswege, Besucherplätze

§ 31 Rettungswege, Flächen für die Feuerwehr. (1) [1]Rettungswege auf dem Grundstück sowie Zufahrten, Aufstell- und Bewegungsflächen für Einsatzfahrzeuge von Polizei, Feuerwehr und Rettungsdiensten müssen ständig frei gehalten werden. [2]Darauf ist dauerhaft und gut sichtbar hinzuweisen.

(2) Rettungswege in der Versammlungsstätte müssen ständig frei gehalten werden.

(3) Während des Betriebes müssen alle Türen von Rettungswegen unverschlossen sein.

§ 32 Besucherplätze nach dem Bestuhlungs- und Rettungswegeplan. (1) Die Zahl der im Bestuhlungs- und Rettungswegeplan genehmigten Besucherplätzen darf nicht überschritten und die genehmigte Anordnung der Besucherplätze darf nicht geändert werden.

(2) Eine Ausfertigung des für die jeweilige Nutzung genehmigten Planes ist in der Nähe des Haupteinganges eines jeden Versammlungsraumes gut sichtbar anzubringen.

(3) Ist nach der Art der Veranstaltung die Abschrankung der Stehflächen vor Szenenflächen erforderlich, sind Abschrankungen nach § 29 auch in Versammlungsstätten mit weniger als 5000 Stehplätzen einzurichten.

Abschnitt 2. Brandverhütung

§ 33 Vorhänge, Sitze, Ausstattungen, Requisiten und Ausschmückungen. (1) Vorhänge von Bühnen und Szenenflächen müssen aus mindestens schwerentflammbarem Material bestehen.

(2) [1]Sitze von Versammlungsstätten mit mehr als 5000 Besucherplätzen müssen aus mindestens schwerentflammbarem Material bestehen. [2]Die Unterkonstruktion muss aus nichtbrennbarem Material bestehen.

(3) [1]Ausstattungen müssen aus mindestens schwerentflammbarem Material bestehen. [2]Bei Bühnen oder Szenenflächen mit automatischen Feuerlöschanlagen genügen Ausstattungen aus normalentflammbarem Material.

(4) Requisiten müssen aus mindestens normalentflammbarem Material bestehen.

(5) [1]Ausschmückungen müssen aus mindestens schwerentflammbarem Material bestehen. [2]Ausschmückungen in notwendigen Fluren und notwendigen Treppenräumen müssen aus nichtbrennbarem Material bestehen.

(6) [1]Ausschmückungen müssen unmittelbar an Wänden, Decken oder Ausstattungen angebracht werden. [2]Frei im Raum hängende Ausschmückungen sind zulässig, wenn sie einen Abstand von mindestens 2,50 m zum Fußboden haben. [3]Ausschmückungen aus natürlichem Pflanzenschmuck dürfen sich nur so lange, wie sie frisch sind, in den Räumen befinden.

---

[1] Überschrift Teil 4 geänd. mWv 26.1.2011 durch VO v. 5.1.2011 (GBl. S. 25).

(7) Der Raum unter dem Schutzvorhang ist von Ausstattungen, Requisiten oder Ausschmückungen so freizuhalten, dass die Funktion des Schutzvorhangs nicht beeinträchtigt wird.

(8) Brennbares Material muss von Zündquellen, wie Scheinwerfern oder Heizstrahlern, so weit entfernt sein, dass das Material durch diese nicht entzündet werden kann.

§ 34[1)] Aufbewahrung von Ausstattungen, Requisiten, Ausschmückungen und brennbarem Material. (1) Ausstattungen, Requisiten und Ausschmückungen dürfen nur außerhalb der Bühnen und der Szenenfläche aufbewahrt werden; dies gilt nicht für den Tagesbedarf.

(2) Auf den Bühnenerweiterungen dürfen Szenenaufbauten der laufenden Spielzeit bereitgestellt werden, wenn die Bühnenerweiterungen durch Abschlüsse aus nichtbrennbaren Baustoffen gegen die Hauptbühne abgetrennt sind.

(3) An den Zügen von Bühnen oder Szenenflächen dürfen in der Regel nur Ausstattungsteile für einen Tagesbedarf hängen.

(4) Pyrotechnische Sätze, Gegenstände und Anzündmittel, brennbare Flüssigkeiten und anderes brennbares Material, insbesondere Packmaterial, dürfen nur in den dafür vorgesehenen Magazinen aufbewahrt werden.

§ 35 Rauchen, Verwendung von offenem Feuer und pyrotechnischen Gegenständen. (1) [1]Auf Bühnen und Szenenflächen, in Werkstätten und Magazinen ist das Rauchen verboten. [2]Das Rauchverbot gilt nicht für Darsteller und Mitwirkende auf Bühnen- und Szenenflächen während der Proben und Veranstaltungen, soweit das Rauchen in der Art der Veranstaltungen begründet ist.

(2) [1]In Versammlungsräumen, auf Bühnen- und Szenenflächen und in Sportstadien ist das Verwenden von offenem Feuer, brennbaren Flüssigkeiten und Gasen, pyrotechnischen Sätzen, Gegenständen und Anzündmitteln und anderen explosionsgefährlichen Stoffen verboten, § 17 Abs. 1 bleibt unberührt. [2]Das Verwendungsverbot gilt nicht, soweit das Verwenden von offenem Feuer, brennbaren Flüssigkeiten und Gasen sowie pyrotechnischen Sätzen, Gegenständen und Anzündmitteln in der Art der Veranstaltung begründet ist und der Veranstalter die erforderlichen Brandschutzmaßnahmen im Einzelfall mit der für den Brandschutz zuständigen Dienststelle abgestimmt hat. [3]Für den Umgang mit pyrotechnischen Sätzen, Gegenständen und Anzündmitteln gelten die sprengstoffrechtlichen Vorschriften.

(3) Die Verwendung von Kerzen und ähnlichen Lichtquellen als Tischdekoration sowie die Verwendung von offenem Feuer in dafür vorgesehenen Kücheneinrichtungen zur Zubereitung von Speisen ist zulässig.

(4) Auf die Verbote der Absätze 1 und 2 ist dauerhaft und gut sichtbar hinzuweisen.

Abschnitt 3. Betrieb technischer Einrichtungen

§ 36 Bedienung und Wartung der technischen Einrichtungen, Laseranlagen. (1) [1]Der Schutzvorhang muss täglich vor der ersten Vorstellung oder

---

[1)] § 34 Abs. 2 geänd., Abs. 3 neu gef. mWv 26.1.2011 durch VO v. 5.1.2011 (GBl. S. 25).

Probe durch Aufziehen und Herablassen auf seine Betriebsbereitschaft geprüft werden. [2]Der Schutzvorhang ist nach jeder Vorstellung herabzulassen und zu allen arbeitsfreien Zeiten geschlossen zu halten.

(2) Die Automatik der Sprühwasserlöschanlage kann während der Dauer der Anwesenheit der Verantwortlichen für Veranstaltungstechnik abgeschaltet werden.

(3) Die automatische Brandmeldeanlage kann abgeschaltet werden, soweit dies in der Art der Veranstaltung begründet ist und der Veranstalter die erforderlichen Brandschutzmaßnahmen im Einzelfall mit der für den Brandschutz zuständigen Dienststelle abgestimmt hat.

(4) Während des Aufenthaltes von Personen in Räumen, für die eine Sicherheitsbeleuchtung vorgeschrieben ist, muss diese in Betrieb sein, soweit die Räume nicht ausreichend durch Tageslicht erhellt sind.

(5) Auf den Betrieb von Laseranlagen in den für Besucher zugänglichen Bereichen sind die arbeitsschutzrechtlichen Vorschriften entsprechend anzuwenden.

§ 37 Prüfungen. (1) Der Betreiber der Versammlungsstätte hat folgende technische Anlagen und Einrichtungen durch anerkannte Sachverständige nach § 1 der Bausachverständigenverordnung vom 15. Juli 1986 (GBl. S. 305) in der jeweils geltenden Fassung auf ihre Wirksamkeit und Betriebssicherheit prüfen zu lassen:

1. Lüftungsanlagen, ausgenommen solche, die einzelne Räume im selben Geschoss unmittelbar ins Freie be- oder entlüften (§ 17),
2. Rauchabzugsanlagen sowie maschinelle Anlagen zur Rauchfreihaltung von Rettungswegen (§ 16),
3. selbsttätige Feuerlöschanlagen, wie Sprinkleranlagen, Sprühwasser-Löschanlagen und Wassernebel-Löschanlagen (§§ 19, 24),
4. nichtselbsttätige Feuerlöschanlagen mit nassen Steigleitungen und Druckerhöhungsanlagen einschließlich des Anschlusses an die Wasserversorgungsanlage (§ 19),
5. Brandmelde- und Alarmierungsanlagen (§§ 20, 24),
6. Sicherheitsstromversorgungsanlagen einschließlich der angeschlossenen sicherheitstechnischen Einrichtungen (§ 14).

(2) Die Prüfungen nach Absatz 1 und 4 sind vor der ersten Inbetriebnahme und unverzüglich nach einer wesentlichen Änderung der technischen Anlagen und Einrichtungen durchführen zu lassen.

(3) Die Prüfungen nach Absatz 1 und 4 sind wiederkehrend innerhalb einer Frist von drei Jahren durchführen zu lassen.

(4) [1]Blitzschutzanlagen sind von Sachkundigen prüfen zu lassen. [2]Sachkundige sind Personen, die auf Grund ihrer fachlichen Ausbildung und Erfahrung ausreichende Kenntnisse auf dem jeweiligen Fachgebiet haben und mit den einschlägigen Vorschriften und den allgemein anerkannten Regeln der Technik vertraut sind.

(5) Der Bauherr oder der Betreiber hat die Prüfungen nach den Absätzen 1 bis 4 zu veranlassen, dafür die nötigen Vorrichtungen und fachlich geeigneten Arbeitskräfte bereitzustellen und die erforderlichen Unterlagen bereitzuhalten.

(6) Der Bauherr oder der Betreiber hat die Berichte über die Prüfungen vor der ersten Inbetriebnahme und vor Wiederinbetriebnahme nach wesentlichen Änderungen der zuständigen Baurechtsbehörde zu übersenden sowie die Berichte über wiederkehrende Prüfungen mindestens fünf Jahre aufzubewahren und der Baurechtsbehörde auf Verlangen vorzulegen.

(7) Der Bauherr oder Betreiber hat die bei den Prüfungen festgestellten Mängel unverzüglich beseitigen zu lassen und dem Sachverständigen die Beseitigung mitzuteilen.

(8) Der Sachverständige hat der Baurechtsbehörde mitzuteilen,

1. wann er die Prüfungen nach Absatz 1 durchgeführt hat und
2. welche hierbei festgestellten Mängel der Bauherr oder Betreiber nicht unverzüglich hat beseitigen lassen.

Abschnitt 4. Verantwortliche Personen, besondere Betriebsvorschriften

§ 38 Pflichten der Betreiber, Veranstalter und Beauftragten. (1) Der Betreiber ist für die Sicherheit der Veranstaltung und die Einhaltung der Vorschriften verantwortlich.

(2) Während des Betriebes von Versammlungsstätten muss der Betreiber oder ein von ihm beauftragter Veranstaltungsleiter ständig anwesend sein.

(3) Der Betreiber muss die Zusammenarbeit von Ordnungsdienst, Brandsicherheitswache und Sanitätswache mit der Polizei, der Feuerwehr und dem Rettungsdienst gewährleisten.

(4) Der Betreiber ist zur Einstellung des Betriebes verpflichtet, wenn für die Sicherheit der Versammlungsstätte notwendige Anlagen, Einrichtungen oder Vorrichtungen nicht betriebsfähig sind oder wenn Betriebsvorschriften nicht eingehalten werden können.

(5) [1]Der Betreiber kann die Verpflichtungen nach den Absätzen 1 bis 4 durch schriftliche Vereinbarung auf den Veranstalter übertragen, wenn dieser oder dessen beauftragter Veranstaltungsleiter mit der Versammlungsstätte und deren Einrichtungen vertraut ist. [2]Die Verantwortung des Betreibers bleibt unberührt.

§ 39[1)] Verantwortliche für Veranstaltungstechnik. (1) [1]Verantwortliche für Veranstaltungstechnik sind

1. die Geprüften Meister für Veranstaltungstechnik,
2. technische Fachkräfte mit bestandenem fachrichtungsspezifischem Teil der Prüfung nach § 3 Abs. 1 Nr. 2 in Verbindung mit den §§ 5, 6 oder 7 der Verordnung über die Prüfung zum anerkannten Abschluss „Geprüfter Meister für Veranstaltungstechnik/Geprüfte Meisterin für Veranstaltungstechnik" in den Fachrichtungen Bühne/Studio, Beleuchtung oder Halle, in der jeweiligen Fachrichtung,
3. Diplomingenieure und Hochschulabsolventen der Fachrichtungen Theater-, Veranstaltungs- und Produktionstechnik mit mindestens einem Jahr Berufserfahrung im technischen Betrieb von Bühnen, Studios und Mehrzweck-

[1)] § 39 Abs. 1 Satz 1 Nr. 1 neu gef., Nr. 2–4 geänd. und Abs. 2 neu gef. mWv 26.1.2011 durch VO v. 5.1.2011 (GBl. S. 25).

hallen in der jeweiligen Fachrichtung, denen die Industrie- und Handelskammer Karlsruhe ein Befähigungszeugnis nach Anlage 1 ausgestellt hat,

4. technische Bühnen- und Studiofachkräfte, die den Befähigungsnachweis nach den bis zum Inkrafttreten dieser Verordnung geltenden Vorschriften erworben haben.

[2] Auf Antrag stellt die Industrie- und Handelskammer Karlsruhe auch den Personen nach Satz 1 Nr. 1 und 2 ein Befähigungszeugnis nach Anlage 1 aus. [3] Die in einem anderen Land der Bundesrepublik Deutschland ausgestellten Befähigungszeugnisse werden anerkannt.

(2) Gleichwertige Ausbildungen, die in einem anderen Mitgliedstaat der Europäischen Union oder einem Vertragsstaat des Abkommens über den Europäischen Wirtschaftsraum erworben und durch einen Ausbildungsnachweis belegt werden, sind entsprechend den europäischen Richtlinien zur Anerkennung von Berufsqualifikationen den in Absatz 1 genannten Ausbildungen gleichgestellt.

§ 40[1)] Aufgaben und Pflichten der Verantwortlichen für Veranstaltungstechnik, technische Probe. (1) Die Verantwortlichen für Veranstaltungstechnik müssen mit den bühnen-, studio- und beleuchtungstechnischen und sonstigen technischen Einrichtungen der Versammlungsstätte vertraut sein und deren Sicherheit und Funktionsfähigkeit, insbesondere hinsichtlich des Brandschutzes, während des Betriebes gewährleisten.

(2) Der Auf- oder Abbau bühnen-, studio- und beleuchtungstechnischer Einrichtungen von Großbühnen oder Szenenflächen mit mehr als 200 m² Grundfläche oder in Mehrzweckhallen mit mehr als 5000 Besucherplätzen sowie bei wesentlichen Wartungs- und Instandsetzungsarbeiten an diesen Einrichtungen und bei technischen Proben müssen von einem Verantwortlichen für Veranstaltungstechnik geleitet und beaufsichtigt werden.

(3) Bei Generalproben, Veranstaltungen, Sendungen oder Aufzeichnungen von Veranstaltungen auf Großbühnen oder Szenenflächen mit mehr als 200 m² Grundfläche oder in Mehrzweckhallen mit mehr als 5000 Besucherplätzen müssen mindestens ein für die bühnen- oder studiotechnischen Einrichtungen sowie ein für die beleuchtungstechnischen Einrichtungen Verantwortlicher für Veranstaltungstechnik anwesend sein.

(4) Bei Szenenflächen mit mehr als 100 m² und nicht mehr als 200 m² Grundfläche oder in Mehrzweckhallen mit nicht mehr als 5000 Besucherplätzen müssen beim Auf- oder Abbau von bühnen-, studio- und beleuchtungstechnischen Einrichtungen die Aufgaben nach den Absätzen 1 bis 3 zumindest von einer Fachkraft für Veranstaltungstechnik mit abgeschlossener Berufsausbildung gemäß den einschlägigen verordnungsrechtlichen Ausbildungsvorschriften und mindestens drei Jahren Berufserfahrung wahrgenommen werden.

(5) Die Anwesenheit nach Absatz 3 und 4 ist nicht erforderlich,

1. wenn die Sicherheit und Funktionsfähigkeit der bühnen-, studio- und beleuchtungstechnischen sowie der sonstigen technischen Einrichtungen der Versammlungsstätte vom Verantwortlichen für Veranstaltungstechnik überprüft wurden und diese Einrichtungen während der Veranstaltung nicht bewegt oder sonst verändert werden, oder

---

1) § 40 Abs. 3 neu gef. mWv 26.1.2011 durch VO v. 5.1.2011 (GBl. S. 25).

2. wenn von Art oder Ablauf der Veranstaltung keine Gefahren ausgehen können

und die Aufsicht führende Person mit den technischen Einrichtungen vertraut ist.

(6) [1]Bei Großbühnen sowie bei Szenenflächen mit mehr als 200 m^2 Grundfläche und bei Gastspielveranstaltungen mit eigenem Szenenaufbau in Versammlungsräumen muss vor der ersten Veranstaltung eine nichtöffentliche technische Probe mit vollem Szenenaufbau und voller Beleuchtung stattfinden. [2]Diese technische Probe ist der Baurechtsbehörde mindestens 24 Stunden vorher anzuzeigen. [3]Beabsichtigte wesentliche Änderungen des Szenenaufbaues nach der technischen Probe sind der zuständigen Baurechtsbehörde rechtzeitig anzuzeigen. [4]Die Baurechtsbehörde kann auf die technische Probe verzichten, wenn dies nach der Art der Veranstaltung oder nach dem Umfang des Szenenaufbaues unbedenklich ist.

§ 41 Brandsicherheitswache, Sanitäts- und Rettungsdienst. (1) Bei Veranstaltungen mit erhöhten Brandgefahren hat der Betreiber eine Brandsicherheitswache einzurichten.

(2) [1]Bei jeder Veranstaltung auf Großbühnen sowie Szenenflächen mit mehr als 200 m^2 Grundfläche muss eine Brandsicherheitswache der Feuerwehr anwesend sein. [2]Den Anweisungen der Brandsicherheitswache ist zu folgen. [3]Eine Brandsicherheitswache der Feuerwehr ist nicht erforderlich, wenn die für den Brandschutz zuständige Dienststelle dem Betreiber bestätigt, dass er über eine ausreichende Zahl ausgebildeter Kräfte verfügt, die die Aufgaben der Brandsicherheitswache wahrnehmen.

(3) Veranstaltungen mit voraussichtlich mehr als 5000 Besuchern sind der für den Sanitäts- und Rettungsdienst zuständigen Behörde rechtzeitig anzuzeigen.

§ 42[1)] Brandschutzordnung, Feuerwehrpläne. (1) [1]Der Betreiber oder ein von ihm Beauftragter hat im Einvernehmen mit der für den Brandschutz zuständigen Dienststelle eine Brandschutzverordnung aufzustellen und durch Aushang bekannt zu machen. [2]In der Brandschutzordnung sind insbesondere die Erforderlichkeit und die Aufgaben eines Brandschutzbeauftragten und der Selbsthilfekräfte für den Brandschutz sowie die Maßnahmen festzulegen, die zur Rettung behinderter Menschen, insbesondere Rollstuhlbenutzer, erforderlich sind.

(2) [1]Das Betriebspersonal ist bei Beginn des Arbeitsverhältnisses und danach mindestens einmal jährlich zu unterweisen über

1. die Lage und die Bedienung der Feuerlöscheinrichtungen und -anlagen, Rauchabzugsanlagen, Brandmelde- und Alarmierungsanlagen und der Brandmelder- und Alarmzentrale,
2. die Brandschutzordnung, insbesondere über das Verhalten bei einem Brand oder bei einer Panik, und
3. die Betriebsvorschriften.

[2]Der für den Brandschutz zuständigen Dienststelle ist Gelegenheit zu geben, an der Unterweisung teilzunehmen. [3]Über die Unterweisung ist eine Niederschrift zu fertigen, die der Baurechtsbehörde auf Verlangen vorzulegen ist.

[1)] § 42 Abs. 1 Satz 2 geänd. mWv 26.1.2011 durch VO v. 5.1.2011 (GBl. S. 25).

(3) Im Einvernehmen mit der für den Brandschutz zuständigen Dienststelle sind Feuerwehrpläne anzufertigen und der örtlichen Feuerwehr zur Verfügung zu stellen.

§ 43[1] Sicherheitskonzept, Ordnungsdienst. (1) Erfordert es die Art der Veranstaltung, hat der Betreiber ein Sicherheitskonzept aufzustellen und einen Ordnungsdienst einzurichten.

(2) [1] Für Versammlungsstätten mit mehr als 5000 Besucherplätzen hat der Betreiber im Einvernehmen mit den für Sicherheit oder Ordnung zuständigen Behörden, erforderlichenfalls unter beratender Zuziehung von Polizei, Feuerwehr und Rettungsdiensten, ein Sicherheitskonzept aufzustellen. [2] Im Sicherheitskonzept sind die Mindestzahl der Kräfte des Ordnungsdienstes gestaffelt nach Besucherzahlen und Gefährdungsgraden sowie die betrieblichen Sicherheitsmaßnahmen und die allgemeinen und besonderen Sicherheitsdurchsagen festzulegen.

(3) Der nach dem Sicherheitskonzept erforderliche Ordnungsdienst muss unter der Leitung eines vom Betreiber oder Veranstalter bestellten Ordnungsdienstleiters stehen.

(4) [1] Der Ordnungsdienstleiter und die Ordnungsdienstkräfte sind für die betrieblichen Sicherheitsmaßnahmen verantwortlich. [2] Sie sind insbesondere für die Kontrolle an den Ein- und Ausgängen und den Zugängen zu den Besucherblöcken, die Beachtung der maximal zulässigen Besucherzahl und der Anordnung der Besucherplätze, die Beachtung der Verbote des § 35, die Sicherheitsdurchsagen sowie für die geordnete Evakuierung im Gefahrenfall verantwortlich.

Teil 5. Zusätzliche Bauvorlagen

§ 44 Zusätzliche Bauvorlagen, Bestuhlungs- und Rettungswegeplan.

(1) Mit den Bauvorlagen ist ein Brandschutzkonzept vorzulegen, in dem insbesondere die maximal zulässige Zahl der Besucher, die Anordnung und Bemessung der Rettungswege und die zur Erfüllung der brandschutztechnischen Anforderungen erforderlichen baulichen, technischen und betrieblichen Maßnahmen dargestellt sind.

(2) Für die nach dieser Verordnung erforderlichen technischen Einrichtungen sind insbesondere Pläne, Beschreibungen und Nachweise vorzulegen.

(3) Mit den bautechnischen Nachweisen sind Standsicherheitsnachweise für dynamische Belastungen vorzulegen.

(4) Der Verlauf der Rettungswege im Freien, die Zufahrten und die Aufstell- und Bewegungsflächen für die Einsatz- und Rettungsfahrzeuge sind in einem besonderen Außenanlagenplan darzustellen.

(5) [1] Die Anordnung der Sitz- und Stehplätze, einschließlich der Plätze für Rollstuhlbenutzer, der Bühnen-, Szenen- oder Spielflächen sowie der Verlauf der Rettungswege sind in einem Bestuhlungs- und Rettungswegeplan im Maßstab von mindestens 1:200 darzustellen. [2] Sind verschiedene Anordnungen vorgesehen, so ist für jede ein besonderer Plan vorzulegen.

[1] § 43 Abs. 2 Satz 1 geänd. mWv 26.1.2011 durch VO v. 5.1.2011 (GBl. S. 25).

§ 45[1)] Gastspielprüfbuch. (1) Für den eigenen, gleich bleibenden Szenenaufbau von wiederkehrenden Gastspielveranstaltungen kann auf schriftlichen Antrag ein Gastspielprüfbuch erteilt werden.

(2) [1] Das Gastspielprüfbuch muss dem Muster der Anlage 2 entsprechen. [2] Der Veranstalter ist durch das Gastspielprüfbuch von der Verpflichtung entbunden, an jedem Gastspielort die Sicherheit des Szenenaufbaues und der dazu gehörenden technischen Einrichtungen erneut nachzuweisen.

(3) [1] Das Gastspielprüfbuch wird von der unteren Baurechtsbehörde erteilt, in deren Zuständigkeitsbereich die erste Veranstaltung oder die erste nichtöffentliche technische mit vollem Szenenaufbau und voller Beleuchtung stattfindet. [2] Die Geltungsdauer ist auf die Dauer der Tournee zu befristen und kann auf einen in Textform gestellten Antrag verlängert werden. [3] Vor der Erteilung ist eine technische Probe durchzuführen. [4] Die in einem anderen Land der Bundesrepublik Deutschland ausgestellten Gastspielprüfbücher werden anerkannt.

(4) [1] Das Gastspielprüfbuch ist der für den Gastspielort zuständigen unteren Baurechtsbehörde rechtzeitig vor der ersten Veranstaltung am Gastspielort vorzulegen. [2] Werden für die Gastspielveranstaltung Fliegende Bauten genutzt, ist das Gastspielprüfbuch mit der Anzeige der Aufstellung der Fliegenden Bauten vorzulegen. [3] Die Befugnisse nach § 47 LBO[2)] bleiben unberührt.

Teil 6. Bestehende Versammlungsstätten

§ 46[3)] Anwendung der Vorschriften auf bestehende Versammlungsstätten. (1) Die zum Zeitpunkt des Inkrafttretens der Verordnung bestehenden Versammlungsstätten mit mehr als 5000 Besucherplätzen sind innerhalb von zwei Jahren folgenden Vorschriften anzupassen:

1. Kennzeichnung der Ausgänge und Rettungswege (§ 6 Abs. 6),
2. Sitzplätze (§ 10 Abs. 2 und § 33 Abs. 2),
3. Sprachalarmanlage (§ 20 Abs. 2 und § 26 Abs. 1),
4. Einsatzzentrale für die Polizei (§ 26 Abs. 2),
5. Abschrankung von Besucherbereichen (§ 27 Abs. 1 und 3),
6. Wellenbrecher (§ 28),
7. Abschrankung von Stehplätzen vor Szenenflächen (§ 29).

(2) Auf die zum Zeitpunkt des Inkrafttretens der Verordnung bestehenden Versammlungsstätten sind die Betriebsvorschriften des Teils 4, sowie § 10 Abs. 1, § 14 Abs. 3, § 19 Abs. 8 entsprechend anzuwenden.

(3) [1] Die Baurechtsbehörde hat Versammlungsstätten in Zeitabständen von höchstens drei Jahren zu prüfen. [2] Versammlungsstätten ohne Bühnen- oder Szenenflächen und einem Fassungsvermögen von weniger als 1000 Besucherplätzen sind in Zeitabständen von höchstens fünf Jahren zu prüfen. [3] Dabei ist auch die Einhaltung der Betriebsvorschriften zu überwachen und festzustellen, ob die vorgeschriebenen wiederkehrenden Prüfungen fristgerecht durchgeführt

[1)] § 45 Abs. 3 Satz 2 geänd. mWv 1.2.2021 durch VO v. 8.12.2020 (GBl. S. 1182).
[2)] Nr. **1**.
[3)] § 46 Abs. 1 Nr. 3 geänd. mWv 26.1.2011 durch VO v. 5.1.2011 (GBl. S. 25).

und etwaige Mängel beseitigt worden sind. [4]Den Behörden, deren Aufgabenbereich berührt ist, ist Gelegenheit zur Teilnahme an den Prüfungen zu geben.

Teil 7. Schlussvorschriften

§ 47 Ordnungswidrigkeiten. Ordnungswidrig nach § 75 Abs. 3 Nr. 2 LBO[1)] handelt, wer vorsätzlich oder fahrlässig

1. entgegen § 31 Abs. 1 die Rettungswege auf dem Grundstück, die Zufahrten, Aufstell- und Bewegungsflächen nicht frei hält,
2. entgegen § 31 Abs. 2 die Rettungswege in der Versammlungsstätte nicht frei hält,
3. entgegen § 31 Abs. 3 Türen in Rettungswegen verschließt oder fest stellt,
4. entgegen § 32 Abs. 1 die Zahl der genehmigten Besucherplätze überschreitet oder die genehmigte Anordnung der Besucherplätze ändert,
5. entgegen § 32 Abs. 3 erforderliche Abschrankungen nicht einrichtet,
6. entgegen § 33 Abs. 1 bis 5 andere als die dort genannten Materialien verwendet oder entgegen § 33 Abs. 6 bis 8 anbringt,
7. entgegen § 34 Abs. 1 bis 3 Ausstattungen auf der Bühne aufbewahrt oder nicht von der Bühne entfernt,
8. entgegen § 34 Abs. 4 pyrotechnische Gegenstände, brennbare Flüssigkeiten oder anderes brennbares Material außerhalb der dafür vorgesehenen Magazine aufbewahrt,
9. entgegen § 35 Abs. 1 oder 2 raucht oder offenes Feuer, brennbare Flüssigkeiten oder Gase, explosionsgefährliche Stoffe oder pyrotechnische Gegenstände verwendet,
10. entgegen § 36 Abs. 4 die Sicherheitsbeleuchtung nicht in Betrieb nimmt,
11. entgegen § 36 Abs. 5 Laseranlagen in Betrieb nimmt,
12. entgegen § 37 die vorgeschriebenen Prüfungen nicht oder nicht rechtzeitig durchführen lässt,
13. als Betreiber, Veranstalter oder beauftragter Veranstaltungsleiter entgegen § 38 Abs. 2 während des Betriebes nicht anwesend ist,
14. als Betreiber, Veranstalter oder beauftragter Veranstaltungsleiter entgegen § 38 Abs. 4 den Betrieb der Versammlungsstätte nicht einstellt,
15. entgegen § 40 Abs. 2 bis 5 in Verbindung mit § 38 Abs. 1 als Betreiber, Veranstalter oder beauftragter Veranstaltungsleiter den Betrieb von Bühnen oder Szenenflächen zulässt, ohne dass die erforderlichen Verantwortlichen oder Fachkräfte für Veranstaltungstechnik oder aufsichtsführenden Personen anwesend sind oder wer entgegen § 40 Abs. 2 bis 5 als Verantwortlicher oder Fachkraft für Veranstaltungstechnik oder aufsichtsführende Person die Versammlungsstätte während des Betriebes verlässt,
16. als Betreiber entgegen § 41 Abs. 1 oder 2 nicht für die Durchführung der Brandsicherheitswache sorgt oder entgegen § 41 Abs. 3 die Veranstaltung nicht anzeigt,
17. als Betreiber oder Veranstalter die nach § 42 Abs. 2 vorgeschriebenen Unterweisungen unterlässt,

---

1) Nr. **1**.

18. als Betreiber oder Veranstalter entgegen § 43 Abs. 1 bis 3 keinen Ordnungsdienst oder keinen Ordnungsdienstleiter bestellt,
19. als Ordnungsdienstleiter oder Ordnungsdienstkraft entgegen § 43 Abs. 3 oder 4 seinen Aufgaben nicht nachkommt,
20. als Betreiber einer der Anpassungspflichten nach § 46 Abs. 1 nicht oder nicht fristgerecht nachkommt.

§ 48 Inkrafttreten, eingeleitete Verfahren. (1) [1] Diese Verordnung tritt am ersten Tag des auf die Verkündung[1)] folgenden Monats in Kraft. [2] Gleichzeitig tritt die Versammlungsstättenverordnung vom 10. August 1974 (GBl. S. 330), geändert durch Verordnung vom 12. Februar 1982 (GBl. S. 67), außer Kraft.

(2) [1] Vor Inkrafttreten dieser Verordnung eingeleitete Verfahren sind nach der bisher geltenden Verordnung weiterzuführen. [2] Auf Verlangen der Antragsteller sind die Vorschriften dieser Verordnung anzuwenden.

Anlagen 1, 2

(hier nicht wiedergegeben)

[1)] Verkündet am 18.6.2004.

11. Verordnung des Wirtschaftsministeriums über den Bau und Betrieb von Verkaufsstätten (Verkaufsstättenverordnung – VkVO)[1)]

Vom 11. Februar 1997

(GBl. S. 84)

BWGültV Sachgebiet 2133-2

geänd. durch Art. 2 ÄndVO v. 5.1.2011 (GBl. S. 25), Art. 221 Achte AnpassungsVO v. 25.1.2012 (GBl. S. 65) und Art. 129 9. AnpassungsVO v. 23.2.2017 (GBl. S. 99)

Inhaltsübersicht[2)]

Auf Grund von § 73 Abs. 1 Nr. 2, 3 und 4 und Abs. 2 der Landesbauordnung für Baden-Württemberg (LBO)[3)] vom 8. August 1995 (GBl. S. 617) wird verordnet:

---

1) Titel geänd. mWv 28.2.2012 durch VO v. 25.1.2012 (GBl. S. 65); geänd. mWv 11.3.2017 durch VO v. 23.2.2017 (GBl. S. 99).

2) Inhaltsübersicht geänd. mWv 26.1.2011 durch VO v. 5.1.2011 (GBl. S. 25).

3) Nr. **1**.

§ 1 Anwendungsbereich. Die Vorschriften dieser Verordnung gelten für jede Verkaufsstätte, deren Verkaufsräume und Ladenstraßen einschließlich ihrer Bauteile eine Fläche von insgesamt mehr als 2000 m² haben.

§ 2 Begriffe. (1) [1] Verkaufsstätten sind Gebäude oder Gebäudeteile, die
1. ganz oder teilweise dem Verkauf von Waren dienen,
2. mindestens einen Verkaufsraum haben und
3. keine Messebauten sind.

[2] Zu einer Verkaufsstätte gehören alle Räume, die unmittelbar oder mittelbar, insbesondere durch Aufzüge oder Ladenstraßen, miteinander in Verbindung stehen; als Verbindung gilt nicht die Verbindung durch Treppenräume notwendiger Treppen sowie durch Leitungen, Schächte und Kanäle haustechnischer Anlagen.

(2) Erdgeschossige Verkaufsstätten sind Gebäude mit nicht mehr als einem Geschoß, dessen Fußboden an keiner Stelle mehr als 1 m unter der Geländeoberfläche liegt; dabei bleiben Treppenraumerweiterungen sowie Geschosse außer Betracht, die ausschließlich der Unterbringung haustechnischer Anlagen und Feuerungsanlagen dienen.

(3) [1] Verkaufsräume sind Räume, in denen Waren zum Verkauf oder sonstige Leistungen angeboten werden oder die dem Kundenverkehr dienen, ausgenommen Treppenräume notwendiger Treppen, Treppenraumerweiterungen sowie Garagen. [2] Ladenstraßen gelten nicht als Verkaufsräume.

(4) Ladenstraßen sind überdachte oder überdeckte Flächen, an denen Verkaufsräume liegen und die dem Kundenverkehr dienen.

(5) Treppenraumerweiterungen sind Räume, die Treppenräume mit Ausgängen ins Freie verbinden.

§ 3 Tragende Wände und Stützen. [1] Tragende Wände und Stützen müssen feuerbeständig, bei erdgeschossigen Verkaufsstätten ohne Sprinkleranlagen mindestens feuerhemmend sein. [2] Dies gilt nicht für erdgeschossige Verkaufsstätten mit Sprinkleranlagen.

§ 4[1)] Außenwände. Außenwände müssen bestehen aus
1. nichtbrennbaren Baustoffen, soweit sie nicht feuerbeständig sind, bei Verkaufsstätten ohne Sprinkleranlagen,
2. mindestens schwerentflammbaren Baustoffen, soweit sie nicht feuerbeständig sind, bei Verkaufsstätten mit Sprinkleranlagen,
3. mindestens schwerentflammbaren Baustoffen, soweit sie nicht feuerhemmend sind, bei erdgeschossigen Verkaufsstätten.

§ 5 Trennwände. (1) Trennwände zwischen einer Verkaufsstätte und Räumen, die nicht zur Verkaufsstätte gehören, müssen feuerbeständig sein und dürfen keine Öffnungen haben.

(2) [1] In Verkaufsstätten ohne Sprinkleranlagen sind Lagerräume mit einer Fläche von jeweils mehr als 100 m² sowie Werkräume mit erhöhter Brandgefahr, wie Schreinereien, Maler- oder Dekorationswerkstätten, von anderen Räumen durch feuerbeständige Wände zu trennen. [2] Diese Werk- und Lager-

[1)] § 4 Abs.bez. „(1)“ und Abs. 2 aufgeh. mWv 26.1.2011 durch VO v. 5.1.2011 (GBl. S. 25).

räume müssen durch feuerbeständige Trennwände so unterteilt werden, daß Abschnitte von nicht mehr als 500 m² entstehen. [3]Öffnungen in den Trennwänden müssen mindestens feuerhemmende und selbstschließende Abschlüsse haben.

§ 6 Brandabschnitte. (1) [1]Verkaufsstätten sind durch Brandwände in Brandabschnitte zu unterteilen. [2]Die Fläche der Brandabschnitte darf je Geschoß betragen in

1. erdgeschossigen Verkaufsstätten mit Sprinkleranlagen nicht mehr als 10 000 m²,
2. sonstigen Verkaufsstätten mit Sprinkleranlagen nicht mehr als 5000 m²,
3. erdgeschossigen Verkaufsstätten ohne Sprinkleranlagen nicht mehr als 3000 m²,
4. sonstigen Verkaufsstätten ohne Sprinkleranlagen nicht mehr als 1500 m², wenn sich die Verkaufsstätten über nicht mehr als drei Geschosse erstrecken und die Gesamtfläche aller Geschosse innerhalb eines Brandabschnitts nicht mehr als 3000 m² beträgt.

(2) Abweichend von Absatz 1 können Verkaufsstätten mit Sprinkleranlagen auch durch Ladenstraßen in Brandabschnitte unterteilt werden, wenn

1. die Ladenstraßen mindestens 10 m breit sind (vgl. Anhang Abb. 1[1)] und 2[1)]),
2. die Ladenstraßen Rauchabzugsanlagen haben,
3. das Tragwerk der Dächer der Ladenstraßen aus nichtbrennbaren Baustoffen besteht und
4. die Bedachung der Ladenstraßen aus nichtbrennbaren Baustoffen oder, soweit sie lichtdurchlässig ist, aus mindestens schwer entflammbaren Baustoffen besteht; sie darf im Brandfall nicht brennend abtropfen.

(3) In Verkaufsstätten mit Sprinkleranlagen brauchen Brandwände abweichend von Absatz 1 im Kreuzungsbereich mit Ladenstraßen nicht hergestellt werden, wenn

1. die Ladenstraßen eine Breite von mindestens 10 m über eine Länge von mindestens 10 m beiderseits der Brandwände haben (vgl. Anhang Abb. 3[1)]) und
2. die Anforderungen nach Absatz 2 Nr. 2 und 3 in diesem Bereich erfüllt sind.

(4) [1]Öffnungen in den Brandwänden nach Absatz 1 sind zulässig, wenn sie selbstschließende und feuerbeständige Abschlüsse haben. [2]Die Abschlüsse müssen Feststellanlagen haben, die bei Raucheinwirkung ein selbsttätiges Schließen bewirken.

(5) Brandwände sind mindestens 30 cm über Dach zu führen oder in Höhe der Dachhaut mit einer beiderseits 50 cm auskragenden feuerbeständigen Platte aus nichtbrennbaren Baustoffen abzuschließen; darüber dürfen brennbare Teile des Daches nicht hinweggeführt werden.

§ 7 Decken. (1) [1]Decken müssen feuerbeständig sein und aus nichtbrennbaren Baustoffen bestehen. [2]Decken über Geschossen, deren Fußboden an keiner Stelle mehr als 1 m unter der Geländeoberfläche liegt, brauchen nur

---

[1)] Hier nicht wiedergegeben.

1. feuerhemmend zu sein und aus nichtbrennbaren Baustoffen zu bestehen in erdgeschossigen Verkaufsstätten ohne Sprinkleranlagen,
2. aus nichtbrennbaren Baustoffen zu bestehen in erdgeschossigen Verkaufsstätten mit Sprinkleranlagen.

[3] Für die Beurteilung der Feuerwiderstandsdauer bleiben abgehängte Unterdecken außer Betracht.

(2) [1] Unterdecken einschließlich ihrer Aufhängungen müssen in Verkaufsräumen, Treppenräumen, Treppenraumerweiterungen, notwendigen Fluren und in Ladenstraßen aus nichtbrennbaren Baustoffen bestehen. [2] In Verkaufsräumen mit Sprinkleranlagen dürfen Unterdecken aus brennbaren Baustoffen bestehen, wenn auch der Deckenhohlraum durch die Sprinkleranlagen geschützt ist.

(3) [1] In Decken sind Öffnungen unzulässig. [2] Dies gilt nicht für Öffnungen zwischen Verkaufsräumen, zwischen Verkaufsräumen und Ladenstraßen sowie zwischen Ladenstraßen

1. in Verkaufsstätten mit Sprinkleranlagen,
2. in Verkaufsstätten ohne Sprinkleranlagen, soweit die Öffnungen für nicht notwendige Treppen erforderlich sind.

§ 8 Dächer. (1) Das Tragwerk von Dächern, die den oberen Abschluß von Räumen der Verkaufsstätten bilden oder die von diesen Räumen nicht durch feuerbeständige Bauteile getrennt sind, muß

1. aus nichtbrennbaren Baustoffen bestehen in Verkaufsstätten mit Sprinkleranlagen, ausgenommen in erdgeschossigen Verkaufsstätten,
2. mindestens feuerhemmend sein in erdgeschossigen Verkaufsstätten ohne Sprinkleranlagen,
3. feuerbeständig sein in sonstigen Verkaufsstätten ohne Sprinkleranlagen.

(2) Bedachungen müssen

1. gegen Flugfeuer und strahlende Wärme widerstandsfähig sein und
2. bei Dächern, die den oberen Abschluß von Räumen der Verkaufsstätten bilden oder die von diesen Räumen nicht durch feuerbeständige Bauteile getrennt sind, aus nichtbrennbaren Baustoffen bestehen mit Ausnahme der Dachhaut und der Dampfsperre.

(3) [1] Lichtdurchlässige Bedachungen über Verkaufsräumen und Ladenstraßen dürfen abweichend von Absatz 2 Nr. 1

1. schwerentflammbar sein bei Verkaufsstätten mit Sprinkleranlagen,
2. nichtbrennbar sein bei Verkaufsstätten ohne Sprinkleranlagen.

[2] Sie dürfen im Brandfall nicht brennend abtropfen.

§ 9 Verkleidungen, Dämmstoffe. (1) Außenwandverkleidungen einschließlich der Dämmstoffe und Unterkonstruktionen müssen bestehen aus

1. mindestens schwerentflammbaren Baustoffen bei Verkaufsstätten mit Sprinkleranlagen und bei erdgeschossigen Verkaufsstätten,
2. nichtbrennbaren Baustoffen bei sonstigen Verkaufsstätten ohne Sprinkleranlagen.

(2) Deckenverkleidungen einschließlich der Dämmstoffe und Unterkonstruktionen müssen aus nichtbrennbaren Baustoffen bestehen.

(3) Wandverkleidungen einschließlich der Dämmstoffe und Unterkonstruktionen müssen in Treppenräumen, Treppenraumerweiterungen, notwendigen Fluren und in Ladenstraßen aus nichtbrennbaren Baustoffen bestehen.

§ 10 Rettungswege in Verkaufsstätten. (1) [1] Für jeden Verkaufsraum, Aufenthaltsraum und für jede Ladenstraße müssen in demselben Geschoß mindestens zwei voneinander unabhängige Rettungswege zu Ausgängen ins Freie oder zu Treppenräumen notwendiger Treppen vorhanden sein. [2] Anstelle eines dieser Rettungswege darf ein Rettungsweg über Außentreppen ohne Treppenräume, Rettungsbalkone, Terrassen und begehbare Dächer auf das Grundstück führen, wenn hinsichtlich des Brandschutzes keine Bedenken bestehen; dieser Rettungsweg gilt als Ausgang ins Freie.

(2) Von jeder Stelle

1. eines Verkaufsraumes in höchstens 25 m Entfernung,
2. eines sonstigen Raumes oder einer Ladenstraße in höchstens 35 m Entfernung

muß mindestens ein Ausgang ins Freie oder ein Treppenraum notwendiger Treppen erreichbar sein (erster Rettungsweg).

(3) Der erste Rettungsweg darf, soweit er über eine Ladenstraße führt, auf der Ladenstraße eine zusätzliche Länge von höchstens 35 m haben, wenn die Ladenstraße Rauchabzugsanlagen hat und der nach Absatz 1 erforderliche zweite Rettungsweg für Verkaufsräume mit einer Fläche von mehr als 100 m^2 nicht über diese Ladenstraße führt.

(4) In Verkaufsstätten mit Sprinkleranlagen oder in erdgeschossigen Verkaufsstätten darf der Rettungsweg nach Absatz 2 und 3 innerhalb von Brandabschnitten eine zusätzliche Länge von höchstens 35 m haben, soweit er über einen notwendigen Flur für Kunden mit einem unmittelbaren Ausgang ins Freie oder in einen Treppenraum notwendiger Treppen führt.

(5) Von jeder Stelle eines Verkaufsraumes muß ein Hauptgang oder eine Ladenstraße in höchstens 10 m Entfernung erreichbar sein.

(6) [1] In Rettungswegen ist nur eine Folge von mindestens drei Stufen zulässig. [2] Die Stufen müssen eine Stufenbeleuchtung haben.

(7) [1] An Kreuzungen der Ladenstraßen und der Hauptgänge sowie an Türen im Zuge von Rettungswegen ist deutlich und dauerhaft auf die Ausgänge durch Sicherheitszeichen hinzuweisen. [2] Die Sicherheitszeichen müssen beleuchtet sein.

(8) Die Entfernungen nach den Absätzen 2 bis 5 sind in der Luftlinie, jedoch nicht durch Bauteile zu messen.

§ 11 Treppen. (1) [1] Notwendige Treppen müssen feuerbeständig sein, aus nichtbrennbaren Baustoffen bestehen und an den Unterseiten geschlossen sein. [2] Dies gilt nicht für notwendige Treppen nach § 10 Abs. 1 Satz 2, wenn keine Bedenken wegen des Brandschutzes bestehen.

(2) [1] Notwendige Treppen für Kunden müssen mindestens 2 m breit sein und dürfen eine Breite von höchstens 2,50 m nicht überschreiten. [2] Für notwendige Treppen für Kunden genügt eine Breite von mindestens 1,25 m, wenn

die Treppen für Verkaufsräume bestimmt sind, deren Fläche insgesamt nicht mehr als 500 m^2 beträgt.

(3) Notwendige Treppen brauchen nicht in Treppenräumen zu liegen und die Anforderungen nach Absatz 1 Satz 1 nicht zu erfüllen in Verkaufsräumen, die

1. eine Fläche von nicht mehr als 100 m^2 haben oder
2. eine Fläche von mehr als 100 m^2, aber nicht mehr als 500 m^2 haben, wenn diese Treppen im Zuge nur eines der zwei erforderlichen Rettungswege liegen.

(4) [1] Notwendige Treppen mit gewendelten Läufen sind in Verkaufsräumen unzulässig. [2] Dies gilt nicht für notwendige Treppen nach Absatz 3.

(5) [1] Treppen für Kunden müssen auf beiden Seiten Handläufe ohne freie Enden haben. [2] Die Handläufe müssen fest und griffsicher sein und sind über Treppenabsätze fortzuführen.

§ 12 Notwendige Treppenräume, Treppenraumerweiterungen.

(1) Innenliegende Treppenräume notwendiger Treppen sind in Verkaufsstätten zulässig.

(2) [1] Die Wände von Treppenräumen notwendiger Treppen müssen in der Bauart von Brandwänden hergestellt sein. [2] Bodenbeläge müssen in Treppenräumen notwendiger Treppen aus nichtbrennbaren Baustoffen bestehen.

(3) [1] Treppenraumerweiterungen müssen

1. die Anforderungen an notwendige Treppenräume erfüllen,
2. feuerbeständige Decken aus nichtbrennbaren Baustoffen haben und
3. mindestens so breit sein wie die notwendigen Treppen, mit denen sie in Verbindung stehen.

[2] Sie dürfen nicht länger als 35 m sein und keine Öffnungen zu anderen Räumen haben.

§ 13 Ladenstraßen, Flure, Hauptgänge. (1) Ladenstraßen müssen mindestens 5 m breit sein.

(2) [1] Wände und Decken notwendiger Flure für Kunden müssen

1. feuerbeständig sein und aus nichtbrennbaren Baustoffen bestehen in Verkaufsstätten ohne Sprinkleranlagen,
2. mindestens feuerhemmend sein und in den wesentlichen Teilen aus nichtbrennbaren Baustoffen bestehen in Verkaufsstätten mit Sprinkleranlagen.

[2] Bodenbeläge in notwendigen Fluren für Kunden müssen mindestens schwer entflammbar sein.

(3) [1] Notwendige Flure für Kunden müssen mindestens 2 m breit sein. [2] Für notwendige Flure für Kunden genügt eine Breite von 1,40 m, wenn die Flure für Verkaufsräume bestimmt sind, deren Fläche insgesamt nicht mehr als 500 m^2 beträgt.

(4) [1] Hauptgänge müssen mindestens 2 m breit sein. [2] Sie müssen auf möglichst kurzem Wege zu Ausgängen ins Freie, zu Treppenräumen notwendiger Treppen, zu notwendigen Fluren für Kunden oder zu Ladenstraßen führen. [3] Verkaufsstände an Hauptgängen müssen unverrückbar sein.

(5) Ladenstraßen, notwendige Flure für Kunden und Hauptgänge dürfen innerhalb der nach den Absätzen 1, 3 und 4 erforderlichen Breiten nicht durch Einbauten oder Einrichtungen eingeengt sein.

(6) Die Anforderungen an sonstige notwendige Flure nach § 12 LBOAVO[1)] bleiben unberührt.

§ 14 Ausgänge. (1) [1]Jeder Verkaufsraum, Aufenthaltsraum und jede Ladenstraße müssen mindestens zwei Ausgänge haben, die ins Freie oder zu Treppenräumen notwendiger Treppen führen. [2]Für Verkaufs- und Aufenthaltsräume, die eine Fläche von nicht mehr als 100 m^2 haben, genügt ein Ausgang.

(2) [1]Ausgänge aus Verkaufsräumen müssen mindestens 2 m breit sein; für Ausgänge aus Verkaufsräumen, die eine Fläche von nicht mehr als 500 m^2 haben, genügt eine Breite von 1 m. [2]Ein Ausgang, der in einen Flur führt, darf nicht breiter sein als der Flur.

(3) [1]Die Ausgänge aus einem Geschoß einer Verkaufsstätte ins Freie oder in Treppenräume notwendiger Treppen müssen eine Breite von mindestens 30 cm je 100 m^2 der Flächen der Verkaufsräume haben; dabei bleiben die Flächen von Ladenstraßen außer Betracht. [2]Ausgänge aus Geschossen einer Verkaufsstätte müssen mindestens 2 m breit sein. [3]Ein Ausgang, der in einen Treppenraum führt, darf nicht breiter sein als die notwendige Treppe.

(4) Ausgänge aus Treppenräumen notwendiger Treppen ins Freie oder in Treppenraumerweiterungen müssen mindestens so breit sein wie die notwendigen Treppen.

§ 15 Türen in Rettungswegen. (1) In Verkaufsstätten ohne Sprinkleranlagen müssen Türen von Treppenräumen notwendiger Treppen und von notwendigen Fluren für Kunden mindestens feuerhemmend, rauchdicht und selbstschließend sein, ausgenommen Türen, die ins Freie führen.

(2) In Verkaufsstätten mit Sprinkleranlagen müssen Türen von Treppenräumen notwendiger Treppen und von notwendigen Fluren für Kunden rauchdicht und selbstschließend sein, ausgenommen Türen, die ins Freie führen.

(3) [1]Türen nach den Absätzen 1 und 2 sowie Türen, die ins Freie führen, dürfen nur in Fluchtrichtung aufschlagen und keine Schwellen haben. [2]Sie müssen während der Betriebszeit von innen leicht und in voller Breite zu öffnen sein. [3]Elektrische Verriegelungen von Türen in Rettungswegen sind nur zulässig, wenn die Türen im Gefahrenfall jederzeit geöffnet werden können.

(4) Türen, die selbstschließend sein müssen, dürfen offengehalten werden, wenn sie Feststellanlagen haben, die bei Raucheinwirkung ein selbsttätiges Schließen der Türen bewirken; sie müssen auch von Hand geschlossen werden können.

(5) [1]Dreh- und Schiebetüren sind in Rettungswegen unzulässig; dies gilt nicht für automatische Dreh- und Schiebetüren, die die Rettungswege im Brandfall nicht beeinträchtigen. [2]Pendeltüren müssen in Rettungswegen Schließvorrichtungen haben, die ein Durchpendeln der Türen verhindern.

(6) Rolläden, Scherengitter oder ähnliche Abschlüsse von Tür- und Toröffnungen oder Durchfahrten im Zuge von Rettungswegen müssen so beschaffen sein, daß sie von Unbefugten nicht geschlossen werden können.

---

1) Nr. **2**.

§ 16 Rauchabführung. (1) In Verkaufsstätten ohne Sprinkleranlagen müssen Verkaufsräume ohne notwendige Fenster nach § 34 Abs. 2 LBO[1)] sowie Ladenstraßen Rauchabzugsanlagen haben.

(2) In Verkaufsstätten mit Sprinkleranlagen müssen Lüftungsanlagen in Verkaufsräumen und Ladenstraßen im Brandfall so betrieben werden können, daß sie nur entlüften, soweit es die Zweckbestimmung der Absperrvorrichtungen gegen Brandübertragung zuläßt.

(3) [1] Rauchabzugsanlagen müssen von Hand und automatisch durch Rauchmelder ausgelöst werden können und sind an den Bedienungsstellen mit der Aufschrift „Rauchabzug" zu versehen. [2] An den Bedienungseinrichtungen muß erkennbar sein, ob die Rauchabzugsanlage betätigt wurde.

(4) [1] Innenliegende Treppenräume notwendiger Treppen müssen Rauchabzugsanlagen haben. [2] Sonstige Treppenräume notwendiger Treppen, die durch mehr als zwei Geschosse führen, müssen an ihrer obersten Stelle eine Rauchabzugsvorrichtung mit einem freien Querschnitt von mindestens 5 vom Hundert der Grundfläche der Treppenräume, jedoch nicht weniger als 1 m^2 haben. [3] Die Rauchabzugsvorrichtungen müssen von jedem Geschoß aus zu öffnen sein.

§ 17 Beheizung. Feuerstätten dürfen in Verkaufsräumen, Ladenstraßen, Lager- und Werkräumen zur Beheizung nicht aufgestellt werden.

§ 18 Sicherheitsbeleuchtung. [1] Verkaufsstätten müssen eine Sicherheitsbeleuchtung haben. [2] Sie muß vorhanden sein

1. in Verkaufsräumen,
2. in Treppenräumen, Treppenraumerweiterungen und Ladenstraßen sowie in notwendigen Fluren für Kunden,
3. in Arbeits- und Pausenräumen,
4. in Toilettenräumen mit einer Fläche von mehr als 50 m^2,
5. in elektrischen Betriebsräumen und Räumen für haustechnische Anlagen,
6. für Sicherheitszeichen, die auf Ausgänge hinweisen, und für die Stufenbeleuchtung.

§ 19 Blitzschutzanlagen. Gebäude mit Verkaufsstätten müssen Blitzschutzanlagen haben.

§ 20 Feuerlöscheinrichtungen, Brandmeldeanlagen und Alarmierungseinrichtungen. (1) [1] Verkaufsstätten müssen Sprinkleranlagen haben. [2] Dies gilt nicht für

1. erdgeschossige Verkaufsstätten nach § 6 Abs. 1 Satz 2 Nr. 3,
2. sonstige Verkaufsstätten nach § 6 Abs. 1 Satz 2 Nr. 4.

[3] Geschosse einer Verkaufsstätte nach Satz 2 Nr. 2 müssen Sprinkleranlagen haben, wenn sie mit ihrem Fußboden im Mittel mehr als 3 m unter der Geländeoberfläche liegen und Verkaufsräume mit einer Fläche von mehr als 500 m^2 haben.

(2) [1] In Verkaufsstätten müssen vorhanden sein:

---

1) Nr. **1**.

1. geeignete Feuerlöscher und geeignete Wandhydranten in ausreichender Zahl, gut sichtbar und leicht zugänglich,
2. Brandmeldeanlagen mit nichtautomatischen Brandmeldern zur unmittelbaren Alarmierung der dafür zuständigen Stelle und
3. Alarmierungseinrichtungen, durch die alle Betriebsangehörigen alarmiert und Anweisungen an sie und an die Kunden gegeben werden können.

§ 21 Sicherheitsstromversorgungsanlagen. Verkaufsstätten müssen eine Sicherheitsstromversorgungsanlage haben, die bei Ausfall der allgemeinen Stromversorgung den Betrieb der sicherheitstechnischen Anlagen und Einrichtungen übernimmt, insbesondere der

1. Sicherheitsbeleuchtung,
2. Beleuchtung der Stufen und Sicherheitszeichen,
3. Sprinkleranlagen,
4. Rauchabzugsanlagen,
5. Schließeinrichtungen für Feuerschutzabschlüsse (z.B. Rolltore),
6. Brandmeldeanlagen und
7. Alarmierungseinrichtungen.

§ 22 Lage der Verkaufsräume. [1] Verkaufsräume, ausgenommen Gaststätten, dürfen mit ihrem Fußboden nicht mehr als 22 m über der Geländeoberfläche liegen. [2] Verkaufsräume dürfen mit ihrem Fußboden im Mittel nicht mehr als 5 m unter der Geländeoberfläche liegen.

§ 23 Räume für Abfälle. [1] Verkaufsstätten müssen für Abfälle besondere Räume haben, die mindestens den Abfall von zwei Tagen aufnehmen können. [2] Die Räume müssen feuerbeständige Wände und Decken sowie mindestens feuerhemmende und selbstschließende Türen haben.

§ 24 Gefahrenverhütung. (1) [1] Das Rauchen und das Verwenden von offenem Feuer ist in Verkaufsräumen und Ladenstraßen verboten. [2] Dies gilt nicht für Bereiche, in denen Getränke oder Speisen verabreicht oder Besprechungen abgehalten werden. [3] Auf das Verbot ist dauerhaft und leicht erkennbar hinzuweisen.

(2) [1] In Treppenräumen notwendiger Treppen, in Treppenraumerweiterungen und in notwendigen Fluren dürfen keine Dekorationen vorhanden sein. [2] In diesen Räumen sowie auf Ladenstraßen und Hauptgängen innerhalb der nach § 13 Abs. 1 und 4 erforderlichen Breiten dürfen keine Gegenstände abgestellt sein.

§ 25 Rettungswege auf dem Grundstück, Flächen für die Feuerwehr.

(1) Kunden und Betriebsangehörige müssen aus der Verkaufsstätte unmittelbar oder über Flächen auf dem Grundstück auf öffentliche Verkehrsflächen gelangen können.

(2) Die erforderlichen Zu- und Durchfahrten sowie Aufstell- und Bewegungsflächen für die Feuerwehr müssen vorhanden sein.

(3) [1] Die als Rettungswege dienenden Flächen auf dem Grundstück sowie die Flächen für die Feuerwehr nach Absatz 2 müssen ständig freigehalten werden. [2] Hierauf ist dauerhaft und leicht erkennbar hinzuweisen.

§ 26 Verantwortliche Personen. (1) Während der Betriebszeit einer Verkaufsstätte muß der Betreiber oder ein von ihm bestimmter Vertreter ständig anwesend sein.

(2) [1] Der Betreiber einer Verkaufsstätte hat

1. einen Brandschutzbeauftragten und
2. für Verkaufsstätten, deren Verkaufsräume eine Fläche von insgesamt mehr als 15 000 m² haben, Selbsthilfekräfte für den Brandschutz

zu bestellen. [2] Die Namen dieser Personen und jeder Wechsel sind der für den Brandschutz zuständigen Dienststelle auf Verlangen mitzuteilen. [3] Der Betreiber hat für die Ausbildung dieser Personen im Einvernehmen mit der für den Brandschutz zuständigen Dienststelle zu sorgen.

(3) Der Brandschutzbeauftragte hat für die Einhaltung des § 13 Abs. 5, der §§ 24, 25 Abs. 3, des § 26 Abs. 5 und des § 27 zu sorgen.

(4) Die erforderliche Anzahl der Selbsthilfekräfte für den Brandschutz ist von der Baurechtsbehörde im Einvernehmen mit der für den Brandschutz zuständigen Dienststelle festzulegen.

(5) Selbsthilfekräfte für den Brandschutz müssen in erforderlicher Anzahl während der Betriebszeit der Verkaufsstätte anwesend sein.

§ 27[1] Brandschutzordnung. (1) [1] Der Betreiber einer Verkaufsstätte hat im Einvernehmen mit der für den Brandschutz zuständigen Dienststelle eine Brandschutzordnung aufzustellen. [2] In der Brandschutzordnung sind insbesondere die Aufgaben des Brandschutzbeauftragten und der Selbsthilfekräfte für den Brandschutz sowie die Maßnahmen festzulegen, die zur Rettung behinderter Menschen, insbesondere Rollstuhlbenutzer, erforderlich sind.

(2) Die Betriebsangehörigen sind bei Beginn des Arbeitsverhältnisses und danach mindestens einmal jährlich zu belehren über

1. die Lage und die Bedienung der Feuerlöschgeräte, Brandmelde- und Feuerlöscheinrichtungen und
2. die Brandschutzordnung, insbesondere über das Verhalten bei einem Brand oder bei einer Panik.

(3) Im Einvernehmen mit der für den Brandschutz zuständigen Dienststelle sind Feuerwehrpläne anzufertigen und der örtlichen Feuerwehr zur Verfügung zu stellen.

§ 28[2] Stellplätze für Menschen mit Mobilitätseinschränkung. [1] Mindestens 3 vom Hundert der notwendigen Stellplätze, mindestens jedoch ein Stellplatz, müssen für Menschen mit Mobilitätseinschränkungen vorgesehen sein. [2] Auf diese Stellplätze ist dauerhaft und leicht erkennbar hinzuweisen.

§ 29 Zusätzliche Bauvorlagen. Die Bauvorlagen müssen zusätzliche Angaben enthalten über

1. eine Berechnung der Flächen der Verkaufsräume und der Brandabschnitte,
2. eine Berechnung der erforderlichen Breiten der Ausgänge aus den Geschossen ins Freie oder in Treppenräume notwendiger Treppen,

---

[1] § 27 Abs. 1 Satz 2 geänd. mWv 26.1.2011 durch VO v. 5.1.2011 (GBl. S. 25).

[2] § 28 Überschrift neu gef., Satz 1 geänd. mWv 26.1.2011 durch VO v. 5.1.2011 (GBl. S. 25).

3. die Sprinkleranlagen, die sonstigen Feuerlöscheinrichtungen und die Feuerlöschgeräte,
4. die Brandmeldeanlagen,
5. die Alarmierungseinrichtungen,
6. die Sicherheitsbeleuchtung und die Sicherheitsstromversorgung,
7. die Rauchabzugsvorrichtungen und Rauchabzugsanlagen,
8. die Rettungswege auf dem Grundstück und die Flächen für die Feuerwehr.

§ 30 Prüfungen. (1) Folgende Anlagen müssen vor der ersten Inbetriebnahme der Verkaufsstätte, unverzüglich nach einer wesentlichen Änderung sowie jeweils mindestens alle 3 Jahre durch einen nach § 1 der Bausachverständigenverordnung anerkannten Sachverständigen auf ihre Wirksamkeit und Betriebssicherheit geprüft werden:

1. Sprinkleranlagen,
2. Rauchabzugsanlagen und Rauchabzugsvorrichtungen (§ 16),
3. Sicherheitsbeleuchtung (§ 18),
4. Brandmeldeanlagen (§ 20) und
5. Sicherheitsstromversorgungsanlagen (§ 21).

(2) Der Betreiber hat

1. die Prüfungen nach Absatz 1 zu veranlassen,
2. die hierzu nötigen Vorrichtungen und fachlich geeignete Arbeitskräfte bereitzustellen sowie die erforderlichen Unterlagen bereitzuhalten,
3. die von dem Sachverständigen festgestellten Mängel unverzüglich beseitigen zu lassen und dem Sachverständigen die Beseitigung mitzuteilen sowie
4. die Berichte über die Prüfungen mindestens fünf Jahre aufzubewahren und der Baurechtsbehörde auf Verlangen vorzulegen.

(3) Der Sachverständige hat der Baurechtbehörde mitzuteilen,

1. wann er die Prüfungen nach Absatz 1 durchgeführt hat und
2. welche hierbei festgestellten Mängel der Betreiber nicht unverzüglich hat beseitigen lassen.

§ 31 Weitergehende Anforderungen. An Lagerräume, deren lichte Höhe mehr als 9 m beträgt, können aus Gründen des Brandschutzes weitergehende Anforderungen gestellt werden.

§ 32 Übergangsvorschriften. Auf die im Zeitpunkt des Inkrafttretens der Verordnung bestehenden Verkaufsstätten sind § 13 Abs. 4 und 5 und die §§ 24 bis 27 sowie § 30 anzuwenden.

§ 33[1] Ordnungswidrigkeiten. Ordnungswidrig nach § 75 Abs. 3 Nr. 2 LBO[2] handelt, wer vorsätzlich oder fahrlässig

1. Rettungswege entgegen § 13 Abs. 5 einengt oder einengen läßt,
2. Türen im Zuge von Rettungswegen entgegen § 15 Abs. 3 während der Betriebszeit abschließt oder abschließen läßt,

---

[1] § 33 Nr. 8 geänd. mWv 26.1.2011 durch VO v. 5.1.2011 (GBl. S. 25).
[2] Nr. **1**.

3. in Treppenräumen notwendiger Treppen, in Treppenraumerweiterungen oder in notwendigen Fluren entgegen § 24 Abs. 3 Dekorationen anbringt oder anbringen läßt oder Gegenstände abstellt oder abstellen läßt,
4. auf Ladenstraßen oder Hauptgängen entgegen § 24 Abs. 2 Gegenstände abstellt oder abstellen läßt,
5. Rettungswege auf dem Grundstück oder Flächen für die Feuerwehr entgegen § 25 Abs. 3 nicht freihält oder freihalten läßt,
6. als Betreiber oder dessen Vertreter entgegen § 26 Abs. 1 während der Betriebszeit nicht ständig anwesend ist,
7. als Betreiber entgegen § 26 Abs. 2 den Brandschutzbeauftragten und die Selbsthilfekräfte für den Brandschutz in der erforderlichen Anzahl nicht bestellt,
8. als Betreiber entgegen § 26 Abs. 5 nicht sicherstellt, daß die Selbsthilfekräfte für den Brandschutz in der erforderlichen Anzahl während der Betriebszeit anwesend sind oder
9. die vorgeschriebenen Prüfungen entgegen § 30 Abs. 1 nicht durchführen oder nach § 30 Abs. 2 Nr. 3 festgestellte Mängel nicht unverzüglich beseitigen läßt.

§ 34 Inkrafttreten. [1]Diese Verordnung tritt am ersten Tage des auf die Verkündung[1)] folgenden Monats in Kraft. [2]Gleichzeitig tritt die Verordnung des Innenministeriums über Waren- und sonstige Geschäftshäuser (Geschäftshausverordnung – GHVO) vom 15. August 1969 (GBl. S. 229) außer Kraft.

Anhang

(hier nicht wiedergegeben)

[1)] Verkündet am 19.3.1997.

12. Gesetz über das Nachbarrecht (Nachbarrechtsgesetz – NRG)

in der Fassung vom 8. Januar 1996[1)]
(GBl. S. 54)

BWGültV Sachgebiet 403

geänd. durch Art. 63 Verwaltungsstruktur-ReformG v. 1.7.2004 (GBl. S. 469) und ÄndG v. 4.2.2014 (GBl. S. 65)

Nichtamtliche Inhaltsübersicht

[1)] Neubekanntmachung des NachbarrechtsG v. 14.12.1959 (GBl. S. 171) in der ab 1.1.1996 geltenden Fassung.

1. Abschnitt. Gebäude

§ 1 Ableitung des Regenwassers und des Abwassers. Der Eigentümer eines Gebäudes hat das von seinem Gebäude abfließende Niederschlagswasser sowie Abwasser und andere Flüssigkeiten aus seinem Gebäude auf das eigene Grundstück so abzuleiten, daß der Nachbar nicht belästigt wird.

§ 2 Traufberechtigung bei baulichen Änderungen. [1] Ist der Eigentümer eines Gebäudes auf Grund einer Dienstbarkeit verpflichtet, das vom Gebäude des Nachbarn abfließende Niederschlagswasser durch seine eigenen Rinnen und Ablaufrohre abzuleiten, so darf eine Veränderung des Gebäudes, durch welche die Dienstbarkeit beeinträchtigt wird, nur in der Weise geschehen, daß der Nachbar an der Anbringung eigener Rinnen und Ablaufrohre nicht gehindert ist. [2] Dem Nachbarn sind die durch die Abänderung entstehenden Kosten zu ersetzen.

§ 3 Abstand von Lichtöffnungen. (1) Der Eigentümer eines Grundstücks kann verlangen, daß vor Lichtöffnungen in der Außenwand eines Nachbargebäudes, die einen Ausblick auf sein Grundstück gewähren, auf dem Nachbargrundstück Abstandsflächen eingehalten werden, die, rechtwinklig zur Außenwand und in Höhe der Lichtöffnung gemessen, eine Tiefe von mindestens 1,80 m haben und in der Breite auf jeder Seite mindestens 0,60 m über die Lichtöffnung hinausreichen.

(2) Das Verlangen nach Absatz 1 kann nicht gestellt werden für Lichtöffnungen, die verschlossen sind und nicht geöffnet werden können und entweder mit ihrer Unterkante mindestens 1,80 m über dem Fußboden des zu erhellenden Raumes liegen oder undurchsichtig sind.

(3) [1] Das Verlangen nach Absatz 1 kann nicht gestellt werden, wenn keine oder nur geringfügige Beeinträchtigungen zu erwarten sind oder das Vorhaben nach öffentlich-rechtlichen Vorschriften, insbesondere nach den §§ 5 und 6 der Landesbauordnung[1)], zulässig ist. [2] Nach Ablauf von zwei Monaten seit Zugang der Benachrichtigung nach § 55 der Landesbauordnung ist das Verlangen ausgeschlossen. [3] Die Frist wird auch dadurch gewahrt, daß nach § 55 der Landesbauordnung Einwendungen oder Bedenken erhoben werden.

§ 4 Abstand von ausblickgewährenden Anlagen. (1) Der Eigentümer eines Grundstücks kann verlangen, daß vor Balkonen, Terrassen, Erkern, Gale-

[1)] Nr. **1**.

rien und sonstigen begehbaren Teilen eines Nachbarhauses, die einen Ausblick auf sein Grundstück gewähren, auf dem Nachbargrundstück Abstandsflächen eingehalten werden, die in der Tiefe mindestens 1,80 m über die Vorderkante und in der Breite auf jeder Seite mindestens 0,60 m über die Seitenkante der genannten Gebäudeteile hinausreichen.

(2) § 3 Abs. 3 findet entsprechende Anwendung.

§ 5 Lichtöffnungen und andere Gebäudeteile, die auf öffentliche Wege oder Plätze Ausblick gewähren. (1) Die in § 3 Abs. 1 genannten Lichtöffnungen und die in § 4 Abs. 1 genannten Gebäudeteile sind den Beschränkungen der §§ 3 und 4 nicht unterworfen, soweit sie auf einen öffentlichen Weg oder einen öffentlichen Platz, der an das Grundstück angrenzt, Ausblick gewähren.

(2) Verliert ein Weg oder Platz die Eigenschaft der Öffentlichkeit, so behalten die Eigentümer der angrenzenden Grundstücke das Recht auf Fortbestand von vorhandenen, in den § 3 Abs. 1 und § 4 Abs. 1 genannten Anlagen.

§ 6 Abstand schadendrohender und störender Anlagen. (1) Schadendrohende oder störende Anlagen dürfen nur in solcher Entfernung von der Grenze und nur unter solchen Vorkehrungen angebracht werden, daß sie den Nachbarn nicht schädigen.

(2) Anlagen im Sinne des Absatzes 1 sind insbesondere Lager für Chemikalien sowie im Freien gelegene Aborte, Treib- und Brennstoffbehälter, Waschkessel, und Backöfen, Bienenstöcke, Futtersilos, Düngerstätten, Jauchegruben und Ställe.

§ 7[1] Gebäudeabstände und Einfriedigungen bebauter Grundstücke im Außenbereich. (1) [1] Bei der Errichtung oder Veränderung eines Gebäudes im Außenbereich ist der Bauherr auf Verlangen des Nachbarn verpflichtet, zu Gunsten von Grundstücken, die durch landwirtschaftliche Betriebe im Sinne des § 201 des Baugesetzbuches landwirtschaftlich oder gartenbaulich genutzt werden (landwirtschaftliche Nutzung), mit jeder der Nachbargrenze zugewandten Außenwand einen mittleren Grenzabstand einzuhalten, welcher der Höhe der Außenwand entspricht; der Abstand ist senkrecht zur Außenwand zu messen. [2] Der Abstand darf nirgends weniger als 2 m betragen.

(2) Für die Berechnung der Höhe der Außenwand gilt § 5 Abs. 4 Sätze 2 bis 4 und Abs. 5 der Landesbauordnung[2] entsprechend.

(3) § 3 Abs. 3 Sätze 2 und 3 ist entsprechend anzuwenden.

(4) Der Bauherr ist auf Verlangen des Nachbarn verpflichtet, sein Grundstück einzufriedigen, soweit es zum Schutz des Nachbargrundstücks erforderlich ist und öffentlich-rechtliche Vorschriften nicht entgegenstehen.

§ 7a Gründungstiefe. (1) Darf nach den baurechtlichen Vorschriften auf benachbarten Grundstücken unmittelbar an die gemeinsame Grundstücksgrenze gebaut werden, so kann der Eigentümer des Nachbargrundstücks vom Erstbauenden eine solche Ausführung der Gründung verlangen, daß bei der späte-

---

[1] § 7 Abs. 1 Satz 1 geänd. mWv 1.1.2005 durch G v. 1.7.2004 (GBl. S. 469).
[2] Nr. **1**.

ren Durchführung seines Bauvorhabens zusätzliche Baumaßnahmen vermieden werden.

(2) [1]Dem Erstbauenden sind die durch dieses Verlangen entstehenden Mehrkosten zu erstatten. [2]Das Verlangen ist dem Erstbauenden vor Erteilung der Baugenehmigung mitzuteilen. [3]Er kann unter Setzung einer angemessenen Frist einen Vorschuß oder eine Sicherheitsleistung verlangen. [4]Wird ein ausreichender Vorschuß oder eine Sicherheitsleistung innerhalb der Frist nicht geleistet, so entfällt die Verpflichtung des Erstbauenden.

(3) [1]Wird die weitergehende Gründung zum Vorteil des Erstbauenden ganz oder teilweise ausgenutzt, so entfällt insoweit die Erstattungspflicht nach Absatz 2. [2]Bereits erstattete Kosten können zurückverlangt werden.

§ 7b Überbau. (1) [1]Darf nach den baurechtlichen Vorschriften unmittelbar an die gemeinsame Grundstücksgrenze gebaut werden, so hat der Eigentümer des Nachbargrundstücks in den Luftraum seines Grundstücks übergreifende untergeordnete Bauteile, die den baurechtlichen Vorschriften entsprechen, zu dulden, solange diese die Benutzung seines Grundstücks nicht oder nur unwesentlich beeinträchtigen. [2]Untergeordnete Bauteile sind insbesondere solche Bestandteile einer baulichen Anlage, die deren nutzbare Fläche nicht vergrößern.

(2) Darf an beiden Seiten unmittelbar an die gemeinsame Grundstücksgrenze gebaut werden, so haben die Eigentümer der benachbarten Grundstücke zu dulden, daß die Gebäude den baurechtlichen Vorschriften entsprechend durch übergreifende Bauteile angeschlossen werden.

(3) [1]Der Eigentümer des Gebäudes, von dem Bauteile übergreifen, hat dem Eigentümer des Nachbargebäudes den durch den Anschluß nach Absatz 2 entstandenen Schaden zu ersetzen. [2]Auf Verlangen des Berechtigten ist vor Beginn dieser Maßnahme eine Sicherheitsleistung in Höhe des voraussichtlich entstehenden Schadens zu leisten.

§ 7c[1)] Überbau durch Wärmedämmung. (1) [1]Eigentümer und Nutzungsberechtigte eines Grundstücks haben zu dulden, dass eine Wärmedämmung, die nachträglich auf die Außenwand eines an der Grundstücksgrenze stehenden Gebäudes aufgebracht wurde, sowie die mit dieser in Zusammenhang stehenden untergeordneten Bauteile auf das Grundstück übergreifen, soweit und solange

1. diese die Benutzung des Grundstücks nicht oder nur geringfügig beeinträchtigen und eine zulässige beabsichtigte Nutzung des Grundstücks nicht oder nur geringfügig behindern und
2. die übergreifenden Bauteile nach öffentlich-rechtlichen Vorschriften zulässig oder zugelassen sind.

[2]Eine nur geringfügige Beeinträchtigung im Sinne von Satz 1 Nummer 1 liegt insbesondere dann nicht vor, wenn die Überbauung die Grenze zum Nachbargrundstück in der Tiefe um mehr als 0,25 m überschreitet. [3]Die Duldungspflicht besteht nur, wenn im Zeitpunkt der Anbringung der Wärmedämmung eine vergleichbare Wärmedämmung auf andere, die Belange der Eigentümer

[1)] § 7c eingef., bish. § 7c wird § 7d mWv 12.2.2014 durch G v. 4.2.2014 (GBl. S. 65).

beziehungsweise Nutzungsberechtigten schonendere Weise mit vertretbarem Aufwand nicht vorgenommen werden konnte.

(2) Die Duldungspflicht nach Absatz 1 ist ausgeschlossen, wenn

1. die Errichtung des betroffenen Gebäudes an der Grundstücksgrenze öffentlich-rechtlichen Vorschriften widerspricht, es sei denn, der jeweilige Eigentümer beziehungsweise Nutzungsberechtigte des überbauten Grundstücks kann sich hierauf nach den Vorschriften des öffentlichen Rechts nicht oder nicht mehr berufen, oder
2. die Anbringung einer Wärmedämmung mit zumindest entsprechender räumlicher Ausdehnung bereits im Zeitpunkt der Errichtung des Gebäudes üblich war.

(3) [1] Den Eigentümern und dinglich Nutzungsberechtigten des überbauten Grundstücks ist ein angemessener Ausgleich in Geld zu leisten. [2] Soweit nichts anderes vereinbart wird, gelten § 912 Absatz 2 und §§ 913 und 914 des Bürgerlichen Gesetzbuchs (BGB) entsprechend.

(4) Eigentümer und Nutzungsberechtigte des überbauten Grundstücks können verlangen, dass die Eigentümer des durch den Wärmeschutzüberbau begünstigten Grundstücks die gedämmte Fassade in einem ordnungsgemäßen Zustand erhalten.

(5) [1] Die Veranlasser des Überbaus haben den Eigentümern oder Nutzungsberechtigten des überbauten Grundstücks den durch den Überbau entstehenden Schaden ohne Rücksicht auf Verschulden zu ersetzen. [2] Veranlassern stehen Eigentümer des durch den Wärmeschutzüberbau begünstigten Grundstücks gleich, wenn sie den Überbau zwar nicht veranlasst haben, ihn aber dulden.

§ 7d[1)] Hammerschlags- und Leiterrecht. (1) Kann eine nach den baurechtlichen Vorschriften zulässige bauliche Anlage nicht oder nur mit erheblichen besonderen Aufwendungen errichtet, geändert, unterhalten oder abgebrochen werden, ohne daß das Nachbargrundstück betreten wird oder dort Gerüste oder Geräte aufgestellt werden oder auf das Nachbargrundstück übergreifen, so haben der Eigentümer und der Besitzer des Nachbargrundstücks die Benutzung insoweit zu dulden, als sie zu diesen Zwecken notwendig ist.

(2) [1] Die Absicht, das Nachbargrundstück zu benutzen, muß dem Eigentümer und dem Besitzer zwei Wochen vor Beginn der Benutzung angezeigt werden. [2] Ist der im Grundbuch Eingetragene nicht Eigentümer, so genügt die Anzeige an den unmittelbaren Besitzer, es sei denn, daß der Anzeigende den wirklichen Eigentümer kennt. [3] Die Anzeige an den unmittelbaren Besitzer genügt auch, wenn der Aufenthalt des Eigentümers kurzfristig nicht zu ermitteln ist.

(3) [1] Der Eigentümer des begünstigten Grundstücks hat dem Eigentümer des Nachbargrundstücks den durch Maßnahmen nach Absatz 1 entstandenen Schaden zu ersetzen. [2] Auf Verlangen des Berechtigten ist vor Beginn der Benutzung eine Sicherheit in Höhe des voraussichtlich entstehenden Schadens zu leisten.

§ 7e[2)] Benutzung von Grenzwänden. (1) Grenzt ein Gebäude unmittelbar an ein höheres, so hat der Eigentümer des höheren Gebäudes zu dulden, daß

---

1) Bish. § 7c wird § 7d mWv 12.2.2014 durch G v. 4.2.2014 (GBl. S. 65).
2) Bish. § 7d wird § 7e und Abs. 3 geänd. mWv 12.2.2014 durch G v. 4.2.2014 (GBl. S. 65).

die Schornsteine und Lüftungsleitungen des niedrigeren Gebäudes an der Grenzwand seines Gebäudes befestigt werden, wenn dies zumutbar und die Höherführung zur Betriebsfähigkeit erforderlich ist.

(2) In den Fällen des Absatzes 1 hat der Eigentümer des höheren Gebäudes auch zu dulden, daß die Reinigung der Schornsteine und Lüftungsleitungen, soweit erforderlich, von seinem Gebäude aus vorgenommen wird und die hierfür nötigen Einrichtungen in oder an seinem Gebäude hergestellt und unterhalten werden.

(3) § 7d Abs. 3 gilt entsprechend.

§ 7f[1)] Leitungen. (1) [1] Wenn der Anschluß eines Grundstücks an eine Versorgungsleitung, eine Abwasserleitung oder einen Vorfluter ohne Benutzung eines fremden Grundstücks nicht oder nur unter erheblichen besonderen Aufwendungen oder nur in technisch unvollkommener Weise möglich ist, so hat der Eigentümer des fremden Grundstücks die Benutzung seines Grundstücks insoweit, als es zur Herstellung und Unterhaltung des Anschlusses notwendig ist, zu dulden und entgegenstehende Nutzungsarten zu unterlassen. [2] Überbaute Teile oder solche Teile des fremden Grundstücks, deren Bebauung nach den baurechtlichen Vorschriften zulässig ist, dürfen für den Anschluß nicht in Anspruch genommen werden. [3] Sind auf den fremden Grundstücken Versorgungs- oder Abwasserleitungen bereits vorhanden, so kann der Eigentümer gegen Erstattung der anteilmäßigen Herstellungskosten den Anschluß an diese Leitungen verlangen, wenn dies technisch möglich und zweckmäßig ist.

(2) Ergeben sich nach Verlegung der Leitung unzumutbare Beeinträchtigungen, so kann der Eigentümer des fremden Grundstücks verlangen, daß der Eigentümer des begünstigten Grundstücks auf seine Kosten Vorkehrungen trifft, die solche Beeinträchtigungen beseitigen.

(3) [1] Der Eigentümer des begünstigten Grundstücks hat dem Eigentümer des fremden Grundstücks den durch eine Maßnahme nach den Absätzen 1 und 2 oder durch Beschränkungen der Nutzung oder durch den Betrieb der Leitung entstandenen Schaden zu ersetzen. [2] Auf Verlangen des Berechtigten ist vor Beginn der Maßnahmen nach den Absätzen 1 und 2 eine Sicherheit in Höhe des voraussichtlich entstehenden Schadens zu leisten.

(4) Der Eigentümer eines beanspruchten Grundstücks kann gegen Erstattung der Mehrkosten eine solche Herstellung der Leitung verlangen, daß sein Grundstück ebenfalls angeschlossen werden kann.

(5) Die Kosten für die Unterhaltung gemeinsamer Leitungen nach Absatz 1 Satz 3 und Absatz 4 sind von den beteiligten Eigentümern gemeinsam zu tragen.

2. Abschnitt. Aufschichtungen und Gerüste

§ 8 [Aufschichtungen und Gerüste] (1) [1] Aufschichtungen von Holz, Steinen und dergleichen, Heu-, Stroh- und Komposthaufen sowie ähnliche Anlagen, die nicht über 2 m hoch sind, müssen 0,50 m von der Grenze entfernt bleiben. [2] Sind sie höher, so muß der Abstand um soviel über 0,50 m betragen, als ihre Höhe das Maß von 2 m übersteigt.

---

1) Bish. § 7e wird § 7f mWv 12.2.2014 durch G v. 4.2.2014 (GBl. S. 65).

(2) Eine Entfernung von 0,50 m ist einzuhalten bei Gerüsten und ähnlichen Anlagen, sofern nicht die Beschaffenheit der Anlage eine größere Entfernung zur Abwendung eines Schadens erfordert.

(3) Diese Vorschriften gelten nicht für Baugerüste und für das nachbarliche Verhältnis der öffentlichen Wege und der Gewässer einerseits und der an sie grenzenden Grundstücke andererseits.

3. Abschnitt. Erhöhungen

§ 9 Abstände und Vorkehrungen bei Erhöhungen. (1) [1] Wer den Boden seines Grundstücks über die Oberfläche des Nachbargrundstücks erhöhen will, muß einen solchen Abstand von der Grenze einhalten oder solche Vorkehrungen treffen und unterhalten, daß eine Schädigung des Nachbargrundstücks durch Absturz oder Pressung des Bodens ausgeschlossen ist. [2] Diese Verpflichtung geht auf den späteren Eigentümer über.

(2) Welcher Abstand oder welche Vorkehrung zum Schutz des Nachbargrundstücks erforderlich ist, entscheidet sich unter Zugrundelegung der Vorschriften von § 10 Abs. 1 nach Lage des einzelnen Falls.

§ 10 Befestigung von Erhöhungen. (1) Bei Erhöhungen muß die erhöhte Fläche für die Regel entweder durch Errichtung einer Mauer von genügender Stärke oder durch eine andere gleich sichere Befestigung oder eine Böschung von nicht mehr als 45 Grad Steigung (alter Teilung) befestigt werden, wenn die Kante der erhöhten Fläche nicht den Abstand von der Grenze waagrecht gemessen einhält, der dem doppelten Höhenunterschied zwischen der Grenze und der Kante der Erhöhung gleichkommt.

(2) Die Außenseite der Mauer oder der sonstigen Befestigung oder der Fuß der Böschung müssen gegenüber Grundstücken, die landwirtschaftlich genutzt werden, einen Grenzabstand von 0,50 m einhalten; dies gilt nicht für Stützmauern für Weinberge.

4. Abschnitt. Einfriedigungen, Spaliervorrichtungen und Pflanzungen

1. Abstände

§ 11 Tote Einfriedigungen. (1) [1] Mit toten Einfriedigungen ist gegenüber Grundstücken, die landwirtschaftlich genutzt werden, ein Grenzabstand von 0,50 m einzuhalten. [2] Ist die tote Einfriedigung höher als 1,50 m, so vergrößert sich der Abstand entsprechend der Mehrhöhe, außer bei Drahtzäunen und Schranken.

(2) Gegenüber sonstigen Grundstücken ist mit toten Einfriedigungen – außer Drahtzäunen und Schranken – ein Grenzabstand entsprechend der Mehrhöhe einzuhalten, die über 1,50 m hinausgeht.

(3) Zäune, die von der Grenze nicht wenigstens 0,50 m abstehen, müssen so eingerichtet sein, daß ihre Ausbesserung von der Seite des Eigentümers des Zauns aus möglich ist.

(4) Freistehende Mauern mit einem geringeren Abstand von der Grenze als 0,50 m dürfen nicht gegen das Nachbargrundstück abgedacht werden.

§ 12 Hecken. (1) Mit Hecken bis 1,80 m Höhe ist ein Abstand von 0,50 m, mit höheren Hecken ein entsprechend der Mehrhöhe größerer Abstand einzuhalten.

(2) [1]Die Hecke ist bis zur Hälfte des nach Absatz 1 vorgeschriebenen Abstands zurückzuschneiden. [2]Das gilt nicht für Hecken bis zu 1,80 m Höhe, wenn das Nachbargrundstück innerhalb der im Zusammenhang bebauten Ortsteile oder im Geltungsbereich eines Bebauungsplans liegt und nicht landwirtschaftlich genutzt wird (Innerortslage).

(3) Der Besitzer der Hecke ist zu ihrer Verkürzung und zum Zurückschneiden der Zweige verpflichtet, jedoch nicht in der Zeit vom 1. März bis zum 30. September.

§ 13 Spaliervorrichtungen. Für Spaliervorrichtungen, die eine flächenartige Ausdehnung des Wachstums der Pflanzen bezwecken, gilt § 12 mit der Maßgabe, daß gegenüber Grundstücken in Innerortslage mit Spalieren bis zu 1,80 m Höhe kein Abstand und mit höheren Spalieren ein Abstand entsprechend der Mehrhöhe einzuhalten ist.

§ 14 Rebstöcke in Weinbergen. Mit Rebstöcken in Weinbergen ist ein Grenzabstand einzuhalten, der der Hälfte des Reihenabstandes entspricht, mindestens jedoch 0,75 m.

§ 15 Waldungen. (1) [1]Mit Waldungen ist ein Abstand von 8 m von der Grenze einzuhalten. [2]Bei Verjüngung von Waldungen, die bei Inkrafttreten dieses Gesetzes bereits bestehen, sowie in erklärten Waldlagen (§ 28 Abs. 1) ermäßigt sich der Abstand nach Satz 1 auf die Hälfte.

(2) Der vom Baumwuchs freizuhaltende Streifen kann bis auf 2 m Abstand von der Grenze mit Gehölzen bis zu 4 m Höhe und bis auf 1 m Abstand von der Grenze mit Gehölzen bis zu 2 m Höhe bepflanzt werden.

§ 16[1)] Sonstige Gehölze. (1) Bei der Anpflanzung von Bäumen, Sträuchern und anderen Gehölzen sind unbeschadet der §§ 12 bis 15 folgende Grenzabstände einzuhalten:

1. a) mit Beerenobststräuchern und -stämmen, Rosen, Ziersträuchern und sonstigen artgemäß kleinen Gehölzen sowie mit Rebstöcken außerhalb eines Weinberges 0,50 m,
   b) mit Baumschul- und Weihnachtsbaumkulturen sowie mit Weidenpflanzungen, die jährlich genutzt werden, 1 m;
   die Gehölze dürfen die Höhe von 1,80 m nicht überschreiten, es sei denn, daß der Abstand nach Nummer 2 eingehalten wird;
2. mit Kernobst- und Steinobstbäumen auf schwach- und mittelstark wachsenden Unterlagen und anderen Gehölzen artgemäß ähnlicher Ausdehnung, mit Baumschul- und Weihnachtsbaumkulturen, soweit nicht in Nummer 1 aufgeführt, mit Forstsamenplantagen sowie mit Weidenpflanzungen, die nicht jährlich genutzt werden, 2 m;

[1)] § 16 Abs. 1 Nr. 4 neu gef., Abs. 2 Sätze 1 und 2 geänd., Satz 3 aufgeh., Abs. 3 geänd. mWv 12.2.2014 durch G v. 4.2.2014 (GBl. S. 65).

die Gehölze dürfen die Höhe von 4 m nicht überschreiten, es sei denn, daß der Abstand nach Nummer 3 eingehalten wird;

3. mit Obstbäumen, soweit sie nicht in Nummer 2 oder 4 genannt sind, 3 m;
4. a) mit artgemäß mittelgroßen oder schmalen Bäumen wie Birken, Blaufichten, Ebereschen, Erlen, Robinien („Akazien"), Salweiden, Serbischen Fichten, Thujen, Weißbuchen, Weißdornen und deren Veredelungen, Zieräpfeln, Zierkirschen, Zierpflaumen und mit anderen Gehölzen artgemäß ähnlicher Ausdehnung,
   b) mit Obstbäumen auf stark wachsenden Unterlagen und veredelten Walnußbäumen sowie
   c) mit Pappeln in Kurzumtriebsplantagen (§ 2 Absatz 2 Nummer 1 des Bundeswaldgesetzes) mit einer Umtriebszeit von höchstens zehn Jahren, 4 m;

   die Gehölze nach Buchstabe c dürfen die Höhe von 12 m nicht überschreiten, es sei denn, dass der Abstand nach Nummer 5 eingehalten wird;
5. mit großwüchsigen Arten von Ahornen, Buchen, Eichen, Eschen, Kastanien, Linden, Nadelbäumen, Pappeln, Platanen, unveredelten Walnußsämlingsbäumen sowie mit anderen Bäumen artgemäß ähnlicher Ausdehnung 8 m.

(2)[1)] [1]Der Abstand nach Absatz 1 Nr. 2 ermäßigt sich gegenüber Grundstücken in Innerortslage auf die Hälfte. [2]Dies gilt nicht für Baumschul- und Weihnachtsbaumkulturen, Forstsamenplantagen sowie für geschlossene Bestände mit mehr als drei der in Absatz 1 Nr. 2 angeführten Gehölze.

(3) Der Besitzer eines Gehölzes, das die nach Absatz 1 Nummern 1, 2 oder 4 Buchstabe c zulässige Höhe überschritten hat, ist zur Verkürzung verpflichtet, jedoch nicht in der Zeit vom 1. März bis 30. September.

§ 17 Hopfenpflanzungen. [1]Mit Hopfenpflanzungen ist ein Abstand von 1,50 m von der Grenze einzuhalten. [2]Ist das Nachbargrundstück gleichfalls mit Hopfen bepflanzt, so ermäßigt sich der Abstand auf die Hälfte.

§ 18 Begünstigung von Weinbergen und Erwerbsgartenbaugrundstücken. [1]Gegenüber Weinbergen in erklärter Reblage (§ 28 Abs. 2) sowie gegenüber erwerbsgartenbaulich genutzten Grundstücken in erklärter Gartenbaulage (§ 28 Abs. 3) sind die Abstände nach § 11 Abs. 1, § 12 Abs. 1, §§ 13, 15, § 16 Abs. 1 Nr. 2 bis 5 und Abs. 2 sowie § 17 Satz 1 zu verdoppeln, soweit sich die Einfriedigung, Spaliervorrichtung oder Pflanzung an deren südlicher, östlicher oder westlicher Seite befindet. [2]Das gilt nicht für Obstgehölze und Baumschulbestände innerhalb des geschlossenen Wohnbezirks.

§ 19[2)] Verhältnis zu landwirtschaftlich nicht genutzten Grundstücken.

(1) [1]Die Vorschriften der §§ 11 bis 17 gelten nicht gegenüber Grundstücken im Außenbereich, die Wald, Hutung, Heide oder Ödung sind oder die land-

---

1) Beachte die Übergangsregelung in Art. 2 Abs. 2 ÄndG v. 4.2.2014 (GBl. S. 65).
2) § 19 Abs. 1 Satz 1 und Abs. 2 geänd. mWv 1.1.2005 durch G v. 1.7.2004 (GBl. S. 469).

wirtschaftlich oder gartenbaulich sonst nicht genutzt werden und nicht bebaut sind und auch nicht als Hofraum dienen. [2] Mit Wald gegenüber Wald ist aber ein Abstand von 1 m einzuhalten.

(2) Die in den §§ 11 bis 18 vorgeschriebenen Abstände vermindern sich gegenüber Grundstücken im Außenbereich um diejenige Entfernung, auf die diese Grundstücke, von der Grenze an gerechnet, landwirtschaftlich oder gartenbaulich nicht genutzt, nicht bebaut sind und auch nicht als Hofraum dienen.

§ 20 Pflanzungen hinter geschlossenen Einfriedigungen. [1] Die §§ 12 bis 18 gelten nicht, wenn sich die Spaliervorrichtung oder die Pflanzung hinter einer geschlossenen Einfriedigung befindet, ohne diese zu überragen. [2] Als geschlossen gelten auch Einfriedigungen, bei denen die Zaunteile breiter sind als die Zwischenräume.

§ 21 Verhältnis zu Wegen, Gewässern und Eisenbahnen; Ufer- und Böschungsschutz. (1) [1] Die §§ 11 bis 18 gelten nicht für

1. das nachbarliche Verhältnis zwischen öffentlichen Straßen und Gewässern und den an sie grenzenden Grundstücken,
2. die auf Grund eines Flurbereinigungs- oder Zusammenlegungsplanes erfolgten Anpflanzungen, soweit sie sich im Flurbereinigungs- oder Zusammenlegungsgebiet auswirken.

[2] Bestehende Ausgleichs- oder Schadenersatzansprüche bleiben unberührt.

(2) Die Bestimmungen der §§ 11, 12 und 18 über tote Einfriedigungen und Hecken gelten nicht für das nachbarliche Verhältnis zwischen Grundstücken, die unmittelbar an den Schienenweg einer Eisenbahn grenzen einerseits und dem Schienenweg andererseits.

(3) Auf Einfriedigungen und Pflanzungen, die zum Uferschutz dienen oder die zum Schutz von Böschungen oder steilen Abhängen erforderlich sind, sind die §§ 11, 12, 16 und 18 nicht anzuwenden.

§ 22 Feststellung der Abstände. (1) Die Grenzabstände werden von der Mittelachse der der Grenze nächsten Stämme, Triebe oder Hopfenstangen bei deren Austritt aus dem Boden, bei Drahtanlagen von Hopfenpflanzungen aber von dem der Grenze nächsten oberen Ende der Steigdrähte ab waagrecht gemessen.

(2) [1] Im Verhältnis der durch öffentliche Wege oder durch Gewässer getrennten Grundstücke werden die Abstände von der Mitte des Weges oder Gewässers an gemessen. [2] Dies gilt nicht gegenüber Grundstücken in Innerortslage.

(3) [1] Ist die Einhaltung eines bestimmten Abstands von der Lage oder der Kulturart des Grundstücks oder des Nachbargrundstücks abhängig, so sind bei der Erneuerung einer Einfriedigung, Spaliervorrichtung oder Pflanzung für die Bemessung des Abstands die dann bestehenden Verhältnisse dieses Grundstücks maßgebend. [2] Dasselbe gilt, wenn in einer der Erneuerung gleichkommenden Weise die Einfriedigung oder Spaliervorrichtung ausgebessert oder die Pflanzung ergänzt wird.

2. Überragende Zweige und eingedrungene Wurzeln

§ 23[1] **Überragende Zweige.** (1) [1] Abweichend von § 910 Abs. 1 BGB kann der Besitzer eines Grundstücks die Beseitigung von herüberragenden Zweigen eines auf dem Nachbargrundstück stehenden Obstbaums nur bis zur Höhe von 3 m verlangen. [2] Die Höhe wird vom Boden bis zu den unteren Zweigspitzen in unbelaubtem Zustand gemessen.

(2) Die Beseitigung der Zweige kann auf die volle Höhe des Baumes verlangt werden, wenn das benachbarte Grundstück erwerbsgartenbaulich oder landwirtschaftlich genutzt wird oder ein Hofraum ist oder die Zweige auf ein auf dem benachbarten Grundstück stehendes Gebäudes hereinragen oder den Bestand oder die Benutzung eines Gebäudes beeinträchtigen oder die Errichtung eines Gebäudes unmöglich machen oder erschweren.

(3) [1] Der Besitzer des Baumes ist zur Beseitigung der Zweige in der Zeit vom 1. März bis 30. September nicht verpflichtet. [2] Er hat die Beseitigung innerhalb einer dem Umfang der Arbeit entsprechenden Frist, jedenfalls aber innerhalb Jahresfrist vorzunehmen. [3] Die sofortige Beseitigung kann verlangt werden, wenn ein dringendes Bedürfnis vorliegt. [4] Wird die Beseitigung nicht innerhalb der in Satz 2 bestimmten Frist oder im Falle des Satzes 3 sofort bewirkt, so ist der Nachbar berechtigt, sie nach § 910 Abs. 1 Satz 2 BGB oder auf Kosten des Besitzers durchzuführen. [5] Im letzteren Fall gehören die abgeschnittenen Zweige dem Besitzer des Baumes.

§ 24 Eingedrungene Wurzeln. (1) Abweichend von § 910 Abs. 1 BGB ist der Besitzer eines Obstbaumguts oder eines Grundstücks der in § 19 Abs. 1 Satz 1 genannten Art, in das aus einem angrenzenden Obstbaumgut Wurzeln eines Obstbaums eingedrungen sind, zu deren Beseitigung nur insoweit befugt, als dies zur Herstellung und Unterhaltung eines Weges, eines Grabens, einer baulichen Anlage, eines Dräns oder einer sonstigen Leitung erforderlich ist.

(2) Die Beseitigung von sonstigen eingedrungenen Baumwurzeln ist bei einem Grundstück in Innerortslage nur dann zulässig, wenn durch die Wurzeln die Nutzung des Grundstücks wesentlich beeinträchtigt wird, insbesondere Arbeiten der in Absatz 1 genannten Art die Beseitigung erfordern.

§ 25 Bäume an öffentlichen Wegen. (1) [1] Abweichend von § 910 Abs. 1 BGB kann der Besitzer eines Grundstücks die Beseitigung herüberragender Zweige von Bäumen, die auf öffentlichen Wegen oder deren Zubehörden (Nebenwegen, Dämmen, Böschungen) oder nach polizeilicher Vorschrift in regelmäßiger Anordnung längs der Straße auf den angrenzenden Grundstücken gepflanzt sind, nur bis zur Höhe von 3 m verlangen. [2] Die Bestimmungen des § 23 Abs. 1 Satz 2, Abs. 2 und 3 gelten auch hier.

(2) Zur Beseitigung der in sein Grundstück eingedrungenen Wurzeln dieser Bäume ist der Besitzer des Grundstücks nur entsprechend § 24 Abs. 2 und nur dann befugt, wenn er dem Eigentümer des Baumes eine angemessene Frist zur Beseitigung der Wurzeln gesetzt hat und die Beseitigung nicht innerhalb der Frist erfolgte.

---

[1] § 23 Abs. 2 geänd. mWv 12.2.2014 durch G v. 4.2.2014 (GBl. S. 65).

5. Abschnitt. Allgemeine Bestimmungen

§ 26[1)2)] **Verjährung.** (1) [1]Beseitigungsansprüche nach diesem Gesetz verjähren in fünf Jahren. [2]Sind Gehölze im Sinne des § 16 Absatz 1 Nummer 4 oder 5 betroffen, so beträgt die Verjährungsfrist zehn Jahre. [3]Bei Pflanzungen beginnt der Lauf der Verjährungsfrist mit dem 1. Juli nach der Pflanzung. [4]Bei an Ort und Stelle gezogenen Gehölzen beginnt sie am 1. Juli des zweiten Entwicklungsjahres. [5]Bei späterer Veränderung der artgemäßen Ausdehnung des Gehölzes beginnt die Verjährung von neuem; dasselbe gilt im Falle des § 16 Absatz 1 Nummer 4 Buchstabe c, wenn die Umtriebszeit von zehn Jahren überschritten wird.

(2) [1]Die Berufung auf Verjährung ist ausgeschlossen, wenn die Anlage erneuert oder in einer der Erneuerung gleichkommenden Weise ausgebessert wird. [2]Dasselbe gilt, wenn eine Pflanzung erneuert oder ergänzt wird.

(3) Der Anspruch auf das Zurückschneiden der Hecken, auf Beseitigung herüberragender Zweige und eingedrungener Wurzeln sowie auf Verkürzung zu hoch gewachsener Gehölze ist der Verjährung nicht unterworfen.

§ 27 Vorrang von Festsetzungen im Bebauungsplan. [1]Enthält ein Bebauungsplan oder eine sonstige Satzung nach dem Baugesetzbuch oder dem *Maßnahmengesetz zum Baugesetzbuch*[3)] Festsetzungen über Böschungen, Aufschüttungen, Einfriedigungen, Hecken oder Anpflanzungen, so müssen hierfür die nach diesem Gesetz vorgeschriebenen Abstände insoweit nicht eingehalten werden, als es die Verwirklichung der planerischen Festsetzungen erfordert. [2]Dies gilt nicht gegenüber landwirtschaftlich genutzten Grundstücken.

§ 28[4)] **Erklärte Waldlage, erklärte Reblage und erklärte Gartenbaulage.** (1) Teile des Gemeindegebiets außerhalb des geschlossenen Wohnbezirks und des Bereichs des Bebauungsplans können durch Gemeindesatzung zur Waldlage erklärt werden (erklärte Waldlage), wenn ihre Aufforstung mit Rücksicht auf die Standortverhältnisse oder aus Gründen der Landeskultur zweckmäßig ist.

(2) Teile des Gemeindegebiets können durch Gemeindesatzung zur Reblage erklärt werden (erklärte Reblage), wenn sie für den Weinbau besonders geeignet sind.

(3) Teile des Gemeindegebiets können durch Gemeindesatzung zur Gartenbaulage erklärt werden (erklärte Gartenbaulage), wenn sie für den unter Verwendung ortsfester Kulturvorrichtungen betriebenen Erwerbsgartenbau besonders geeignet sind.

(4) Die Gemeinde hat vor der Erklärung nach den Absätzen 1, 2 oder 3 die untere Verwaltungsbehörde[5)] zu hören.

[1)] § 26 Abs. 1 Satz 2 eingef., bish. Sätze 2–4 werden Sätze 3–5 und neuer Satz 5 geänd. mWv 12.2. 2014 durch G v. 4.2.2014 (GBl. S. 65).
[2)] Beachte die Übergangsregelung in Art. 2 Abs. 3 ÄndG v. 4.2.2014 (GBl. S. 65).
[3)] Aufgeh. mit Wirkung vom 1.1.1998.
[4)] § 28 Abs. 4 neu gef. mWv 1.1.2005 durch G v. 1.7.2004 (GBl. S. 469).
[5)] Vgl. § 15 LVG v. 14.10.2008 (GBl. S. 313), zuletzt geänd. durch G v. 21.5.2019 (GBl. S. 161).

§ 29 Erlaß von Gemeindesatzungen. (1) [1]Die Gemeinde hat den Entwurf einer Satzung nach § 28 öffentlich bekanntzumachen. [2]Die Betroffenen können innerhalb eines Monats nach der Bekanntmachung Einwendungen erheben. [3]Hierauf ist in der öffentlichen Bekanntmachung hinzuweisen.

(2) Über die Einwendungen ist gleichzeitig mit dem endgültigen Beschluß über die Satzung zu entscheiden.

6. Abschnitt. Einwirkung von Verkehrsunternehmen

§ 30 [Einwirkung von Verkehrsunternehmen] Die Vorschrift des § 14 des Bundes-Immissionsschutzgesetzes wird auf Eisenbahn-, Schiffahrts- und ähnliche Verkehrsunternehmungen erstreckt.

7. Abschnitt. Übergangs- und Schlußbestimmungen

§ 31 Durch Zeitablauf entstandene Fensterschutzrechte. Hat im Geltungsbereich des badischen Ausführungsgesetzes zum Bürgerlichen Gesetzbuch der Eigentümer eines Gebäudes vor dem Inkrafttreten des Bürgerlichen Gesetzbuchs durch Zeitablauf das Recht erlangt, daß zum Schutz seiner Fenster Anlagen auf einem Nachbargrundstück einen bestimmten Abstand einhalten müssen, so gilt dieses Recht auch weiterhin als Grunddienstbarkeit.

§ 32 Alte Mauerrechte. Hat der Eigentümer eines Grundstücks vor dem Inkrafttreten des Bürgerlichen Gesetzbuchs auf Grund des Badischen Landrechtssatzes 663 von seinem Nachbarn verlangt, daß er zur Erbauung einer Scheidewand beitrage, so bleiben für das Recht und die Pflicht zur Errichtung derselben die bisherigen Vorschriften maßgebend.

§ 33 Bestehende Einfriedigungen, Spaliervorrichtungen, Pflanzungen und bauliche Anlagen. (1) [1]Für die Abstände von Einfriedigungen, Spaliervorrichtungen und Pflanzungen, die bei Inkrafttreten des Gesetzes bereits bestehen, bleiben die bisherigen Vorschriften maßgebend, soweit sie in der Beschränkung des Eigentümers weniger weit gehen als die Vorschriften dieses Gesetzes. [2]Dasselbe gilt für die Abstände von baulichen Anlagen, die bei Inkrafttreten des Gesetzes bestehen, mit deren Bau begonnen worden ist oder die genehmigt sind.

(2) [1]Wird die Einfriedigung, Spaliervorrichtung oder Pflanzung erneuert, so greifen die Bestimmungen dieses Gesetzes Platz. [2]Dasselbe gilt, wenn in einer der Erneuerung gleichkommenden Weise die Einfriedigung oder Spaliervorrichtung ausgebessert oder die Pflanzung ergänzt wird.

§ 34 Bäume von Waldgrundstücken. (1) Im Geltungsbereich des württembergischen Ausführungsgesetzes zum Bürgerlichen Gesetzbuch und zu anderen Reichsjustizgesetzen muß der Eigentümer eines Waldgrundstücks, in das Zweige und Wurzeln der Bäume und Sträucher eines anderen zur Zeit des Inkrafttretens des Bürgerlichen Gesetzbuchs bereits mit Wald bestandenen Grundstücks herüberragen, die Zweige und Wurzeln dulden.

(2) Die Beseitigung herüberragender Zweige von Bäumen und Sträuchern, die an dem südwestlichen, westlichen oder nordwestlichen Trauf von am 1. Januar 1894 bereits vorhandenen, rein oder vorwiegend mit Nadelholz bestockten Waldungen stehen, kann nicht verlangt werden, wenn hierdurch

der Fortbestand der Bäume gefährdet würde, die zum Schutz des hinterliegenden Waldes erforderlich sind.

(3) In diesen Fällen finden die Bestimmungen der § 23 Abs. 2 und § 24 entsprechende Anwendung.

(4) Diese Vorschriften gelten nur, soweit nicht seit dem Inkrafttreten des Bürgerlichen Gesetzbuchs eine Verjüngung des Waldes stattgefunden hat und, wenn dies nicht der Fall war, bis zur nächsten Verjüngung.

§ 35 Überragende Zweige und eingedrungene Wurzeln von bestehenden Obstbäumen. Im Geltungsbereich des badischen Ausführungsgesetzes zum Bürgerlichen Gesetzbuch sind die Vorschriften der §§ 23 und 24 für bestehende Obstbäume nicht anzuwenden, wenn mit diesen nicht mindestens die Abstände dieses Gesetzes eingehalten werden.

§ 36 Verweisung auf aufgehobene Vorschriften. Soweit in Gesetzen und Verordnungen auf Vorschriften verwiesen ist, die durch dieses Gesetz aufgehoben werden, treten an ihre Stelle die entsprechenden Vorschriften dieses Gesetzes.

§ 37 Inkrafttreten. (nicht abgedruckt)[1]

[1] **Amtl. Anm.:** Diese Vorschrift betrifft das Inkrafttreten des Gesetzes in der ursprünglichen Fassung vom 14. Dezember 1959 (GBl. S. 171).

Sachverzeichnis

Die fettgedruckten Zahlen verweisen auf die laufende Nummer eines Textes in dieser Ausgabe und die sich anschließenden mageren Zahlen bezeichnen die jeweiligen Paragraphen.

Sachverzeichnis

Sachverzeichnis